戦没学徒

林尹夫日記

［完全版］

——わがいのち月明に燃ゆ——

三人社

林尹夫（1922-1945）　1944年冬、大井航空隊時代

（左）大地原豊（右）林尹夫　徴兵検査後、別れの写真

目　次

一　本書は、『林尹夫関係資料群』（林美由子氏寄贈）（立命館大学国際平和ミュージアム所蔵）の遺稿ノート1、2、3、4をデータ化し、上梓したものである。

二　データ化にあたっては原則として原文のとおりに行ったが、次の事項は例外とした。

　　i　漢字は常用漢字を使用した。異字体が使われている箇所も、常用漢字に変換した。
　　ii　文章が途中で切れている箇所は、（以下中断）と示した。
　　iii　欠字や判読不明文字は□で示した。
　　iv　誤字、書き間違いと思われる箇所は、〔　〕付きで修正・補足するか、〔ママ〕とし、文字を小さくして表記した。
　　v　外国語で表記されている箇所については、必要に応じ〔　〕を付し、「　」で日本語訳を示し、さらにドイツ語、フランス語、ラテン語、ギリシア語等と記した。
　　vi　日記中に挿まれた別紙については、【別紙】として挿まれた当該頁の記述に続いて記載した。
　　vii　一部、著者以外の人物が修正・加筆したと思われる箇所は、筆跡を参考にしながら、修正前の文章を採用し掲載した。
　　viii　原ノートで使用されている2倍角の繰り返し記号は、横組みの組版にあたり、文字に置き換えた。

三　データ化は三人社が行い、斉藤利彦の確認を経ている。

戦没学徒 林尹夫日記 完全版 —わがいのち月明に燃ゆ—　▶

第一部　ノートⅠ・ノートⅡ

··第三高等学校（1942年9月以前）

ノートⅠ　表題：Reflection 15.6.13　林尹夫

〔昭和15年4月6日→〕

「10で神童、15才で才子20才すぎればたゞの人」といふ諺には次の様な2つの要素が重きをなして居る。

　1. 年齢の増可〔ママ〕と生活還〔ママ〕境の程度の高さ、内容のひろさは彼の非凡をかならずしも許さない。

　2. さすればその時期即ち還〔ママ〕境転換の時期に於て人は必然的にカイギ的になりやゝもすればnichristic〔nihilistic〕になりやすいものである。即ち丁度悟性が成熟してくるその頃新しい還〔ママ〕境についてのばくぜんたる不安とそのかもしだす理的冷の空気は彼をして善悪にかかわらず全く新しい方向に追ひこまずにはやまないのである。前にあげた諺は別としても後の2要素は私の三高入学当時の気持によくあてはまるものである。

　清和塾入塾により私は自分を失つた。あまりにも強烈な他圧的生活のためやつとできてきた自らの力をふんさいされさうになつた。私は清和塾に於て如何に生くべきかわからなくなつた。生活を微直的に支持してゆくべき方法を発見しえなかつた。私の清和塾退塾は右の事情にもとづくものである。

　今や私は全く自らの責任のもとに自らを指導すべき地位に立つて居る。私はこの栄光ある地位を絶対に真面目な、有意義なものたらしめてゆかねばならない。

　その為に英語（2h）、独語（1h）、思想の把握（2h）其他学課を着実に勉

強してゆくことによりその責をなし得ると信ずる。英語・独語・思想の把握はslow but steadyでやつてゆかう。又学課は毎日〜疑点なく理解してゆかう。別に記憶する必要は全然ないのである。以上の事をもくもくと且又着実になしてゆかうと思ふ。

　充実した生活＋真面目な生活＋笑の生活、（かたのこらない生活）。

4月（新学期）よりの生活

　　　　　1週15時間　　　英語自習
　　　　　1週15時間　　　一般的読書
　　　　　計30時間　　　1日約4時間

　学校にて習得せし事は、その日のうちに、疑点なきようにつとめる。

4月1日

　ついたが何事につけてもさびしい。矢張り私はHome Sickにかかつてしまし〔つ〕た。それほどでもないか‼ぼつぼつ英語をはじめようと思ふがしかしなんとなくさびしい。矢張り兄はえらいと思つた。東京にて経済的にも極めて不如意な時ひたすら学問にはげんだ兄はいたづらなる感傷をのりこえはげんだのだ。私の手本とすべきものをもつて居るんだ。

　然し東京の生活はゆかいだつた。家庭生活のだいごみを満喫したものといへよう。あの健全（100％までさうではないが）な生活は今の僕にとつてこよなきなぐさめであり同時にはげましであり、あれを一層光輝あらしめ、高揚せしむるは一に私の勉強なのである。我が兄、我が母、我に、そしてまだ知人・知友の方々に幸あらん事を心から祈らずには居れない。実に1に勉強2に勉強、3に勉強が大事である。だれか立派な師をえたい。先生あんぎやにでかけたいと思ふ。

　いたづらなるHome Sickは去つて、本質的なものを把握せんとする意欲に力づけられてきた。一昨日「イバラギ」の真本君を訪ねた。昨日ともに奈良に行つたが雨にふられたので困つた。帰途「Robin Hood」の

5

冒険を見たがなかなかよかつた。晩ねどこで「車輪の下」を読んだ。の
びようとする芽をことさらにゆがめて型にはめこもうとする修道院的教
育に反抗して、~~生命~~にのびんとする魂、一は出でて自ら途をひらき、
Hansは不幸にして病を得、美しくもはかなき彼の精神と肉体はあくま
でもはかなくその生をおはるのである。その底を流れる無常感、生長の
いきぶき〔ママ〕、げに美しくも、はかない若き魂の生長、そして死への
記録であると思ふ。

　人間に性欲がある。それは深刻な、重大な問題である。如何にしてそ
れを是認し得るであらうか。我々は生きんが為に食欲を是認する。何故
に人は生きねばならないか。此の点に関し天野教授の言はあまりにも
我々の心持ちとは遠い。厭人的な人に生をこすい〔鼓吹〕し得ないではな
いか。問題の中心は「何故に人は生くるか」といふ事である。この事が
解し得るかぎり食欲も性欲もある程度の是認を得るであらう。

　恋、肉のよろこび、之等はあまりにも僕に遠い。僕は恋をおそれる。
僕は肉体の結合を清純に解し得られない。恋とは真本の様な人にのみ可
能な気がする。肉体の清純な結合、そつちよりなよろこびはゴルトムン
トの境地である。僕からはあまりにも遠いものの様におもへる。

　僕は友のうちで真本を最も敬愛する。しかし彼は決つして私を敬愛し
ないであらう。彼は神秘だ。やはりさうだ。彼は私が彼を敬愛するかぎ
り永遠に神秘である。~~そこはだゞ~~〔ママ〕私は常に彼の友人にあたひし得
る様つとめてゆきたいと思ふ。僕は現在何よりも第一に友情にあたひす
べく心掛けて居るのだ。僕は決つして感情の弁護により理性をくもらす
様な事はしたくない。

4.6.

　自分を益々よく生かす。自分の仕事を益々完全にする。この要求のな
い人間には人類の意志が感ぜられない。人類の意志に就て。

　私は彷徨のする、―勿論今も彷徨の最中であらうが、私はとにかく現
在如何にすべきかにつき、明確なる認識を得て居ると信ずる。一つには
英語の徹底的な修得と、同時に自分を支持すべき理論の探求である。そ

6

してそれは自由主義的なもの以外にない様なきがする。そしてそれらを
研究し、自分の血肉たるべき思想の形成は私としてどうしてもやりたい
事だ。私はその二つの事にまいしんする事によりてのみ私の人間として
の道があり、同時にそれなしでは私の人間としての立脚点がなくなつて
しまふ。即ち一言にして言ふなら、勉強と健康のみがあらゆる意味に於
て私を支へてくれるであらう。それなしで私は生きてゆかれないのだ。
私は一面とにかく自分の立脚点、出発点が得られた事をよろこぶ。私は
今後たゞ事実に於てそれを行ひさへすればよいのである。~~私が退舎した~~
~~のもそれにほかならない。~~自分をどうしてももつと生かしてゆきたい。
心ゆくまで生きたい、即ち思ふ存分勉強したいといふ欲求の切なるあら
はれである。
4.15.

　思考の浪費といふ事がある。僕の場合には殊にひどい。例へば一体何
年ぐらゐ生きれるだらうかとか落第しないだらうか等といふ事である。
然し考へる迄もなく之等は純然たる思考の浪費だ。前者にしても、徒に
心配しても無意味だ。それ以上に、現在なすべき事に全力をつくして、
即ち衛生に注意し、進んで体力増進をはかる事が唯一最上の方法である。
後者にしても徒に数学ができるできないを心配しても無意味だ。たゞ現
在教へられた事を充分理解してゆけばよいのである。又それ以外方法は
ないではないか。
　然し之等の事を考へると云ふ事も要するに頭の中が緊張してない故だ。
嗚呼、緊張せずには居られない様な師・友人を得たい。又それらに価す
る如く自己を高めてゆかねばならない。その意味に於ても僕の現在なし
得るは広い意味に於ける勉強以外ないと言ひ得るのである。自己建設が
第一だ。そして建設といふ事が―それのみが唯一最高のみちである。
4/15.

　僕は建設特に自分を知識的に建設する事によつてのみ僕があり得ると
考へてきた。然しそれはあまりにも事実を離れた空きよな飛躍の様にも

7

思はれる。一体人の身体が虚弱である時その人は自己建設に参与できないであらうか。身体的水準の下落はその人の精神─知をも低下せしめるものであらうか。具体的に僕は今自分の身体が不安だ。そしてその不安のため僕は何にもできないのだ。種々の妄想に悩まされて居るのだ。妄想は妄想を生む。そしてそれら大量の妄想を背つたまま、如何に進むべきかその道を失つてしまつて居るのだ。その努力がわいてこなくなつてしまつて居るのだ。僕みたいな人間は唯努力する事により、中心ある生活がなし得るのだ。それ故僕に於てとにかくも何等か自分のものをもつて、その建設に努力する事がないとするならば僕自身破滅とならねばならない。故に現在なすべき事は身体を強健にする事に専心すべきか、換言するならば、僕は第一に養生をして身体を先づ健康にすべきであらうか。或又但精神的地盤の確保にのみつとめるべきであらうか。

　二事を一時になす事或は不可能かも知れない。然し現実に於てそれは常に要求されるのだ。即ち私が現在なすべき事も2事を一時になすことだ。そしてその範囲内で唯努力する以外に道はなく、又その結果身体的に挫折するに至つても止むを得ないのだ。そして私は唯敬けんなる気持をもつて二者の調和につとめる以外に道はない。それ以外一体何を為し得ようか。又その範囲内に於ては最善をつくすべきである事は言ふ迄もない。そしてそれ以外は私の為し得ざるところだ。一見不可能と見える事に対した場合人は2つの態度をとる。1つは祈る事だ。1つは祈らぬことだ。前者に又2つある。1つは「これ以上私はどうもできない、神様どうか助けて下さい」ともだへるものだ。1つは「神様あなたにおまかせします」と考へ平然としてしまふ事だ。

　後者に2つある。1つは神を信じないで一体どうしたらよいだらうと迷ふものだ。2は迷つてもしようがないと考へ、平然としてしまふ事だ。

　僕としては少くとも自覚的にいづれ─肯定と否定─とも定め兼ねる。概念的に種々あげ得るであらうがその理由を自ら湧きあがつてくる愛をもつて完全に理解する事は僕にはできない。神にすがりたい然し僕はすがれない。安心立命の境にたちたい而も僕には達せられない。

　僕は要するに自覚的にいづれとも決定できない。唯其等の具体的なる

解決として自ら全力を傾くるに足るものを先づ勉強してゆく事だ。それは一面に於てごまかしかも知れない。而し自ら真実に満足できればそれだけでよいのである。何故となれば深刻な内面的苦悶にはあらゆる事によつてもふせげないのであるから単なる勉強ではさけられない。さうと知つて後だつて遅くありやしない。なんとなれば勉強によつてはじめて同じ苦悶でも心の深奥から発するものと、生のけんたいから生ずるものとはふるひをかけられるからだ。その意味で僕が勉強するといふ事は僕が本当の道を進む為になしでかなはぬものだからである。

　僕は健康と勉強のため次の事を実行する。

　　　　1. 衛生に注意する。

　　　　2. 休時間は外にでる。

　　　　3. できるだけ歩く。

　　　　4. 11時迄にはねる。

　　　　5. それ以外家その他に於ては常に勉強に専心する。

4.16.

4月によんだもの。

　　　　　黒い目と茶色の目　　徳富蘆花

　　　　　車輪の下　　　　　　ヘルマン・ヘッセ

　　　　　愛と認識の出発　　　一部

　　　　　春の水　　　　　　　トゥルゲネエフ

　　　　　ボヴリイ夫人　　　　フローベル

　　　　　デミアン　　　　　　ヘルマン・ヘッセ

　　　　　額の男　　　　　　　長谷川如是閑

よみたいと思ふもの。

　　　　　第一学生生活　　　　時局と自由主義

　　　　　第二学生生活　　　　ファツシズム批判

　　　　　社会思想家評伝　　　トマルヒルグリーン〔トーマス・ヒル・グリーン／Thomas Hill Green〕の思想体系

　　　　　書斎の窓より　　　　以上河合栄治郎氏

　　　　　感傷と反省　　　　生活・哲学・芸術
　　　　　文学の周囲　　　　日本人のこころ
　　　　　以上谷川徹三氏
　　　　　其他　漱石全集　天野貞祐氏　安倍能成氏
　　　　　長與善郎氏

　我々が学問をするのはそれによつて、それをとほして我々が最もよく
生かされると信ずるが故である。学問を修得する事はそれ故一に（人間
として）純粋に知識を憧憬するの念にもとづいて居る。その純なる流露
にもとづいて居る。~~同様に~~而してそれは2つにわかれ純粋に知識を追求
するのと、一方又えた知識即ち学術により、それを手段として実社会に
於て活動し、自己の向上と同時に社会の向上を目的とするのである。
　而して学問を修得する事により我々は知識を得るに止まらず、人間と
しても鍛錬されるのである。知識を得る事と人間として鍛錬される事は
単〔たんに〕別々に行はれるものではなく、一つの活動の1つの結果の両
面なのである。又あるべきである。例へば自然科学等の対象は主として
人間の心・人格とは関連をもたない。然しながら我々はそれを研究する
事により我々の人格をきたへるのである。社会科学然り、況や哲学・倫
理学に於てはなほさらである。
15.4.22.

　今迄読書して得たる物は殆んど無いと言つてもよいくらいだ。一つに
は良書に接せられなかつたのであるが、同事〔ママ〕に落着いて、じつく
り書物を読まなかつたが故でもある。僕は元来時間的に少いものである
から、出来るだけ時間を有効に用ひねばならない。同時に書物はなるた
け自分で書〔買〕ふ事としよう。それが僕たち時間不足者のなすべき事だ。
じつくり尻を落着いて読みたいと思ふ。種々の事はなし得るであらうが
僕のまづなすべき事は徹底的に読書せねばならない、といふ事である。
　5月6日よりこの帳面に感想をしるし、別の帳面は読書録として忠実
に記載しつつ厳密なる自己反省をなしてゆきたい。唯徹底的に努力する

事のみが僕を生かす事だ。slow でよい而も steady でなければならない。往々にして slow だと loose になるのは厳に注意すべき点である。人と話をすると誰でも正しい事を言ふ。重要なのはそれをたんなる言葉にとどめず着実に実行する事である。

　淋しいのは友達のない事だ。Home sick〔上記では、大文字の Sick〕にもならず又家にも帰りたいと思はないが真の友人、真の先生に接つしたいと思ふ。然し其等の前程〔ママ〕は先づ自己を充実させる事だ。換言するならば徹底的に読書する事にほかならない。淋しくとも我慢せよ。さしてひたむきに読書し充実した生活を開拓してゆかう。なほ今日は一種のturning point たるべき日だ。クラスコンパがある故行って見ようと思ふ。そして明日より徹底的に頑張らう。しかし神よ願はくは私に健康をあたへたまへ。
5.5.

　私は身体的にどの程度まで堪へ得るかそれは疑問である。現に私はたほれつつあるのかもしれない。然しそ点を心配すれば sanatrium〔sanatorium〕に入るとでもする以外何等の道はない。然しそれは絶対に不可能だ。よし可能であつても僕は嫌だ。僕は今自分になるの道を進まずに生きる事は出来ない。自らの世界観を持ち、自らの価値批判の標準なしで私は生きる事が出来ない。即ちそれらの意味に於ての私の勉強は私の生死のかけがへ、代償である。どうしてそれをおろそかにしてよからうか。私は刻苦し勉励せねばならない。私は今価値批判の標準たるべき理論の探求につとめて居るがどうしてよいかわからない。然し之を人に聞いても無理かも知れない。自ら苦しんで探さねばならない。

　Unterm Rad〔ヘルマン・ヘッセの『車輪の下』の原題〕のギーベンラートの運命は単にギーベンラートのそれではなく我々のそれである。我々は多くの人が学窓と社会とで批判の標準をまるで無視してしまふのあるをみる。そのうちには車輪におしつぶされたものもあらう。そして私とて今一人ほうり出されるならば勿論下にふみつぶされる。又現在その標準をさだめずして何日に可能であらうか。努力せねばならない。

真本君にあつた (5.5)。車輪の下がよいと言つていた。さもありなん。私はM.Shimmotoに接する事により多大の鼓舞と反省う〔ママ〕うける。得難い友の一人である。

5.7.

今後の予定

　　　　ヘッセ　プラトン　a portrait of the artist
　　　　　　　　as a youngman. P10.

僕の学課に対する態度

　学課といふものは決つして直接に我々の内面生活と関係を持つて居ない。其故我々は内の生活を指導する原理の探求に、そして建設に努力せねばならない。哲学・文学は直接に我々の精神生活に大なる関係を持つものである以上、我々は単に消閑的ではなく積極的に真面目に努力して其等を学ばねばならない。又歴史其他我々の大なる関心を持つものの研究に努力すべき事を言ふ迄もない。然してそれ等の学習はややもするとlooseになりやすいがさうならぬ様戒心すべきだ。slow but steadyにやるべきである。即ち厳密に自ら反省してゆかねばならない。

　直接的に我々の形成に役立つのは以上のものであるが、さればとて決つして学課をおろそかにしてはならない。学課は我々の広がりをあたへるものである。それ故ややもすれば一方にへんする我々の勉学に広さをあたへてくれるものである。又我々が学生である以上学課に努力するのは当然である。勿論我々は自分を生かす何等かの生活を持つべきだが同時に一見何等我々の精神生活には無関係の様でも我々が態度としてとにかく学課に努力するならばその精神的意義も大きいと思ふ。ただ注意すべきは直接自己の形成に役立つ生活といふものを持つ様努力する事は肝要である。

　以上いづれの2つにせよとにかく徹底さを持つ—1つだけといふのではなく努力の点から言ふのだ。—事によつてのみ効果があげられ〔る〕事を忘れてはならない。

又我々は頭脳の悪い事をなげいてはならない。それらの前にまづ身を
こにするくらい努力すべきだといふ事を注意せねばならない。効果・結
果ではなく、たゞ努力するだけでよいのだ。徹底的に努力すべきだ。
　自分を完全に生かす事に心掛けるべきで才の如何は生かしつくした後
の問題である。又外見上のもの〔ママ〕問題であるがそれはあく迄外見の
問題である。それらにくよくよせず我々の真の根柢をきづくべきだ。
　才の不足で我々は苦しむが苦しむでもやらねばならず、又どんなに苦
しんでも石にかじりついてもやるといふ気構で全身の力をつくさねばな
らない。人生とは苦しみの連続である。少なりとも苦しみのは苦しみな
のだ。つまづいても立ちあがりconstantに努力せよ。
15.5.12.

生活予定
　英語　P10.
　日本語　毎日　P50 さらに、火・金・土・日はさらにP100
死ぬほど努力しよう。
15.5.12

　今日"旅する人々"をみたがあまりよくなかつた。それとあまり関係
のない事からよい収獲〔ママ〕をえた。映画も気分てんかんによい。然し
我々は先づ努力すべきである事を忘れてはならない。
15.5.12

　未ダ本ヲ読ム熱意ノ足ラザルヲ痛感ス。トニカク五月中ニ必ズa
portraitヲ読マウ。マタノコリ全時間ヲアゲ読書ニツトメヨウ。
15.5.13.

　コリンヌ、リシユエールの「格子なき老〔ママ〕獄」を見る。最近俺には
感受性がなくなつたのか等と考へて居た際なので非常に嬉しく、心を動
かされた。明日もう一度見にゆくつもりである。何故なれば友人と一緒

13

の為確か感興をそがれたのである。私は友情にたいし、精神的な mi □〔ド
イツ語のmitのことだと思われる。一緒にいるというくらいの意味〕と vibration の
resonance を期待するのであるが残念ながら之に相当する人は居ない。

　片々たる友情にとびまわる事を止めて、孤独に沈潜しよう。浮薄虚飾
をさけ根柢的な実体の創造に努力しよう。一人はさびしい。然し誰とも
交際しまひ。一人にたてこもろう。たゞ成高氏とだけは御指導をうけた
い。それから海堀氏とである。それ以外は少くとも現在は無意味な交際
である。

　一人に徹しよう。そしてそれに徹底する事により普遍的な或物を把握
してゆきたい。

　実際生活の上にも individualismus〔Individualismus ／個人主義。ドイツ語の
名詞なので、本来は語頭を大文字のIにすべきところ〕をあらはしてゆきたい。
真本君と接つしたいのは山々だが次第に彼を離れつつある事は明かだ。
彼があまり bosom door〔胸襟の意味で用いたか〕を堅くとざして、我々に
shut out して居るからかも知れない。彼との接触により何等mitはあり
えない。然し私は彼を愛さねばならない。彼をして frank ならしめねば
ならない。

15.5.15

　人の心は柔軟性のあるものだ。ある人の著述を盡くよまねばだめだ、
とか或る傾向のもの（から）を読み、読日は全然違つたものをよむなん
てよく出来るといふ様な事を言ふ人がある。

　人の心はもっと柔軟性がある。

　若さとは何か。私は自分の道に徹底すればよいのだ。

　私は professor か journarist〔journalist〕になるのだ。

　La prison sans barraux〔barreaux〕〔1938年公開のフランス映画 *Prison sans*
barreaux のことを指していると思われる〕をばいやだと言ふ。其もあらう。然
しとり様だ。あの詩の様な美しさを先づ知らねばならない。私は
appreciater〔appreciator〕〔「鑑賞者」。英語〕になりた〔い。〕critic〔「批評家」。英語〕
になど真平だ。

　人の思想があまい、等といふ事自体問題ではない。それは其人が誠実ならば不問にふさう。唯其思想に（忠実なりや否やは）徹底し、其思想の自然的統制のもとに生きる事が問題なのだ。僕が武者さんを好くのはその徹底的な romantist〔romanticist〕〔『広辞苑』に、ロマンチストはロマンチシストの訛とある〕たるところにある。
5.17.

　昨日ハイキングに行つたが歩き過ぎて疲れた。僕達には習慣的に勉強するのが肝要故今後は習慣を害する様な事は絶対に避けよう。其故此度時計を買はうと思ふ。
　　　毎日。　　英語　P6.
　　　　　　　日本語　P100.
　欠かした日は記入して休暇に補ふ。

　精神生活は outward な創造の生活と相補の関係にあると思ふ。即ち我々は単に精神生活に生きるといふ事は目標となり得ないと思ふ。唯創造に生きるといふ生活こそ両者を綜合した生活ではあるまいか。
　創造に生きるとは単に進むだけではないと思ふ。それは反省と努力との結合であると思ふのである。即ち What should I be? と What should I do? とは前者が後者の前程〔ママ〕たるべしといふだけの関係以上に両者は何れを先にし、何れを後にする等といふ事ではなく、自〔ママ〕践問題としては１を行ふ事により２つながらに果せるのではあるまいか。
5.23.

僕ノ高校時代ノ目標。
　1. 読書　300冊（和書）　10冊（英書）（一日４頁）
　2. 英語ヲ日本語ナミニ読メル様ニスル。
　3. 体力ヲ増進スル。一日最短30分ノ運動。
　　　休憩時間ニハ本ヲ読マナイ。積極的ニ運動スル。
試験の時英語の準備に感ず。単語の下に授業中に underline をつけて

おくべきであつたと。

6.8.

　辰野博士ノ態度ニハ一種トボケタヨウナしやらくなところがあるがそれは決して単なるごまかしとか不真面〔目〕なものではないのだ。博士は非常に真面目な、道義的な人に違ひない。そしてそのしゆんれつなところとひようゝたる仙骨味が渾然たる一致を示して居るのではあるまいか。

　行人の一郎はとりもなほさず真面目なる漱石の苦しみのあらはれに違ひない。

5.30.

　試験が終つて校庭にねころんで空を見たらどんなに美しいであろうか。
　今日の空も美しい。アンプルポワウム〔フランス語のample paumeを当てれば、「大きな掌」の意味になるかもしれない〕な雲、入道雲、赤らんだ雲、雷は叫んで居る。大文字は黒ずんでる。そのうしろは青い。あゝ美しさを最後まで感じたい。そのために努力したい。

6.9.

　Knurp〔Knulp〕〔ヘルマン・ヘッセの小説『クヌルプ（漂泊の魂）』のこと〕に曰く「あゝそれは未だKnurp〔Knulp〕の生きて居た時であつた。」
　私は今為さんとするの意志に
　aeroplane.
　airplane.
　plane.

6.15.
　京都を美しき山が幾重にもとりかこむ。その山々はしたゝる様なアンプルな〔ample か。たっぷりな〕緑に盛りあがつてる。その上の青い空に雲

の塊がいくつもとんでゆく。

　夏はあついが然しなんと美しいではないか。生々とした生成の美さに
輝いて居るではないか。げに夏は最も美しい時だ。

　私はどうしても生きねばならない。充実した潔い、美しい生を開いて
ゆかねばならない。自分の尺度を持つ事だ。自分の足場がなければなら
ない。

　生活の充実も、足場の確保と、（そのため）健康と、自分の好きなもの
をやる。そしてそれにより快活になる事により可能だ。

　その為に 1. 一般的教養　2. 英仏独三国語の習得と

　　　　　3. 健康　　　　　　　が絶対に養成されねばならない。

　亦映画はむしろさけ〔る〕べぎ〔ママ〕でなるたけ行かない様にしよう。

　河合さんは高校時代は人生観を確立し、自己をみつめる生活だと言ふ
があまりにも抽象的でのみこめない。要するにやり甲斐のあるものをや
るだけである。

　応援団の檄に曰く「真に徹底……純粋な…永遠な…たくましいもえる
様な努力……」なんと嫌な言葉であろう。生活に於てそれを実行して居
る人は決つしてそれを意識しない。

6.16.

　学校で聴いた絃楽四重奏 "雲雀" ハイドン作曲、ヴイオリン "Spring
Sonata" Beethoven は美しい。"Moon light sonata" も非常によかつた。
あゝこの人生はなんと美しく、又生甲斐のあるものだらう←これを私は
何等の充実さも、感激もなく書いて居るとしたらなんであらうか。嗚呼
私は死にたくない。その為には勉強より外に、浄福な生へ進む以外道は
ない。今日は山本がくるはずだ。

6.18.

　（嗚呼）それは楽しい青春時代で Knurp〔Knulp〕が元気だつた頃だ。我々
はある夏 wandering〔「放浪」／「漫遊」などを意味すると思われる。英語〕をとも
にした。

あゝ健康!!!!それは青春時代の大きなすばらしいsymbolではあるまいか。たけ高く〔気高い〕、力強く、黒く輝く眼。あゝそれだけで□□□… magnifique〔「素晴らしい」の意味。フランス語〕

僕もさうありたい。どうか健康でありたい。□□□…にありたい。

死とは充実した生の高揚の一瞬に於て意味づけられるものであると私は信ずる。

6.20.

今日の夕空は美しかつた。なんだか此頃急に自然が美しくなつた様だ。川端の橋の上から見た北山の連山は夏そのものを感じさせる。

青い空、白い丸々とした入道雲、緑の山、くつきりとしたりよう線。

之で夏は十分に思はれる。

今日望郷を見た。"Pépé le Moko"〔1937年公開のフランス映画の題名。邦題は『望郷』である〕さうよくもなかつた。

一体教養とはなんであらう。したい事をする事ではあるまいか。

Classとは唯面白くさへあればよい。

自分をば表現する時はtypicalにしよう。愉快に暮さう。真面目さを失つてはならない。

たゞ空虚な大さは排じよし充実させてゆかう。真に何物をも軽んじまい。充実さすべきはさせよう。

NKMR a³u. KRDu.a.〔不明〕

6.23.

私は常に友〔を〕求める。友は戦の人生—であらうと思ふが—に於ける唯一の慰ではあるまい。奮起の泉の源泉ではあるまいか。それこそ神へ到るの道ではあるまいか。私に唯一人信じてくれる、そして信じれる友がほしい。それは私のなくてならぬものだ。私は友をその価値に於て尊敬したい。笑へる友泣ける友。その前にては真面目にならずに居られない友を衷心より求める。

然し友達ができるとは実に運命的な事だ。我々は友なきを悲しみつつ

もたゞ拱手傍観以外に道はないのだ。唯可能なのは自分を充実させて、そしてその機会を持つのみだ。先づ自らを充実させて自ら誇るに足る人格と教養を培ふ事のみが我々のなしうる事である。

　然し教養とは何か。然して一体私の全行為の集積は如何なる点から価値批判さるべきであらうか。この問題を考へる時、そしてあらゆる問題を考へる時さうである様に私は一体、人は一体何故に生きるのかとの問題を先づ考へねばならない。私はこの問題が果して可能か不可能か知らない。「人類の意志について"〔ママ〕にある様に、世界が、而して人類がrising toneにあるが故に人類は完成の意志を持ちそのcourseに進む。それ故我々人間はその有機体の一微小momentとして自らに於てその意志を顕現せねばならないといふ事がどうしても呑み込めない。私にとつては人類の意志如何よりも先づ自分の存在といふほうがのみこみやすい。

　なんと言つても、そしてその過程如何はともかくも、私は事実として存在する。而して之は不動の現実である。私は元来実行者であつた批判者ではない。私は創造とイふ事をまづ重んずる。而して批判はその裏づけ

　　　　依田秀〔秋〕圃　山村の人々　朋文堂　¥1,80.
　　　　河合栄治郎　学生に与ふ　日本評論社　¥2,00.
に過ぎず決してそれ以上のものであつてはならないと信じる。

　然らば創造とは何か。それは自己形成である。

　あまりにも抽象的な事であるが、Hesseの"私は自分の中から独りで出て来ようとした処のものを生きよう"とする事が自己形成ではあるまいか。

6.28.
　試験前3日。至極呑気デアル。ある規定のもとに自分を規律してゆくさい我々はややもすればspecialist的態度におちいりがちである。それは非常に恐ろしき事だ。自分が最も本質的なもので人類に貢献するとしても、それは彼が他の面に於て怠惰でよい事ではない。他の面に無関心であつてよいといふ事ではない。本質的な─と思はれる道に於て彼が誠

実であると同時に、自分の行為がすべて愛のあるものでなければならない。即ち人間は一つに誠実だからといつて他をほつぽらかしてよいものではない。果してその一つが彼の最善の道であり彼の人格を全的に表現するものとはかぎらないからである。なにおいても最も明に、誠実に自分を表現すべくつとめるべきだ。これと思ふ道に100%の力を傾倒すべきであると同時に、これと思はぬ道にも100%の力をつくすべきである。人間は先specialistたらんより以上に、まづdilettentist〔dilettante〕〔英語。語尾を -istで合わせようとしたのであろう。もちろん、間違いである〕であらねばならないと思ふのである。

7.6.

　試験はあと2日で終了。M君は気の小さいいやな人だ。S氏は親しみの持てない人だ。もうつかれる様な交際はすべてやめよう。M君と彼のrival Kはつまらぬ人間である事par〔同様の意味か〕である。

7.7.

　成高氏は矢張り偉いのではないかと思はれる。成高氏は人間よりはむしろ学問を尊重すべき人であつて、私も学問を媒介として成高氏にたいすべきである。

　夏休は語学・小説・歴史を読む予定である。漸く試験も終り、勉強もできる。

7.10

　人の心は波である。満つるとともに干くものである。Agnesお前へはあの時真面目だつた。しかしAgnes、それは汝が現に真面目だといふ事ではない。私は今日真本に対し果して誠実だつたらうか?一体私は真面目といふ事を知つて居るであらうか。私は再び倉田氏をとほして真面目の真意を把握せねばならない。案外私は今極めておざなりな人よし的態度に出してゐるかもしれない。虚偽をもちひて悪を装ふ偽悪的態度ではあるまいか。

又私はあまりに正しくない事（即ち真でない事）を言ひ過る様に思ふ。嘘を言つても真面目でなければならない。自分の面白半分の言辞で人の真面目を傷けてはならない。私は矢張りアルバイトをやつてゐるせいか人をきづつける様な態度をとるやうになる。私はだんゝ人間がrudeになるのではあるまいか。

7.12

　私は友達を求める。私は真実なる精神を以て友達に対したい。思ふに私は此頃友達がない。私は動かされる本もあまりよまない。ぶつからない。之は一生をさびしく送るものではあるまいか。私はそこはかとなきものおもひのうちに、なんとなく将来がさびしくなる。人生が降坂になつてゆく様に思はれる。私は友に真実な精神で対した事が近頃ない。何故となればこの悲哀をぬきにしては私に於て真実なものはないからだ。而も私は人に沈んだ精神を以て対す事が出来ない。それでよいのだらうか。そういふ事によつて深味ある友情はのがれさるのではあるまいか。深薄な友情のみとなるのではあるまいか然しひるがへつて考へば之でよいのかも知れない。人にうれひをうつすなかれ。うれひは自らうれひよ、然しそれはとじこめるべきものではない。人に対し心を開く事こそ我々の本性ではあるまいか。frankにfriendshipがむすべるならばそれにこした事はないのである。自己健〔ママ〕設もさびしい。

7.13.

　The vicar of Wakefield〔オリヴァー・ゴールドスミスの小説の題名〕をよむ。目賀田来る。山崎氏をむかへに行く。中村を訪ふ。中村は好感がもてる。話が面白かつた。
　"猫"読後感。真本に「エノケンやオツサンは面白い」と言つたが、心中言つたそばから私はそれを否定する。否定する様なものは言はなければよいのだがさうはおさへられない。その点に関し猫成立についての漱石のきもちを共感させられるのである。（門、行人）。道草等にでてくる様に家庭的に淋しい漱石は―特にそれが帰朝直後の漱石にとつてたへが

たいものであつたらう。何等かの救ひが─ほんとに文字通りの救が─よしそれが必ずしも本質的に救になり得ず且又極めて小児病的であるにせよ漱石が猫で得た笑にはその救が幾分でもあるものと考へられるのである。そしてその様な救もあつてよいものと考へられるのである。然しその笑は決つして明るいものではない。泣笑とも言へるのではあるまいか。例へば最初の頃は漱石は虚子がよむのをきいてげらげら笑へたであらう。然し終の方へゆくとどうもそれだけですまなくなつてくるのではあるまいか。それ故にP298下巻の様に「みんな呑気に見える人々も、心の底をたゝいてみるとどこか悲しい音がする」といふ言葉もそれで生きてくるのではあるまいか。それ故猫は決つして単なる喜劇ではない。そして喜劇の形をかりて悲劇故それだけにもの悲しい一種デカダンな感慨をうけるのである。笑ひたい、げらげらと無心に笑ひたい、それがどうしてもできず心の底にたへずものがなしいどうにもし得ないものが心中に動いて居るのではあるまいか。結局漱石はそれをどうにもし得なかった。どうしてもげらげら笑ふだけですませなかつた。そこに漱石の戦闘的な創作態度があらはれたのではあるまいか。迷亭は面白い。しかもそれだけだからよく、且又何物かものがの〔ママ〕しいものあるが故にさびしい辰野隆氏でどのな人〔ママ〕でや〔ママ〕あるまいか。

7.14.

"The vicar of Wakefield" 読後感

　Goethe は Herder が朗読するドイツ訳の Wakefield を読んで非常な感激をうけたといふ。前半は大した事はないと思ふが後半は─よしそれが不自然であるにせよ、矢張り美しく、正しい精神を感得できるのである。そして我々もこのたのしい田園の炉辺に常に火消ゆる事なからん事を祈らざるにはおられないのである。我々は人が美しく、尊いのを見る時、その美、その高貴が永続して変る事なからんを祈るものである。運命がそれに対して親切である事を祈らずには居られない。私も亦その Wakefield の炉辺のたのしき夕のかたらひの常につづいて、壊さるる事なからんを祈る。然し人生とは苦悩の人生である。或は Wakefield はこ

こでしまはないでさらにつづけて又悲劇が起つてもよいかもしれない。
又恐らくその方がより事実であらう。然しこれがこの様に美しく―不自
然とも誤解される様な美しさで終つた事にも大きな意味があると思ふ。
即ちそれでよいのだと思ふのである。とにかくこの牧師は苦闘のどん底
にあつても高邁なる精神を失ふ事なく―勿論それは平凡であるが―常に
正義にむかつて進んで行った。そして万物彼をみすてる底におちる事と
同時に彼は昇天の救を得た。単なる天国的な救ではない。現実的に一家
の悲劇はすくはれ、それ以上の恩寵をうけた。こういふ小説もあつてよ
いものではあるまいか。救のない人生ならば小説の上でもよいか〔ら〕救
を下しおかれるといふ事は大きな意味があると思ふのである。それは人
の心を―よむ人の心を美しくし、慰をあたへるからである。場所は英国
の美しい田園、その牧師館に年ごとに楽しき Christmas carol あれ!!

7.14.
　山崎氏と比叡山にのぼる。嵐が吹き物すごくも亦美しかつた。僕はも
つと無口であつてもよいように思ふのである。今日はおかしい日だ。朝
と今 (P.M. 11.50) では全然気分がちがつた。はやく東京に帰りたい。宮
木さんにお目にかかりたいそして小笠原先生と、あゝ勉強したい。勉強
だけさしてくれ。

7.18.
　今日次の様な事を考へた。兄と〔ママ〕事、学費の事、健康の事、宮木
先生にお目にかかりうれしい。

7.27.
　今迄のあまりにもだらけた生活より浮びあがるべく努力しその結果奥
さんに御相談した。私の考へと奥さんの考が一致して居たのは愉快であ
つた。然し「高麗男があそぶのは貴方がお出でになつてからだ」とはお
門違。
　然しとくに重大なのはこの間における小笠原先生の御教示である。「断

呼たる態度をとれ」「広い心を持て」とはいづれも僕に適切である。実に小笠原先生は優柔不断な僕に、強く持するところをあたへて下さる方である。人間はこの一事といふ自覚が常になければならない。背水の陣の生活が僕に大切なのである。

7.28.

　"明暗"読後感。頭で判つても胸ではちつとも判らない、小説である。この様な小説、特に最近読んだ小説はいづれも一種の幕をへだてて読んで居る為胸にはちよつともわからないのである。これは矢張り読み方がよくないからであらう。本格的にじつくり腰をすえてよまないからいけないのであらう、と私は考へるのである。同時に人生経験の点から言つて明暗をよみこなせる程経験がないからかも知れない。然したとへば「それから」の代助にしても「明暗」の津田にしてもいづれも金があつて遊んで居られる人間で、利己的な、有閑的な、遊人的なところがあつて実に嫌である。たゞ行人の兄にだけは真に真面目さを把握できるのであるがそれ以外─「門」の宗助、などは別として─の真面目さはどうもうけとれないのである。「明暗」にしても利己的な、プチブル的人間が自分のvanityとか利益とかのために虚々実々の応しゆうをろうして居るのではあるまいかと思はれる位である。そしてその間に複雑な心理の動きが克明にえがかれて居るのを感じるのである。然しそれはあくまでも描写であつて、それ以上の何物も把握できないのである。私は漱石がそうであつた様に何等かの救、理想が表現されて居るものであると考へたいのである。又我々をして心の真面目なる共感をおぼえしめるものでありたいと祈るのである。「明暗」は明な、きれのよい、会話の描写、心理の動きをうつして居る。然しそれだけしか理解できないのである。そこには常に津田の「皮膚」の様な一種の白さ─clean and smoothなあくどさ、油こそを感じるのである。もつとすつきりとしたものが読みたい。然し考へて見ればここにある様なわり切れなさ！それが事実であるかもしれない。我々の心理のわりきれなさは常につきまとつてゆくのであるかもしれない、と考へるのである。その点から考へて矢張「明暗」には面白さがある。

漱石の小説は単に外面事象の平板なるられつではない。所謂大衆小説的な、飛躍的な事件の道行などはない。しかしそれを断面的にながめるならば矢張り考へさせられるものがあるのである。人間心理の克明な記録だと思ふのである。たゞ人間といふとあまりにも広い意味を持つて語る様に考へるが決してさうでなく、所謂個人主義的な atmosphere の中に呼吸した人間と─即チ有用的なプチブル群の心理である。ただ面白いのは小林の存在であつて、彼はプロ〔プロレタリアートの省略形〕の代表的な人間─代表でなくとも、プロ的な嫌味をそなへた一個の人間であつて津田の小林にたいする感じはとりもなほさず漱石の pro に対す感をよくあらはして居るのではあるまいか。又プチブルの pro に対する考を表現して居るものではあると考へられるのである。意識の上ではどう考へても意識の下では同じ様な軽べつの念をいたゞて〔ママ〕居るのではあるまいか。そしてそれが当然でそれが事実 fact なのだ。

7.30.

　僕には批判者ばかりゐて透徹な批判を持つた支持者が一人も居ない様な感じをする。然しそれは事実居ても僕が破壊するか又はそれを信じないのかもしれない。支持したくない様なふうに僕自身がしむけてゆくのかもしれない。それが僕にとつて今の最も大きい苦痛である。そして僕の一生はその意味の損失の連続となるのではあるまいか。

7.31.

　"故旧忘れ得べき"酔払つていい気に成つた小関は、いやいい気なので酔払つた小関は澤村追想の意味で"故旧忘れ得べき"を歌うじやないかと言つた。(小関は自分ではまだ気付かぬがある種の病菌をうつされて居て、それは小関が遂に勝つたと思つてゐる篠原の身体から間に一人おいて伝つてきたものであり、この時その病菌は酒のため盛んに活躍をはじめて居たのであつた)─コキュ─?篠原が言つた。cocu〔「寝取られ男」の意味。フランス語〕の意味に間違へたのだ。─コキュ─忘れ得べきとはなんだ?─古い友達を忘れる事が出来ようか。Should Old Aquantaince

〔Acquaintance〕〔原文はスペル間違い〕Be Forgot…。小関が小声で歌ひ出した
—「蛍の光」ぢやないか。—さうだよ。日本語にすれば「蛍の光」、よし
沢村を送る意味でひとつやらうか。

「蛍の光」がしめやかに歌ひ出された。そしてそれは次第に座の全体
にひろがつて行つた。どういふ訳で「蛍の光」を歌ふのか。皆は解せぬ
のであつたが矢張り歌ひたい気持があつた。歌ふといふより口を開けて
胸のモダモダを吐き出す様な侘しいやけな歌声であつた。…最後の部分
の抜粋。

如何に目標をたて生活すべきかどうもはつきりつかめない。吾々が何
等かの精神の理論的統一をはからんとする時、吾々はその理論的予備に
かへつてつぶされてしまふのではあるまいか。そして私が解する
inteligentia〔intelligentsia〕〔原文はスペル間違い〕はそのむじゆんのため、遂に
無力となり、デカダンとなり、生活力さへも失つてしまふのではあるま
いか。我々は最も現実的である事が理想主義実践に最も都合がよいので
はあるまいか。そしてその意味で強固なる現実的土台—基礎を把握する
事は正当である。そしてそれを冷笑的なのは心からさう思ふのではなく、
内心では所謂「わしらもしつかりせんといかんのうの感をいだくのでは
あるまいか」

8.1.
「フアラデー」読む。淡々たる叙述ではあるが面白かつた。時代をひ
らく人法律を創造する者は細心緻密な人間ではあるまいか。市川定三氏
と話す。案外つまらない事をやつて居る様な感を抱いた。身体をどうし
てよいかわからない。不安であるとともに、しようさうの感をいだく。
なんだか杉氏の様に秋になつたら死ぬのではあるまいかと考へさせられ
る。

8.3.
"魔の山"（1）を読む。第四章「時の感覚についての余論」は丁度歴史
の本「ランケと世界史学」をよんで居る時でもあり非常に興味が持てる。

"——空虚とか単調とは瞬間とか数時間とかいふくらいの時間ならこれを延ばしもしようし退屈にもせようが、大きな時間量、非常に大きな時間量はこれを短かくし、殆んど無の様に飛散させてしまふ。その反対に豊富で興味の多い内容は一時間とか精々一日ぐらいは短かくもし、飛翔させにもしようが時間量が大きくなるとその幅と歩みに幅と重みと厚みとをあたへる。したがつて事件にとむ年は吹けば飛ぶ様な貧弱な年で空虚で安易な年よりも遥かにゆつくりと経過する。だから退屈とは単調な生活のために時が病的に短くなる事、つまり大きな時間量が単調な生活の連続ためにぞつとする程収縮されることである。

　——P195.例へば彼が"前書"に於てとの話は非常に前の話で言はば時代の錆でた古色蒼然としてゐて、従つて是非とも最上級の過去形で話さねばならないと…私たちの物語がこんなに過去の話だといふのはこの物語が或る転回点、即ち私たちの生活と意識とを深刻に分裂させたある境界線以前に起つたからである。つまりこの物語が起こつたのはいつとめて現在形を避けて言ふならばこの物語が起つたのは往時つまり世界大戦一度それが始まると色々な変革が相継いで起つて、その余震が今もまだ殆んど収り切らないあの大戦の前だからである"といふのも Mann の同様な歴史観に立脚するものと思はれる。その点非常に興味深いのである。又その他に於てもサナトリウムの事や、ハンスカストルプの身体状態なども面白いのである。そして話のすすむはい後にさういはれれば観念の山々が起伏して居るのをおぼろげながらかんじられる。夏休にはトマスマン、イブセン、ドストイエフスキーもよまうと思ふ。

8.4.
　教頭先生におめにかかり種々と充実したお話をうかがつたが非常に充実した話であつた。すくなからぬ感銘をおぼえるのである。ソロビノフといふ人がドストイエフスキーと親交ありて注意すべき思想家なりと伺ふ。

8.11.
　あゝ月日の経過ははやいものだ。無常迅速である。月を惜んで勉強す

る事は矢張り正しい良い態度だと思ふ。たゞ注意すべきは正しい事にや
かれない事だ。過ぎたるは及ばざるが如しだからである。漾虚集を読み
終つた。「琴のそら音」「趣味の遺伝」などはおもしろかつたが他はつまら
なかつた。漱石シリーズも終るがあまり有意義ではなかつた。「我輩は
猫である」「門」「行人」等が良いと思つた。

8.12.
　あゝ今年の夏休は全然失配〔ママ〕だ。身体をつくる事も勉強する事も
中途半端になつてしまつた。もう今からやつても―勿論頑張るつもりだ
が―失配〔ママ〕である事はかはりない。大体家庭教師をしようといふの
が間違だ。せめて夏休ぐらいゆつくり勉強すべきであつたのだ。15日
東京に帰へらうと思ふ。強き肉体もついにはかなき夢である。じつに悲
惨である。僕は Arbeit〔「仕事」。ドイツ語〕そのものに大きな価値をおかな
い。勿論それにより大きな充実感をもたらす。しかしながらそれは勉強
により充実感に比すれば大したものではない。そしてそれによりもたら
される充実感の方がはるかに根抵的なものであると僕は信ずるのである。
それ故僕が Arbeit に見出すのは単なる経済的なもの以外何物でもないの
である。今みたいな状態ではよみたい本もよめないし、気はむさくさす
るし、もうめちやめちやである。嗚呼自由がほしい。勉強の自由、運動
の自由、休養の自由、すべての自由が必要である。

8.23.
　休ものこりすくなく、又朝夕の風もひやりとする様になつてきた。す
でに秋はきてゐる。そして我々をして物しずかな反省にひたらしめる。
　夏休について反省する事は将来の創造について種々と役立つと思ふ。
　まづ第一にすこし遊びすぎた事である。然し之は健康と帳消しになる
と思へばよろしいがとにかくもつとがつちり勉強する様につとめねばな
らないと思つた。小説等も単なる興味以外にその人を知るといふ研究的
態度がなければならないと思ふ。然し小説はあくまでも小説であつて哲
学でない事を忘れてはならないと思ふ。そして小説はそれと理論的なも

のとのへいそんによつてのみその正当の価値を発揮しうるものと思はれるのである。そしてその理論的なものを把あくする事が重要だと思ふのである。鈴木先生にたいしてはもつと勉強して真面目な態度で接ししなければならないと思ふ。すべて勉強である。勉強こそ我々の可能なる唯一の創造だと信ずる。そして広さは求めるべきものなのである。映画は娯楽的なものであく迄もその域を脱し得ぬものである。そして我々は享楽的態度の過剰によつて根源的なものにたいする努力をはきする。それはげんにけいかいさるべきものである。湯浅真本両家の訪問は時間をずつとたんしゆくせねばならない。最大限度一月一度ほどがよいと思ふ。そしてできるだけ時間を利用して勉強してゆかねばならない。それは私の人間的実質の強化といふもつとも確実な根源的な実質的な方法だと考へられるのである。今迄の様に徒に金を無駄づかひせずすこしためてそれによつて立派な本をかへる用意をしなければならない。それも勉強のためなのである。

　家では兄もその実験に努力して居る。母は老体にもかゝはらず生計の組織と実行につとめてゐる。感激にたへない。宮木先生は「歴史的現実」をよまれ非常なる感銘をうけられ、複雑な御事情にもかゝわらず創造的生活に邁進して居られる。教頭先生は御老体にもかゝわらず西田哲学を勉強しようとおつしやられる。すべて文化価値の創造に、ナルことつくして居らしやる。私も自己の人格を高め、教養を広め、深め、文化価値の顕源〔ママ〕に努力しなければならないとつう感する。創造的世界の一員たるべくつとめたいと思ふ。そして誠実なる精神とたゆまぬ努力がその実践の α であり、オメガーなるものである。

8.25.

　"暗夜行路" 前篇
　私は今山本有三氏よりも "暗夜行路" によりしつとりとした、おちつきを見出すのである。そして之に共感をおぼえる。山本有三氏のものにはその精神的な面、性格的なものをうつすといふ点で粗雑さがある様に思はれるのである。それ故事件の推移とか波らんはあるにしても、重要

なるそれにたいする心理的なうごきを把促すべき材料が不足して居る様に思はれるのである。然し「暗夜行路"〔ママ〕はその心理的なうごきにpointがあると思へるのである。一青年時任謙作は彼にとつて冷かな父を持ち、嫌悪の対象たる祖父とともに生活し、成長した。彼は自意識の強い人であつた。そして又彼のうちには健全な、清純の要素が豊富であつた。之は龍岡にたいする彼の気持、お加代にたいする彼の気持で理解できると思ふ。彼のうちには相背反する二要素の相剋があつた。そして彼はその争闘のうちに沈りんし、放蕩的にだし、泥沼のうちに次第に沈んで行つた。しかし彼はその惰性的な生活にたへず、整つた生活と創作のため転換をはかり尾の道に行く。―第一、尾の道での彼の生活は矢張り惰性的なものであつた。そして彼何よりもおちつきを求めた。そのあれがお栄さんと結婚しようとした。しかしそれは不測の重大なる結果をもたらした。彼は自分が父と母の子ではなく祖父と母の子である事をしつた。彼は言ふ"一時は随分まいりましたし、今後もまゐ〔る〕事があるかもしれません。然し回避かも知れませんが、自分がさういふ風に生れた人間だといふ事を余り大く考へまへ〔ママ〕と思ひます。いやです。それは恐ろしい事かも知れません。然しそれは僕の知つた事ではありません。僕には関係のない事柄です。責任の持ちやうのない事です。さう考へます。さう考へる仕方ありません。そしてそれが正当な考方だと思ひます。そんな風にして自分が生れたといふ事は不愉快な事です。然し今更にさういふ意識で苦しんだ所で何になりません。無益で馬鹿気て居ます。そして僕はそれを呪はれたものとも考へません。…僕は知つたがために一層仕事にたいする執着を強くする事が出来ます。それが僕にとつて唯一の血路です。其処によつて打克つより仕方ありません。"

　彼はしかし又平板的な流におちいる。そして最後に、ふつくらとした充実感は彼をみたす。暗夜行路は美しい小説だ。ふくざつな、根強い、小説だ。しかし時任謙作はなんとなく老人くさい。

8.25.
　A portrait of the artist as a young man は明日を以て一応終結せしめる

事にしようと思ふ。全巻約300頁中目をとほしたのは約200頁あるかなしである。自分が如何に薄志弱行だかよくわかる。今後新しいtextとともに自分の読書の態度を全く一転させて、じつくり腰をすえて読んでゆかねばならないとおもふ。ほんとにいいかげんなよみ方はもうperiodをつけなくてはならない。次に何をよむか、それは問題である。しつかりなににせよとにかく、がつちり尻をおちつけてよんでゆかう。僕は貧弱な人間だ。それを向上させるのは僕の努力のみである事をめいきしよう。

8.26.

今迄の読書はあまりにもおちつきがなかつた。今後は之といふ本はがつちりと精読してゆかう。

8.27.

A portraitを形だけ読了した。今はふれたくない。たゞ今後はがつちりと外国語を学ばねばならぬと思つた。

8.31.

28日兄と"Stanley and Rivingston〔Livingstone〕"〔1939年公開のアメリカ映画の題名。原文のRではなく、Lが正しい〕を見に行つたその帰途、大学に行つたところ、小使がより宮木先生の夫人がなくなられた事を聞いた。僕はその時俺も頑張らねばならないと思つた。心のうちからさういふ意識のもり上つてくるのを感じた。それから兄と家へ帰り直に宮木さんのお家にうかがつた。先生と先生のお父さん、奥さんのお父さん、兄さん、それから坊ちゃんが居られた。お線香を上げてから二階に行つて先生とお話をしてから兄が先生僕たちも頑張りますから頑張つて元気をだして下さいと言つた。先生もさうしてくれるようにとはげまされた。先生は奥さんが特に僕の事に関心を持つて居られたとおつしやつた。僕もほんとに頑張ろう。

「奥さんのお亡くなりになつたのは8.25. A.M. 7.30 aboutである。僕は今3月のある日お金をいただきにあがつた先生の時のご様子を見出す。

奥さんは「存じて居りますが」と言はれた。その時の様子から僕は奥さ
んが立派な人だと思つた。奥さんが亡くなられたとうかがつた時「存じ
て居りますが」といふ声ががんがんきこえた。ほんとに僕はしつかりせ
ねばならない」休もおはるしかも実少く。二学期から即ち9月1日から
ほんとに新しい生活を健〔ママ〕設してゆかうと思ふ。そして真に自ら信
ずるにたる。―はじない、努力と成果をなしとげてゆきたいと思ふので
ある。それには緊張した勉強が唯一の方法である。決意はのべるもので
なく実行すべきものである。

読む本。

    ランケと世界史学   8.27. 文化類型学
     強国論   8.29. 日本文化の話
     歴史的現実   9.3. カントの実践哲学

買ふ本。

    にんじん。歴史哲学と政治哲学。

- Confessions of a young man
- Singe's dramas
- Green Mansions
- The lady of a Lake
    英国史

休暇中に読みたい本。(8.26.)

    ランケと世界史学　文化類型学
      強国論   日本文化の話
      歴史的現実   カントの実践哲学
    Thomas Man〔n〕's fictions.

買ふ本。

Hudson: Green Mansions

Synge's drama.

Maupassant：deux amis〔原題は、*Deux amis*で、一般に語頭は大文字〕．

何時か読みたい本。

ストリンドベルグ著　宮原晃一郎訳　「歴史の縮図」

春陽堂　0.50.

アンドレモーロア著　英国史　　　白水社　上・下　3.60

ドストエフスキーの小説（彼の作品すべて）

2学期に読む本。

文化類型学、日本文化の話、歴史哲学と政治哲学

歴史的現実、西洋史新講、概観世界史潮

（歴史的世界）、文学概論、学生と歴史、強国論。

5.50 ＋ 2.80 ＋ 3.50 ＝ A12.00.

愛と認識の出発

けれども善き愛、天国の鍵となる愛はキリストが「汝の隣を愛せよ」と言つた如き、佛の衆生に対するが如き隣人の愛のみである。…隣人としての愛

卑俗な心でよめば高貴なものも卑俗に見える。　　8 7.11

3つの物語	Gustave Flaubert	7.90	C
余の尊敬する人物	矢内原忠雄	7.8	B
我輩は猫である	夏目漱石	7.12	B

さびしい。舌〔ママ〕気と見える人々も心の底をたたいてみるとどこか悲しい音がする。　　P298下

読書予定

A.M.　8-10　　le français〔学習対象としてのフランス語という意味だろう〕

10-12　　History

3-6　　English　　P10.

他ノ時間ニハ小説ヲ読ム。

精神ノ全機能ヲ確カメヨウト努力スルヨウニツトメル、ヨウニ身ヲ置カウトツトメルソノ努力ニ多大ノ困難ヲ見出スダラウ。

9.3.

"歴史的現実"を一読した。よくは解らなかつたが、生きるといふ事に新しい強い力をえた様な感じがする。之は歴史哲学であり、倫理学であり、宗教であると思ふ。

9.16.

9.15日を期して今までのloose な生活をいつてきして新しい創造の生活を築きあげてゆかねばならない。loose とは単に本を読まなかつた事を言ふのではない。さうする上の心構に欠くるものがあつた事をさすのである。即ちその根柢に於ける心構の上に、悪しきものをあいまいにとり入れたり、善事に対する意志に欠くるものがあるを指すのである。

勿論現在の私は統一的な考を持つて居ない。然しよく考へて見ればそれがたとひなからうとも我々は行為を統一させてゆく事が可能であると思ふ。そしで〔ママ〕、その点についての厳格さこそ我々の生を創造的にするものであると思ふ。創造的な生のうちに我々があるのはそれに対する努力であつて、同時にそれならざるものにたいする潔ぺきさが大きな力を持つのであると私は信ずる。自己の行為についてのげんかく性は決つしていしゆく的なものではなく、より有意義な生への発展的契機であるのである。故に単に徒なる観照的なあいまいさこそだきすべきであり、克復すべき矛盾を（単なる）なほすべからざるものとして放置しておくのは、自己を限局してゆくことで同じく慎むべき怠慢である。又徒に想像のatmosphere のうちにとじこもるのも単に不愉快なばかりでなく、不自然であり、不真面〔目〕である。性格の認識は単なる認識すべきものでより以上に克復すべきものなのである。

克復しつつ努力することが生なのである。そして生にあつては比較は必ずしも重要でなく、或場合にはむしろ排斥すべきものなのである。例へば我々の今迄の生活の進展が程度に於て低くても、それに落胆してはならない。それをみとめるだけの、それをその正しさに於てみとめるだけの勇気がなければならない。徒に皮肉独善に陥つてはならないが同時にいしゆくしてもならないのである。なんとなれば重要なのは単なる程

度ではなく、それに対する努力だからである。我々且又へんぺんたる程度のさはなんであらう。又そんな事が恐ろしくて我々は生きてゆけないではないか。そんなことがある場合我々はまづ第一にあせつてはならない。着実に努力してゆかねばならないのである。そして常に「俺は俺としてできるだけの事をしてきた、と言へる様に努めるべきである。人間として最後の立脚地は実にそこにあるからである。又同時に努めもしないのにこれが最善だと思つてはならない。とにかく、らくたん、しようそうが最も警戒すべきものである。それは実に根源的な生活力の消長に大きな関係があるからである。

　故に我々の勉強は我々の独自の基準で批判さるべきであり、同時に批判の前に自ら省みてはじざる事なき様つとむべきである。思ふに小笠原、宮木両先生は我々の私の心をなぐさめはげまし、けつぺきな精神と創造的精力をあたへてくださる方である。御二人にはづるところなく、又御二人の知遇にこたへたい。

9.16.

　今日"民族の祭典"を見た。選手が真剣な努力をし、たほれるほどの奮闘をみると人間として我々は負けたといふ感をいだく。頭脳的なものにせよ一体我々はその様に充実した生を実賎〔ママ〕したことがあるであらうか。又同時に我々はそれだけの緊張をした事があるであらうか。真に反省すべき事である。空には美しい月が浮んでゐる。今日は中秋の明〔ママ〕月である。

9.17.

　"北極飛行"を読んでゐるがそのうちに、(P208)機関士が不凍液ノ湧出を防ぐため非常な努力をしてゐるところがある。この様に非英雄的な位置にあつて而も着実にその職務を遂行する人こそ英雄なのではあるまいか。更に言へばそれは英雄とは別個の貴い人間の型なのであらう。

　4.20PM読了した。ソヴィエットが如何に学術を、殊に基本的なものを尊重し、その為に努力して居るかよくわかるのである。そして重要な

35

事を行ふ為じつくり腰をおちつけて、異常な忍耐と努力をして居る点は実に敬服にたへない。日本及日本人がよく研究してよい国家であり、国民であると思ふ。又私個人としてもそのしつかりとした、おちついた努力ぶりには頭がさがるのである。実に、価値ある成果は単なる頭脳とか才能の所産ではなくして、うまない、辛抱強い努力の集積なのである。

　そしてその様な事をなす人が偉人とか英雄と呼ばれる人であるかどうかは問ふを要しない。たゞその様な人は我々が手本となすべき貴い人間像である。我々は結果的にも偉大でありたい。然しまづ努力的に偉大であるようにしたいと念願する。

9.21.

　"トマス・マン短篇集1"読了す。"トニオ・クレーゲル"はよかつた。そして"とますまん"の"死"と"生"が芸術家と人間の対立のうちにかくれて居ると思つた。なかな叙情的で美しかつた。昨日鈴木教授訪問、非常に面白かつた。矢張り面白かつた。先生は"トリスタン""道化者"をほめて、トマス・マンは偉い人だと言はれた。

9.28.

　"トマス・マン自伝"を以てトマス・マンの勉強を終る。

9.29.

　嵐峡を下りて後François〔カフェの名前だろう。以下、すべてフランス語〕に行く。la belle fille〔美女の意味だろう〕を見る美しい。私はelle〔彼女の意味だろう〕の幸福を心から祈る。Mon Amour〔想い人くらいの意味か〕は強くも亦さびしい。然し絶対に控目でなければならない。唯心から祈るのみ。

　"概観世界史潮"(10月中)"希臘文明の潮流"(11月)"ルネツサンス史概説"(11月)を徹底的に理解勉強する。

　"歴史的現実"、"歴史哲学と政治哲学"、"強国論"、"ランケと世界史学"、"世界史の理念"、"歴史に於ける理念"、"歴史哲学概論"をあは世

〔ママ〕勉強する。

　将来何を読むか不明である。唯現在に於ては"概観世界史潮"一冊を理解する様努めさへすれば良いのである。徒に計画ばかりたてて居るのは少しも良い事ではないのである。

　然し大体の方針としては"歴史及歴史哲学"を中心とする予定である。文学は二次的に読む予定である。英語は朝と晩(朝―不定、晩―1時間)必ず"Green Mansions"を読む事とする。注意すべきは―歴史に於てであるが―記憶は理解なり―といふ事である。

10.13.

　概観世界史潮ヲ読了ス。歴史学習、研究上得ルトコロ少クナイ。歴史哲学ト歴史ハ離ルベカラザルモノデアル。歴史哲学的眼力ナクシテ歴史ノ理念ハクミトル事ガデキナイ。

　松尾君トノ輪読ハ次ノ一回ヲ以テ打切ル。一番ノ原動力ハ松尾君ニ対スル不信ノ様ニ思ハレル。私ハ自分自身ソノ様ナ喜劇ノ対象ニナリタクナイ。

10.14.

　京都の秋!!外には雨がふる。汽車の汽笛、音、寺の鐘。/それらは私をして快きennuiにひたらしめる。心もおちつき、ひきしまる。そして現在のこの清き孤独を愛する。京の秋よ。

10.15.

　"忘れ得ぬ人々"続を読了す。楽しくも、又高められ、拡充させるこの本はquelque chose〔「何か」の意味のフランス語〕を持ち、それを抱く著者はquelqu'un〔「誰か」の意味のフランス語〕だ。とは辰野ばりのaccent。"フローベル"、"モオリスバレス"、"アンリベックの貧困"が特に良かつた。

10.18.

　"歴史哲学概論"読了す。歴史的時間以外はよく理解できたと思ふ。

歴史の認識と実践の統一としての文化綜合（現在〜）の事は非常に楽しく、くるしんで読んだ。

10.25.
　弱い物、不確実な物、それらはいづれも無きものとされる。友達‼教頭、宮木さん、お母さん、兄さん、之等は僕の親友だ。それ以外に目賀田等のみ親しめる。
　むしろ、頭の良い人よりは感激man〔感激する人という意味か〕を愛する。Doy Iff min Mann.〔不明〕嗚呼愛したい。そばなる人をあいしたい。親しき者わがかたにあれば。

10.27.
　"歴史における理念"読了す。何が何だかわからぬが面白くてしようがない。僕の勉強は時間つぶしの別名にすぎない。しかしそれは別でも真に真面目なるが故であると信ずる。

10.28.
　小説とは人間の心を和げる。暖流はたのしい。人生は美しい。それはよわい美しさではなく、強い美しさ、矛盾的美を持つ。被媒介の美である。生の自信がでてきた。建設的?!

10.28.
　2学期も終に近い。今迄1月20日間の生活を主として勉強について反省したい。一体何故理科は文科より全体的に優勢であり、苦しいか。何故に文科は停滞的であるか。又私の勉強は何故に低調であるか。まづそれらについて考へて見たい。
　第一に私の勉強の欠陥は不徹底といふ事、いいかげんと言ふ事である。例へば歴史哲学をやるにしてもいいかげんでほつておく事が多い。理解せずにすます事が多い。それが最大の欠陥である。徹底さ、即ちWissenschaftlichkeit〔「学問的なこと」という意味。ドイツ語〕に対する真面目さなしにどうして我々

は自己の知識的形成が何〔ママ〕し得ようか。其点に対し先づ猛省せねば
ならない。元来私は頭脳的に非常に劣等である。其故真に努力して自ら
邁進せねばならない。理科ならば数学でおびやかされともかくそれをも
のにする。然し我々にそれば〔ママ〕ない。そして自ら求めるそれには良
加減であるならば我々はspoilされるばかりだ。其点、大に奮起せねば
ならない。自分の勉強に対する徹底さは教授の訪問により自ら試験すべ
きである。それに対しほんとに努力せねばならない。次に語学の勉強が
著しく不足して居る。抑々私は少くとも語学にだけは幾分自信がもてる。
人並にやれる自信がある。(英・独・仏)それ故私にとつて実質的な根拠
は語学のみである。もしその語学の力が不足してゐるならばそれこそ私
にとつて致命的である。今後毎日2時間は少くとも語学をやらうと思ふ。
又やらねばならない。何となれば語学こそ私を実質的に救ふものである
からである。先づ英語が徹底的によぬ〔ママ〕る様になりたいと思ふ。又
注意すべきはしたい事をするにしても、なるたけ最も望む事を最も真剣
に遂行すべきである。単なる時間消費の読書ならばいつそ運動、hiking
にしかないではないか。

　精神的にいふならば私はすこし広がりすぎた。即ち外向的にすぎた様
である。それが今の空虚感の根本である。そのためには内面性の充実が
根本である。個人に固まるとは個性的である根本である。それなくして
は個性的といふ事にないし且又自分が消散するだけである。目賀田以外
に気が許せない。淋しい時は小説を読まう。そしてなるべく家に居よう。
家に居るとは重要なことである。

　思ふに私は今迄怠惰にすぎた。ほんとに真面目にならなければ私は退
歩するのみである。それでは自ら恥づかしいではないか。私は良き友人
たりたい。然しその資格は充実したすぐれた人間といふ以外にはない。
そして私は良友たるにあまりに方向が遠いではあるまいか。教頭、宮木
さん、山崎さん、…等の良友たるには自ら省みて恥じる。その人たちの
良友たるに恥づかしくない努力をほんとに今日からつくしてゆかねばな
らない。私の理想は尊敬する人々の良友たりうる自己を建設するといふ
事である。それ故私の行為の価値評価の基準はそこにある。それは厳正

な自己反省によりて可能なのである。その大きなあらはれが勉強に対する誠実である。之からほんとに努力しようと思ふのである。母を兄おもへ。宮木さんをおもへ。寂しいなど言つてはならない。寂しさは人に求めて解決すべきでな〔く〕自らの実践行為で解決し止揚すべきだ。

11.3.

　明治ノ賀節、"歴史的現実"ヲ読ミ、多大ノ緊張ヲウケ、感激ニタヘナイ。今日カラ自ラ統制ノアル努力的生活ヲ建設シテユカウ。

8.25 A.M.

11.4.

　宮木先生にはじめてお目にかかりてより一年、

　　1. 気分の緊張がゆるみ、不勉強であつた。
　　2. 勉強に真剣に努力しなかつた。
　　3. 生活がlooseで統一なく他に依存的であつた。
　　4. 真剣なこどくをかいた。
　　5. 平凡、低調な生活であつた。
　　1. 真剣に自己形成に努力しよう。
　　2. 独立主義的個人観の実践。
　　3. 三国語の修得（英・独・仏）。
　　4. 自己にのみauthorityあり、共同とは無し。
　　5. 平凡な人間は非凡な努力により存在の意味を知る。

　今後自らはじない努力をしよう。したい事をしよう。外国語に専念しよう。時間を意味づけよう。あくせく主義に徹底しよう。自己をのみ尊敬したい。

　お母さん、兄さん、宮木さん、教頭、僕はよい友達になりたい。僕にとつて同年の友とは単なる言葉にすぎない。貧弱なる自己に高貴なる友情のあるはずがない。低調な友情なきにしかず、友情は低調な浪費的生活でなく、愛をきそとする創造的交流である。

11.6.

　弱い事、それは一つの罪悪だ。それは一つの怠慢ではあるまいか。我々は生きてゐる。そして我々の生を清く、美しく、価値あるものに高めなければならない。そしてその清さ、美しさ、価値は客観的規準よりされるものではなく、主観的な誠実さを主体とする意志の評価によってはからるべきものである。それこそ本質的なものであるまいか。即ち可能なのは唯努力だけである。評価とは付随的なもの。非本質的なものである。それは我々はその本質的な点に於てのみ堪へうれば、自ら省みてよいわけである。人はその価値に一客観的評価の対象としての自己に重きをおいてはならない。唯自己の努力にのみ重きをおき、それについて恥じてはならない。その点に於て勇気を持たねばならない。それこそ背水の陣的生活態度で、真の平静はそれを前提とする。それなしに成立し得ず。問題の力点はwhatではなく、howである。自らwhatをたのむは一種の停滞である。howのみが創造の根柢である。そしてそこにこそ我々の生活の本質的な把捉がありうるのである。人は自ら信ぜられなくなつた時崩壊する。然しながら人は常に行為的誠実さの点より自己をたのめるだけの信念がなければならない。要するに野心とか目的論的行為は不健康な病につきまとはれる。それはsollen〔「すべきこと」ぐらいの意味。ドイツ語〕として目的をたつるも、その評価はsollenへの誠実さ、努力でhow muchの問題、いくら近づいたかといふ事は副次的なものにすぎないのだ。

11.8.

　高等学校時代に英、独、仏の三国語をとにかく物にしてやらう。ほんとに、2年になつたらドイツ語、それ迄みつちり、英語仏語をやらう。確実な知識を尊敬する。

11.10.

　今日は紀元二千六百年奉祝記念日である。その長い事は必ずしもすぐれたりとするに足らない。唯だその間無的容器を媒介として各文化をせつ取し、一種の融合文化を生成した点は尊重せねばならぬ。勿論日本

文化は現在、西洋的なものと東洋的なものと混沌と並存し、多くの矛盾をふくみ、病的状態にある。我々の使命は之等の混沌を統一し、綜合し、より大なる文化につくりあげてゆくべき事にある。又従来の日本は多くの点で封建意識を脱していない。この点もつと認識的に人格の尊重を行ふ様にせねばならない。亦Kultur〔「文化」／「教養」。ドイツ語〕,Wissenschaft〔「学問」。ドイツ語〕は国民と、全体から遊離に、国民の教育は低いものである。日本は多くの欠点をあまりにも混沌とふくむ。この克服こそ今後の大きな課題である。2600年こそそのため決意を新にすべき時である。

11.12.

"ソクラテスの弁明・クリトン""土井虎賀壽　ニーチエ・ツアラトストラ"を読了した。文字通り読了したに過ぎず何物も吸収してゐない。僕の読書は一体にあまりにも急いでしかも何物も得ない事が多い。誠に誠心すべきである。もつとおちついて少しでもよいからゆつくりせつ取してゆかねばならない。そして今学はだめであるが、読む本は必ず一冊づつとしよう。語学の学習には単語を憶える事に注意しよう（唯、仏、独語）

11.14.

"日本精神ト世界精神"ヲ読了シタ。ヨカツター?ートオモフ。唯僕ノ読方ハ味読カラトホク、アワテフタメイタ読書デアルガ、コノ点良ク注意シテ腰ヲオチツケテジックリ読ム様ニツトメヨウ。読ミタイ本ガ沢山アル。トニカク之等ヲジックリト腰ヲオチツケテ読ンデユカウ。

11.19.

映画"たそがれの維納""祖国に告ぐ"を見る。

ニュースで高松宮殿下の祝詞と万歳の朗々たる、力強き御声に感激させられた。

Patriaten〔1937年公開のドイツ映画。原題は*Patrioten*である。意味は「愛国者」で

あるが、もしかすると『祖国に告ぐ』という邦題で公開されている可能性がある〕は矢張り良かつた。法、正義、といふものについて考へさせられる。戦争の中に於ける正義、人道、道徳性‼

　リタ・バアロヴァ〔Lída Baarováのこと。チェコ人の女優〕は美しい。素晴らしい。

　僕は一人だ。このことは僕の生涯の特色となるであらう。たくましいものを建設したい。真の一人の人間を。

11.21.

　僕は弱い極めて弱い一人の人間だ。他の人は強い。僕は弱い。僕は貧寒な人間だ。お話にならぬほど貧寒な人間だ。

11.24.

　"小さき町"を読みおはる。"禅と日本文化"読みおはる。"小さき町"をよんだことはなんとしてもとにかく嬉しい。"禅と日本文化"をよみ種々の感めいをうけた。勉学の上にも"剣刃上の一句"を実践してゆきたい。

　どこかにゆき、だれかと話がしたい。しかも誰も居ない。嗚呼友がほしい。愛せる人が、あまりにも嫌な人が多い。平凡と退屈のみ。嗚呼、非凡の人、本質を見つめる人、愛のある人、僕はそれにふさはしくなりたい。橋田博士は大蔵経にうずもれるといふ。僕もなにかにたてこもり、永遠のものを建設したい。

11.24.

　"狭き門"を読む。

　"私は幼なかつた頃、もうあの人の為に美しくならうと願つたものだ。今にして思へば私が「完全を目ざして精進した」のも偏へにあの人の為めだつたのだ。而もジェロームがゐては完全に到達することが出来ないとは"……。

　"ジェロームが言ふ様に初めは私に対する愛が彼を神に導たとしても、

今はその愛が邪魔してゐるのだ。ジェロームは私にかかづらひ、神より私を大事に思ひ、私は彼の偶像となつて、彼が更に深く徳の方へ進むことを妨げてゐるのだ"

"若し彼が私を愛するが故に道に迷つたとしたら、私はそれだけ彼を愛するでございませうか"

"主よ！ジェロームと私と手を携へて、互に助け合つて、主の御方へ進むことが出来ますやうに"‥‥"否、否、主よ、あなたの示し給ふ道は狭いのです。―二人並んで進む事が出来ない程狭いのです"

"主よ、幸福の大なる扉を、細目なりと暫しわが前に開かせ給へ"

"この家も、この庭も、堪らなく私の意を唆ります。唯あなたのお姿しか見えないところへ逃げて行きたいものでございます"

"幸福に達するのでなかつたら私の一生は空しいものであることを私は理解してゐる"

"力を尽して狭き門より入れ、滅にいたる門は大きくその路は広く、之より入る者おほし。生命にいたる門は狭く、その路は細く、之を見出すもの少し。"

La Porte étroite〔アンドレ・ジッドの小説『狭き門』の原題〕!! 僕は以上の事だけ理解した。

11.26.

今は夜明前だ。晩の三時だ。午前三時だ。

嗚呼死に度くない。今疲れてゐる。自らの怠慢と無理性のために。11時迄には遅くともねよう。絶対に理性的に生活を積むでゆかう。生の充実のために。

僕の今の生はつねに死かけてゐる。丈夫にならないでもよい。唯アルバイトにたへるだけの身体でありたい。そして何か労作を、主観的に絶対なる信念をもちうる者を積みたててゆきたい。

僕は客観的価値評価を恐れる。僕のよりどころは主観的絶対的価値評価のみである。

僕の生が蔵するところのもの、僕の生の結果たる者、それらは一般的

には或は──そして多分──低くしか評価されぬであらう。あつてもなくて
も同じぐらいのものしかなしえぬかもしれぬ。しかしそれは主観的には
充実の絶頂に価するものとして絶対の価値を持つべきである。観想的価
値評価の入り込むすきのないほどさしせまつたもの。充実したまの〔マ
マ〕であるべきである。そしてそれによりてのみ生は意義づけられる。
生きたい。死にたくない。

　何人も僕とは語つてくれないか。級友のある者はそれを僕の欠点に帰
した。しかしそれは僕にのみこめぬ。ピントはずれとしかおもへぬ。級
友と僕は違つた平面に存在するもの。接触することのないものといふ感
じがする。

　悲“慧玄が這裏に生死なし”。僕の生はつねに死に対立し、それを打
砕かんとする意志にうらづけられ、生死の区別のいへぬ絶対的な気持の
もとに打たれてゐる。それは死を意識した、充実を求める、さしせ
まつた生である。この事を誰も理解もしない。それ故充実の頂点を含む
僕の生に対する批評は──その名に値しないが──あまりにも浅薄、皮相で、
その無理解さは不真面目に値するとも考へられる。僕の生に生死なしと
僕は信じてゐる。これを知らずして何故僕の生を理解し得えう。この最
も本質的な点を知りもしないのにとやかく“したりがほ”する不真面目
な人の群よ。

　僕は君達など眼中におかない。

　しかし僕を理解する人はいないのか。誰も僕を知らぬのか。僕は一人
たらざるをえないのか。嗚呼誰か知つてくれ。僕を理解する人がゐてく
れ。Mitleben!〔ドイツ語〕誰かとともに生きたい。何故にかくも、我は友
なきか。人生とは創造しつつある時以外何とひからびたものであらう。
僕の創造以外非常に力を必要とする創造以外何のうるほひもない私の創
造は活動であるとともに慰だ。しかもたつた一人の。

　読書のあいま。こんな事を人に話したいと思ふ時、僕の話しを誰も聞
いてくれない事をさとる。黙つて居なくてはならない事を知る。その時
何といつても僕の生の貧寒さを知らされる。僕の生とは何か。それは孤
独の努力と、そしてその間にある孤独のああ──笑ひながら言ひたくなる

ほどだが—独白だ。少くとも今は僕にmitの入り込むすきまがない。

　尊敬したい。愛したい。創造的に生きたい。一人の女性は別に求むぬ。されど一人の男性を、一人の友を、全人的に包容する一人の友を僕は求める。いや、それよりは矢張り一人でもがまんする。

11.26.

　"淋しい。淋しいなど人に言つてはいけないのであらうか。"

　"何故に淋しいか、孤独か、自己の貧寒なる為か、望郷か。"

　"いろいろある。最も大きいのは一人ぼつちといふことだ"

　"それはお前が充実した創造のうちに居ないからではないか"

　"さう思つた。さうして努力してみた。だが何としても淋しい。それは努力が足りないのだと言ふかも知れない。俺はそれに今ではouiと言へない。いくら努力しても淋しいにちがいないとしか今では思へない"

　"お前へは何を求めて居るのだ。"

　"さうだそれこそ俺も最も中心と思ふものなのだ。何かが欠けてゐる。得られざるが故にあまりにも貧寒だ"

　"それは何だ。勉強か"

　"勉強は大きな一つだ。然しこれは飽迄一人—俺一人にとどまる。且又だが他の一つだ。欠けてゐるのは"

　"人か"

　"さうだ。人だ。愛せる人だ。愛してくれる人だ。一人の強い男だ。Mitlebenをする人だ。俺の苦しみをきいてくれる人だ"

　"人に苦をせをはせて、お前ははじないか、お前の友を求める根柢は自らの苦を人にも一部せおつてもらふためか。そして楽になりたいためか。一人でたへるだけの勇気がないのか"

　"否、ちがふ。俺の喜びをわかちあへる人だ。さうだ、唯相互に理解する。その純粋な認識により愛する人だ。俺の求めるのは"

　"一体じやどうだと言ふのだ。"

　"嗚呼俺は一人の人を知りたいのだ。一人の神秘な人を。一人の平凡人ではない。(神秘とは愛の別名だ。)そしてその人にも俺を知つてもら

いたい。しかも相互に高揚しあいながら、何等下降する事なしに、ああ
その愛こさ〔ママ〕俺を導く。俺達を導く。彼を導く。‥‥
　‥‥嗚呼それもないのか。人は矢張り一人か？

11.28.
　"格子なき牢獄""美しき争"をみる。
　Prison sans Barreaux, Conflit〔1938年公開のフランス映画 *Prison sans barreaux*
のことを指していると思われる。14頁を参照せよ〕
　あれを以て良しとしえなくなつた。然し美しい。Idealist!
　孤独＝空虚、充実＝友情＝Mitleben
　ああさびしい。なにか欠けてる。皆さびしいのだ。
　俺だけが弱く且□れてゐる。努力した。本質的な努力が欠けてゐるの
だ。本質的とは何か。

　今後厚い本をゆつくり読まう。一冊の本を読む事、それは絶対の価値
を持つ。一冊の本、それは他の本に溶解され得ぬ固有の意味を持つ。そ
してその意味はその本への献身により把握しうるのである。読書の信念
は沢山の本を読む。ある問題の探求以上に、唯一冊の本を絶対視する点
にある。それによつてこそ生きたものが得られる。それは単なる知識の
獲得や頭脳の鍛錬のみでなく、その事自体が道徳的実践である。

11.29.
　自分の勉強が貧弱である事を痛感する。今後がつちりしたものを築い
てゆかう。真面目にじつくりおちついてやらなければならない、事を痛
感する。英語、仏語をしつかりやらう。
　あゝさびしい。風が吹く。寒い風が。なんて貧寒な生活だらう。一体
俺はそんなに嫌な人間かしら。もうしようがない。唯自分一人を充実さ
せる以外何ものこされて居ない。さびしいなあ。

　三学期から真に刻苦して勉強しよう。もつと英語、仏語を着実に勉強

しよう。勉強と健康を二目標にして統一ある生活をしよう。さもなけれ
ば僕は凡化するばかりである。人間の生活の意義は不断の努力による向
上にあると思ふ。誰れでも容易に得られる知識でなく、刻苦す者にのみ
開かれる道を進んでゆかう。

"力を蓋して狭き門より入れ。滅にいたる門は大きくその路は広く、
之より入る者おほし。生命にいたる門は狭く、その道は細く、之を見出
すもの少し。"

12.1.
　したい勉強ができず嫌な学課になやまされる。はやく休がくればよい。
ce matin.〔「今朝」という意味のフランス語〕今朝汽笛が一きは高くなつた。
あゝはやく帰りたい。
　二学期一体何をしたか。真に片々たるものばかりで恥かしい。がつち
りしたものをよむ。それが我々にとつての唯一の鍛錬に外ならない。大
に反省し、一層堅実に勉強しよう。哲学、歴史をしつかりやらう。

12.1.
　つとめて有名な、権威のある、標準的なものを読んでゆかねばならな
い。それは正統的であるからである。それは本質的なものを構成する要
素であるから、即ち古典的なものを特に読んでゆかう。数は少くても、
古典的なものをしつかり読む事が大事なのである。

12.2.
　語学の勉強は単語を記憶する事が中心である。速道だ。三学期より、
英語、仏語の単語をしつかり憶えてゆかう。(但し英語は学校のだけで
よい)又四月からドイツ語をやるがそれは徹底的に記憶主義でゆかう。
もつと英語が読めるようになりたい。毎日一時間はきつと自分のものを
読まう。
1. 四月以降は独語・仏語、各一時間。英語30分づつぐらい必ずやらう。
2. 読書はしつかりしたものをきつちり読まう。有効に読まう。

3. 毎日一時間は必ず運動をしよう。

12.3.

　　1.クラスの尊重。　2.感激の欠乏。　　3. 修学旅行。

12.4.

　試験について感じた事。

　　　1. 平生教科書をしつかり勉強する事。単語帳をつくる事。さうす
る事によりてのみしつかりした知識がえられる。

　　2　1. Σ-0.5. F-0.5. D-1.0　　2. Σ-1.0. F-1.0

12.5.

　語学はやつた事をmaster してのみ進歩がある。よいかげんに一杯や
るよりも、少しでもかつちりものにした方がよい。やりぱなしはやらぬ
と同じである。

12.5.

　午後川副ト山科方面ヲ散歩シタ。4時20 ～分頃、"S・P燕"ガトホツタ。
ソノハヤイツウカン、ゴウゴウタル音、ソシテヒキコム様ナ汽笛ノ音!
ソレヲキイテルトナニカ慰トハゲミガアタヘラレル。早ク東京ニ帰リタ
イ。

12.7.

　語学ヲムカウ10年間必ズ—国語一日20分ハ少クトモヤラウ。単語ナ
ドハアマリ拘泥シマイト思フ。
　試験ハ絶対ニ軽蔑スル。故ニ平生ハ余程シツカリヤラウ。但シ単語は
仏、独語ノミオボエル事ニスル。

12.8.

　日常的ナ行動ニ於テ、ソノ最モ切望スルモノヲ行フベキデアル。嫌ナ

事ハドンナ事ガアツテモシテハナラナイノデアル。

　京都はさびしい。然し真にdenken〔「考える」という意味のドイツ語の動詞〕の行へる場所なのだ。永遠のものとブつかる場所だ。古典主義はあらゆるものの母体ではあるまいか。それにいるにしてもいづるにしても。

12.10.

　自分が低度が種々の点で低い事を感じる。劣者の控目を感じる。しかしそれは不真面目なのだ。思考の遊戯にすぎない。頼るものはなにか。それは唯現在の努力のみである。それが主観的価値の基準なのである。人に劣つてる。—それは最も不真面目な精神的弛緩であり、不道徳的な創造的精神の減衰である。もつと本体的なものに規準をあかねばならない。それは何か。現在に於ける努力のみ。よくならうとする事—それが本質的なのだ。そしてそれは他と比較によるものでなく、自分の努力に絶対のきそを持つのである。自尊自信は個人の美徳である。

12.12.

　京都はしつかりとした生活をするによい場所だ。美しい自然。処々に見られる古刹。古典的な香。

　しかも京都はある新しい息吹きを持ち、確固たる中心的な学派を持つ。京都哲学派を。

　京都に於ての意義ある生活の一つはこの学派に精通し、そのうちに生きる事ではあるまいか。さうしてこそ京都は単なる平凡無為でなく、また我々は創造的となりうるのである。

12.12.

　一つの事をしつかりやりたいといふ気持ち—歴史をしつかりとやりたいと思ふ一面、倫理学、哲学についても読みたいと思ふ。どちらをとるべきか。前者をとるべきだ。それは深くして誠実だからである。単なる広さは根なき木にすぎない。一つの中心を持つつ広くやるべきだ。僕はまづ歴史をやらう。

12.12.

　馬場曰ク"羽田サンの東洋史は事実のられつで歴史のうちにふくまれてゐるものを教へてくれない"と。馬場はさういふ事をいふ人間だ。そしてそれだけにとどまり、自らその秘密を探る人間ではない。さぐろうともしない。

12.13.

　目賀田曰ク"無理式ノ之デハイケナイノダ"ト。僕ハ目賀田トトモニヤツテユケナイカモシレナイ。僕は目賀田と対蹠的カモシレナイ。尊敬しえない人と交るのは不誠実だ。交意持てぬ人としひて交るはあやまりである。目賀田は真面目である。而も不徹底的である。それをつらなきとほさずばやまじの気概がない。気迫がない。創造的といふよりは広義に於て傍観的批評的な人であるまいか。彼にほしいのは力だ。

　私は人がものを言ふより、その信念を着実にしかも黙々と実行する、単なる論理家、批評家とは存立の意味を持たないのではあるまいか。

　人は自らの行為に於て絶対である。他人に尊敬する事ばかりして何になるか。自らを尊敬に値する者に高めてゆく事に意味がある。そしてそれらを根本的に実行するのは何か。それは創造的な力だ。私は力を尊敬し、讃美する。

　歴史事実の列記、それは大きな意味を持つ。歴史に一つの理念を見、一つの精神を以て把握せんとする者にとつて事実の列記は見れば見るだけの広さと深みを持つからだ。

12.14.

　二学期の最初のコンパに於て、僕は不平を述べた。目賀田それを伝えきき曰く"君は反抗的だね"と。思ふに目賀田の一面か、軽率な批評と言はざるを得ない。而も彼は平然とそれを信じる。

　東洋史の試験明後日。漢室交替を読んでみた。何が含まれてゐるのかわからない。

12.15.

　平凡人を憎む。足のはなれたヒステリックなロマンチストを憎む。自らの考のもとに統一されぬ不徹底な人間を憎む。

　今晩の月は美しい。軽率人を憎む。皮相な人間を憎む。自を下げる事が友情でない。友情とは相互の上昇でなければならない。上昇はすべての根本だ。低級な退屈な交友よりは充実した孤独を望む。今の僕の孤独をしつかりかみしめそこに沈潜してみよう。それは深い意味がある孤独だ。ひとりで居〔ママ〕きる事こそ生の根本だ。

12.16.

　長興善郎氏著“日本文化の話”読む。名著だ。日本文化について教へられる点大である。氏は偉い人だと思ふ。何時か氏の著書をまとめて読んでみたい。

12.17.

　自分の勉強、それに努力する事が最も本質的なのだ。学校の事はそんなに重大でありえない。唯自分の勉強はだらしのない怠惰なものではいけない。着実な真剣な努力の対象でなければならない。何んとなれば人は自分の尊敬するものにのみ努力できるし、そこで不真面目なのは破廉恥なのだ。この一すじをつかむことが根本である。

12.18.

　瀬川さんの英語・単語があまり判らなかつた。自分の勉強、それこそしつかりやらう。だらしなくなつてはならない。大事なのは自分の勉強だ。英語毎日 30 − 60 分は必ずやらう。仏語も 30-60 分。独語も始めたらきつとやらう。実に実行こそ物の根本オントースオン〔「真に実在するもの」という意味。ギリシア語〕だ。学校の事をよいかげんで自分のものに頑張る生活を着実に築いてゆかう。

12.18.

　“布施太子の入山”を読む。之は絶対にうなづけぬ道徳だ。不道徳的のきはみ、狂信的夢遊病者の不真面目な行為だ。然し反対するのは彼の倫理であつて、彼の信念ではない。彼のそれを―即ち自分の信仰を実践する誠実さには打たれる。然し飽迄も彼の倫理は現実に実践されるに値しないものだ。憎みてもあまりあり、しかし之は極端な点〔ママ〕型をとつてそれを排撃するものであるが、法による摂取をとく彼は正しい。僕は思ふ。法の把握は檀特山にあらず。歴史を超出した天才とはこの様な筈がない。

12.19.

　フランス音楽―美しき争―幻の馬車のそれ―が懐かしい。

12.21.

　もう試験も終つたも同然である。今日本を買いにゆき山本にたのまれた本と、Deux Amis〔正確には、Deux amisである。32頁を参照せよ〕, Les Lettres de〔Mon〕Moulin〔Alphonse Daudetの作品。邦題は、『風車小屋だより』である。〕, Les Thibaults〔Thibault〕〔『チボー家の人々』は、ロジェ・マルタン・デュ・ガールの長編小説である〕、ヘルマン・ヘッセ（外村完二の著作）等を買つた。
　読書に関し。
　今勉強したいと思ふのは歴史である。主として歴史哲学、西洋史、東洋史、日本史をしつかりものにしたい。それ故僕の勉強は夫等が中心でなければならない。歴史書の読書が優先権を持つこと。且又歴史の読書が中心であることを忘れない様にせねばならない。あれも之もと手をひろげると結局何も得ないからだ。
　Rankeの著作を英訳でよいから三年間で読破したい。英文学はあまりやりたくない。フランス語は文学をしつかり読んでゆかう。

12.22.

　私は信ずる。語学は試験でよい加減にやるものでなく、じつくり腰を

おちつけてやるものであると。僕は之を間違ひだとは思はない。然し今
自分の無力を感ずる。然しそれは決つして私の方針の間違ではなく、実
行の欠除〔ママ〕なのだ。私は実行の人にならう。冷静な実行者に。そし
て本質的なものをつかんでゆかう。今試験はある程度でやめる。然し不
断ほんとに真面目にこつこつとやらう。少くとも一日2時間は絶対に語
学をやらう。それができるかどうか。私の自己反省の大きな一面をそこ
におかう。今日は4時間明日は一時間などではいけない。今日も、明日も、
明後日もきつちり二時間づつやらう。そしてよいことは50%やればよ
いのではない。良い事は100%やらねばならない。良い事を50%しかや
らないならば、それは悪い事なのだ。自分を絶対に甘やかしてはならな
い。よしんば試験中でも30分はきつとやらう。ほんとに真面目に実行
する事が重大だ。そして、自らの努力だけは何をおいても信ぜられねば
ならない。それは人間の務だ。自らの努力—着実に、綿密な努力即ち真
面目な努力だけは少くとも自ら信じられねばならない。

Vous réussirez dans vos études, si vous êtes studieux et persévérants.
〔意味は、「もし汝が勉強熱心で根気強くあれば、汝の学習は成功を収めるだろう」ぐ
らいか。フランス語〕

平常の勉強は真に着実でなければならない。語学の試験勉強は確に或
る程度意味があるのだ。しかし平常着実にやるのはいかにまさることか。
言ふまでもない。それ故平生授業中もしつかりきかう。

12.31.
一昨日"学生と歴史"を読了。高坂氏の論文が一番良かつたと思ふ。
今日は"或る作家の手記"を読む。現代日本の切実な問題がしつかりと
りあつかつてあつた。我々の考へるべき点が多い。虫とともに生きるこ
と。批判精神、真実を知るの精神、言あげの不誠実。古き年は去る。新
たらしい年はくる。

12.31.
"或る作家の手記"を読みまづ自分のleben〔「生」という名詞の意味ならば、

本来はLebenと大文字にするべきである。ドイツ語〕に欠けてゐるあるものを感
ぜじめられた。ねばりづよい努力のない生には何等の価値がない。着実
な生はそれ自体無媒介の絶対的価値をもつ。我々の知識にも生活にも根
がないものは□□崩壊する。我々は如何にしても崩るべからざるたしか
なものを築かねばならない。

1.19.
　松尾君曰く "君は歴史の唯事実を知ればよくて、その意味等を考へな
いでせう。" 人の内面生活を憶測するはまず許してもよい。然しそれを
平気でその人に言ふなどとは軽率も甚だしい。彼が如何に弁護するも、
彼の質問は甚だしい不真面目な、軽蔑的なものだ。あの様な質問は恥ず
べきだ。愚かしきおもひ上りにすぎない。私とは縁なき衆生だ。

　今 "弟子" の序文を読んだ。私の思想的傾向に一致し大に励ましをあ
たへてくれる。しかも松尾君は曰つた。"それなら君は "弟子" に抗議さ
れないだらう" と。
　彼からまず反省せよ。彼は愛と意志とにしつかり立脚してゐるか。愛
は正しき認識を要求する。彼は誤れる独断にのみ立つ。彼は知識なき乏
しき人だ。しかも彼はそれを非常な美色で飾りあげんとする。彼が若し
人の精神生活の発展に理解をもつならばどうして今日の如き言が発せら
れようか。知るといふことは精神の健全な発展であり、且又自分を正し
くする一歩である。真面目さは寧ろ倫理のことあげでなく、実践である。
実行を伴はない決意は意味がない。その決意だけの反覆は恥ずべきだ。
私が歴史を学ぶことは行為的直観的なもので、私の考へは、私の人生観
は―歴史事実の探求に私自身を凝縮させる。松尾君は誤解の楼に空〔空
中楼閣の意味を付与させようとしたのか〕いきる。

1.19.

　私は幸である。真の意味に於て私は今幸だ。私は密接に私と交ばれつつある尊敬すべき、愛すべき友を見る。私は一種自信、力につらぬかれる。私はつねに生の一つの支持点を把握した。私は彼を見る。見つつまはる。天に２つの星あり。連星といふ。相ひきつつ共に回転する。私は彼に値したい。私は彼を敬愛する。彼も亦我を愛するにちがひない。愛しない筈はない。私は彼と離れたくない。常に彼を見つつある我を、彼よ、忘れないでくれ。我が身を高めること。私は鏡をえた。

1.26.

　我々の厳粛なるべき生活に対し反省しなければならない。高校生活の本質は何処にありうるか。我々生は何を基礎とするか。Leben よ Leben よ。そは何処におもむく。あゝ我々は常に無に直面する。恐るべきは虚無なり。Nichrism〔Nihilism〕の幻よ。

1.28.

　人の行為は意志の表現であるとともに、行為は意志の土台である。我々は真面目な行為をせねばならない。そして真面目な行為は理念にうらずけられたものであるとともに、その適確な表現でなければならない。即ち行為とはその人間の表現であるとともに、その行為は人間そのものを形成してゆくのである。故に表現の価値をになひえぬ行為は即ちいつわりの行為はそれ自身悪であるのみでなく、適確なる認識をも破壊するが故に一層悪である。故に認識が妥当であつても行為が不真面目であるならば、認識そのものも本質的に不真面目なものとならざるを得ない。行為と認識は相互媒介的なものなるが故である。

　"慧玄が這裏に生死なし"〔「慧玄（えげん）が這裏（しゃり）に生死（しょうじ）なし」と読む。人は生まれたら必ず死を迎える。しかし、そんな生と死というようなものを超越したところに境涯があるという意味〕といふ。僕は嘗てそして今も之を信じる。そして之は単に認識のみでなく、我々の行為そのものの精神である事を信ずる。我々は単に勉強のみならず些少な行為に対し

てもこの真剣な精神がなければならない。些少な事に軽率であつたり不真面〔目〕な事があつてはならない。全体は個体に支持せられ且又個体は全体に支持される。我々の行為、そして些少な行為なりといへどそれは我々自身の人間的総計でありの頂点なるが故に軽んじてはならない。そしてそれは我々の人間全体を規定する重要な因子なのである。我々は些少のことにも真剣でなければならない。

　過去の私は単に認識の真面目さのみを重んじた。我々の生活はあくまで外的で我々の認識の真面目さが根本と考へた。慧玄の這裏に生死なきは認識その崇高性を示すものとして尊んだ。しかし認識だけの真面目さなどといふこと自体成立しえない。認識は単独に存在するものではありえない。それは行為と連関しつつ我々の全人間そして全生活を形成して居るのである。そして重要なのは誠実な生、いつわりのない生、全体的に自分のもとに統一された生なのである。認識と行為が統一的存在を持つてこそ自分の生といひうるのである。そしてその生に我々は真剣であるとともにその生のすべてに於て我々は責任を持たねばならないのである。敢然自己の行為にたつて生活せよ。そして自己の行為を純粋にせよ。生の態度は"慧玄が這裏に生死なし"であり、そして剣刃上の生であつてこそ生は進み、みのるのである。私は今"西洋史講話"をよみはじめる。その認識に、読書に誠実であらねばならない。

2.1.

「蹇々録」〔明治時代の外務大臣陸奥宗光が執筆した外交記録〕を読む。

　数日前以来川副、田中等の批判をきいた。今日の目賀田の批判をきいた。其等には大体一貫性が存する。曰く「常識的」「移気」「八方美人」等である。いづれも適確なものではない。僕は明言する。彼等との縁は切れた。僕は自らの道を歩まう。唯僕は彼等の批判に対し力が持ち得なかつた。それは他でもない。僕自身勉強が不足してゐるからだ。努力が足りないからだ。今後真剣に読書しよう。読むこと。そこに私は凝縮する。

　目賀田よ。平凡な眼だ。彼は人を把握せずして自信あり。無知は一つの害悪である。不道徳である。

2.2.

　僕は今迄大きな欠点があつた。それは彼等の言ふが如きものではない。
　僕は真剣に徹底的に勉強して居なかつた。中心が不確実だつた。それ
が僕の欠陥である。真に己を虚うして勉強しよう。

2.4.

　京都の生活。屡々虚無に直面する。京都の生活。充実を感じえぬ生活。
心が開けない京都の生活。友のない生活。それ故に情熱を持ち得ぬ生活。
その何処に意義ありや。私はこの灰の中をつきすすむ事により何かつか
むのだ。それが私の途だ。このくらやみのなかを進むうちにつきあたれ
るのかもしれない。

2.6.

　Latin and Teutonic〔Leopold von Rankeの著作 *History of the Latin and Teutonic*
*nations from 1494 to 1514*のことを指していると思われる〕を中止する事にした。私
は之により多くを反省する。読み始める事は安く、読み終ることは稀で
ある。我は始めたことに安心してしまふことがあつてはならない。
　私はH.O.T.L.A.T〔上記著作の頭文字〕を読み始めた。そして自らうぬぼ
れた。病気にかかつた。そして今之をほうてきする。それは私にとつて
不名誉とともに光栄だ。新しい発展はそのうちにあるからである。着実
にやること。それのみが私に課された道である。私の今の苦しみ。それ
は真剣な読書によりてのみ打解〔ママ〕される。しかも読書は我々の抑圧
であつてはならない。我々の解放としてのみ意味を有する。我々の生長、
我々の発展に外ならない、からだ。

2.10.

　たゞの数日、ほんの数時間、その持つ意義は何と大であるか。そのな
かに一転が蔵せられてゐる。2月9日午後二時中村金夫を見る。午後
十一時家に帰る。あゝ僕をして力なからしめた空虚さは既に去る。俺は
一人ではない。mitleben〔名詞なのでMitlebenと綴るのが正確。「一緒に生きる」

の意味。ドイツ語〕を持ち得るのだ。人は自分の友とする人が最も尊敬できる様でなければならない。まにあはせの友達が最も良くない。他の人（京都の）はすべて間にあはせの様に感ずる。唯一人でよし。しかもその一人はここにあり。Nur ein Kamerad〔「仲間は一人だけ」ぐらいの意味か。ドイツ語〕トハいへぬかもしれないがほんとに一人は事実居る。しかし僕が彼を憶ふのを彼は許してくれるだらが、僕の愛敬をうけいれるであらうが且又同時に一体彼は我を何と見るか。とにかく、彼は僕の論文を見てくれる。嗚呼桜花咲くその四月実のあるものを彼に見せたい。

　歴史哲学（三木清）、歴史的世界（高坂正顕）、善の研究、倫理学の根本問題、哲学以前、根源的主体性の哲学、西洋中世の文化、西洋史講話。

2.11.

　いろいろの事より、自分の実力不足を感じる。而もそれは実にうれしい。僕はしつかり勉強してゆかうと思ふ。真面目に着実にやらう。重沢先生訪問。いい先生で嬉しい。休日の午後はきつとHikingをしよう。身体によい。しつかり勉強しよう。友があること。それほど大きな力はない。自分を高める事。それこそ頂点である。

2.14.

　あゝ感情は去り変る。変転極りなし。私は私の感情を殺すべく定められてゐるのか。さうすると私は彼の友でないわけか。なれないのだらうか。

　人との愛は我々の存立の土台たりえないものだ。我々の立脚地は我々だ。我々は自己に立つて、自己に忠であらねばならない。もつと真剣に自己たらねばならない。

　僕は勉強が足らない。勉強とは何か。語学が主である。もつと英語、仏語を真剣にやらう。二年になつて独逸語をやるがそれも真剣に頑張らう。

　三月には"Pierre et Jean"〔モーパッサンの長編小説〕を"Sons and lovers"〔正確には、*Sons and Lovers*である。D.H.ローレンスの長編小説〕を"西洋史講話"、

"歴史哲学"、"西洋中世の研究"or"歴史的世界"、"善の研究"を読む。
　僕の第一の欠陥は何か。勉強しない事だ。

2.16.
　僕が一番の欠陥は勉強しない事だ。僕自身に力がないのは怠惰な生活してるからにほかならない。もつと真剣に、自分の足にたつて生活をせねばならない。真面目に自分に向つてふるいたつてゆかねばならない。自分を適確に表現する。生活即自己でなければならない。人は真剣になるとやり方は一つしかない。いいかげんなのは不真面目なのだ。僕は今迄生活などをあまり重視しなかつた。適確にいふならば主観的によければ客観的にはどうでもよいと感じた。それはまちがいだ。人はその瞬間において常に自己にたちむかふ。自己をよくする事それは各瞬間に於て自己とかくとうすることである。自己と真剣にたちむかふ事に我々はひるんではならない。自分の世界観に立つもの、自分の頂点に立つこと、自分のすべてに責任をもち、すべてに誇らかに自己の名を冠することができるようにつとめるべきである。もつと真剣に勉強しなければ我々は安易なものに惰落〔堕落〕するのである。言ばでなく真面目に勉強しよう。

2.19.
　人々なつかしき。

2.20.
　確固と自分を指導してゆかう。僕の理性にしたがう。どこまでも僕として生活しよう。倫理学（3刷）ロシヤ文学を勉強しよう。

2.23.
　自己を偽つてはならない。自己を確りと保つてゆかねばならない。我々は自己の真剣な行為者でなければならない。我々は自己の頂上に生活してゆかねばならない。もつとも自己の名をふしえる行為の行為者でなければならない。最も僕にとつて今迄いけなかつたのは自分の名の明確で

なかつた点である。

　人に対する愛情、我々はそれを純化し、高めてゆかねばならない。我々の友情の根柢はなにか、それは自らの愛である。たゞひたすらに愛すること、それである。それ以上でも又それ以外でもないのである。自らの愛に殉ずるのである。それを自らの心にもつのである。人はすべて自らの殻のなかに苦しむ、苦しむことのみである。

2.27.

　真剣な生。切迫した生。そこにはいたづらな夢とか、涙はない。第一義的なものに媒介された生、それのみ唯一強固な生である。そしてその第一義は勉強に凝縮する。人は自己の真面目さが信じられぬようではだめだ。

　山にゆきたい。叫びたい。単なる想像上でなくぐ体的にも何等の力も、他の如何なる者を破壊できぬ何物かを持たねばならぬ。それは具体的に力を我々にあたへる根源たるものである。

　アグネス私はお前を愛する。

　ジヤック曰く"あんな教授に試験され、評価されるのが嫌なのだ。"

　僕は自分の生活がとにかくなにかのつぴきならぬ苦しみにあるのを生じる。それを苦しむことは根源に到る。僕はいんちきや、いいかげんをにくむ。口ばかりの人間をにくむ。

　ああ俺はある一人を愛する。しかも彼と果してどう結合できるかを考へるとき、もう誰れとも話したくなくなる。誰をも愛したくない。Warder Nicht.〔不明。もしかすると、Warder は、werden の変化形の雅語か。意味は、「無に帰する」ぐらいの意味か〕あ々自分の焔のうちに死にたい。僕は天山南路、北路を股にかけ吹雪のなかに馬をとばせてみたい。自分がなんになるか。それは重大な苦しい問題である。normal を排せ。

2.27.

　各々の人が自らの愛情に殉じること。然し国の為に死ぬといふこととこの愛情に殉ずると両者の比較（構造上）をすれば、←これは問題である。

　人間が常識になること、本質的にcommonであること、それは実にい
まはしい。自らを最もよきものたらしめる、といふことに大きな真面目
さがあり、あ々僕は愛の表現形式を知らぬ。Kaempter〔Engelbert Kämpfer
のことか〕、なぜこの名をかいたのか。

　じつと一人考へること。そして自らの構成の原理を、力強く、烈しく
生きる。読書の常識的なるは人間を常識的にする。何故常識的がいけな
いか。彼は発展をおへたからである。自らを没するものの把握、第一義
の実践、真実の行動、せざるをえぬ矛盾した行為、自己に対する不真面
目、あ々俺は一人になりたい。俺は超人になりたい。そして超人とは自
らの一義を徹底する以外でない。東京など帰りたくない。一人になつて
とつくみたい。あ々それは徒らな空そな形容ではない。確固たる自己を
つかみ、之を生長させること。インチキ者よ、憐み、けいべつに値する
やから。まにあはせはよせ。最もよきものを。空論のもてあそぶもの。
空そなうぬぼれ。自己拡大家。あ々私のみがよい。うそつけ。人は自ら
を信ぜよ。中村君は僕なしで居られるか?! それならもうおはかれだ。

2.28.
　こんなノートにこんな事を書きたくない。俺はこんなことが嫌だ。し
かし、之を書く。之を人に書きたい。一体俺は弱い人間だらうか。

　あ々なんで人に言はずに居られぬのか。人はすべてしつかり我慢しな
がらその生を生きる。人はすべて苦しむ。しかし、僕だけはその苦しみ
を一人でそつとしておけない。さうだ、俺はたしかにfrankでない人間だ。
俺はいつはりある人間だ。自分の思ふことを言へぬ人間だ。

　中村君、僕は貴君を敬愛します。しかも我々の間にdistance介在す。
それをかみしめる。あ々にがいのが過ぎたとき人は笑ふものか泣くもの
か。我はいざ笑はんかな。dire sans dire! Pleurer sans larmes!〔「無言で
語り、涙を流さず泣く」ぐらいの意味。フランス語〕僕は真に敬愛する。しかも
そのまま。恐らく君は平気で、しかも僕は苦みつつ、我々の距離はます
のか。人の愛情とは一体何だ。愛などあるか。ある愛はいとはしく、あ
りたき愛は離れゆく。なんだか変だ。孤独をかみしめるなど一様ではな

く苦しみだ。それは人が軽々口にできぬほどの苦しみである。徒に
Romantic なるもの、涙のあるもの、いとはしき虚偽である。休ととも
に帰りたし。家はいや。どこかに行きたし。山の放浪よ。山それはすぐ
君と連絡がある。

　目賀田、川副、松尾君、君達を軽蔑する。

　あゝ何人も我々を裁くことは許されぬ。一体汚すは誰か。あゝ独善的
傲慢者よ、人生は汝にとつて美しいであらう。しかもその美しきは汝の
過である。あゝ一体俺の生はなにか。自分のみ、Mitleben!（なんぞ相待
つ〔相俟つ〕の多くして相交ぼるるのすくなきことよ）僕は自分の人間
像うすれゆくを感ずる。自分の途がしつし〔ママ〕かりかたまつてる感じ
がする。それは恐ろしいことだ。あゝ愚かなる人間どもよ。そして恐ろ
しい又人間どもよ。俺はお前が大嫌だ。愛情が確心されぬこと。あゝ私
は永遠に貴方をさる。もう俺は誰も嫌ひだ。

　俺はとんでもない。京都いやなところだ。東京不愉快、大阪、汚ない、
じやあどこだ。一つの湖。そんなことを書くことは徒らな sentimentalism
の express にすぎぬ　なんとなれば私は何等慰を見出さない。

　之もいや、あれもいや、人に話すなんて断乎といや。女の人、なんと
無知愚昧、愚れつの極、なさけないもの、まさに低級の権化。なさけな
き人々の群像のなか、愛情など俺は求めない。俺は一つの権威を求める。
あはれまるべき者どもよ、軽べつすべきものよ、それらは破壊さるべき
ものである。

　松尾君、僕は君は軽べつする。君は口ばかりで何もない人間だ。しか
も人間を一面か〔ママ〕見たことなくして、それで全部だと満足する独善
的な無知者である。知は徒だ。

3.5.

　本の書集めなど無味なことだ。今迄それで無駄ばかりした。今後は金
を有効に使用しよう。あゝ東洋史やりたくない。

3.23.

　勉強してるつもりでも我々は怠惰になる。亦極めて程度の低いものになつてしまふ。自分のなしうるかぎりの努力と最大の能力を以てやることが勉強なのだ。そして本をめしやくしやに沢山読む事がそれだけでよいのだ。今迄本を読んでるつもりでもごく良加減であつた。もつと文字通りぐんぐん読まなければならない。とにかく本を元気よく、energeticによめないようではいけない。はりきつて読む様にしよう。どんな本でもぐんぐん読まねばならない。class の大は問題ではない。相手は僕の批判それ自体である。自分のやることに信念が持てなくてはならないのである。

　常に古典を読み、そのために大して重要でない本をあきらめなければならない。真に古典の意味を荷ひうる本は、しかし、しつかり読まねばならない。解説書などばかりよんでもだめである。

　要するに我々は常に勉強の夢に溺れ自ら良しとして、何等努力せぬことがありがちである。しつかり注意し、我が友人と対立し、しかも之をlead しながら勉強せねばならぬ。自らの批判高かるべからず。

4.9.

　明日は京都へたつ。一体僕は何といふ世界のうちに住んで居たらうか。無批判の世界、饒舌の世界、迎合の世界、にほかならない。我々人間はもつと強い、自己を世界する存在でなければならない。自分をしつかりと維持した生活でなければならない。その意味で僕は裸になつてひとふんばりせねばならない。

　今迄の生活は実に低く弱いものであつた。

4.12.

　あまい自己批判のあるかぎり人間はだらくする。そして虚偽の権威を尊敬することにより人間はspoil される。

　今 Aristotelēs Ethica Nicomacea〔Nicomachea〕〔アリストテレースの『ニコマコス倫理学』〕第六巻第三章 "学問" を読んでゐる。

　真面目に勉強すること、それは喜である。その喜を感じない事、それ
は学ばざるが故である。

　我々は自己を最善のものにつくりあげてゆかねばならぬ。そのために
は我々が現在最善をせねばならない。人を讃美するなど簡単なことでは
ない。Jacque〔Jacques〕Thibaur〔Les Thibault〕〔ジャックは『チボー家の人々』の主
要登場人物のこと〕その精神は現在の僕を支配する。独立の人格とは烈し
い苦しみにより結晶する。まひした自己批判。それは醜い背徳者にある。
酷烈に自己をさばけ。第一歩はそこにはじまる。

　このuglyなもの。我々は常にそれにうちかたねばならない。我々の行
為の第一のつまづきは実にそこにある。

　学問、健康、社寺巡礼、日記、……

　さびしさ、それは単なる郷愁ではない。決つしてなくしえぬ孤独のに
がみである。しかしそれはなくすべきものでなく、なくなるものである。

　なぜならば我々の生はそれをなくすことを目標とせず、なにかつくる
ことを目標としてゐるからだ。

4.13.

　Ranke : Geschichte〔Geschichten〕der Romanischen und Germanischen
Völkers〔Völker〕〔Leopold von Rankeの著作の英訳 History of the Latin and Teutonic
nations from 1494 to 1514 の原題と思われる。58頁を参照のこと〕を放つたことはよ
いことであつた。その後の英語の勉強は充実した。

　今亦〔La〕Tentation de Saint Antoine〔『聖アントワーヌの誘惑』(La Tentation
de saint Antoine)は、ギュスターヴ・フローベールの文学作品〕を終る。之もよくし
なければならぬ。

　生活はsmoothでなければならない。自分の勉強をしつかりやらう。
Ethica Nicomacea〔Nicomachea〕第八巻 "親愛論"、にかかる。

　親愛の態度をお互に示すことの速かなるひとびとは、友人たらむこと
を願つてゐるのであるが、友人であるのではない。

4.15.

　平井の手紙。それは僕が彼に言ひたいことだ。彼の生は激しい。しかし僕自身貧寒な人間だ。僕はなにか欠けた生に直面してゐる。充実を求める。僕は人を愛せないのかもしれない。一体なぜ最も友と親密でないのか。僕自身次第にひからびてゆく感じがする。中村よ、僕は君に対する感情を力一杯おさへた。今のこの気持はその結果だらうか。もつと生活をおちつけねばならない。T.Nakamura、君はオテンバ娘のようなところがある。細溪よ、君は若々しい。もつと力強くたくましく、そしてのんきに、もつとしつかり勉強せねばならない。事実僕にはある、factorがかけて居る。よはきものはなくしてゆかう。

4.17.

　人間とは本来あるがままで美しいものではない。美しかるべきものなのである。そのあるべき性格はその人の反省と努力により回復できるものなのである。そして現在の姿は我々の頂点ではなく、未来は我々の下降過程ではない。我々は美しき姿を考へる。その考へるといふ事は我々の精神のよき部分の活動である。そして我々の為すべきことはその考に忠実に生きることである。我々はあいまいな、良加減な生方をしてはならない。我々は常に、酷烈な自己批判に生きねばならない。自己の生活のどこでも、強く自らの批判に対立しうるものでなければならない。我々は生活に於て徹底的にすぐれるだけでは結局不完全である。我々の人間総体が全体的に上昇するごとく我々は努力せねばならない。我々はこの事に適確な判断を持つ。個々の集積は全体を形成しない。然しすぐれた個々の存在なくしてなんで我々がよかるべき理由があらう。我々の世界観が美しくない筈はない。実に我々は美しき世界観のもとに於てのみ正しい生をいとなみうるものなのである。一回きりしかない自己、それを卑しい、下等なものにだするがままにゆだねることは我々の廉恥のしのびえざるところである。我々は自己の最も良かるべき生活を現実に於て常に形成しながら進まねばならない。自己批判の強い光のもとに生きねばならない。本能は如何ともなしがたい。しかし、本能にふけること

は悪しき事である。本能は我々のenergyの適確な表現である。我々は
その（良き）energyを良き面に媒介することにより、自己をたかめ、強
くする一つの力としなければならない。本能に負けることなく、本能に
対し抑制的な生をいとなむことにより人は強く美しくされる。その様な
ことなくして、何で剛健な、健康な、青年が生れようか。

　平井の生活は僕にとつて強く対立する。力強い共生者である。彼は真
面目にして、謙譲である。彼がより本原をみつめて、力強い土台に立つ
ことが望ましい。しかし彼は現にそれをやりつつある。

　中村は良い人である。優しい美しい人である。僕は彼を敬愛する。し
かし僕はこの気持を一片の好意にとどめるだけではやめられない。彼に
なんとかして僕の感を知つてもらいたい。

　細溪は可愛らしき人である。彼が長男とは僕にうけとれない。彼には
強いところがある。まだ子供らしいところのある人である。面白い。

　ものを書くこと。それは大きな反省である。一学期には大にかき反省
して生活を強く、自覚的にせねばならない。一学期の題目。A Modern
Symposium〔Goldsworthy Lowes Dickinsonの著作〕、Pierre et Jean、夜明け前、
ランケ論、歴史及び歴史哲学。

4.17.

　勉強せねばならぬと思つて勉強せぬ人間が多い。そして僕達は怠惰に
なりやすい。しつかりせねばならぬといふ。それは愚劣なことである。

4.18.

　我々は唯吸収するだけではいけない。それを消化せねばらないのである。

4.19.

　6時起床。美しき朝である。吉田山は円く屋根の上に顔を出して居る。
春の朝である。

　昨日の講演会　伊藤（吉）、武内、紀平三博士。つまらなかつた。武
内といふ人はよい人である。

　我々の生活はもつと統一されねばならない。勉強に集中せねばならない。あそぶことばかり考へるはおろかである。多情仏心おもしろし。
　一学期の予定　歴史及歴史哲学
　　　　　　　A Modern Symposium
　　　　　　Pierre et Jean
　よく晴れた日である。前田新校長を迎ふ。あまり期待のもてない人間らしく思はれる。森校長の挨拶も極めて平凡なものであつた。唯だかうすることがよいとは誰でも思ふ。それを誠実な精神を持て、実行してゆくことが肝要なのである。我々の勉強も同様である。目賀田とははなれゆくのみである。僕は統一されてない。そしてじつくり反省することが不足してゐる。自分を把握せねばならない。僕の心のうちからの詩情を傾けて小説をかきたい。
　小説読後感……
　人間が情痴の世界にふけることのうちにはたしかに大きな真実が含まれてゐる。人はさびしい孤立したさびしい存在である。しかしそれが例へ肉体の結合にすぎないにせよ2人の人間が相手なしにはすまされぬ結合の感情をいだくといふことのうちには何か本性的な宿命的なものがあるのではなからうか。勿論情欲は単に寂ばく感のうちからのみでてくるものではない。しかしそれにしても相手をもとめる。共になにかする人をもとめる感情には単に卑しいだけではすまない何かがあるまいか。しかし之は情欲の美化であり、情欲は本来的に決つしてさういふものではない。僕は情欲を否定できない。
　人はしつかりした情をこめて人を愛するなどといふことが容易にできるものではないのである。薄情な傾向、さめやすい傾向を僕は持つ。それをいつはるのは虚偽である。

　恋は人を浄化する。いや、恋には限らない。一生懸命になりさへすれば、その時間、人は誰でも清く美しい心になれるのだ。さうだ、一生懸命といふことが肝腎な点だ‥‥　…多情仏心。

4.20.

　僕は或る点で極めて冷かな、ひねくれた人間である。一体なぜ人に対する親愛感をfrankに発現しないのであらうか。それはたしかに恐ろしさもある。さうしてたゝきつけられた時の自分のみじめさに対する恐れに導かれてさうするのである。然し僕にはその人を見ずにはすまされない、たへられない親愛の気持につかれることがあるのである。そしてさういふ時一歩おせないで退く僕は実に真本との接触によりつくられた。

　我々は感情的に愛するものを求める。しかし大事なのはそれ以上に共生者ではあるまいか。そして共生とは愛のないものでなく、愛と批判が一層高く結びついてゐるものに他ならない。しかし愛とは或る点最も自由な奔放なもので我々の制御しえざる優なるものである。我々は自らつとめて愛するといふことはできない。しかし愛するとは必ずしも熱狂的になるといふことではない。愛の実現の形式は種々である。しかもそれは人に対する祈り、その運命よかれと、またその人善かれと祈る心である、といふ点で確に一つのものである。

　好意と愛とを考へる。一般に悪くない人間に僕は好意を持つ。そしてある人々には愛を持つ。そして愛とは僕にとつて高い位地〔ママ〕に立つ感情である。僕はそこに於てはfantasticである。僕は人が僕についてさういふpassionを持つとは考へない。しかし僕も人に対しさういふpassionを持たないのである。いま僕の心に大きな姿をとる人にたいし僕は大きな愛に導かれてゐるのではない。その人にたいする理解と批判がその人に僕自身を強く対立せしめる。それが形をかへた愛の表現かもしれない。然しそれは決つしてpassionateなものではないのである。その点僕としては愛とは認めにくいものなのである。しかしその愛以上に人と人との共生を強くせしめる紐帯があると僕は思ふ。それは理解であり、批判である。之こそ或る点では生の最も本質的なものではあるまいか。そしてそれによるunionには単にpassionateなるもの以上に強く、恒常的なhandがふくまれてゐるのではあるまいか。なんとなれば人が批判的に、常に自分をみつめて生きる生方が盲目的にpassionateに生きる以上に本質的生方であり、共生といふことについても同様の事がいは

れるからである。それゆえその友情は決つして冷かなものではないのである。批判的なことにより、あくまで理解せんとする態度のゆえにそれは一層高められさへするのである。

　僕は友情の体験をへた。それは数々のpassionにいろどられる。しかしそれが常に失敗に終つた。僕の生きる道はpassionではないのである。いい加減な好意の道をゆくことにより僕は自らを失つた。そして今、僕にさししめられた道は実に理解と批判のみちでしかない。その道を生きぬくことにより僕は自分を生きることができるのである。

4.22.

　hikingをおへて今風呂よりかへる。汽笛一声時に7時15分。

　貴重な青春、そして一回きりのこの人生、を美しく健全に高級に送らねばならない。そのように生きる事が何よりもすべての根柢である。そして我々の行為はその重大なmomentである。我々は苟にも野卑、低級にだすることがあつてはならない。

4.23.

　文化の隆盛なる時、且又衰頽過程にある時文化についての歴史的反省がなされる。人間は常に生そのものを反省する。

　凡ては生の客観化 Objectivation des lebens〔Objectivation des Lebensと綴るべき。「生の客観化」という意味。ドイツ語〕であるから、これらの実現たる文化を再び自らにとりかへすことによつて文化史は成立すべきものを持つてゐる。

4.24.

　我々は行為に於て如何に真剣でも真剣しすぎることはない。いやかうかく事自体何かの欠除〔ママ〕ではあるまいか。我々は自分自身自らの欲求と、意識を知らぬ事多く、自らのものでないのを自らのものとあやまり考へる。僕自身自分に対し真面目さがたらない。自己批判がたらないからだ。なんと多くの嫌な行為をすることであらうか。そういふいつは

りの重荷は僕自身をさいなみ、変容せしめずにはおかない。例へば平井
に対する気持ちは何と説明されるか。彼なくしても僕は生きられるとす
るなら彼に対する僕の態度は一種のaccordanceに他ならなかつたのか。

　内面的必然にもとづかない外面的な一致であつたらうか。僕は彼の批
判者たるかぎり友人でありうる。しかし勝義の友人ではありえない。何
となれば勝義の友人には何にもかくされぬ愛があるから。

　俺は愛したくとも人を愛せぬ人間であらうか。そしてそれ故誰にも愛
されぬ人間ではあるまいか。生活を見て……歯がうく！そんな甘いこと
ではだめだ。人生は闘争である。

4.25.

　成高氏は僕の先生ではない。僕は本等貸していただくかもしれない。
しかし彼に批判してもらはうとは思はない。その意味で師ではない。僕
はあの人にある不満を持つ。勿論その原因の一部僕自身にかへる。しか
しとにかく彼に対する不満に変りはない。むしろこれはよいことである。
成高氏にたいする僕の考へももうまとまつた。僕としては誰をも批判者
と思はぬ。結局僕は孤独である。しかもそれでよいのでそこに純粋な道
が示される。僕の生き方は方向が定まる。しかし一体僕は何にならうと
するか。僕には未だ判らない。しかしとにかく今は勉強である。

4.27.

　楽しき清滝の遊は終つた。酒を飲むのは悪い事ではない。楽しきこと
だ。一体人間は酒により正体をあらはすのかそれとも心がよふのか。僕
は酔つぱらへないたちだ。酒を飲んでも心はきく。

　重沢さん、私はあなたの親愛を感じます。あまい私は人の親愛を確保
する時真に勇気がつきます。私にとつて親愛ほど尊いものはありません。

　いろいろの機会から友人は選択されてゆく。僕にとつてよくあへる人
は西川、藤井、等であるかもしれない。平井の位地〔ママ〕は特別なもの
である。彼はそれを自覚する。故に彼曰く、なんらの負担なきようと。
然しそれは真の友情にいたりうるものか。今に於てする疑問あるは致方

ない事だ。

　人は正統について進まねばならない。価値高きものの対立する生活を
せねばならない。それで生きるだけで生の一つの意味、そしてすべての
意味は完結する。成果を云々してばかり居るのはその心いやしいのだ。

　人は常に神に面する。神は我等のうちにある。我々は見ることにより
神を把握するのではない。我々が動くこと自体が神を動的に、真に正し
く把捉する。何故ならば神の本質は静的な、意味的な個体でなく、それ
は躍動する生命、一つの精力であるから、我々の生は現実と神の相互媒
介的発展である。

4.28.

　昨日絢らんと楽しき故に今日はひとしほさびしい。人恋ひしき思をい
だく。実に人の楽しきは唯一瞬の出来事でしかない様である。そして友
達の情も一瞬にして変転する様である。人に対しある感情をいだく。そ
れをそのままじつと心に持つたまま何もできない。それが僕の道である。
僕の生は其点極めて寂しいものである。しかし僕は彼Kと友達になれな
いであらう。そんな予想が僕をおびやかす。僕は彼に対する敬愛をその
ままにうずめてしまふのか。いつか、さうだ、いつか実る日もあらう。
持て。そして求めよ。

　しかしでは彼Hに対して僕は何を思ふであらうか。彼に対し僕自身が
反発するのかもしれない。それ故我々の問題は決つして解決してない。
あ々されど何と楽しきか。我等忘却の遊は、船は（忘）青き湖をすべる。
我等は春の美しき歌をうたふ。あ々其の夢の中にこそ何か我等にありが
たいものがある。

　我が生の如何に進む。それこそこの一学期僕自身のとりくむ問題であ
る。それ故私は歴史から一時はなれるであらう。倫理、哲学、文学のな
かに路を求め、我等をおふであらう。その方がよりよく私である。そし
てより切実な問題の解決であり、探求である。春の夜、すべてしづか、
我心、さびし、友もなく、←あ々我生のあはきことよ。力を生みだすは
我なり。

4.29.

　天長の賀節。本日休校。勉強せん。Mo. Sy. 読みはじむ。一体僕は何を求めて居るのかわからぬ。僕は本質的に denken〔「考える」という意味の動詞。名詞ならば、Denken。ドイツ語〕の人ではないかも知れない。理解者であるかも知れない。しかしそれは別に悪いこと等といふものでなく、寧ろ僕の性質として如何ともしがたいものである。僕はむしろそこに徹することにより、何かをとらへる以外には道はないのである。自らの可能なるをなせ。そして我々はなにかにとらはれた固定した生方をしてはならない。流動的でなければならない。その点僕は今はるかに自由な立場に立つてゐる。我々の生活の本質的なものの形成といふ点から、我々は唯没我的な読書あるのみである。下らないものを破却して本源的なものを探求せねばならないのである。発表などは僕から離れるのである。

　人間として僕は貧寒である。あまりにも寒い僕である。僕の生は単純である。そしてたしかに僕には慎重でないところがある。もつと事の本原を見ながら生きねばならない。又僕自身（の生活）自己批判が怠慢である。そんなことでは我々の生は停滞するのみである。もつと生を強いものにせねばならない。一応僕の眼をとほしたものの構成でなければならない。それこそ自分に生きる事に他ならないではあるまいか。生活の統一とはその様な批細〔ママ〕なことに基礎がある。

4.30.

　人間は社会的に共同体の一員であるとともに、意識的には個々分立である。人間はその他一人である。そして共生の意識も決して孤立を脱却するものではない。人間としての自分を知ること。今は真にその時である。自分が生きてゆくことを認識し、その生を高めるべく精進する事が我々の生きる態度である。

　友人とはその生の大きな力である。美しき精力の源である。然し結局僕は一人ではないか。唯可能なのは友人を予想しつつ生を高めることである。そして人に対し、常に誠実であり、偽らぬことである。さうして生きることが生きることである。

　勉強とは何をと如何にといふ二点に力点がおかれる。自己の自覚も同様である。僕にとつて学問とはより広く自己を認識することである。

　四月は終る。すべて予定どほりにいつた。勉強はより充実した意識のもとに、落着いて努力される。次第に身についてきたのである。実に我々は本を読むことにより結局自己の位地〔ママ〕を知る。その解明は大きな我々の創造である。我々の生の最大のfactorである。

　このnoteは私の心の展開となるべきである。新しき日とともにその性格を明にする。たへず高きものを求めて、生は進み、人は生きるのである。

"力を尽して狭き門より入れ。滅びにいたる門は大きく、その路は広く、之より入る者多し。

　生命にいたる門は狭くその路は細く、之を見出すもの少し"

　"吾人は吾人を完成し、純化し、拡充せん事を欲す"

5.2.

　記念祭は楽しかつた。そして一瞬にして過ぎた。そして私の生活は再び依然として一人のたたかひのなかを進まむとして居る。

　生活のなかに間隙がある。それは一人なるが故のすきまである。しかもそれを如何に充すがわからない。だんだんひからびてくる。感情の動きはわからぬ。

　中村は僕を嫌悪するか、元来あ々なのか、どちらかである。もつと僕は積極的に進まう。中村にぐんとぶつかつてみよう。この一両日中に。それは僕生活の一つの試験的な一押しである。成功するかどうか、それは判らない。実にそれこそ生活にとつて本質的なものに関係する。しかし中村よ、君は之を知らない。

　人はその生に於て確固として居なければならない。強くなければならぬ。男子は気節を尊ぶものだ。宮木さんは非常な苦難のなかにある。しかもその責は現実に（如何なる）先生自身の責であるかもしれない。実

74

に先生と僕とのbandは一種の偽であつたのだらうか。黙つては居られない。嗚呼。

　私は詩を求む。心を沈ませる海を、心ひらくすべしらぬ我は、一人の声、心より発するをきかん。あゝ生活は時間的に進む。しかもわが意識に何等の変化なし。我は今友を求めて遠く、けはしきをさまよはんとす。旅に死ね。それは男子の生方である。

5.4.

　今日は大事な日だ。大きな運命がかけられて居る。一つの運命的な試錬の日である。

　中村が僕の生のうちに占める位地〔ママ〕は大きい。彼なしでは空虚である。彼がそれを容認するか、どうか、それは一応無視してよい徒な逡巡である。少くとも彼が嫌悪しないかぎり僕は誠心をとろして彼にあたる以外に方法がない。そしてそれは僕の必然でさへある。

　しかし僕が人を愛する態度は常に変らない。同じ形態、構造にのみ立脚する。何時も片思ひの様な感じがする。しかしそれは仕方がないのである。それ以外に僕はなれないのである。自分のできない事はせぬがよい。

　本質的に重要なこの関係がまた実みのり花咲かんことを‼□

　今迄の生活が間違つて居るとは思はない。それは確に本質的なものに触れうる生方であると思ふ。しかもその本質的なものに直面した確固たる生活する以外に何があらう。そしてこの生活に何かvacantなものを感じるならばそれはその生方に弛緩があるからに他ならない。徹底的でないからに他ならない。その不徹底なるが故の空虚さはその生活原理そのものの欠陥に由来するものではない。私の生活には外面的なにぎやかさ、広さは何もないかもしれない。しかしその内質は美はしく、ゆたかなものであらねばならない。重要なのはその生方に他ならぬ。

5.5.

　五月四日それは何と大きな意味を持つ日であらうか。中村とあれほど

意義のある友愛を持ちうるとは！事実昨日は重要な日であつた。それは本質的に重要な、運命的出会たるの意味を持つ。

　自分自身存外盲目的な反省をするにすぎなかつたが、僕のvacancyを本質的に解決する鍵を彼は与へてくれた。そして彼は僕が彼を友人として、最も大きな親愛と尊敬を持ちうる友人として接する事を彼は決つして拒まぬであらう。否彼は喜んでくれる。僕は彼と夜語りつつ寝についた。何とそれは大きな喜であらうか。僕は彼に肉親の様ないやこれこそ真にさういひうる。真の意味の、親愛を感じる。

　中村はほんとに—勿論多々言ひ足らざるところあるにしても—frankに語り、真面目に聞いてくれた。そして何よりも彼はromanticな情熱を蓄へた人である。しかも強い理知の力を保有して居る。

　一番信ずる人、尊敬する人、愛する人は我が友人である。最もよい人を友とするのが最もよいのである。そして僕は最もよい事をしてゐる。その上自らの為すべき事に最善の努力をつくし、最善のresultをえなければならない。我々の生は一人で進むと同時に共に触れあふといふ二元性を持つ。その一をかくとき他の一も消滅する。それらは相互媒介的発展をなす。

5.6.
　山修の言つた事は容易に忘られぬであらう。勉強の真似事でなく、真に勉強せねばならない。不愉快であつた。

　批判者は求めない。包む者は求める。

　我々は無知より理知へ高めねばならない。我々は我々のために行為をするのである。我々の批判は我々のみ之をなしうる。

　真の勉強、それが最も為すべき事である。

5.7.
　朝six heures〔「6時」という意味。フランス語〕、下からきこえくるWaltz〔日本では「ワルツ」と発音するのが一般。英語〕、美しくも楽しきかな、musik〔名詞なのでMusikと綴るのが正確。意味はもちろん「音楽」。ドイツ語〕とは甘美な、

人をこの世以外のものに単的に媒介する。

　自分を傍から見つめる人を求めるといふのは或る程度誤である。そしてその批判の為に我々は勉強するのでもない。しからば我々の批判者は何か。それは自分である。それ故自己批判とは最終最高のものに外ならない。自分の鏡に常に裏づけられて生きるほど本質的な生はないわけである。

　我々の行為はあくまでその源を我々のうちに持たねばならない。あくまでも我々の批判のもとに崩れてしまはない、強いものたるべきである。

　人を徒に賞賛してばかり居るのは低い人間のとるところであり、自ら善をなさぬ人の態度である。勉強とは最もすぐれて、尊い本質的なものである。

5.9.
　長い期間にわたつて大多の本を読むとき、毎日少しづつでもかかさずに読まねばならない。一日でも読まぬとき、その差は大きい。

5.10.
　平井より美しい友情の秘められた手紙を受けた。僕があまりにも他の事に夢中になり平井を忘れた事、そんな事はない。

　唯僕は平井を今種々と反省しつつある。

　考へてみれば僕は平井の精神、感覚を必ずしも全部理解して居ない。然し彼（は）を良く知つてる点僕に出づるものはなからう。

　言ふまでもなく平井は鋭い人…、あゝこんな不十分な表現ではだめだ…。

　俺は無情な人間であるを知る。又同時に情あつき存在である。情あつしとは万人ではなく、一人の愛方の中にあらはれるのである。最愛の一人に対して、それは―その様なpassionateな愛着を感じるのは中村金夫以外誰でもない。毎日でも会つて話さずにはすまない。その気持を押へてはいけない。ぐんと押しのばさねばならない。彼必ずや共感せん。しない筈はないのである。

平井に対しては違つた形式である。彼の生方を理解し尊敬する。その生方に於て彼が如何に生長するか。それが大事なのだ。"さもなければ" ~~殊更に~~ 僕は彼と必ずしも十分な意味で友人ではありえない。

5.11.

昨日重沢先生訪問。訳書 "先秦政治思想史" を戴いた。

朝ぽつんとして如何にもたよりない。一体どうしたのだ。何かvacantである。今日あとで又中村金夫（君）を訪問しよう。

為すべき大事な事を真面目に遂行せねばならない。それに弛緩あるべからず。幸福とは何か。緊張した仕事である。

vacancyもその意味の緊張たらざる故なり。自己の性格の限界に四方八方から衝突する。俺はこれ以上でられない。しかし見方をかへれば之が自分の姿である。その自己の姿を美しきものに築き上げる。美しき人は少い。しかも私もさうではない。しからば美しき人とは何か。実にその精神の健全なこと、感性のdelicateなこと、そして生に対し、積極的な意志にもえた人である。

自分が人間として嫌悪される。しかしこのぽつとした不愉快な感じはどこからくるのかわからない。友愛もこの気持ちがこはすのではあるまいか。

平井の気持はよくわかる。だが僕自身それに燃えないのは如何ともしがたい。今の僕にとつて大きな存在はA.O以外何人でもないからだ。

こんなことをかいてもつまらないものである。

5.11.

午後琵琶湖に行く。

我々のvacancyは生活の弛緩に基くもの多々あり。その点、注意せねばならない。

我々の性格はどうにもならない。傾向の助長のみが可能である。消極的にうれふるよりはよきを伸長せしめるが重大である。そして我々の生活の体形〔ママ〕に確固たる信念を持てばよい。

　我々が率直であるといふのは多くを語るといふ現象、自己をばくろするといふ外的行動に存するのでなく、寧ろ我々の精神の秩序に忠実にして、その秩序の命ずるままに行動を行ひ、真に考へる事をいつはらぬ点にある。

　それ故単に冷かとか自己を出さないといふのはそれだけではとるにたらぬ事である。その立脚点にあやまりがないならば自らの行動はまさに恥ずるに及ばないのである。その様な末梢的な事よりは寧ろ力強く、真面目な生活を建設することに我々の努力を傾倒せねばならない。

　又友人との交はり独自の意味を持つ。快くそれを認容せねばならない。

　自ら信ずるの生を行ひ、自ら信ずるの勉強をせねばならない。真に敬愛する人を友とせよ。少くてもよい。たゞうそなきを尊べ、単なる批評、かへりみるにたらず。生活の批判厳ならざるべからず。

5.12.

　維新史を読みつつあり、そのめまぐるしさは真に甚し。

　嘉永－安政－万延－文久－元治－慶応三年九月の頃。

5.13.

　今の様な暗い気持ち。

　なにもかも形にはまつてゐる。

　心も形のうちにとぢこもりでるよすがもない。

　そのからは成層をなし、いよいよかたくなる。

　人によきを求める以前すでに私は自己のよからざるを知る。

　このくらさは何に由来するか。

　それは精神秩序のanarchyにもとづく。

　何故俺はかくも心のさびしい、うるほひのない、あたたかみのない、やせほそつたひからびた心情のもち主なのか。

5.16.

　五月四日は大事な日であつた。それと同じ意味で、しかも全然反対の

状態として昨日は大事な日であつた。それは一つのきずなの弛緩である。
　重圧は日に加はる。それは単に外的なだけのものではなくなつた。意識の中心に座し、人を沈下せしめる。僕には一つとしてきずながない。すぐれたそれが、この混沌のうちにあるとき、それを転回せしめるものは勉強である。自分の中心を強固にすることにより自分の実体を培はねばならない。げに友情とは強固な土台の上に咲くすぐれた花である。

　真に勉強する事。その過程は苦しい。しかしその彼方には強力な媒介により、よりすぐれて生きる。共同体の一員としての生き方があると思ふ。そしてそのすぐれたきずなは現在の如何に生きるかといふ点に密接に結びつく。自己を豊にすること、すぐれた生をいとなむこと。要するに勉強する事、それらは僕の唯一の生方である。
5.16.

　鈴木先生をお訪ねし、幸いにも一人であつたため極めて愉快にしかも有意義であつた。
　日課。基本的に次の事を行はう。
　1.　十時にねる。
　2.　真面目に学校へ行く。
　3.　着実に本を読む。
　4.　誠意を以て友に対す。（友は一人でない）
　5.　生きることは自分をつくることである。
5.16.

　一性〔ママ〕懸命であるならば必ずなにかある。鈴木先生は昨日極めて率直にお話をして下さつた。あくせく勉強してもだめでもつとおちついてやることが大事であるとはまさに然り。勉強とは変つた事をするのでなく、正統的なものを着実に理解してゆく事が重要である。それでこそ真に身についた生きたものが生れるのである。
　学校を休んで勉強した方がよいとか、授業中本をよむとか、それはい

づれもあはててゐるためである。学問とはそんなかけつこではない。自分を豊にし、鍛へ、高めてゆくものなのである。勉強は形式でなく、実質である。その様な意味のおちついた勉強がないのが貧困とか不真面目の原因にほかならない。

5.17.

　今のこの気分のくらさは疲労の為かもしれない。また単調さの継続かもしれない。恐らくその2つであらう。いろいろの苦しみも本来以上に感ぜられるのもその故であらう。ゆつくりおちついて2つの Sympoziums〔Symposium と綴る。ドイツ語。プラトーンの『饗宴』と Goldsworthy Lowes Dickinson の *A Modern Symposium* を指していると思われる〕を読まう。"夜明け前"をともに。それが終つたら大和か神戸へ遊びに行つて来よう。　　　　　5.17.

　生活のある暗さ。それは決して性格的な不均衡に基くものでなく寧ろ自由に動かなかつた点に有する。僕の生活原理は決してまちがつてゐない。勉強は実により真剣にされねばならない。その点僕の生活にまちがひはない。徒らな交友よりも寧ろ真剣な孤独の学問を愛する。

5.19.

　僕は自分の欠点を自覚する。それは不勉強といふことである。

5.19.

　身体の状態思はしからず。されど絶対に負けてはならぬ。何となれば劣者には、卑怯者は絶対になりたくない。勉強によつてなほさう。しかし外国語は疲れるものである。いまは一種の諦観をいだく。
（よし私が積極的に進むにせよ結果を期待すまい。彼はよい人であらう。）
　僕にはある限界がある。その限界内で頑張らう。それからはみだすとこはれる。

5.21.

　それは悲しむべき事だ。然しそれはしかたない。僕には級友中に真に尊敬できる人がゐない。且又親愛の念をおぼえる人もない。それ故に孤独である。それは蓋し当然である。勿論彼は別である。然し彼と相会ふことは今後ないであらう。また彼との接触は僕を解体する。彼は恐らく僕が如何に考へてるか知らぬであらう。
5.22.

　もつと僕らしく生きねばならない。
　のんびりと、もつとおちつかねばならない。
5.23.

　生活とは複雑なものである。計画が行へないなど、とはなさけない話であるが、又その計画のとりこになつてみうごきもできないのも、頼りなき話である。計画を行ひながら亦それを適当に破らねばならない。すぐれた計画はのんびり、おちついてやるべきものである。
　僕の欠点は本をよまない事と読んでもあはてて読み過してしまふことである。それでは学問が真に身につく筈はないのである。思想とは緩に熟する酵母である。
　人の批評は顧みるにたらず。自らの信念に生きる事が大事である。なによりもまづおちついて生きる事である。それでなくてはなんの実もみのらない。本をよむのは系統よりも、一冊の本を着実に読む点に意味がある。
5.25.

　昨夜“我等の仲間”を見た。その感じは、
　　　　l'étoile triste et doux〔「二つの悲しい星」。フランス語〕
　　　　　　en même temps〔「同じときに」／「同時に」〕
　　　　　PeJ. 266.〔*Pierre et Jean* の266頁という意味か〕
5.25.

　歴史書が僕の読書を支配して居た。それは"ランケと世界史学"以来の傾向である。然し今はもう歴史的理解にあきたらぬ気がする。それには（事実の）多方面の知識のよせあつめしか考へられない。歴史家并博識家的な感じをいだかせられる歴史書のみしか接しられない。しかもそれ以外はないのである。

　勉強は単なる手段でなく、生の根柢を培ひ養ふものであるはずである。歴史の勉強によりその要求は到底みたさるべくもない。考へてみれば歴史は実に種々のぎせいと浪費をさせられた。しかしこれもしかたない。それによりとにかく僕はとびこえるのである。僕の読書の手柱は他に移行する。一面之は成高よりの分離でもある。それは貧しくとも、僕として当然のうつりゆきである。次に確固たる立場を再び探求し、建設せねばならないのである。ランケの翻訳、維新史などはそのなかでの収獲であつた。

　之からの題目は哲学、思想、文学である。
5.26.

　中村金夫　雨の中に来る。
5.26.

　真の意味の歴史的理解は決つして現在発行されてる西洋史の本を読むが如きでは達せられない。且又僕は歴史家に元来むかない性質なのである。その意味でこの転回は意味重大である。もつと生に直接ふれるものを、個の生長、〜の問題に直面せねばならない。それは一面、よりすぐれた意味の全体的統一の把握である。僕のおちついて、たゆまぬ思想的遍れき〔遍歴〕は実に今からである。
5.28.

　今日は収獲の大きい日である。"夜明け前"〔島崎藤村の作品〕を読み、"歴史的現実"を三たび読む。
　今迄の僕は一体何といふ、情ない、軽蔑すべき状態を続けて居た事か。

それは理想の喪失とか生方への懐疑である以上に、生きる意志と精力の欠乏。生活の弛緩といふ醜い現象であつたのである。

その点、"歴史的現実"は真に空にひらめくいなづまであつた。我々は永遠的なものの建設に邁進せねばならぬ。何となれば生とは動的に進展することによつて、可能であり、それが永遠なるものの建設といふ方向にむけられることによつて絶対的な意味をになふの故である。実に人間は些々たる末梢的知識の集積により養はれるものではなく、実に生の根柢を培ふ信念を把握によつてより高い生へと高められるのである。
5.29.

それは弱いからかも知れない。しかし僕は生活を見まはして常にたとへようのない寂ばくを感じる。自分の立ってゐる土台の弱さにたへられない。理念的さ〔ママ〕地盤を強化する事により現実に強く生きる事が大事なのである。

とにかく学費を兄に出してもらはずにすむ方法を考へてゆかう。
5.30.

Maupassant : Pierre et Jean を読了す。喜び限りなし。Boule de Suif〔邦題『脂肪の塊』は、ギ・ド・モーパッサンが1880年に発表したフランスの短編小説〕を読みたくなつた。
5.30.

極めて軽薄な夢に僕はとりつかれて居た。それは非凡への憧れである。そして之は何といふ軽薄な夢であらう。それで人はあくせくする事により自らを卑しくさせるものである。そして人間はやるべき事を直実にゆつくり、やつてゆく事によつて自分をつくつてゆく。その様な真に自分の心の糧になるものは何よりもまず自分のこなしうるものであり、それは何でもよいから難しくさへあればといふのとはことなつた精神の態度なのである。なんでもよいからやればよいだけですむものではないのである。もつと真面目な、落着いたものであるはづだ。その点僕の勉強は

一種のスタンドプレーにすぎなかつたのである。
5.30.

　今迄種々と生活に間隙あるを感じたが、その原因がわかつてくる。要するに学問をして居なかつたからである。学を学び、楽しむの境地にいたるとは反対の学問ならざる学問に自分をうずめてゐたのである。その点僕は自縛自縄して自己の向ふところに盲目である。危険が多分にある。
　今学期は主として歴史哲学の勉強に終るが、之の次の段階に於ては英国、仏蘭西を中心として、文学、倫理、社会の研究が行はれる事であらう。
5.31.

　　　　"精神と情熱に関する八十一章" アラン
　　　　"近世に於ける我の自覚史" 朝永三十郎

　何年もの後でなければ物を書いて人に見てもらふことはないであらう。

　歴史哲学が僕にはわからぬ。

　矢張り五月は終つた何もなく。

　懸案の"Pierre et Jean"を全部読み終つた。それは一つの記念日である。しかしとりわけ重大な事とも言へぬかもしれない。寧ろ一日3-4頁づつよんで80日ほどあれば寧ろ読了するのが普通であり、事極めて平凡である。そして僕の生きるみちはその平凡の集積にある。
6.4.

　僕がPeJを読みおへたのを喜ぶ人、それは僕と母と兄ぐらいであらう。後の二人の喜こそ純粋であらう。蓋し他の人のは喜とはいへぬかもしれない。「なかなか読み終へるのは難かしい」と人は言ふ。しかしもうフラ

ンス語を始めて一年である。読みおへられなかつたらどうかしてゐる。むしろ僕は実力の不足を哄ずる〔嘆ずる?〕〔「哄笑」の熟語もあり、ここは嘲笑うぐらいの意味か〕のみである。しかしこの不足感は僕はかつてより高い努力の路へと進ませるものである。そして僕がみつめるものはたへず自己以外の何物でもないのである。自分をよくすることは自己のみの喜でしかないのである。そして自己を美しくすることは又我々の生活の美しさである。人を美しと見ない。それは僕が美しくないからである。明日より読始める。France の Silvestre Bernard の罪〔Anatole France の小説『シルヴェストル・ボナールの罪』のこと〕にしても自己を美しくする一つの修行なのである。そして僕はそれにより何かの結ばれたる友情をのぞむのである。貧寒な自己、それは人の友たるに値しない。そして僕の目標は西欧である。

6.4.

　川副と重沢史生訪問。失敗であつた。いやな時はことはらう。川副と僕は真には一致できぬ。

　僕は実に学問も何もしてゐない男だ。今日の収穫はそれである。無学な男にすぎないのである。もつと真に勉強しなければならない。

6.4.

　僕の対象はヨーロッパである。然し今迄僕はヨーロッパ思想の源流にぶつかることがなかつた。それが僕の大きな欠陥である。勿論僕は翻訳が大嫌ひである。しかし、さういつていてはいつまでもわからない。外国語の力―根源的な力をきたへるとともにより根源的な頭脳をきたへてゆかねばならない。一学期は Nietsche〔Nietzsche〕をやりたい。

6.5.

　鈴木先生のお話しは実によかつた。Berdyaev〔ニコライ・ベルジャーエフのこと〕、Dawson・Religion and〔the〕Modern State〔Christopher Henry Dawson

86

の著作。邦題は『宗教と近代国家』、1936年〕を拝借。
6.6.

　8月の休みは図書館に行つてドストエフスキーの本をぐんぐん読んで
やりたい。なるたけ本で家のものの迷惑はさけよう。
6.7.

　勉強は自己を形成する事である。高邁な精神の育成である。馬場、田
中、川副、空虚な人間達である。

　独逸語、仏蘭西語、高校時代中に必ずものにしてやらなくてはならな
い。そんな具体的な簡単な事も実行の内容としては意味のあるものであ
る。
6.11.

　Dawson Religion and the Modern State をよんでる。
6.12.

　本をよむのはよい→つかれる─談してもつまらぬ→本をよむ、つかれ
る、ぢや一体どうするのだ。

　駄目駄目と思ふうちに日はさりゆく。人を恋ひしく思ひながらも、人
と話すのをきらふ。人がみなつまらなく見える。私もまたさう見るのか。
事実たしかに私はさういふ人間なのである。自分でもわかる。不思議な
るものつらいもの。この生とは。
　小説を哲学を真にしつかりと読みこなしてゆかう。自分の目にこたへ
るものをしつかり読むのが大切である。矢張り生活のもとはそこである。
自分が生きれるものに生きることが大切である。
6.14.

　勉強の方向といふ様なもの。前はそれがあつた。しかし今はない。あるのもよいがなくともよいのである。大事なのは勉強と人格が今迄結びつかなかつた事だ。読書は人を高め美しくするものである。しかし私にはさういふ事がない。唯人間がひからびるばかりであつた。しかしそれではいけない。読書は飽迄人間教育と相即せねばならない。目方はよい人である。しかし常にギヤツプあるを感じる。僕は精神性よりも肉体性のかつた人間である。

6.15.

　往来にて鈴木先生にお目にかかる。俄然元気がでた。人だ、人だ。僕が求めて居るのは人である。鈴木さんもさういふ人の一人である。且又僕はさういふところまで高めなければならない。僕の気持は純捽〔ママ〕である。

6.15.

　"Dawson, R a M. S.を読了（6.16.）。身体消耗せど元気なり。次はアランなり。アナトオル・フランスも美しい。僕には精神的伝統がない。それが第一の弱味である。今思想的へんれきによりそれをつちかはねばならない。一人一人日本の思想家、西欧の思想家を征服してゆかう。それは辛抱づよく、根気よくやるべきものだ。そしてアランはその先頭、和辻哲郎、阿部次郎はそれにつづく。小説とはすばらしい源泉である。

6.16.（6.17.）

　休みは近づく身体やゝ元気を回復す。今度の休こそ正に勉強すべき時である。文学、倫理、宗教を本格的に勉強せねばならない。あゝ自分自身で楽しめる境地までならなければならないのである。真に自分の精神を養ひこやさねばならない。

6.22.

独ソへ宣戦布告。‥‥日本はどうなる。
6.22.

アラン	バルザック
ドストイエフスキー	ツルゲネフ
トルストイ	リルケ
和辻哲郎	（柳田國男）
歴史哲学	ヂィド
パスカル	モンテーニュ
デュアメル	

深瀬先生にDawson : Religion and Progress〔*Progress and Religion: An Historical Inquiry* (1929) のことか〕を見せていたゞく事をお願し許さる。先生は泣かす。ドイツ語の講習はいかない事にした。一つ講座を自分の力でどれほどやれるものか力一杯やつて見よう。そのためには着実に頑張つてゆかねばならない。夏休みの準備着々とととのふ。どんなにでもして金をつくり本を買はん。真に客観的にも価値のある良書を選択してゆかう。

夏休みにやること。文学、倫理、（歴史哲学）。

中村金夫はよい人である。豊さがある。目賀田と僕はあはぬ存在である。よし外面的に孤立的でも内面的連関のきずなを強固にすればよい。それこそ僕の生きる道に他ならないのである。
6.23.

おちついた理解せずんばやまじの読書は之からだ。その点僕はほんの子供にすぎない。

することがなにかの一歩でなく、それが終局であり、一歩は一歩としての価値を持つことをしなくてはならない」とGoetheはいふ。僕の今迄のいろいろなこともまさにそれが言ひえられるところである。実にそれでは真の自己鍛錬にならないのであり、人間の生長とは何等かかはらないものである。実に僕は方法論的な行づまりにあたつてゐるのである。

単に学校の事をあくせくするものと同様、僕自身も空疎なるおもかげに
かられて今迄あくせくしてゐたにすぎない。魂に空気を入れよ。心を広
くひらけ！そして自分の勉強は—いやこの言葉はいやな言葉で、それ自
身すでに一つのせまい態度を露出するものであるが—それが手段でなく
直接的なものとならなければ何等我々の生とつながりば〔ママ〕持ちえな
いのである。それ故手段的で、しかもやらなくてはならないことは駆あ
しでとほりすぎなければならない。そしておちついてやるべきものは実
に自己の生である。自分が生きることをぎせいにして空疎なるまぼろし
のとりことなつてふゆうの如く動くのみであつてはならないのである。
ではその結果いかなることになるか。フランス語をあいまいでなく、徹
底的にやれ。どんどんよめるように。そして今、本心よみたいと思ふも
のに力をこめて、単に語学の勉強でなく、人間修行の媒介とならなくて
はならない。英語も同様である。ドイツ語、文法はたしかにいやである。
しかしいやなものは苦しくても早くすませ、かけあしでとほりぬけよ。
よし、ドイツ文法など夏休み中にかたづけてしまへ。なくとなればそれ
はとほりすぎるだけで、そしてあとからふりかへらるべきものだから。

　しかしこの様なささいなことだけが僕の問題なのであらうか。いやさ
うでない。自由は不自由をすてることでなく、実に不自由の克服である。
そして辺々たる語学の修得も original につく。高き自由の一つの媒介と
して、即ち真に精神的自己を確保するために必然的に要求される克服の
一つの対象である。二学期から僕は自由であらう。それまでは自由でな
いのか。いやさうでない。自由獲得の過程も二次的な意味で自由をにな
ふものである。じつさい夏休がドイツ文法などで汚されるのは真に残念
である。しかしドイツの精神はけだかい。そのためにはドイツ語がよめ
なければならない。残念であるけども、今度の休みは我慢してもらう。
しかし、文法の野は二月にして征服せねばならない。それにしても我が
生はなんと進むにおそく、我生はその内容に於て何と貧寒なることであ
らうか。それは単に現実的な方便の問題にあくせくしてゐるにすぎない。
しかし足をかもの地をみながら考へよ。とにかく僕は之にとらへられて
ゐる。そしてその由来するところ決つして故なきではない。それ故たと

へ無駄の様であつても―それはあさきにすぎないが―その由来するところその意味は現実的方法論に極限されるにせよ、之をこえなければ気の精神的自由は勝義に於て確保できない。さうだこの二月の間だけ、とにかく目をつむつて我慢しよう。さうでなくては却つて卑怯ではないか。それは僕の意味で根源的な精神の世界に接続しうる根源的な意味でをしい態度である。しかし根源的なものは我々にとつてそれだけむづかしいものである。何となれば、それは努力を要求し、且又その能力なきものはその対象を駆使するのではなくて対象により自己が抵械〔ママ〕し、喜の源がさへぎられることによつてである。しかしそれはとにかく獲得されねばならないもの、すてられてならないものである。だからやるまでだ。人間のこの高尚な精神がいだ〔ママ〕づらなる現実の処理にらんぴされで〔ママ〕はならない。それは精神の世界に飛翔すべく運命づけられてゐる。我々の生長はその飛翔のため徒なきづなをたちきることである。根本に直面することにほかならない。すべては自己の自由のために。（6.25.）

　三高生活すでに半終る。依然たるものである、私の責任…。

　我歩みのろく、日々きづかざりしにきづく。おろかなるものの進み方はこの様なものである。しかも人の交りのなんとうすく、はかないことか。人間の貧困は我々の周囲に於てすらしかり。その僕も他の人から見れば貧しい世界の一員なのか。

　自分の世界を持つこと。自分のふんいきをもつこと。我こそ一国一城の主たりの境に入ることそれが我々をして豊なる平静におくものである。それを持たないと人間はたゞいたづらなあるきまはりをするだけなのである。人間いづくんぞ一処にのみあくせくせんや、人間いたるところ青山あり。

　昨日よんだBalzac Le Cousin Pons〔Honoré de Balzacの小説。正確には、*Le cousin Pons ou les deux musiciens*. 邦題は『従兄ポンス』である〕は大きな力をあたへた。フランス精神、それは僕のたどるに小さはしき美しい世界に他ならない。文学をしつかり、やれ。実に小説は人間の飛躍する壮麗な世界である。

91

その秘密をときほぐすこと。なんでこれを簡単にすてられようか。いいかげんにやつて我々に意味をあたへるもののあるはずがない。大事なのは徹底することである。私はフランス文学に沈潜することに大きな充実を獲得しうることであらう。考へてみれば私は今にしてやうやくめざめたにすぎない。その意味で今日此頃は Mon vrai date originelle.〔「私の真に独自的な時期」ぐらいの意味。フランス語〕

　神々の出生である。
6.27.

　今迄のうちで今ほど身体的条件の悪い時はない。しかし僕は死など思ひもよらない。僕は普通の人と同じやうに活動し、仕事はできると思ふ。死とは単な影である。勿論生活のしかたにはよるが。

　死とは不道徳である。生きることは絶体〔ママ〕に道徳的である。人は生き、何等かのアルバイトをしなければその存在は意義づけられない。

　考へる迄もなく、……

　あゝこの沈滞は一体何の故であるか、条件か、本性か、それとも不真面〔目〕によるものなのか。

　嗚呼之さへとければ問題はないのだ。
6.28.

　学校で質問はしない事にしよう。笑ひものになるにすぎない。それにばかばかしくも疎通しない。
6.28.

　身体を強健にする事。それがすべてである。
6.29.

夏休み、主要題目。
　○　1. Dawson : Religion and Progress.
　　　　ソノ内容ト研究

　　2. フランス　モラリスト
　　3. 和辻哲郎
6.29.

　僕は今迄結局本を読まなかつた人間である。本の読み方を知らなか
つた。それ故生き方を知らなかつた人間であるといへる。わからぬ本を
読んでも無用である。この短い人生で徒にわからぬものにあくせくする
だけで何等自分の立脚地をえぬままであるといふことは無意味なことで
ある。大体僕は所謂認識論的哲学などにそりのあはぬ性質である。それ
以上に自分のすめる世界を持つことが大事なのだ
6.29.

　試験なんかほんとにやらなくて点が悪くともよい。しかし平常学校に
だけはでてちやんときいてるのがよい。いやなものをしるために、いや
なもののなかに思ひがけなきを発見するために、よきものを精選するた
めに、自分をつくるために。
6.29.

　一体僕は何になるのだらうか。一体僕は何になりたいと思つて居るの
だらうか。まづ何でもよいから、いかなる場合にも力一杯あばれる様な
生活でなければならない。しかも、文化の価値を創造しうる様な生活で
なければならない。法経科にたいし、不満を感ずるのは(それが真に学
問へいたるの途であると思へないからである)僕が十分に生きうる型の
生活でないからである。僕を最もひきつけるのはモラリストである。そ
れの研究が道を開くであらう。
6.29.

　僕は恥じる。何等学ばざりしを。試験になるととにかくわからうとす
る。しかし平生の自分の読書に於ては、あの自ら誇である読書に於て何
と良加減のごまかしであつたことか。僕自身の人間的弱点はその読書に

対する態度の不真面目さによく見える。そんなことで何が一体できようか。自己を尊敬するものはごまかしをせぬことからはじまる。自分の勉強の良加減なものに何で大事が理解できようか。僕は平生もつと真剣でなければならない。人間のたたきなほしをせねばだめだ。林尹夫よ、貴様はごまかしのかたまりだ。

　学校に出ることは意味ある事である。

6.30.

　まるで矢の様に一月一月とさつてゆく。なんらなすなきを恥づる。たゞこの休みの間に大きな方向の転換があつた。一つは歴史及歴史哲学の性質がよくわかつてきたことである。僕の中心題目には適しないものである。しかし歴史哲学は将来も適宜に勉強すべき好き題目である。

　文学の再発見も僕の方向に意味がある。僕の真に生きる一つの道かもしれない。あゝ何もせずに、してるふうでせずに居ることはいけない。自分の勉強に持つてゐた誤れる観念をふりおとしつつある。そして生活も一つの行づまりに到達してゐる。その打開はこの休みの生方による。

7.1.

　足りないのは僕の内にあるものである。

7.1.

　夏休は近づく。新生活の実践。エネルギーの回収。自己反省の時。矢張り何かありさうな時である。

　中村T.Kともに面白い存在である。

7.2.

　僕にはほんとに物の内的意味を見透すだけの眼識など未だない。表面の感覚しかないのである。僕には反省の能力など具つて居ないかの様である。それが今迄の僕の生活の大きな空虚さの源であつた。僕の現在の生活の種々の因子に思をひそめるならば何等かのどうにもならない存在

につきあたるはずである。それ単に感情的にさうなのではなく、実に運命的にどうにもならないところのものである。さういふものの真の原理的認識に立脚せぬ限り僕の生活は本物にはならないであらう。

　今日は次第に夏も烈しくなりだしたと感ぜられる様な暑く力強い日だ。肉体消耗するもどうかして勤労したいと感じる。美しき夏、力の夏、精神、身体発展の夏である。空は銀色に光り、路は白く、ラヂオの民謡ものどかに、ねむい。ここに海を見るを得ば完全であらう。

1.　Dawson：Progress and Religion 研究
2.　アラン：フランス and ロシヤ等の文芸：夏休
3.　和辻哲郎：倫理学：

　勉強とは数でなく質である。その質をかみしめながらがつちり、おちついてやつてこそ人間形成と結びつく。
7.5.

　遊べ、而して学べ。
アナトール・フランス　シルヴェストル・ド
　Le Crime de Sylvestre de Bonnard　8-9.
　ジヤン・セルヴィアンの願ひ　9-11.〔Les Désirs de Jean Servien, 1882 年のこと〕
詩の世界、わが前にうかぶ
　"夜がきた、もう秋、光忙も美しく、
　かそけし、遠く、流れ星二つ三つ。
　　　　　　　―谷長茂―〔フランス文学者、1916 - 1982. 元中央大学教授〕
　兄出征の報あり。戦争が我前にさかまいた。
7.11.

　（召集解除）人は分割された存在である。
（7.15.）

　Les Misérables〔Victor-Marie Hugo の大河小説。邦題は『あゝ無情』など〕をよ

んだ。決つして読んで悪くないもの　むしろ読むべき荘厳な劇である。
人すべからく名篇をよめ。徒に自己を苦しめるだけではいけない。自分
の生命を解放させ進展せしめよ。　　　　　　　8.11.

　既に八月も二十日、本を読む量も少く質も悪い。
　"歴史的世界"遂に放棄。
　今後よほどしつかり読まう。
8.21.

　　思ひがけぬ静かな初秋の夕べ
　　秋風に虫すだく
　　湘南のひびきさみしく
　　しじまをやぶる
　　ああこのさびしさ
　　心にたへてきたらざりし
　　今めぐりあひ
　　わがいのちを思ふ
8.25.

　　げに汝は生を知るや
　　美しき清き生を
　　いくるとかたかめることと
　　信じつつ生きよ
　　ひとりをかんじ
　　ひとりにめざむ
8.25.

　　しづかなり、良心寺の夜
　　いつか又ひとり
　　あこがれし遠くの原

ねぎしの野さびしく
ひとりさまよひしより
はや三年
おどろきぬ
わが友らすみし家
今はすむ人かはり
友をしのぶのよしなし
短かき間なれど
つかのまにかはれる
そは世なるか
しらぬ人すむ家のまへ
われただずみておまひ〔ママ〕にふけり
故郷の廃歌なる歌を口ずさみ
秋風に身ふるふ
8.25.

そは四とせのさき
我は中学生なり
彼もまた我らとともにまなべり
我彼をたたへ
彼がため
人のよのさびしさを知りはじめぬ
彼はつねに我前にありて
我はそのすがたをおひぬ
二年のまなびのにはは
桜さかなん春のはじめ
あらたなる世の子等を
つねのごとおくりだしぬ
彼いかに、また彼の人は
人はさり、人はなれ

我は今にしてさとりぬ
我らは知らざる人なりと
我かれをたたへ彼我を見ず
年月のさるとともに
彼はさり我をはなれぬ
彼何をするや
泣かんかのその人のため
8.25.

昨夜夢に少女あらはれ
我等とともに愛しぬ
されどそは夢なり
されど夢なるとも
我前に新しきみちをひらきしめせり
我少女にあひ聖にして純なる存在を霊感す
心の一隅に聖なる少女への祭祀をいとなみ
未だ知らぬ、かそけきその姿を
とりまもりげにわすれじ
ああsainte et june〔sainte et jeuneのスペル間違い。意味は、「聖なる若き」ぐらいか〕
それなくしてなんぞ
愛は宗教であらうか
いで〔さあ〕我はその聖なるもののために
ささぐるの場所を清めん
未知なる少女の
そが前にたちて
我はいささかも
たじろぐことあらじ
我がために
我がいのちを

　ささげたれば
8.27.

　善の研究〔西田幾多郎の最初期の哲学書〕をよみし夜のことであつた。

Oscar Wilde
Barnard Shaw
Thackeray
Lawrence
Anatole France. Lati. Balzac.

Tawney.
D'arcy.
Dawson.

　西谷啓治　　　　　　　高坂正顕
　西田我多郎〔西田幾多郎の間違い〕　　　　和辻哲郎
　田辺元

Dostoevski,

　すてみになつて再建に立たねばならない。
　一つ一つがその敷石である。
　自己の一つの世界の建設。
　そこにあつて世界を見よ。
　我々の生はあくことなき建設過程である。
　ユーモア化すること。
　それはよいかげんなものを意味する。
8.29.

Platon：Symposium, 読了ス。
8.31.

　精神的にも今迄あまりにいいかげんであつた。
　僕は最近読書そのものが僕の鍛錬とむすびつつあるを感ずる。ここを
おしすすめなければならない。深瀬先生に拝借したProgress and Religion
〔題名が訂正されている。89頁を参照のこと〕をあ□き時期の第一のものと定
め再読し、真に頑張つてゆかう。(さうすることが先生にお報ひできる
道である。)
　常に一義的に何をなすべきかを自覚し、努力しよう。
　真剣なれ。
8.31.

　私の態度は非理知的だ。
　なさけなききはみである。
　私は空虚でもよいからにぎやかなのを好むのか。
　それはけいはくである。
　実体にぶつかること。
　さうでなければ
　生は中にうく。
9.1.

　好悪の尊重せねばならない。
　死んだ気で教練をやるのか。
　日本よ、何故私は敬愛を持ちえないか。
　日本の実体はどこにあるのか。
　Europe 豪華の世界。
　Balzac, Bourge〔Paul Bourgetのことだと思われる。134頁ほかに、ブールヂェの
名前が見える〕Dostoevski.
　Dawson.

哲学的著作。

私自身実際的な人柄だ。
藤井よ、僕は君がなつかしい。
9.5.

しつかり勉強すること。
9.6.

新しい生活。それに何と信頼を感ぜられることであらうか。そこに於
て重要なのは男らしくあることである。批判と創造——私自身皮肉にもそ
れに反することあるもそれはたゞ皮相的なもので——こそ私の目標である。
しかもそれは原理的に活力のある世界観に立脚し、着実な実践を媒介
とする。
自己を高きものたらしむ努力にゆるみがあつてはならない。
疲れてはならない。疲れたら先づ恢復せねばらない。
おちついて一義的な世界的に生きることが根本である。
9.9.

結局僕は自分自らを信ぜねばならない。自らを尊敬し、自らあざむか
れざる様にしなければならぬ。
Progress and Religion もう一度よまずにお返しするのは残念だがいた
し方ない。しかし之を機会に書物を精読し、眼光紙背に徹するようなし
つかりした勉強をする様に努力することが大事である。
Littré-Beaujean〔両者ともに人名〕の Dictionaire〔Émile Littré の *Dictionnaire de
la langue française* のカナダで発行された簡略版の辞書のことと思われる。アメデ・ボー
ジャンが協働している〕〔Une version abrégée, connue en France sous le nom de *Petit
Littré*, et au Canada sous celui de *Littré-Beaujean*, a été publiée en 1874 par le principal
collaborateur de Littré, Amédée Beaujean.（フランス語版ウィキペディアより）〕に関
し、伊吹先生の御親切は忘られぬところである。France語の勉強に努

力しよう。

Jean Servien をよみはじめる。

人をみとめ、人をたよらない事が大事だ。

平井よ、一つの methode を、一つの humilité を、efforce〔フランス語のeffort のことと思われる。efforcer(s’) というやや古い動詞があり、それに引かされたのだろう。意味は努力〕を。

我が世界を信ぜられる様に。

9.11.

昨夜中村君宅にとまる。彼はよい人。

一つの critique を。

私は認める。

今迄読書して居なかつた事を。

怠惰で浪費的であつたこと。

今後は真剣にとつ〔ママ〕くんでゆく生活をしなければならないのである。

思索すること。一つの立場に立ちうること。それが重要なのであつて感傷こそ排せられねばならない。

"自分を人に他に対しおのれを高うすることが、笑ふべきことである様に。おのれ自身に対しておのれを高うするのは立派なことだ" La Rochefoucauld〔フランスの箴言家〕。

ここに moralist の気はくがうかがはれる。

我々のまさに対立してもつて戦ふべきものは我々自身に他ならないのである。

仰ぎ見る北山の連峰、僕はそれをさぐらうとして居るのである。自己を何かにぶつけること。

9.13.

精神にはよき衝動が、

我々を善にかりたてる。

善はすべきもの。悪はすつるべきもの。

何故にといふなかれ。

なんでもといはねばならない。

自らに生きること。

理性と意志の結びつき、

生は果敢ならざるべからず、しかも

理性的あくまでも理性的でなければならない

私の生がかくもひさんになつたのはあるべきがごとく

あらなかつた為ではないか。

　いいかげんなものになることは我々の尊敬しない事である。それを理念的統一に一致させてゆかう。

　いいことはしよう。わるいことはやめよう。

9.14.

　私はまさにあらゆる批判を拒否する。

　話のしにくい話のない男、それは僕だ。しかし何等かの道は必ず共同体にひらけて居る。

　今僕は友達に対しさうもだえない。我々の感情のうづきのあとのげんめつよ。

　僕は生活の空虚感の原因に知つた。本を読み把握すること、僕はそれに真剣でなかつた。今僕が量は少く、多忙を極めて居る。然し質はよいものである。すく〔なく〕とも本質への努力を理解してきた。根があること。まさにここからこそ僕は根づくのである。

　清らかなるもの、すぐれたるものへの努力、それなくしてどこに人間

103

らしさがあるか。現実の僕は欠点にみちてる。しかし僕の意志はすぐれ
てゐる。

　バルザツクの芸術、アラント見解を同じうす。アランの本は結局わか
らなかつた。しかしおちついてよんだだけで矢張り意味があるのである。
9.18.

　積極的肯定か厭世か。
　今のこの激烈な戦闘の時代を
　人は厭世感を持たないほど強く生きてゐるのか。
　俺は正しくないのか、空想にふけるのか。
　すべての動きは必然であり、理性的であらう。
　それにさからはんとする愚かなもの。

　人は理性的であることにより自己になり、自己をとらへるのだ。
9.23.

　Dawson : Progress and Religion 再読、を続行。
　まことに難行。
　深瀬先生への尊敬。

　ひげの様な男、それがまるで現代の象徴であるかの如く、そそり立つ
て居る。
　抗議、むなしい Protest。

　すべての人が別物として感ぜられる。孤独を知れ。
　秀才的・理智的・な聡明者の嫌味。
　センチメンタリストの女々しさ。
　万物は流転する。
9.23.

一週25時間の外国語（自分だけで）身体がくたくたになる。

だが之をにげるといいかげんなものとなる。もうすこしの我まんだ。外国語が多すぎておちついて思索することがなくなつて居るのは真にこまる。

生活は一学期と同様はりのなさをくりかへす。その原因は何か。矢張り計画そのものがあまり過度であるためと考へられる。しかし残念ながら今はたへる以外にはない。

事実僕はつきあいにくい人間であらう。しかしそれだけではないか。僕の精神は決つしてそれにより動くものではない。

戦争による苦しみ、それは決つして本来的に為政者の責ではない。しかもそれが世界史的必然であるが故に宿命的ではなからうか。

歴史は矢張り必然の世界ではあるまいか。

僕は生活に於て真に情熱に生きた事はなかつた。

僕を動かすものは必然でなく必要ではないか。

必要をすてるのではなく、必要を果しながらしかも情熱の世界へと、真の生活へと。

9.30.

Ein Mädchen〔Arzén von Cserépyが監督したドイツ映画の*Ein Mädchen mit Prokura* (1934)のことか〕ドイツ文化研究所にて。笑ふべきかな。

今日は15夜の2日前。日美し。ドイツ語で又上級のm.f.〔フランス語のma filleのことか。娘さんぐらいの意味〕を見る。勉強家であり、美しい人だ。

DawsonのProgress and Religion。精読のかひあり。

現代の困しさ。それが必然と考へられるが故に益々強く感ぜられる。何故に、まさに世界史的転換のうみのなやみだ。我々の近代の産物たる深くしみこんだ自由主義の理念をすてることが可能とはおもへない。それはまさに人間の本性そのものであるまいか。

政治の拡大とは決つして嬉しい現象ではないと思ふが、政治はむしろ非常時ののりきりとして困難を要求するはよからう。しかし政治が教師になる。きかざる者の断〔ママ〕圧。一体何の権利で、国家の拡大はそこ

までゆけばおしまひである。

　私は国家の為に銃はとれる。国家がそれを完全に遂行するはそのつとめである。しかし人間には本来どうにもならぬ領域がある。即ち人間の自由は絶対的に他に没せられぬ要素である。自由をあたへよ。各々その分にとどまれ。非常時はあくまでも一時的現象たらしむべきもの。人間は戦争のため、国家のためにのみいきるものではない。まさにそれは自己のため、ではあるまいか。

　個人主義、自由主義の理想、失ふべからず、自ら生きることがまず中心でなければならない。

　荷風の世界、うらさびしくしかも心をひきつける。かういふ世界もある。しかしあまりにも心地よすぎまいか。"あぢさゐ"あたかもカルメンかドーデーのサッフォーのごときことよ。
10.3.

　比良の山行、山中のがいち。romantic な、死への親近。
　死とはなにか甘美な、解体のよひ。
10.4.

　強行軍一日七里。中村は実にしつかりした男だ。
　蕃山堂、雲仙頂上ノ展望、アラキ峠、北山ノヒダ、はじめての徒渉、山中の夕暮。6時より九時半迄に三里の強行。備日、くらま茶店の一夜、翌日の学校。
10.7.

Dawson : P. and R. 続行。

　失望、不安、どうにもならなさ、平板。
　心から中村を敬愛する。どうしたらそれを親友たるものにまで高められるであらうか。その様な高揚に於て彼とともにあること。それでなくては彼とあるのはむしろ苦しいくらいだ。

　教練で落第。どうでもよい。愚かしきかな。

　さびしさにたへること。

　女性的、あまりにも女性的なのではあるまいか。

　とにかく僕達は生ききつてゐない。なにまだかくされてゐるのではあるまいか。

10.9.

　Dawson Part I読了。深瀬先生にお返しする。

　いよいよ力一杯の道へのりださう。外国語を日本語同様に。

　文芸、哲学の探求である。

10.9.

　たへられぬ様なせきばく。その解消。中村金夫。

　一体彼に対する僕の気持ちはどう説明されるのであらうか。先づ我々は男子なり。はりきつた力の対立である。なくさんとしてつきざる我々の対立。しかも僕には献身的ともいへさうな彼に対する愛があるのだ。いたづらに愛をしぼませてはならぬ。彼に対し、之を力一杯ひらくのだ。ぐんぐんとぶつかれ。僕の友人、その王座は彼にささげられるのである。

　有用性、それが根本的ではあるまいか。何に対して。人類か国民か。我々の道は両者を分ちえないところに有するのではあるまいか。蓋し両者を二つながら解すべき使命をおびてる。いづれか一つでなくともに二つを。

　この重苦しい感じ。祖国を守るといふのにこの無気力。認識不足か。それとも絶望か。日本に対する不信か。たしかにそれもある。毅然たらざるは何故か。思ひあがれる国に対する失望。しかし現実に生きる我々にとつて結局国家は究極の地盤ではあるまいか。

10.11.

　国家。それは強力な実体である。それを離れてはならない。日本を讃美すること。私はそれはしたくない。感傷としてしりぞけたい。

　戦争は決つして国体擁護ではない。むしろ人間の生活のあり方が国家といふものを不可欠な要素として、現実に要求するといふ事実こそ戦争への一つの道である。

　戦争にたへよう。国家をよくしよう。それは人間そのものをよくするもつとも効果的な方法であるから。

　戦争に死ぬこと。それを宿命としてうけとりたい。別にたたへたいとおもはない。そのあまりにひどい悲劇を。すべては宿命だ。その宿命を担ひながら努力するところに人の子の定めがあるのだ。

　感情はおそろしい。理性に従はねばならない。
　精神が歪んではならない。
　友人を愛しよう。
10.12.

　防空訓練にでた。六原。けだし必要事。

　映画。"Adrienne Lecouvreur"〔18世紀初頭に活躍したフランス、コメディ・フランセーズの女優の名前でもある〕"Dishonoured"〔英語の「侮辱を受けた人」という意味か〕

A.L.〔＝ Adrienne Lecouvreur〕フランス人なら面白がれると思ふ。Yvonne Printemps〔フランスの歌手・女優〕、Racine〔17世紀フランスの劇作家Jean Baptiste Racineのこと〕、Phedre〔ラシーヌの五幕の悲劇 Phèdre のこと〕の台詞をのべる Lecouvreur〔フランチェスコ・チレアの作曲した全四幕のオペラ『アドリアーナ・ルクヴルール』のことか〕。笑声、絶句、気をとりなほし、その前後。しかし僕はよいと思はなかつた。

X-27.　心にひびきせまる感動。何か人間性を象徴する。美しくかなでられたDonau〔ドナウ川〕の楽音。戦争と祖国。そして恋—"妾が至らなかったのでせう。"

今夜の星は何と美しかつたことか。天空は円球の様であつた。Les étoiles luisants〔「光輝く星々」の意味。フランス語〕、崇高な心をひきしめる感じがある。

ソ連国境□。黒龍江上の雲のみがやけに心にしみる。必要事と、精神の叫びとを混同し、□□をつけてはならぬ。まさに別箇のもの。我々は分かれた存在である。

中村を愛する。しかしそれは実に異常なありかたのものだ。
それ故だまつてゐた方がよい。
10.14.

どんな機会でもよい。あらゆる機会を利用して中村と接触する様に積極的に作つてゆかう。どんなものになる一つ力一杯やつてみよう。

この頃の寂しさ、そこには感傷でないなにかがすでにあるのではあるまいか。雲のたたずまいとかその他いろいろのもののなかに何か不変的な自然のすがたが感ぜられる。

砲煙弾雨の中で雲を見たならば。
10.15.

中村、君は僕の大きな関心の大部分を示す。結局僕は人を愛することを知らぬ人間なのであらうか。たへがたいほど強く僕を揺する人を愛さうといふ衝動。それは常におさへつけられねばならぬ運命にある。僕が特に関心を持つた人のうちで中村は断然として特異の地位にたつ。それ

は蓋し彼の人間性である。

　中村よ、不思議な混交。
　それは野蛮と文化の。
　エネルギーと静けさの。
　どの人に対しても常に活しあつてゆける率直さ。
　ゆがめる顔の笑ひ。
　はた子供か大人か。

　男子決然たれ。
10.16.

　近衛内閣、総辞職。予想より早きこと10日。蓋し当然か。我国の政治！
10.16.

　東條陸相大命降下。遂にくるべきところへ。何が期待できさうであるか？

　第一回山行。K.中村　10.4-5 日を見んとて、雨。
　10.4 三条―大津―（ヨット）―栗原―（蕃山堂一泊）
　10.5―雲仙岳―アラキ峠（美し）―平―大見（徒渉三、四回）―杉峠―
花背峠―鞍馬―
　10.6―京都

　第二回　Leul.〔不明〕10.17. 貴船―芹生―魚谷峠―雲畑―夜泣峠―回
山―二瀬―茶山

　中村の事をばかり考へる。一体親しいのか、はた否か。
10.18.

　　今は何かおちついて本がよめない。日々が退屈であり、嫌な印象に

つきまとはれる。なにかさびしい。何と創造から遠ざかつた気分であらうか。気分、それは大事なものなのだ。この無気力、沈滞からいかに立ちあがるべきか。

　僕にはわからない。菓子、美食、金。それがほしい。精神の欠陥だ。10.18.

　ドイツ観念哲学、フランスモラリスト、英国critical essay。考へながらする。精神の吹込まれた読書。それが僕に欠けて居る。読書は精神の糧であり、忍耐力試験のバロメーターではない。深瀬さんの本を読み新な展望が開けてくる感がある。

　Pascal以後は英国の思想家が主題となる。Dawson。

　本をおちついて読み見識をねること。平凡だがそれでよい。真剣な読書生活。精神の生活がおこらねばならない。

　本をよめなくなつたらやめよう。窒息しさうであつたら、息抜きの本を探してくる必要がありはしないか。

　中村の事を矢張り考へた。沈黙は金である。言葉を鉛の重りでしかないではないか。それにしても僕の孤立性。人々に対する関心の喪失。それはつらい。しかしなにかしかたないとしか思へない。夕方、つらなりゆく山々。北山のうちり〔ママ〕、その深いひだ。比良へのぼりたい。

　勉強、勉強。それのみだ。そして真物にたどりつく事が重要ではないか。10.19.

　"Christianity and the new age"〔Christopher Dawsonの1931年の著作〕"Modern Dilemma"〔同じく1932年の著作集〕を深瀬先生より拝借。M.Dだけお願ひしたのに之もといつて前者をお貸し下さる。なにかあたたかみのある、

111

ふとつぱらな先生である。

　"Progress and Religion" のよみかたが足らないのが先生にすまなく思はれる。今後じつくりと腰をおちつけて精読してゆくことによつて補ひたい。

　生活そのものが楽しくなければならない。楽しいといふことは大事だ。小説をよむことは確に楽しいことだ。しかもそれは—とくにすぐれたものの場合は—人をたのしませながら、しかも人を何等かの意味で高めてゆくものである。即ち文字通り愉楽の源泉である。自分自身で生活をたのしくしないでどこに我々は喜を見出しえようか。そして楽しみは我々の強壮剤ではあるまいか。小説は僕の心の発見である。

　中村への関心を自己に転ずること。それが僕の再生への一つの方法である。友情とは相互の感情の緊張がkey pointである。それがだらけたら終りである。とにかく友情とは相互の愛である。徒に僕ばかりさはいでも何等なすなきものである。相互のはりきりが大事だ。しかし中村の特殊な二元性、それをこえて中村の精神に真に結合できる人があるであらうか。友情に表面内面の差は問題にはあまりならない。愛は外面的であり内面的であるが故に、しかし僕は彼を理解する点一流である。
10.21.

　友情の徳とは自己の良さ、人の良さの発見である。愛とはその意味で発見的なものである。

　個性的でない善良、そんなものは御免だ。
　伊吹さんの本おはる。
　来年九月卒業。

　"Christianity and the New Age" よみはじむ。
　孤独。それはつらいことである。だが人と居ると凡そ退屈である。い

さぎよく人を捨てるのがよい事なのかもしれない。それは大事でない。むしろ自分の世界への熱意の方が根本的なのである。

　夕方食事にゆくとき空は美しく、北山は重なりあひ、西方の方にあはい雲が夕陽にはえて居た。日中の暑さにひきかへ、はやはださむい夕暮。秋。あゝ落葉ふみわけ、枯葉をはやく季節、人間を失つてはならない。人間的sentimentを。

　Sentimentalismで居られる人間がどこにあらうか。むしろsent-であつた方がよいではないか。

　文科か経済か。
　このひとすじにつながるだけであつてはならない世の中、なんにでもかけまはらねばならぬ。現代のすがた。
10.23.

　まさによろこびを読書に見出さねばならない。苦痛までして本を読みたいとは思はぬ。このさらでだに〔そうでなくてさえ〕たへがたき沈うつの生活に於て、げに読書はあくまでも精神の高揚であらねばならぬ。いたずらに細い正確をもとめて精神のよろこびを失つたり、生活の活力を浪費してはならない。
10.25.

　今日出掛けて行つた事。それはひきづられるままに時間の浪費の様な感じがする。

　どうしてかうたまらない絶望に沈むのか。如何ともできぬこの孤独感。俺は体力がない故なのであらうか。人を求め、人に絶望し、孤独に生きようとしてそれを恐れる。K.T.それは極めて当然の事で冷静にいつて祝福すべく、二人、ともに、よい人といへよう。しかも何故に、僕は不愉快なのか。そこに一種の羨望がある。しかしなによりもつらいのはそれが僕の嫌味をまざまざと見せつける様に感ぜられる点だ。彼等明朗快活

113

の好ましき人柄である。かう考へる僕自身やはりいけないのだ。

　今大事なのは強さだ。押しの力だ。死へのエロチスム。あゝその現実
は決してハノー〔ママ〕をかつたあの夢見る様な美しいものではなく、
人をして自己を破かいせしめ、自ら生気をうばふやうなくるしめの連続
ではないか。それは何物でもない。まさに精神のたへがたい解体だ。生
命力の喪失だ。死へ如何ともしがたくおひやられることだ。もえる砂。
飛ぶ騎矢。

　聞えるか。それ太鼓の歌が。おお Soudan.〔フランス語の soudain のことか。
意味は「突然」〕

10.27.

　伊吹さん、教科書 La bûche, premier partie de 〔アナトール・フランスの
以下の小説の第一章「薪」のこと〕 "Le Crime de. Sylvestre Bonnard."

　再読であるが決して悪くない。

　梶井基次郎は矢張り日本の生んだすぐれた芸術家であらう。Baudelaire
的なところもある。

　詩的な散文のおりなす地帯。

　三高生活終り近きを感じ、実り乏しきを悲しむ。一人の友、それを求
め今だにえられる。特に K.T. は僕にはつらいほどひびく。然しそれが当
然の過程とおもふ。

　では僕にわりあてられたる人は誰か。

　そしてその様な人がありうるか。

　友情は僕にあつて激情であつた。そして僕はそれに一度も成功しはし
なかつた。

　級友に対し一様に不満を感じる。僕自身よいとは思はないし、さうな
れないのがいけないとも思はれる。もつと親しみぶかくあらねばならな
い気もする。そしてひとりでゐる自分をあはれにも思ふ。しかしほんと
のところ僕はそんなに呑気で居られないのだ。そして彼等の笑が笑ひた
いといふ欲望の数の笑である様にしか考へられないのだ。

　僕自身、皮肉に見てしかも一向したしめぬ男なのかもしれない。それ
は何といふ刻印であらうか。
10.29.

　"Adieu!" か "Au revoir" か、とにかく之が中村と僕との間にかはされる
——いやちがつた。現在を示すsymbolだ。さうだ之でいいのだ。だがそ
れをはつきり知るとともに益々何か動きまはりたくなるのは何故か。

　Beaudelaire〔フランスの詩人ボードレールのこと〕, Riambeau〔フランスの詩人
Arthur Rimbaudのことを指しているのだろう〕, Valéry〔フランスの詩人ヴァレリー
のこと〕を彼は非常に賞賛し、恰も珠玉の様に遇する。しかも彼はそれ
は単なる翻訳でしか、読んでゐないし、更に読まうとしない。平井は僕
にとつて結局極めて感覚的性格の保持としか考へられない。
　僕の孤独。それはいたし方ない。勉強といふことはとにかくつきはな
してはならず益々それにつくしんでゆかねばならないのだ。

　理想主義に生きる事。唯一の真面目な生方だ。それは精神的価値を自
覚して居る様な生方の事ではないか。

　現実の事態を認識する事。それが根本的である。実にその点を考へる
なら僕と中村が行動をともにするなどまさに笑ふべきことではないか。
何故ならばあまりにもみえすいた思違ひなるが故に。つらいな。
　理想主義への生吹きを感ずる。
11.1.

　嘗て人間は自由主義の媒介をへずに国家を考へると大きな誤謬を犯す
と言つた。しかしあれは自ら知らざるみにくい言だ。何故なら今はじめ
て血の如くほとばしりでる感情と闘争的精神を以てその真の意味がわか
つたのだから　– Dawsonをよみつつ。
11.1.

　法隆寺、奈良へゆく。朝急におもひたつて、法隆寺の建物と二、三の仏像が記憶にのこるだけ。駅よりの遠望は美しい。
　旅行してもなぐさめられぬ僕は？
11.2.

　食べたいだけの生活、したい放題、それによつて僕自身生活をスポイルして居るのではあるまいか。
　このひとすじにつながる生方。僕はさういふものを旗織たからかにかかげただけで何等実践しなかつたのではないか。精神的なものへの努力がいたらなかつた。それが現在の空虚さの原因ではないか。

　勉強と努力のみだ。口先だけではだめだ。つまらぬ人間を相手にして居たら馬、鹿になる。
11.2.

　自分自身への不信、人への関心の喪失。
　藤井、君は自分を甘やかして居るのではないだらうか。暢気など僕に遠い。しかし君は結局、克をきびしく正視したり苦難にぶつかついつたりする人柄ではないか。君を見てると何と迫にくるもののない、戦のない弱さを感ずる。

　T.中村、好ましくも奇しき人柄で、憎めない。一種のアメリカ化を感ずる。しかも精神への衝動がないわけでない。しからば彼は一種の俗人を見なすべきか。文化の生にふれない人と、さう思へないでもない。しかしそれだけの自信が僕にはない。T.K.ともに同じ地盤にたつ。その感情には矢張り美しいものがある。
11.3.

　友と離れること、それは相互の精神に大きな損失だ。目賀田に対する

失望、その様なものが僕からでてくる事実。その事はよく反省せねばならない。結局僕としては単なる口吻をしりぞけるからだ。そして又あまりにも不当な批評に対する憤満〔ママ〕である。世俗的とか動かされやすいとか、それは侮辱だつたのだ。理解せんとする態度にまとはりつく一種の尊敬、それなくして何の理解か。

　川副、口吻、いやなのはそれだ。彼の表面的な見方。しかもおしのつよさ。それがみにくく見へたのだ。

　亀岡……。

　僕の求めるのはくひこむ友人かそもなければなにものでもない。中間者が持てないのだ。

11.3.

　考へなければならない。僕のこの性質は、近くの人に愛を持たないといふ。一体真に愛するものを求めて居るのだらうか。この僕は、さう信じては居た。しかし事実、新しいものを求むるの感情にすぎないのではないか。しかし僕は常にそれを否定しよう。矢張り求めたのは真の対象なりと。

　近くの人を何故愛さないのか。兄をどうして愛さないのか。愛とは実にwollen〔「したい」という意図・願望を表す。ドイツ語の助動詞〕の形式でなく、実にsollen〔「しなければならない」という義務を表す。wollenに対峙する助動詞〕の形に於て求めらるべきものではないであらうか。勿論それは感情の自由さにもとづくものであるが、しかしこのしばる様な一面があつてよいのではないだらうか。K.T.を真の友情で―あゝなんとむなしい響―愛すること。

　兄よ、僕はあまりにみにくかつた。僕自身の願望を達成するため、すべての負担を荷わせ犠牲を押しつけた。兄を愛すると言ふ資格が僕にはないのだ。

　小さい時からの愛の歴史をたどる時僕はあまりに一人である。しかし考へてみればそれより仕方はなかつたのかもしれない。唯つらいのは自

分の真に愛したい人間に友愛的でありえないことだ。
11.3.

　何故に愛的でなかつたのか。僕自身の愛の欠除〔ママ〕か。しからず、僕の愛せる人。母があるではないか。
11.3.

　問題はいかにこねまはしても何等発展はない。実に問題の力点はそれのみにこだわるとかへつて失はれる。人との連関に於て自分を生かすこと。それが一時的につまづいたとても、且又真に内に迄つきいらない友情をかくいまの環境で唯外面的な華かさのみにとらはれた友情を求めてもしかたない。愛は発見的で、相互に生かしあふことだ。生かしあへないならそれは真の愛ではないのだ。自分を生かすことそれが我々の心の声だ。しかもそれは精神に媒介されて生き、価値にうらづけられた生を欲求する。その様な生を築きあげることこそ、我々の真の生方ではあるまいか。国家、学校、それは現実的な力を持つが絶対的なものではない。むしろその底に何か絶対的なものがひそみそれを成立たせて居るのだ。それへの眼識をねらねばならない。自分が生きれる、よく生きうる生をきりひらいていかねばならない。それは精神の焔である。
11.4.

　自分の職業、それはどんなものでもよい。重点は学問に生きるか、実務に生きるかといふ点である。法経へゆくか文科へ行くかの問題である。学問へ引かれる。しかし何か僕にはそこへ身をうちこんでゆくだけの自信はない。
11.5.

　"地の果を行く"〔原題は、La Bandera である。1935年に公開されたジュリアン・デュヴィヴィエ監督、ジャン・ギャバン主演のフランス映画〕見る。こんなだらけた気分で遊んでゐてはならない。なにかをつかまねば。

今みたいなゆきあたりばつたりではいけない。計画のもとに自分のアルバイトをやつてゆかう。基本的なものをうちたてなが ら

1. 積極的に勉強しなければならない。そのために少くとも高校中は外国文学はなるたけ翻訳をよまないで原書又は外国語訳で読むことにしよう。

   仏文学で必ず読む本。

   Le rouge et le noir〔スタンダールの『赤と黒』〕; Le lis〔lys〕dans la vallée〔バルザックの『谷間の百合』のこと。原題は、*Le lys dans la vallée*〕; Pêcheur d'Islande〔Pierre Loti の小説。邦題は『氷島の漁夫』〕; La vie en fleur.〔アナトール・フランスの回想録。邦題は『花咲く日』あるいは『花ざかりの頃』〕Les Thibault.〔ロジェ・マルタン・デュ・ガールの長編小説『チボー家の人々』〕L'éducation sentimentale.〔Gustave Flaubert の小説。邦題は『感情教育』〕

2. 哲学、思想の把握。（古典的）

3. 数学。

4. イギリス、フランス近代思想（Crisis について）

5. 日本史、西洋史。　（東洋史）

   1、4は原書に主として依るものとする。2は極めて広義だ。3は科学的理解への試みだ。4は近代現象の精神的把握だ。5は自己の位置の具体的認識である。積極的にうけとれないものは排除し、この勉強に邁進しよう。国民的であるとともに人類的であるのが我々の生方であることを忘れてはならない。学問に生きること。それは哲学科に行く事が考へられる。しかし学問をやりとほしてゆくだけの熱意が持てない。具体的な生方を欲する。しかしそれは現在さしあたつて云々しても仕方ない。それ以上に上の計画を実行して人生の認識をつとめることが中心点である。あとは自ら定まる問題ではないか。なほ上の事とは別箇に英語、仏語、独語がとにかく読める様にしあげてゆくことが僕の目標であることを常に忘れてはならない。それらはすべて五月一杯までに終了する予定である。(1)だけはとにかく終了することとする。ドイツ語も力一杯やつておく事。

徒に道を高遠なるに求めて失望して居ても無意味である。日常的なことに価値をつくり出してゆかねばならない。自己の確立、自己形成への努力、それをぬきにしてどこに真の他との協同が可能であるといへようか。その努力へ再び進まねばならない。
11.6.

自分をながめ、ありのままの姿を検討してみよう。誰かに僕がかう書くのを見て居てもらひたい。唯一つの誰かを求めるのだ。僕の愛は何と不幸なものは、例へばKに対し僕は真に愛情を持ち、尊敬を以て接する。しかし彼は一向それに応じてはくれないのだ。その他の人といへば僕自信〔ママ〕関心を持てない。またあるときは先方に一種軽んずる様な気持さへいだく。それは仕方ないのだ。共同に働くときは相互に融合的であつても今は唯他者として敬愛し批判する以外に道はない。何故に孤独か、蓋しそれは環境の不幸の故にすぎないのだ。一種の偶然だ。そんな事に失望して大事な仕事、生活の中心をあやふやにしてはならないのだ。アルバイトへの努力、それは美しい。しかも本道なのだ。意志、さうだ。愛にうえ、しかもそれは得られぬ僕にとつて原動力たるものは美しき形成への意志以外何物もないのだ。自己形成。それは個体的たると同時に全体的意味を持つものだ。まさに中心問題なのだ。美しき自己への意志、それを目指して進まう。

国家的存在たると同時に世界的（文化的）存在たるところの人間、そして現在後者の位地〔ママ〕を、絶対なるものへつながる自己の位地〔ママ〕をよく自覚しなければならない。

平井よ、残念だが君に対し僕は疑ひしか持てない。結局僕は芸術作品に尊敬は持てても芸術家には懐疑的からかもしれない。僕は人をありのまま愛せないのか。極めて小さい自己の型へはめこめないと気がすまないのだらうか。

11.6.

120

一体この小さき自己の殻はいかに破るか。

外にも出られず、外なるものが之に入らぬ限り、のぞかうとする。

あゝさびしき小さき人のうさよ。

道は唯ひといろねむりのとばりにしづみ

時の音のみたゞきざまれる。

愛せられることもなく、愛しようもなく日はたつてゆく。

しつかりとした目的も持ちえづ、徒に空虚にさまよふ。

私はそれを他にもとめた。ないものにもとめた。

自己は源はかれてゐるが故に。

しかもみたされぬうつろな気持。

心の底に声がする。

お前はその一人のさびしさのうちにあるねがひ持つてゐるのだと。さうだ、Désirs〔「欲望」。フランス語〕を。

親しくも近くせまる血のたぎるあのほとばしりを。

性への衝動が、燃える様なそれへのほとばしりが、お前へをかりたてるのだと。

人ののりのつめたきおきてをのりきれぬよはき心。

たとへ感傷とも、いたづらに眠にゆだねたくないこの俺は。それはたゞの感傷だらうか。

夜ふけ星こほり。

さびしきこの秋さりゆく夜。

つかれた肉体。

母、兄、苦労に生き、我を支ふ。我のみひとり生をむさぼる。わざわひとは何か。うちふるひたつ自己の欠除〔ママ〕。さうだ僕はなさけなくも自己のない人間なのだ。

確固たる欲望もなく、たゞ何かつかれた嫌悪のみを感じる。あゝ解体の精神よ。底なくてしづむ。

一人それがいけないのだ。

自己への自信の喪失。あるものは何か。徒らなニヒル。

　創造からも遠く、自己からも遠く、たゞはかなく手さぐるままのこの姿。

　あゝ一体俺はどこのあるか。国家的目標も我を動かさず、さうだ、今私を動かすのは人間のいみじき情の世界のみ。

　この心は徒に情趣におぼれ、たゞ感傷にふけるのみ。かつてありし武士よ、知的指導者であり、政治的統率者よ、今限りなき解体にしづむ。情念はひからびる。創造は遠く、自己への確信の喪失、何故に生きるか、そはたゞの惰性。

　Sans amour et sans haine.〔「愛もなく、憎しみもなく」ぐらいの意味。フランス語〕あゝそれは精神のくづれゆくすがた。あゝなんでもよい。俺を燃えたたせ、自信をつけてくれ。

　手近かの目標をぐつとつかみゆくことによつてこの沈みゆく精神に生を回復すること。理想はない。しかもそれをつくりあげること。無限に唯一人の自己鍛錬の彷徨。
11.6.

　歴史ハ我々ノ世界観ノ基礎デアリソレハ歴史解釈実践ニヨリテナリタツトイフ意味デソレハ構成的解釈ヲ要求スル。

　過去ノ哲学ノ主題ハ存在、理性、精ニアツタガ我々ノ実践ノ基盤ヲ求メル哲学ガ実践ヲハナレタノハ概念化スルニヨリソレガ抽象的ニナリ、具体性ヲ離レタタメデアル。現代ノ哲学ハソレヲ排シ、具体的ニナリ、観念化ヲ排シヨウトシツツアル。具体的ナモノハ現実ニソコニ没頭シツツアル間ハカヘツテ明デナク無意識デアル。我々ガVergangenheit〔意味は「過去」。ドイツ語〕トシテ過去ノモノヲ静ニミル事ガデキル。ソシテ具体的ナ生命ノアリ方生命ノ姿ヲ発展トシテ見ル事ガデキ、過ギサツタ生ガ歴史カラ発展シタモノデアル事ヲ把握スル時歴史ガソノ発展ノ記録デアルトイフ事ヲ確信シウル。歴史ガ発展デアル事ソコヘ今迄ニ歴史家ガ進ンデキタ意味がアル。ソシテソノ発展スルトイフ事ハ我々ノ生ガタダ在ルトイフ事デナイトイフ事ヲ知ル事デアル。即チ歴史的世界トイフモ

ノハ人間ノツクツタ世界デアリ、又現ニツクリツツアル世界デアリ、ツ
クリツツアル者ガ更ニ自ヲ没入スルトコロノ世界デアル。ソレガ創造ト
ヨバレ歴史世界ガ発展スルトイハレル所以デアリ唯徒ニ時間ガ経過スル
デハナイノデアル。我々ガ過去ヲ知ルトキ、ソレ離レタモノトシテミル
ノデアルガ、ソノハナレタ過去ハサラニ我々シル者ニハタラキカケソレ
ガ人間ノ本性ニ属スルモノデアルトイフ意味ヲ我々ガツカム事ガデキル。
一応キリハナシタ過去ノ世界ガ現実ノ我々ニツラナリ、冷ニ我々ガ対象
トシテナガメル世界デナク我々ガツクリツツアル世界デアリ、我々ハソ
レヲ離レルノデナクイヨイヨソノ中ニ入ツテユク事ヲ我々ハ知ルノデア
ル。現実ノ自分ヲ知ル事ガ過去ノ歴史ヲ知ル事デアリ過去ノ歴史ガ現実
ヲ知ル事ナノデアル。　　Karl Mannheim ハ我々ガ物ヲ理解スルトイフ事
ハ現実ヲ Historismus und Dinamismus〔意味は、「歴史主義と力本説」。なお、
後者のスペルは Dynamismus が正しい。ドイツ語〕ノウチニトラヘル事ナノデア
ルトイツタ。
　歴史ハツクラレタモノデアリソシテ又我々ガツクルモノデアルトイフ
時物ノ如ク生育スルモノデナク何物カ未来ヲ予言シツツ産出シテユク生
活デアル事ヲ教ヘラレル。ソコニモシ我々ノ実践ガ何等カノ信念ノ上ニ
何等カノ世界観ニ根ヲ下シテモナケレバナラナイトスレバ過去カラ未来
ニワタツテ我々ト結ビアフ歴史ヲ考ヘテハヤガテ歴史学ガ我々ノ実践ニ
基礎ヲアタヘ世界観ノ基盤トナル事ガ自ラ了解サレル。シカモサウイフ
意味ニ於テ歴史ヲ考ヘル事ハ一定ノ我々ノ立場信念カラ出発シテ一括シ
テ過去ノ歴史ヲツツンデシマフトイフモノデアルノデハナク、我々ガ心
ヲ平静ニシテ歴史事象ニムカヒ、ソシテソレガ如何ナル在方ヲシタ方ヲ
〔ママ〕ワキマヘソノ意味ヲ明ニスルトキヒルガヘツテソレガ我々ノ実践
信念ヲウチカフ事ニナルノデアル。我々ガタン情〔ママ〕ニ学問ノ歴史ヲ
知ラウトスル時ソレハ秘儀的ニ我々ノアリ方ヲ教ヘル。我々ノ学問ワケ
テモ歴史学ハ我々ノ装飾トナルモノデナク血トナリ肉トナリ我々ノ生キ
テユク基本ヲ示スモノデアルトスルナラバ我々ハ歴史ヲ唯現象的、発展
的ニ終リウルモノニハナラナイノデソノ秘密ノ点ニ到達シナケレバナラ
ナイ。実ニ歴史ヲ学ブトハ虚往実帰デナケレバナラナイ。ココニ我々ノ

歴史ノ解釈、第三段階トシテ構成的解一ヲイツタノモ実ニソレガ我々ノ
□ヲ明ニスルモノナルガ故デアル。

　心理　6.28. 注意ノツヅキ。
　　§29 注意の実験的研究。
　　　　1.　注意ノ範囲。六ツ。
　　　　2.　注意ノ分配。同時ニ種々ノ事ヲスル。
　　　　　　　　近似　禁止。
　　　　3.　注意ノ動揺。
　　　　　　　光音　３－６秒 周期率　　音

ノートⅡ　表題：読書録Ⅰ　林尹夫

〔昭和16年〕

ドーソン　政治の彼方に（深瀬訳）

　　西欧は今や大きな歴史的危機にある。実に現在の歴史的転換は19世紀の世界史が世界のヨーロッパ化であるに対し、東洋、西欧、米州が各々の共同体を、完結した小世界を形成しつつ、しかも高次の世界的世界形成への衝動に動いて居ると言ふだけではすまされぬ。深刻さと複雑さを含むものである。

　　複雑な世界であるEuropeがその没落の底より、新なる原理を把握し新生の途につくことは実に異常なる苦悶である。

　　DawsonのBeyond Politics〔1939年〕を読み、彼が如何に苦悶しつつあるかを見ることは、西欧精神新生の苦悶を目のあたり見ることである。

　　私はこのうちにある五つの論文中特に終りの3つを読み深い感銘をおぼえる。即ち"全体主義国家とキリスト教共同体"、"イギリス国王戴冠式に関する考察""キリスト教と政治"である。

　　之等の中心はいづれもキリスト教と政治である。即ち現世を如何に管理するか。国家の統一とは政治の根本的課題である。そしてコンコルダットの契約はこの現世的権力と神につながる現実的な関係を規定したものである。しかし、之は決つして2つの権力の妥協的並存の規約ではない。即ちどちらかによりその一を包含し得られる様な二権威ではない。之等は実に世界を異にする2つの秩序である。その一は地上にかかる政治であり、他の一は実に"政治の彼方に"ある霊の気に源を有し、その泉を地上に湧らし、もたらす宗教である。コンコルダットの協約はこの2つの秩序の現実の規定である。

　　ヨーロッパは今や全体主義、共産主義な世俗的宗教のなかにある。（英国）第二の機械のなかに束縛されて居る。そして英国の生きる道は自由人の自発的共同体の統一なる精神的課題である。Dawsonの苦しみはこの点にある。

　"教会の使命は人間生活のあらゆる局面にあらゆる人間的活動をば超自然の生命の源泉に接触せしめる事により世界を変形せしめるにある。かの現代のLeviathan《諸々の誇り高ぶる者の王たる》近代国家でさへも恩寵の作由〔ママ〕を受け得ないほど無縁ではなく、その影響が徹しないほど巨大でもない。近代国家が自滅しないとすれば、かの北蛮の武士の腕力がキリスト教国王の聖職に変形されたごとく、態を改めて再び聖化されなければならない"

　実に現代は新なる中世であり、歴史のしまひであり、次のEpocheの曙であるかもしれない。

5.2.

"緑のHeinrich" Keller

　遂に4巻完結。最後の巻最もよしとす。但し始めから通読せねば判らない。我々のcircleは教養を云々しても、決つして自己を教養する事がない。そして教養課程が極めて一面的でしかない。

　実に一箇の魂の精神的鍛錬を称して教養といひたい。それは全体的な、極めて広汎なものなのである。Heinrichがその芸術に絶望し、母を媒介としての国家への関連を認識する。それが母の死により中断するが彼はNationへの奉仕に身を捧げる。それはユウデイツトの助により、より強いものに高められてゆく。

　実にここにも見るとほり、如何なる時代に於てにせよ、社会、特に国家への関連の自覚と、それに作用的な実践により高められた生に飛翔する。何となれば"人間とは実に社会的存在である"からである。(Aristotēles E.N)。その意味で、このRomanの内容は深く、且つ大きく、十分理解しえぬをいかんとする。

　しかしこの作は極めて、詩情のあふれた、若々しい、青春の詩である。そしてそこには美しくはかなき憧憬の的たるアンナと強く、美しく、健康なユーデイツトが浮ぶ。ユーディツトのそれは何と美しく、而も強きか。

　Heinrichの生の大きな支持はこのユーデイツトの全的な愛に立脚す

る。
5.12.

“海辺の悲劇” バルザック
　“グランド・ブルテーシュ綺淡”“復讐”など特に面白い。“絶対の探求”等の様なきりつとまとめあげられた迫真的な作はすばらしい。息もつがせずに読みとほさせる。
　この短編を又いづれも読み甲斐のある、バルザックの片りんを伺はしめるものである。“復讐”のあとがきで訳者はこんな小説をかくBalzacがこはくなると言つてゐるが真に同感である。大きな容器のみがこの様な事件をこなしてゆけるのである。
　水野亮氏は我三高の先輩、学生時代よりのバルザック愛好家、とにかく物をつかんだ人である。私も亦ぐつとものにしてゆかう。

概観維新史を読む
　実に意義の深い読書であつた。明治維新とは始めから定つた目的のものでなく、種々の(歴史的)要素が相対立し、融合する間に形成されたものである事を感じる。そしてこの様な帰結をもたらすところに一種の神秘がひそむ。
　薩英戦争、四国艦隊の馬関攻撃が攘夷論に及ぼした関係は面白い。
　幕府と朝庭といふ二つの勢力の凄絶な対立である。幕府の衰退課程、朝庭の勢力伸展、そしてその背景にひそむ推移、封建社会より近代国家へ。実に明治維新の事期は版籍奉還により画される。そして長薩土等諸侯の建白書の美しさよ。それは歴史を自覚する者が美しい精神である。深い洞察にもとづく行為である。
　この転換の過程を知る時、我民族の或る偉大さを感じる。そして之に連続する書は蹇々録がある。それは明治の建設の苦闘である。そして之等の苦闘をとほし、我日本は近代国家的形成をなしたのである。それは深刻なものである。それは日本人の転換である。
　之をよみ自分が一種の保守主義者である事を感じる。幕府はそれを

もりたてる人の忠誠により、その大きな社会的存続過程を極めて美し
い終末でかざつた。曰く大政奉還。

　かうして見ると僕は歴史に詩を見る。

　幕閣の構成、諸侯の政治的推察なども面白いものである。

(5.13.)

近代精神の形成

　Europeは我々のうちに大きな関心をよびおこす。Europeを知る事。
僕の一生はそれに費されるかもしれない。

　そしてこの書はEuropeの極めてすぐれた精神である。それの終末
はMarxとNietzsche、FascismとDemocracyである。それが現代の鍵
であると言へよう。

　MacMurray〔スコットランドの哲学者John Macmurrayのことか〕曰く“…直
接的未来の可能性について、吾々が自由に選べるものについて、はつ
きり之を見究めるには唯一つの方法しかない。それは吾々がいまおか
れてゐる現在の状勢を理解することである。……それは怖ろしい速度
をもつた運動である。その様な運動を理解するためには、吾々はそれ
がどこからきたものであるかを、も〔ママ〕たそれが現代到達してゐる
地点にいかにして達したものであるかを知らねばならない。

　未来への鍵は過去のうちに存在してゐる”〔ママ〕

　貴い言葉であると思ふ。単〔ママ〕的に歴史の精神をあらはしてゐる。
5.16.(5.15.)

　Luther, Protestantismの影響、Rousseau、Bentham、Goetheなど特
に面白い。

A Modern Symposium　Lowes Dickinson

　洋書をとにかく読みとほす事を前はえらい事と思つた。しかしそれ
は皮相の見解にすぎないのである。とにかく終りまでよみとほすくら
いなら誰にでもできる。大事なのは如何に理解して居るかといふ点で

ある。機械的に読了するのは単なる自働人形の仕事にすぎない。決つして人間のいみじきしはざではありえない。

　このM.Sをよんでる時僕は心身ともに疲れて居た。それ故、最も平易な文章であるに拘らず極めてつかれた。内容は面白く了解できる点もあればわからぬ点もある。しかし全体としてわかりやすかつた。Britain、Americaの批評などは特に面白い。この本は政治的なものを中心とした、文明批評であるといひうるであらう。然し決つしてがつしりした古典であるとは思はれない。一面きはめて、軽快で、さはやかで、おちつきのある本である。そしてこの様なすぐれた中間的な書物のある英国が実におちつきのある、立派な円熟した国である事が尊敬される。どれだけ理解できてるかわからないが、疲れるだけはつかれた。一体それが意味があるのだらうか。又はたして僕は外国語をよみこなしてゆく能力がある人間なのであらうか。しかしとにかく洋書をしつかり読む態度が次第に把握できる。おちついて勉強するのみである。(24読了)

5.25.

夜明け前　島崎藤村

　明治維新とはそれが種の欠点と暗黒面をもつものであるにせよ、我が民族史上実に刮目すべき大事実であり、美しい国民精神の発露である。この激変をとほし我国は極めて短時日のうちに封建的日本より近代国家的日本に飛躍したのである。しかしそれは短時日なるが故の跛行的変化をともなふ。実に日本はある意味で、この切断により、故郷を、伝統を、そして古典を喪失してしまつたのである。そしてこの欠陥は今に於ても我々は苦しめる。我々は実に真剣に西洋と闘ひ、西洋を克服すべき立場におかれて居るのである。しかし、たとへ大きな福をのこしたにせよそれは明治維新が不成功であつたといふ意味ではない。むしろあの様な大変化が今にも及ぶ後仕末を我々に要求するといふことは極めて当然の結果と考へられるからである。

　京都と中心、朝庭と徳川、それは互に協力し、合体しつつ、対立し、

分裂し、徳川亡び、王政は復古した。その新政府も亦大きな対立によつて更に生長して行つた。そしてこの対立によつて消滅した旧氏族の運命の背後には、平田派神道信奉者の一郡〔ママ〕があるのである。それは王政復古の推進力であるとともに、近代国家として生長する日本の発展には両立しえぬ運命を持つものである。

　実に"夜明け前"は二つの部分からなり立つて居る。

　一つは青山半蔵が時勢とともに力強く生きる王政復古迄と、他は彼の夢と現実の動向との距離がますく大きくなり、彼の行動の原因と、行動に対する批判とがあまりに大きな差を持ち、ついにそれが彼を失意せしめ、方向を喪はせ、狂はせしめた過程である。

　彼は下層民に対する同情者であつた。明治維新による武士の抑圧の排除も、実は新な圧力の交替以外何物でもなかつた。山林問題に見る如く、それは決つして、封建的盲昧を卒業しては居なかつた。彼の大きな失望である。そして Bürgerlich Freiheit〔「市民の自由」という意味。ドイッ語〕のない日本社会の一悲劇である。新時代に於て彼は古ゝ代の再現を望んだ。そして現実は思ひもよらぬ近ゝ代を招来した。そこには新ヨーロツパの潮流がおしよせた。彼はその盲目的受入を危ぶんだ。ヨーロツパと戦はねばならぬと考へた。しかし半蔵はそれとたたかふ力を持たない。発路をもたぬ。うつけつした彼の情熱は新帝の御幸にさいし発露した。人それを狂といふのみであつた。実に誰も彼を理解しない。彼は唯一人であり、反対に流れる潮のなかに自己を見出すのみであつた。その強い対立は彼を狂はせたのであらう。

　実に彼がのぞんだ王政復古、明治維新は彼を殺すものとなつたのである。そして日本は常に新しい脱皮□近代的生長へと向つたのである。
5.29.

歴史的現実　田辺元

　三度目である。しかも一回、二回にくらべるとはるかによくのみこめたのである。

　実に之は立派な、深みのある奉である。そして博士の人格が烈々と

ほとばしりでてゐるのである。人間は唯生きるものでなく、自分の生
方を何か現実的なものに媒介しながら生きるのである。そしてその生
方により永遠にせつするのである。永遠的なものに直面し、絶対的な
生方をするものなのである。さうしてこそその生は深い意味を持つも
のである。

　私は勉強といふものに新な見方をする。それ知識の獲得であつては
だめである。人間としての根源を養ひ、培ひ、強化し、純化するもの
とならねば真物出ない。そして知識の獲得も、さういふ作用により、
たへず緊張した統一のうちにあみこまれなければならないのである。

　さうでなくてどうして人間が高められようか。人は方向を喪失した
時、感傷にとらはれた時自分で自分を卑しくしてゐないかどうかを自
ら問ふてみなければならないのである。人は生きることのみが真面目
である。方向の喪失は生の減退である。

5.29.

幸福な家族　武者小路実篤
　　　　　　たのしくもまた美し。
5.30.(5.29.)

Pierre et Jean　Guy de Maupassant
　一つの極めて平凡な事を終へた。それは何等特別な努力でもなく、
それ故之といふ特別な結果があるわけでない。たゞ外国語はこの様に
して〔ママ〕しか力が養へないし、かうしないと本格的な読書はできさ
うもないのである。

　たゞこのprocessに於て、注意すべきは、自分を機械化しないよう
にする点である。さもないと勉強そのものが一種のmannerismにおち
いりやすいのである。

　この次はAnatole France Le crime de Sylvestre Bonnardを読む。夏
休中に終るであらう。

　しかし、Le romanにもある様に、MaupassantとかFlaubertとは文

士として何と立派な、真面目な人であらうか。

　フランスの知性に親しみをおぼえる。例へばアラン。思想の深さ。それには種々のあらはれ方がドイツ的なそれとフランス的なそれ、又英国的なそれである。そして僕はそれらととつくみあつて自分をきたへるのである。そして人間として自己を高めてゆくのである。日本は今迄ドイツ風、英国風、仏国風と種々の区別に分けられた学者を持つてゐた。しかし今からはそれではいけない。すべからくEuropeをとらへらる人間にならねばならない。

6.4.（6.3.）

竹沢先生といふ人　長與善郎

　久しぶりに接しえた一個の生きた美しい人間像である。僕の修行は人間を求めつつ、非人間的なもののうちにさまよつた。だが時は既に来て居る。僕は人間の中に対自を求めながら、そして新しい修行にのぼるのである。

　竹沢先生とは決つして富にういた存在でなく、我々の眼の前に存在する。理念的な人間像に自分を仕上げるのが人間の生であるとするならば、この一つの人間像に自分を仕上げるのが人間の生であるとするならば、この一つの人間像は既に僕の人間像にとりいれられ厳然たるリアルな力を持つて僕の努力を促す実体となつてゐる。

　我々の使命は大きいものでなくとも恥じてはならない。客観的価値小なりとて恥じてはならない。我々は自己の信念に期待し、自己を良くすることを心掛けねばならないのである。

　竹沢先生死なんとするのおちつき、円満な静かさ。実に死の静けさは生の苦しさと比例し、又反比例する。それはその人のelementである。

6.6.

Religion and the Modern（Pablic）State　Christpher Dawson

　Dawsonの思想にカトリック的な神秘と情熱がある。彼に神の選民としての自覚ともゆうべきものがある様に感ぜられるのである。

　西欧の文明はプロテスタンティズム、リベラリズム、共産主義といふ風に世俗化の過程をたどつて居る。そして国家は大きくなり、それは個人の自由をゆるさず、精神的忠誠を要求する。個人を経済組織の一単位とせんとする。そして国家は自己以外の価値の存在を非認しようとする。即ち国家は統治者であるとともに、教育家であり、一言でいへば人間の神なるものである。かかる国家はキリスト教に対し反対的な立場をとる。しかし之はあくまでも神のいかりにふれるべき不遜であり、キリスト教により神の法を根柢に持たない様な国家は究極的に滅びねばならず、それは人間獣の集団たるに過ぎなくなる。自由人の共同体もキリスト教的共同体たる性格をになふことにより解決されるものである。そして英国の独裁制は実に之により理想的政治型態となるのである。Dawson は temporal なものに eternal なものをふよし、物質的なものに精神的なものをあたへんとする本質的な眼をとなへた思想家である。

6.16.

島崎藤村　生ひたちの記
飯倉だより

わが生活と思想より　アルベルト・シュヴァイツー
　この世界の悲惨の問題が私をひどく苦しめた。しかし私はこの難問題に惑溺することはしなかつた。むしろ、われらすべてはこの悲惨を幾分なりとも根絶せしむべく、各々力を尽すことができる、と信じて疑はなかつた。かくて次第に、この問題についてわれらの知り得る唯一のことは、われらは救済を齎さんとする者として各々その道を行くべきである、といふことだと考へるに至つた。

6.21.

従兄ポンス　バルザツク
　"絶対の探求"以来バルザツクは私をひきつけてゐる。それを読む

ことは、一つの強烈な体臭をそなへた人の世のなかを旅することである。しかもそれが眼なきものにもそのすばらしさを感じさせるものであり、小説家の思想と構想が密接にむすびついた世界である。

　人の世の中とはこんなものだ。C'est la vie.〔「これが人生だ」。フランス語〕そのなかを動く人の動因はポンス、シユムケをのぞいていずれも自分の利益であり権勢欲であり、凡そ下なる心のひきづられるのだ。

　なんだか人間喜劇全体を読んでみたくてたまらない。人の言葉とは矢張りその人のあらはれである。ここにあまり何ともかけないのも一に僕の無能によるものと考へ恥づかしい次第である。（本は断呼自分の本を読め、読めぬ時は洋書を読まう。）ポンスを殺し、その友シユムケを丸裸にする動き、その悪人のいんぼう、それらを平然とかく。Balzac は考へてみれば実に恐ろしいやつである。巨匠たるにふさはしき男といへるであらう。僕はまさに新しい休み、真の楽しい読書の生活。アルバイトの生活に入らんと思ふ。その中心はフランスモラリストであり、所謂哲人の群である。

　次には Eckerman Gespräche mit Goethe〔エッカーマン（Johann Peter Eckermann）の著作『ゲーテとの対話』のこと。原題は、*Gespräche mit Goethe in den letzten Jahren seines Lebens*〕である。

6.26.

“ゲーテとの対話”中　　　　　エツケルマン
愛国と詩人
7.15.

“弟子”　　　　　　　　　　ブールヂエ
カトリツクの精神
7.12.

“マルテの手記”　　　　　　リルケ

"歴史哲学概論"	樺俊雄
"歴史に於ける理念"	樺俊雄
"歴史の理論"	樺俊雄
"文学の宿命" 8.11.	デュアメル
"レ・ミゼラブル"	ユーゴー
"コロンバ" 8.13.	メリメ
"アンリ・ベールの生涯"	スタンダール
"精神と情熱に関する八十一章"	アラン
"パルムの僧院"	スタンダール
"カルメン"	メリメ
"エトルリアの壺"	メリメ
"善の研究"	西田幾多郎
"歴史的世界"	高坂正顕
"饗宴"	プラトン

"PROGRESS AND RELIGION"　　　　　DAWSON

"LE CRIME DE SYLVESTRE BONNARD" ANATORE FRANCE

"我等の行為は我等を追ふ"　　　　ブルヂエ
　　生活を崇高なもの、純潔なものへ高めようといふ決意を以て、私は
京都に出発した。その車中で—そこに10人ほどの人しか居なかつた
が—上巻を読み、今下巻を読みおへた。そしてこの本のatmosphere
は私の現在の精神に何と有難いものであ〔つ〕たことか。美しい精神に
生きるパトリツク・ミュレ、マリイ・ジヤンヌ、またかのエドワアル・
ベルウズ、ルウヂエ師、それらの人のなかに浮びくるこの劇は"弟子"
とともに私にとり実にありがたい糧である。
　　人間のそこにひそむ何か神秘的な衝動、神への衝動、私の性格はそ
の方向に動いてゆくのである。
　　神秘思想、宗教、私にとって大きな問題である。私にとって一つの
根本的な原理である。では神とは何か、いやそれ以上に宗教とは何か。
現実的に人間を動かした宗教とはどんなものであつたらうか。それを
手掛理として考へてゆかうと思ふ。
9.10.

10.16.
"バルザツク"　　　　　　　　　アラン
"世界観と国家観"　　　　　　　西谷啓治
　　なんで感ずるのか、この淋しさ、宗教の不可知、世界の動向

デカルト　　　　方法序説　　　　　　　　中止。
　　精神の糧をえようとする。
　　読書はまさに義務ではない。

　　楽しみであり、鍛錬であるもの。

　圧迫される様な読書は精神をからす。
　本の蓄積もやむをえない。

　思想の実りをかみしめてゆかう。
　しづかに、そして力強く。
10.16.

16.10. －
　Pascal Pensée〔Pensées〕〔パスカルの手稿『パンセ』のこと。以前は『冥想（瞑想）録』と訳されたこともある〕読みはじむ。

　La Rochefoucauld : Réflexions ou Sentences et Maximes Morales〔岩波文庫に『箴言集』として収められている〕読了。
10.16.

"従妹ベツト"　　　　　　　バルザツク
"腕くらべ"　　　　　　　　永井荷風
10.19.

"現代英文学の課題"　　　深瀬基寛
10.20.

"Our Betters, The Circle"　S. Maugham〔サマセット・モームの1923年の戯曲〕
　後者を買ふ。
10.21.

　次第に本の読み方を会得する。真におちついて読む事が大切である。良加減に読むくらいなら読まぬ方がましである。
　自分の世界の建設。それは表面的に高きをのぞまぬ。たゞそれが精神の糧であることを念願とするのみである。

　深瀬さんに心ひかれる。野性の香り、情熱の焔、かたくひかる理知の閃き、人間らしい人間として。

　非常に相違あるのにMaughamといふと荷風を思ひうかべる。
しかし荷風の方が僕にはありがたい。

　本を読むのだ。本は抜粋の材料の倉庫ではないのだ。
10.25

　Dawson〔頻出〕　Roman diun Spbai〔ピエール・ロティの小説（1881年）。ただし、原題は *Le Roman d'un spahi*〕
　Les Désirs de Jean Servien〔アナトール・フランスの小説。邦題は『ジャン・セルヴィヤンの願い』〕

　"Christianity and the New Age" Christopher Dawson
10.27.

　Modern Dilemma よみはじめる。symbolic な The Unicorn。

　本はあまり早くよんではなにもつかめぬ。しかし遅くよみすぎてもいけないものだ。或は早く、或は遅く、緩急よろしきをうるは一に修練である。
11.1.

"MODERN DILEMMA" CHRISTPHER DAWSON
　読了。宗教的信念と学的知識の美しい綜合。
11.3.

　"春琴抄"　　　　谷崎潤一郎
11.2.

"アメリカ騎兵"ロチ
10.31.

パンス"自我礼拝"中止

"れもん"〔短篇小説「檸檬」〕梶井基次郎
10.25.

　今時間の関係から読書量の低下は著しい。十分注意し補はねばならない。

"Les Désirs de Jean Servien" Anatole France
　最初の100頁は50日で、のこり150頁は7日で。
　凡作。
11.10.
　J. Servienの恋愛よりも、Communeのどさくさに殺される場面が印象にのこる。

"ドミニツク"　フロマンタン　　10.－
"オーベルマン"セナンクール　　　10.－

"チボー家の人々Ⅰ灰色のノート"　　11.－
"　　〃　　　　Ⅱ少年園"　　　11.－
"　　〃　　　　Ⅲ美しき季節（上）"　11.－
"　　〃　　　　Ⅳ美しき季節（下）"　11.－

　"灰色のノート""少年園"にはからをくだいて生きようとする少年群の息吹きが感ぜられる。そのさはやかさよ。
　"美しき季節"とくにアントワーヌとラシェルの別れ。
　トルストイ―ドストエフスキー―其他ロシヤ作家。

バルザツク、フローベール、スタンダール、其他フランス作家。
ドイツ、フランス、イギリスの思想家。

"チボー家の人々 Ⅴ 診察"　　　　　　　11. −
"　　〃　　　　　Ⅵ ラ ソレリーナ"　　　11. −
"　　〃　　　　　Ⅶ 父の死"　　　　　11.19.
　精神史、社会史、父死せり、秩序の没落、そして大戦へと。

"蘭学事始" 杉田玄白
11.20.

　僕の本の読み方は常に三種平行である。
　　1.　フランス小説。(フランス語)
　　2.　思想的なもの(英語又は日本語)
　　3.　軽く読み且有益なもの。小説も。
遊んでゐてはならないのだ。

"1914, L'été "Ⅰ〔『チボー家の人々』の一節〕読みはじむ。
11.20.

　試験の参考に "西洋史講話" をすきみする。いい本だ。何時かおちついて読まう。

　　1.　Les Thibault
　　2.　Religion and the Modern State ○
　　　　歴史哲学　　　　　　　　○
　　　　国家構造論　　　○
　　　　パンセ、芸術論集
　　　　"福翁自伝" 福沢諭吉
11.29.

　考へながら読む。それ以上はできない。再三再四読むもの。それは精
神の糧たる意義をもつものにして可能なことだ。記憶の道具などであつ
てはならぬ。それを読んで生のなにか美しく力強い息吹にふれることは
必要だ。
12.2.

"アウグスチヌス"　松村克己
12.2.

"基督者の自由"　　ルツター
12. －

"RELIGION AND THE MODERN STATE"
　CHRISTOPHER DAWSON
　再読。
12.13.

　本質的にはキリスト教徒の呼びかけといへよう。それにはヨーロツパ
の問題といふ限界がありはしないか。

"西郷南洲遺訓"
12.14.

"政治の彼方に"　ドーソン　再読。
12.19.

"THE FATE OF MAN IN THE MODERN WORLD"
　　　　　BY NICHOLAS BERDYAEV
12.22.

"自我礼拝" モーリス・バレス　　　　　12. ‒

"弟子"　　ポール・ブウルヂェ　　　　12. ‒

"アウグスチヌス"三谷隆正　　　　　　12. ‒

The Meaning of History〔ベルジャーエフの著作〕
Les Thibault
英国史、エドワード七世とその時代
The Expansion of England,〔John Robert Seeley の著作〕
Laski The political thoughts in England from Hobbes to Bentham

昭和十七年

"大戦と女たち"（ラザリーヌ）　　　　ブウルヂェ
1.5.

"村長日記"　　　　　　　岩倉政治
1.5.

　本はべつにあはてる必要はないが何か中心的な一つがはつきりして居ないとだらけてしまふものである。今はBerdyaevを読み、それが読了後Les Thibaultを読まうと思ふ。征服過程である。

　〔Über die〕Epochen〔der neueren Geschichte〕〔Ranke の1899年の著作〕を読みながら考へるのであるが日本の歴史家の史書（西洋史）には何か力不足、教義の不足が考ぜられる。ヨーロッパの歴史のみならず文学その他の地盤なき歴史家などナンセンスといはざるをえない。

　我々は何でもかでも原書を読まねばならないといふことはないのだ。高等学校で語学をしつかりと身につけることができれば敢て問〔ママ〕句はいはない。それで十分である。そしてこの語学の負担は決つして日本が欧米学界におひつけぬハンデイキツプとは思はれない。
1.18.

　Ranche〔Rankeのことだろう〕が政治史を重んじ、勢力を中心に記述したことに限界はあるにせよそれを普遍的連関におりこんでいつたところにその正しさと美しさがあるのではなかろうか。
1.18.

　Epochen 318. 民主主義　破壊的傾向

　"Epochen" Ranke、鈴木、相原訳
1.18.

　歴史の本でもよい本は矢張り我々にひびくものがあるのだ。唯られつ的で何等反響のない読書は結局どつちでもよい本であらう。

　"ヂヤンクリストフ (I)" ロマン ローラン　豊島与志雄訳
　1.20.
　　"人生は容赦なき不断の戦であつて、一個の人間たる名に恥しからぬ者となることを欲する者は眼に見えない数多の敵軍、自然の実力や、濁れる欲望や、暗い思考など、凡て人を欺いて卑しくなし。滅びさせようとする所のものと絶へず、闘はなければならないといふ事を彼は知つた。"
P345 より。

"The End of our Time" Nicholas Berdyaev
1.22.

深瀬先生より拝借、Berdyaev の二番目に読んだもの。Russian Revolution を如何に生きるか。彼の歴史観に関心をかきたてられる。Joseph de Maistre〔Joseph-Marie, comte de Maistre のことか〕も読んでみたい。

"ジャン・クリストフ	2"	ロマン・ローラン		1. −
"	〃	3"	〃	2. −
"	〃	4"	〃	2. −
"	〃	5"	〃	2.14.

"Les Thibault, L'été 1914 Tome I"
　　　　Roger Martin du Gard
2.8.

　"Les Thibault" がその全貌を示すのは実にこの Septième partie〔「第7部」のこと。フランス語〕に於てであらう。Jacques の今迄の反逆は自意識の爆発であり、自己の主張であり、しかも同時に bourgeoisie の内面的虚無、形式的虚飾の排撃であつた。即ち彼は一個の歴史的典型としての意味を持つてゐるわけである。Berdyaev の言ふ様に、近代の dynamic は次第に固化し、自働性を喪失し、機械の発明、発展の結果人間が機械の奴隷となつてしまつた。即ち人格性の否定である。そして之を一面から見れば資本主義的秩序の一様相であり、bourgeois 文明の姿であるといへよう。Jacques は文学的傾向を持つ青年であつた。そして彼が一個の社会改革家乃至 revolutionaire として出現するのは実に彼が bourgeois 家庭に生長したがためであり、この形式性を否定するがために他ならない。そしてそれは必然的に資本主義そのものとつながるが故に資本主義そのものの否定となるわけである。彼はいふ。"L'Homme à été dépossédé de sa personalité, Antoine⋯Voilà le crime capitaliste!"〔直訳すると、「人類は自らの人格の所有権を奪った（＝主体性を失った）。アントワーヌ⋯⋯そこに資本主義の罪がある」。フランス語〕L'ouvrier〔「労働者」。フランス語〕に対する信頼、そして同時に不安。Antoine の個人主義、不可能論、両者の対立は安定し

たbourgeois的見解を持つ活動家と、虚無と不正を否定し新なるものを建設せんとして悩む一現代人の対立である。Antoineは戦争があるとは思はない。Jacquesはその阻止に活動する。そこに両者の溝がある。現代を背景とした壮大悲劇。その主人公Jacques。

2.9.

"中世ヒューマニズムと文芸復興"〔Étienne Henri Gilson の著作の邦題〕　ジルソン

2.10.

　訳書としては不備である。キリスト教的中世に対しDawson等とちがつた見解は印象にのこる。

　古典的作品を読まねばならない。

　ブールヂエ、バルザツク

　"12.21.-3.3.　　"近世に於ける我の自覚史"

　　3.6-3.16.　　"根源的主体性の哲学"

　　2.21.-3.3.　　"近世の於ける我の自覚史"

　　　　　　　　"THE MEANING OF HISTORY"

　　　　　　　　"フランス哲学の主要問題"

　　3.6-3.16.　　"LES THIBAULT"

　　　　　　　　"THE HISTORY OF ENGLAND"

　　　　　　　　"基督教の起源"

　　　　　　　　"基督教の本質"

　　　　　　　　"基督教史"

　Jean Christopheの生方は人が模範とすべき鼓舞の材料たる様なものであるが、しかしこの物語の力点は如何にしてanarchyを脱却すべきかといふ意志にかかつてゐるので、そこで大きな意味を持つのは"家の中"に見られる様な社会描写の点であると思ふ。そしてChristopheが如何に

ここを生きるかといふこの過程には何か現実を離れたところがあると思ふ。Christophe は人間たるよりは一つの主張として出現してゐる、と思はれる。

　Jacques Thibault、それは環境中にあるがあくまで人間であり、Paris の町も生きてゐる。私にこれこそ Roman（histoire〔一般には「歴史」だが、ここでは「物語」のことか。フランス語〕）といふべきものであらう。

　"ジヤン・クリストフ　六" ロマン・ローラン　　2.27.
　　矢張りいいところがある作だと思ふ。

　"ジヤン・クリストフ　七" ロマン・ローラン　2.20.
　　この感激さす生への信仰。
　　小説それは芸術なのだ。

　"愛"（Le justicier）〔フランスの小説家 Paul Bourget の 1919 年の作品 Le Justicier のこと〕ポール・ブールヂエ　木村太郎訳 2.24.

　"ジヤン・クリストフ　八" ロマン・ローラン　　2.28.
　"生を讃へんかな" クリストフ
　"さあ着いたぞ！お前は実に重かつた。子供よ一体お前は何者だ"
　すると子供は云ふ。
　"私は生れかかる一日です。"
　Rue Mont Parnasse〔La rue du Montparnasse（モンパルナス通り）のことか。パリの有名な通りの名前〕162
「私は文学の作品を書くのではない。信仰の作品を書くのである。」

昭和十七、十八年、それは文字と歴史を勉強する時だ。

　"菜種園〔圃〕" 長與善郎　　3.1.
　春田の小説

地蔵の話

西行

春の訪問

春宵にふさはしいよみものであつた。

　"心" Cœur pensif ne sait où il va.〔直訳すれば、「物思いにふけるこころは、自分がどこに行くかを知らない」。Paul Bourget の 1924 年の小説の題名でもある。フランス語の諺〕

　　　　　ポール・ブルヂエ　　　3.3.

　"死の意味" Le Sens de la mort〔文字通り、「死の意味」。Paul Bourget の 1915 年の小説の題名。フランス語〕

　　　　　ポール・ブルヂエ　　　3.-

　"吉田松陰の思想と教育"　　　3.-

　"泰天三十年"　　　　　　　　3.-

　"東洋の幻"　　　　　　　　　3.-

　"白き処女地"　　　　　　　　3.-

　"井原西鶴"　　　　　　　　　3.17.

　"家族会議"　　　　　　　　　3.18.

"THE MEANING OF HISTORY" NICHOLAS BERDYAEV
3.3. 9.45 A.M.

　Berdyaev の思想には現実を明確に何の割引なしに観察しつつも、それを強く超出して、永遠的なものの光のもとに強く現実に対立する異常な拍〔ママ〕力がある。そして之は彼の動的な歴史観と密接に結びあつて居るものであつて、彼からいへば現実の事象、歴史的世界に生起消滅する現象はすべて永遠と時間の結びつきであり、その永遠なものが常に歴史の底を貫流してその意味をなりたたしめて居るのである。そして現実は常に永遠の象徴的な姿であり、未完の顕現であり、現実的なものの意味はその未完の象徴性にあるといへよう。現実の完結性に対する否定、他の世界の媒介によつてこそ始めて現実は完全なものとなりうるがしか

147

しその姿は未完であるといふ思想に客観的に理解しつつもしかも絶対的なものにふれて居るものであらう。それは認識であるとともに創造であり、知りつつ、分析しつつ生かす原理所謂彼の宗教的変貌としての生の原理である。

彼にはロシヤ民族の特有の使命に対する信念があることは極めて注目すべきで、ロシヤの思想家の特異な宗教的性格を探索しつつも彼自身がその典型的なあらはれとなつて居るのは極めて興味ふかい。

歴史哲学は単なる歴史の方法論であつてはならない。それはあくまでも実践哲学であり運命の哲学であり、現実的であつてしかも超現実的性格を持たねばならない。Berdyaevの歴史哲学の特異性はその点にある。

深瀬先生より拝借。George Reavey訳〔ベルジャーエフをこの人の英訳で読んだのか〕

"復活　上" トルストイ 中村訳		3.21.
"近世に於ける我の自覚史" 中断		3.26.
"復活"中　トルストイ 中村訳		3.27.
"復活"下　トルストイ 中村訳		3.29.

《"爾曹先づ神の国とその正義とを求めよ。さらば、他のものは悉く爾等に加へらるべし"と言はれてゐるのに、われわれはその他のものばかりを求めてゐる。それが見出せないのは当然である》
-P217.

"旅人" 阿部知二	3.26.
"幕末の倫理思想" 羽仁五郎　倫理学 II	3.30.
"竹沢先生といふ人" 前篇にて中止	4.2.
新たに出発、気分おちつかず。	
"竹沢先生といふ人"長與善郎	4.3.

"歴史哲学（第一部）" 高坂正顕　倫理学II　　　　4.3.

"西洋思潮" 大類伸（世界思潮）　　　　　　　4.11.

"The Origins of Russian Communism"
　　　　　　by Nicholas Berdyaev.　　　4.5.
　　　L'été
"Les Thibault 1914"
Septième Partie〔「第7部」。フランス語〕XXXIVにて中止。　　4.13.
　　　　　　　　　　— 続行 4.15.
　　　　　　　　　中止と決定す。

"Les Thibault L'été 1914" を続行し、六月迄に読了の予定である。真
に僕の精神にレゾナンスするものなるが故に。

"The Making of Europe" 中止す。Thibault を読了しえなくなるが故に。

"Inquiries into Religion and Culture"〔Christopher Henry Dawson の Enquiries
into Religion and Culture (1933) のことと思われる〕を読み始めることとす。

　今本を止めたり、始めたりすること頻々たるものあり。一に精神的に
不安定なるが故に他ならない。之を如何に克服するかに問題の力点はあ
る。じっくりくぐりぬける。それもおちついた沈潜なくしては不可能で
ある。自分の道の探求、それは沈潜以外にはないのである。
4.26.

　名実ともに Les Thibault を中止することとした。そして Dawson: The
Making of Europe も中止することとする。かくて私の精神的育成の系統
はここで転環〔ママ〕点に達っした訳である。身につかぬものは棄ててゆ
く。そして自分の糧を摂取してゆくことが僕の中心的課題である。僕の

現在的関心の本質を追求し、今の僕の情念の流れに沈潜することがなによりも僕にとつて essential なのだ。

　今迄の僕のえた教訓、収穫とは：自己の生長が尺度だ、といふことに他ならない。その地盤に立つて僕はどこまでも努力心してゆくのである。郷愁記をしみじみと読み返してるのだ。

4.27.

　Boule de Suif 貸出し

　記念祭が来た。なんの感興もなしに。昨年の今頃は何か浮々としかも何かひとりぼつちで居た。今はひとりぼつちな事は同じであるけれども、浮々した気分などはない。一年間努力といふことは何時も僕の中心にあつた。しかしそれらが空しく終つたとしか感ぜられない。いはば空廻りに。

　今も亦変らない。僕の努力の意志はそして何物とも知れず僕は求めつつさまよふ。結局この点からみて僕の高校生活は失敗であつたともいへる

　友を求め得られず、しかも僕は周囲の人から離れよう離れようとする衝動に動くのである。何故ともなく動きそして今あるものを失つてゆくのが考へてみれば僕の生活そのものかもしれない。人を愛したい、とはのぞんでも今ある人に愛が持てない。好意さへも極めて稀薄である。

　僕の真に愛情の持てる人それは結局母と兄だけであらう。

5.1.

5月3日

　記念祭後、酒をのみ河原町四条金水で寄書きをかく。何もないのでふと思ひつくまま「生夢」とかく。生の夢でもよいし、夢に生きるでもよい。とにかく案外今の僕にふさはしい言葉ではないか。人生は夢の様なもろくはかないといふ虚無感と自分の夢に献身し、無のうちにその統一の生をすてて生きたいといふ何物によるともない戦闘の意識は僕の生方そのものではあるまいか。

　この生のもろさを感じるとともにたへがたい寂寥にさいなまれる

5月四日
　昨夜は中村と語り中村と夜レコードをきいた。彼がTに対する感想を知つた時僕は何といふ感じをいだいたことであらうか。しかしそれは結局僕のうちかたねばならない意識として把握すればよいのである。そして僕は中村に親愛感をおぼえ、そして彼も僕に親しく思ふ様であるが具体的にどうなることか僕にはわからない。僕は唯努力しよう。そして祈ろう。
　僕の高校生活の一貫したモチーフは実に中村なのだ。そして他の人々は彼のかげにおほはれてしまふのだ。
　彼に対しつくづく感ずる。僕はよい人間になれねばならないと。

五月六日
　今の精神的不安にうちかつこと。それが今の課題である。では一体この精神的無気力は何にもとづくものであらうか。今迄のものがすべてくづれた感じそして精神の空虚の治療は唯小説をよむことしかないといふ現状、空虚感は空虚感をいざない、結局今迄僕を動かす目的意識は何であつたかと反省する時そこにも何にもないといふ意識だけがのこるのである。思想的に一つの何らかの立場を獲得するといふ僕の高校生活の目的は無に帰してしまつたのである。結局今迄何も確かなものが得られなかつたのであつた。その様なポーズはとつてきた。しかし私は今反省してみるとき自分に根拠なきを淋しく思ふのだ。思想的な根拠、けだしそれをすへるのは決つして容易ではない。今迄の態度を反省してそれを補はねばならない。一つにはある一つの思想にじつくりとつつこんでゆくつきこみ方がたりなかつた。そしてそれに関連して努力が足らなかつたことだ。その様な思想的根拠は僕には今結局ないのだ。しかもそれは何人といへなしではすまされぬ基礎である。それ故今後の努力の中心は一にかかつてその基礎の確立にあるのだ。そしてその点で考へねばならないことは僕は外国語の書物を読むといふ一つの根拠ないえらがりから真

151

に読書をしなかつたのだ。それが現在の不安の一つの原因だ。

　そして全体的に考へて何と読書量の少く、何と人生を生きること少く、そして何と感銘をうけること少く高校時代をすごしてしまつたのであらうか。そうだ問題はここだ。嘗て僕は真に人との協同の基礎として自己にある立場の確立といふ事を中心として考へた。そして今それらは何等なくしてそして人々の間にあつて何等個性なきものとして自己を見出すさびしさにさいなまれてゐる。例へば平井は文学をとほして一つの立場に至りついたであらう。だが僕は、□□にしても一つの団体との関連により生方を見つけたらう。しかし僕は依然として孤立であり、しかもその孤立が貧弱と冷かさの象徴として考へられないのだ。

五月十日

　今生活そのものに僕は自信を失つてゐる。しかしそれは結局今迄の生方そのものの誤謬として考へられねばならない。僕は極言すれば外国語の修得で僕の人生そのものが打開されてゆくと観じて居たのではないか。そしてその様な浅くもろい抽象的理論は僕の生を決つして深め高めようとはしないのだ。

　僕は自分ほど意志に於てきようでなかつたら目茶苦茶になる人間はないと思ふ。そして今迄は無意志と無理想の生活にすぎなかつた。

　道はすぐそばにある。まづ卑近でそしてそれを遂行することなくしては何人にも恥じなけれぬ〔ママ〕ならぬことがない様につとめよう。それが僕の生をまずよい方へとしむけてゆくのだ。それは禁欲に他ならない。らんだなる自己、厚顔な自己を真の価値へ目ざませるものは自分に他ならない。

　そして僕に生命をあたへるのは人生観である。何よりも大事なのは僕自身の人生観の建設なのだ。今迄の生活は確に低調であり、僕の生命の道ではなかつた。そして今迄のあの長い間何をしたかと反省するとき非常なさびしい気がする。しかし僕がその失敗したのであつて、その失敗は決つして他人に由来するものではない。僕自身の誤謬を認識しよう。僕はその様な失敗をしたのだ。そして大事なのはもうその様な失敗をく

りかへすまいといふ決意とそれにともなふ努力だ。そして何物ともなき
ものへの戦闘である。この失敗を自己に原因せしめ、そして自己の建設
へと努力するといふ仕方は思ふに僕が一生涯如何なる場合にも意志の全
力をあげて試みねばならぬ戦闘であらう。僕はそれをのりきれば自己の
生活に美と光をもたらしうるし、それなくしては単なる悲観論者に終ら
ねばならないであらう。

　なげく事はやめよう。ただわが道を高め清めることに努力しよう。実
際悲観などは一種の甘へであり、身の程を顧みない憍漫であるといへる
のだ。真に切迫した人生にその様な遊戯はありえない。なにもいはずに、
そして何もかもあげて生活の建設、思想的立場への努力に邁進しよう。

　人間はものをいふ以上に考へて居るのだ。その理論化などは本質的な
ものではない。自分の怠惰の理論的弁護。

　僕は今何事に対しても何と自信が持てないことであらうか。そして今
にして思へば僕の生活原理は何と薄弱なものであつたらうか。僕はその
方向が間違つてゐたとは思へない。僕は自分が今迄考へて居た様な現象
把握のし方が僕としては少くとも一番妥当であつたと信じてゐる。唯僕
は感じるのだ。自分の道へのつっこみ方が足らなかつたことを。思ひ描
くにとどまつてしまつたのではないかといふことを。蓋し実際の道から
僕自身のより処にまでつきすすむといふ行方は事実の探求とその精神的
意味の結びつきがあつて始めて可能なのであらう。事実の探求が我々の
精神的factorと結びあはない時我々の道は中心点を失つてしまふ。そし
て事実の探求に対する好奇心が一度停止したとき我々を動かす力は何等
存在せず、我々の価値意識は減衰する。我々は理想と意志を失つてしま
ふのだ。僕は何と愚劣だつた事か。
5.15.

五月二十日
　僕の感じるたまらない空虚さ、それは知的探究心に絶対的価値をおく
見方の誤謬といへる。しかしそれは唯単にcuriosité〔「好奇心」。フランス語〕

のみを最高とするのではない。僕からいへば知的探求の恒常性は精神の
健全のあらはれとなる。しかしそれはあくまで安固な精神に立脚しては
じめて可能なのだ。精神的危機に於ては悲惨であり危険なのはcuriosité
の衰弱ではなく、その存立の基礎の崩壊することだ。僕の今の危機は精
神の動揺だ。そして知的好奇心以外によりどころを持たなかつた僕の精
神そのものの動揺なのだ。

　□が僕に教へたのは生活の基礎としての愛だ。僕の生活の空虚さはそ
の愛の喪失だ。一体何により愛をとりもどさうとするのだ。Social
Reform もその一つのあらはれだ。しかしそれは我々の生活の全基礎で
はない。我々が生活の全体をすゑる根柢は人間への希望であり、愛であ
る。我々は何物かへ努力することにより信仰するのだ。Dawson を離れ
よう。まともに人生にぶつからう。

　僕自身の根柢の建設だ。Vivre だ Vivre だ。

　愛の再建、運命そのものへのぎよう祝〔ママ〕だ。人生だ。発見だ。そ
して努力だ。一生の基礎の建設だ。

　平井にまけた。徹底的に。それが今迄の結果だ。

　之からの道は?蓋し平井をこえることに他ならない。

5.25.

　僕が今生活の虚さに苦しみ、貧しさを歎じてる。しかしそれは人生そ
のものの虚無さからくるものではなく自分の道の誤謬の結果としての空
虚さであり、それに附随するところの自己の心的態度の人為的孤独性で
ある。僕は一人ぼつちだ。そして一人のうちに何も見出せない。僕の道
はどうなるか。

　結局自己の本質まで至らぬことの追求で何もえずかけずりまはつたお
ろかな姿よ。

　一言でいへばすべてを活動せぬ故、努力もせぬ故と人の生活の薄弱さ
を見てその結果自己の生活の中心的、精神の本質に何等批評をしなかつ

た曖昧さ。

　自己の対象に幻惑されて自己の足場をはなれた虚弱な浮薄な物珍しがりや、この分でゆくとお前はスコラ哲学の研究者になるとうぬぼれた。何たる愚劣さぞ。

　自己を対象にぶちこむ事により自己をより豊により広く収斂しうると盲信した結果対象へ対象へとはしりまはり自己そのものを失つた。

　自我の喪失、その倫理的立場も、主体性も、そしてすべての生活への意志の喪失。

　どうなんだろね、どうなんだろねで、結局何も得なかつた自己の頼りなさよ。何としても俺は之をぬけだすんだ。それは人生への愛と意志を自分の中にとり込むことによつてはじめて可能なのだ。そしてその愛と意志へ沈潜することによつて自己の立場を恢復するのだ。そして人への世界に、創造の世界に、construire〔「建設する」／「構築する」。フランス語の動詞〕への道をさぐるのだ。努力は僕の場合人為的なものとなる。それへの自己の傾向にひたることが問題だ。外的な大学入試それとこの精神的空虚さ、それを克服しよう。自己の立場の生成、それは我々の生のよりどころだ。それへの意志は我々の生涯を導くものとならふ。人間はどのような場合でも自己の創造に真面目でなければならない。我々の立場への努力、生への愛と意志への努力、growとしての努力、それを離れたら俺は破滅するぞ。今の破滅をすくふものはそれへたちあがることだ。

　屈辱、恥辱、苦しみは之からだ。それにぢつと生き抜かう。自分のために。そんなものにまけたら自分はだめになつてしまふぞ。

5.28.

　自分一人で生きられる様になろう。そして勉強。

　松尾君との話、なにか面白くない。真面目になれない。つくりものの様な話だ。あの人の問題までが。

僕は生きる。生きるため、つくるために。言辞を弄するためでない。

唯努力あるのみ。実践の座にある。認識の基底。

読書ノート（別紙）

6月7日
　我々が生きるにあたつて自己をよりすぐれたものへと鍛錬してゆかねばならない。それとともに社会と自己との連帯性、人類と自己との結合といふ真実を見忘れることなく、自己の全体性を完く生かさねばならない。
　心に反省してみよう。何が善であり、何が美であり、価値高きものは何であるかをとらへる力がある事を感じる。我々はその力を生かし、その力に生きてゆかう。それを成立たせるものは自己反省と意志以外にはない。自己を見つめ、自己を指導してゆくことが根本問題なのである。
　真実に生きよう。さして外観をすてよう。捨身、げにそれこそ中心問題である。僕はクラスに失望する。交友に失望する。師といふ人もない。愛し愛される人もない。しかも、僕は努力しなければならない。さびしくとも人間として真に価値ある道に精進し、身をすてることが如何なる場合にもなしうるし又なさねばならぬ人間のつとめなのだ。
　小笠原先生、先生に対する畏敬と愛は変らない。
　毎日今後日記をつけて、腰をすへて自己の再建にすすんでゆかう。人は一時の生をむさぼるものではなく一生涯を努力してささぐべきものだ。僕は外観はとにかくも、ストアの禁欲と精進に自らをきたへてゆかねばならない。意志こそ実に生活の中心に他ならないのだ。

6月九日
　学問に対する情熱のない人、努力のない人、それは何と空虚なものか。
　愛なくして理解なし。
　笑、それは表面的な技巧だ。

　真□を見つめよ。嗚呼俺は孤独だ。そして自己建設あるのみだ。

6月12日
　酒、煙草、いささか酔感をもよほす。

6月13日
　努力そのもの。生活そのものを高めてゆかう。俺はさうすぐれた人間ではない。特異な性格でもない。そこから俺の自己鍛錬ははじまる。

6月14日
　常に理知で自分を抑制しないと僕は目茶苦茶をはじめる。僕は均衡のない人間だ。人を相手にしまい。しかも何物かに照覧あれと呼びかけるだけの信念を失ふまい。
　自己を建設。貧弱なる自己をより高貴たらしむるこの努力は生命のつづくかぎりつづけられねばならない。
　今迄大したこともしなかつた。しかしそれはつまらぬですませない努力なのだ。同じ文学に対しても平井と僕では立場がちがふ。しかし、僕はどこまでも孤独か。

6月15日
　今の僕に発展すべき何物もない。新な自己建設への努力、それへの熱意のみである。

6月17日
　僕は倫理、宗教への思索が足りない。
　しつかり読む修練が足りない。
　ドイツ語を着実にやらなかつた。
　人生とか芸術へ真の素養が錬成されてゐないのだ。

6月18日

　田辺先生御講演"哲学について"

　先生のお声小さきためききとれがたく、残念。

　哲学とは死の修行である。死とは現実の要求に、身を捧げることで、恣意によつてできるものではない。

　僕は十年無為に年をとりすぎた。之から若さを回復しよう。

　Albeit、それが最初にして最後だ。

6月19日

　僕は本質的に réformateur〔「改革者」。フランス語〕であるといへよう。

6月21日

　中村を真の友と思ふ。平井を敬愛する。

　僕には sentimentalisme〔「感傷主義」。フランス語〕がある。それは捨てよう。しかし中村と au revoir〔「別れの挨拶」。フランス語〕をかはすときのさびしさそれは、単に isme〔～主義〕だけではない。交りに内在する虚無への peur〔「恐れ」。フランス語〕だ。しかしそれをも sentimentalisme なのだ。

6月23日

　僕の今迄の生活は感覚に減〔ママ〕定されてゐた。思索、それがなかつた。

6月28日

　中村金夫君とまた歓談し、ここに十一時。僕は彼により勇気を得、自己を高めようとする情熱を獲得する。僕ほど彼に誠実なる者はない。

　神は、そして新しい原理は自己以外にない。そこに徹するところに生活が主体的なものとして自律を持つ。自己の現状をみよう。我々はそこで空虚さを痛感する。しかし生活の中心的課題は我々の空虚を克服し、真実なものの追求に献身するところに成立つ。自己の道にすすむべし。

7月五日
　思想を媒介としての主体性の把握、それが僕の生方なのだ。それをすてるとき僕は僕でなくなつてしまふ。常に自己をベストコンディションにおく事、それをすてたら僕はない。その僕を理解するものはない。しかしそれが行為への真の僕の道なのだ。

7月六日
　何と傲慢な軽薄な人間の群であらう。知らざるものへ勝手な批判を下して平然として居る。それが着実といふものならむしろ僕はそれを好まない。先づ知らう。そして批判だ。
　平井の仏文行、実にぴつたりとして美しい。
　僕も亦自己の道をつき進んでゆかう。行動とそして認識への情熱とをかたく守りながら。

7月8日
　僕の道は学問にぶつかりあふときはじめて成立つのだ。平井型の読書それは真面目で尊敬に値する。しかし読書とは結局さういふ意味がなければなりたたないし誰でもその様な意味で読書するのだ。ただ方法の相違にすぎないといへよう。
　孤独にたへ、克服すること。それが協同の道だ。

7月10日
　今日は僕にとつて決定的な日だ。僕は思想史的、精神史的な研究、へ自分の生涯をささげようと思ふ。僕の頼りうるものは何もない。頭脳、才能いづれも自信が持てない。唯僕をかりたてるものは精神的な欲求のみである。その他に何のよりどころもないのである。それでよいではないか。

7月12日
　昨夜の仏語コンパのたのしさ、伊吹さんの若々しさ、実にうれしかつた。

知的生活に僕は身をなげたした。自己を何によらず辱めてはならない。

7月18日

　今日で三高生活は終る。之でよかつたと思ふ。あらたむべき事は又あらためよう。学んだ事をあくまで実践しよう。

　が過去はすぎた。僕の新しい道はひらけた。古きものへは涙しよう。そして新しいものにすすみゆかう。

7月22日

　森六先生よりお手紙をいただく。僕は深瀬、伊吹、森六先生の温い雰囲気を感ぜずには居られない。そして一生懸命やらうと心から思ふのである。道を限定しよう。僕は近代史とロシヤを生涯の課題としたい。そしてEuropeの近代を自己の中に定位し、解決してゆきたい。一すじの道へ努力するのみである。

　僕は勉強をなくしたら自己を失ふ。僕はあくまでも解釈者であり、批評家ではなく、思想家でもない。そして知的なデイレツタンティズムに生きてゆく人間だ。知を求めるとは一面デイレツタント的性格をともなふ。しかもそれでよいのだ。知の豊さは生活の乏しさでつぐなはれる。そして一面危機への心構があればそれでもうよいのだ。役には立たない。役よりも自己の要求がはるかに本質的なのだ。そしてそれに生きつつも現世のつとめへの努力をうしなはい事が必要なのだ。文学部へ安んじてゆけるのは人間には限界があり、しかも限界内で真実である事が最も本質的に真面目だといふ確心をえたからだ。

7月22日

　僕の生涯は学に捧げられた。最もよしとえらびし道に僕はゆくのだ。努力、それがすべてだ。

　漫談家、それが僕の態度であつた。それをすてたら僕は人に対し様がなくなる。しかもそれでいいとも思ふ。それが僕なのだ。自己の真実の

道への努力と僕と humour〔「ユーモア」／「諧謔」。フランス語〕は相互に殺し
あふ様な事になつてはならない。僕は平生もつと自己を大事にし、自己
を主張せねばならない。そしてもつと沈黙しよう。しかし mademoiselle
Naka に対し僕はたのしき人でありたい。笑へ笑へ。そして M.N も笑ふか。
　さうだ頑張らう。生命をとした~~つもりで、~~気概でもつて。

7月24日
　Elle est un monteur! Je l'aime. Mais mon amour est-il imaginaire?
Non. je le crois sincerement.
Je l'aime de tout mon cœur.〔直訳すると、「彼女は女工だ（ただし、主語が女性
なので、une monteuse ではないのか）。私は彼女を愛している。しかし、私の愛は、
想像力に富んでいるのか？　否。私はそのことを率直に信じる（sincerement のスペ
ルは、sincèrement が正しい）。私は彼女を心から愛する」。フランス語〕

　Travaillons, très très bien!　C'est ma vie!〔直訳すると、「大いに勉強しようで
はないか、一層しっかりと。それが私の生き方だ！」。フランス語〕

7月28日
　中村、K.T といろいろ雑談し、ビールを呑む。あの人々に対し真に善
意を持ちながらもしつくり話せないのはどういふ訳であらうか。我々に
共通した地盤があまりないからかもしれない。
　東京にゆく人々と結局僕はあまり関係がなかつた訳なのだ。孤独、そ
れを生き抜き、自己の道を切開く勇気を僕はえた。

7月28日
　僕は T.N がよい人になることを祈る。それにはまづ自分自身を高めね
ばならない。愛とは相互の自己向上であり、愛する事は両者を豊ならし
める事なのである。情慾の底にも光り輝くものがあるのだ。
　Nous sont les amis.〔「われわれは友人同士だ」。フランス語〕
　真面目に勉強しよう。生活そのものを高め清めよう。それが愛の道だ。

7月30日
　女、それは何たる名優ぞ。

　徒な空想に生きる事はやめよう。自己の位置を明確に認識しよう。
　N.T. それを忘れかねる。しかし我々は何物でもなかつたのだ。
　単なる空理はやめにしよう。それは自己弁護の変形にすぎない。
　裸の人間として僕には人を動す何物もなかつたのだ。
　僕はN.T.を愛した。N.Tはさうではない。
　s'aimer l'un et l'autre.〔「互いに愛し合う」ぐらいの意味。フランス語〕それは
最も単純な形式にすぎないのだ。
　それは生活の支柱どころではない、一つの物なのだ。
　僕は如何に謙虚につつましく、ひたすらであつたことであらう。しか
し結局愚劣であつたといふ他はないのだ。
　Amour、その種類をとはず最も無縁のものなのだ。
8.31.

　一人の人間に執着するのは愛ではないのだ。

　"姉妹" ポール・ブールジエ　新城訳〔1941年に新城和一訳で東京堂から上
梓されている〕　　　　　　　　　　　　　　　　　　　　4.9.
　　　文学はすじがきではないのだ。

　"文学と伝説" 荒川義彦〔不明〕　　　　　　　　　　　　4.11.

　"如何なる星の下に" 高見順　　　　　　　　　　　　　　4.12.

　"日暮硯"　　　　　　　　　　　　　　　　　　　　　　4.15.

　"吉田松陰" 徳富猪一郎　　　　　　　　　　　　　　　　4.18.

"方法的制覇" Paul Valéry　　　　　　4.19.

"氷島の漁夫" ピエル・ロチ　　　　　4.19.

"ラムンチョ" ピエル・ロチ　　　　　4.26.

"聖家族" 堀辰雄　　　　　　　　　　5.1.

"贋修道院" 深田久彌　　　　　　　　5.3.

"故旧忘れ得べき" 高見順　　　　　　5.5.

"脂肪の塊" Moupassant　　　　　　　5.6.

1.　Christopher Dawson : Enquiries into Religion and Culture
2.　Benjamin Constant : Adolphe〔左記フランス人の小説〕　　P.3. 50分
3.　ドイツ語　　　　　　　　　　　　30分

"蒼氓" 石川達三　　　　　　　　　　5.1.-9.

"菜穂子" 堀辰雄　　　　　　　　　　5.1.-10.

"運命の人" 島木健作　　　　　　　　5.1.-12.

"St. Angustine and his age" Dawson　5.17.

"罪と罰" ドストエフスキー　米川訳　5.20.

"The New Leviathan" Dawson　　　　5.20.

"Les Thibault. L'été 1914" Tome II.　　　　7.1.
　　　　Roger Martin du Gard.
　読まぬと決心してみたものの、ここに3度目の原書精読を完了した。
あゝ大我の夏
　志ならずして空に死せるジヤック・チボーの孤独、人ごとならずの寂
寞を感ず。

"政治史の課題" 中山治一　　　　　　　　7.6.

"随筆と小品" 島木健作　　　　　　　　7.10.-

"白鷺" 泉鏡花　　　　　　　　　　　7.12.-

"舞姫タイス" アナトール・フランス　　　7.24.

································京都帝国大学文学部（1942年9月〜1943年12月）

昭和17年9月1日以降

1942.9.1─

1942.9.─

9.9.

　家からお金。Thibault 読みおはらんとす。

　Nation、それは一つの donnie reelle.〔donnée réelle のことか。「現実的な実体」ぐらいの意味。フランス語〕

　Universal、それは créature imaginaire.〔「想像上の創造物」ぐらいの意味。フランス語〕

9.10.

　"Les Thibault, L'été 1914" R.G. du Gard

　P1050、1941.12-1942.9.10 読了す。

9.21.

　僕はストイツクであらねばならない。

9月23日午前七時

　町の方からきこえる汽車の音と家の前の流れのせせらぎでめをさました。静なそして新しい鹿ヶ谷の新しい生活である。家の人々は良い人達と思ふ。僕もうまくやつてゆけさうである。

　一つの bildung〔名詞なので、Bildung と綴る。「人間形成」。ドイツ語〕、さうだ人間生活とは常に一つの bildung〔同上〕であらねばならない。我々の常に心を注ぐべきものは努力以外の何物でもない。

9月30日夜

　70日にわたる長い休暇は終り、結局その間何等為すなくして終つてしまつた。

　実に僕自身の怠惰に驚く他はない。しかし既往をくいるよりも我々は現在への努力に昇進する他はない。我々はいやが上にも新しく且又力のこま〔も〕つた生へと進んでゆかう。

　家の人々はたしかに僕にはうるさすぎる僕に必要なのは孤独なのだ。そして自己の道へ努力をつづける事なのだ。

　性慾、僕は今何と肉の結合にあこがれる事か。汚くみにくい慾望
　しかし僕は女を求めるのだ。
　息吹、汗、異性の体臭、熱き肉体、抱擁のよろこび、恥しらずなたはむれ、舞踏、汝が腕に、まどろまんかな。
　めざめ、ものうきめざめのよろこび。

10月1日

　学問への努力、僕の把握は何と観念的なることぞ。
　désirs!〔「欲望」。フランス語〕

10月3日

　僕にとつて学問は救済である。僕のoptimism〔「楽観主義」。英語〕はそこにある。学問への努力。その平面で僕の生は維持されてゐる。

10月4日

　僕の生活には上調子なものがある。人とのつながりも深みに根ざしたものではなく安易と惰性にひきづられたものである。そして生活そのものが妥当と自ぼれのうちにだ落してゆきつつあるのだ。我々は何をしてゐるのだととはれたとき、"これだ"といふ生活を建設せねばならないのだ。

10月9日
　明日の午後、それをどんなに僕は待望したらう。しかも拒絶のかげに
かくれて居た一人の人間。
　雨の日ほど嫌なものはない。
　喫茶店の女に恋をする。そして結局よい加減な交渉。そして単なる道
化者としての役割の愚劣さ。
　恋とはそのなものではないはずだ。
　自己をもつと大切にしよう。

10月13日
　もつとおちついて読書し思索しなくては！もつと自己に忠実でなくて
は。

10月19日
　僕の心中に異性の欲求を強く感ずる。けだし肉慾の対象として且又自
己及対象を高め生かす愛の幻につかれて。男性の友と異性の友はパラレ
ルではない。異性の友とは中性的妥協的非生産的存在〔で〕はないだらう
か。男は女を肉的霊的愛の対象として〔し〕かながめられないのだ。

　自分の生活は真に学に捧げられてゐたらうか。嗚呼それは自己自身
yes といひきれぬものである。

　　　今後の計画　英語　　Bury（続）　-
　　　　　　　　　独語　　Storm　　　20
　　　　　　　　　仏語　　Barrès　　　20

10月27.
　学への情熱、それは自己完結したものだ。僕はそれによつて真に生き
て居ないではないか。一体こんな事でどうするのか！
　努力、あゝそれが僕の生活の全部なのだ。□、ああ僕は女へはゆけな

い。又、ゆくべきとは思へない。あまりにもそのはかなく一時的の故に。

11月3日

　西洋史読史会大会西山先生に出会。石上玄一郎 "精神病学教室" を読む。

11月10日

　Bury "Idea of Progress" 読了ス。（ノートノ作方）。問題ノ取扱方ニ幾分失望ス。サレド進歩観ヲ知ル絶好ナリ。

12月七日

　開戦の前夜ヨリ既ニ一年ヲ経ヌ。新ナル固イ決意ヲ以テ学問ヘ邁進シヨウト思フ。ロシヤ語ヲ始メル決意ス。困難ナリ。サレドソレニタヘヨウ。

12.11.

ヨーロッパノ理解ニ努力シヨウトスル。来年5月ヲ以テ（鬼ガ笑フカ）Ranke ナラビニ Grammatik 終了。1月 Dawson 読了ノ予定。

〔昭和18年〕

4月29日

　僕はこの日記をずいぶんつけなか〔つ〕た。しかし今は気分もおちつき孤独な生活にかへる事が出来た。ルードな、安易に溺れた人間の世界ともいふべき前の下宿のにがれ〔ママ〕はもうない。今日はLe Cid〔フランスの劇作家 Pierre Corneille の1637年作の悲劇〕を存分にしらべた。明日からNietzsche をやつておかう。

　その勉強も真に僕の心をひく資本主義をまともにやる事になつた。

　いろいろの面がはつきり方向づけられた生活を建設してゆくのだ。

5月6日

　依然 Dopsch〔Alfons Dopsch ならば、オーストリアの歴史家〕ヲツヅケテヨム

コトニスル。イマ変ヘテ居タラ勉強ニ根ガナクナルカラ。

5月15日

　午後南座へゆき毛谷村六助、河内山宗俊を見る。河内山の如き徹底した悪人をつくるものはすばらしいとおもつた。吉右衛門の力強さ！

　13日には三芳と二人、時宗、千代萩を見た。梅玉に感心す。しかし河内山等は面白くうたれるが必ずしもそこに最高のものを感じない。

　昨夜大地原君泊まる。彼の姉さん、そして父君、妹さんのことなどなにか悲愴な美しさを感じる。大地原を友にしえた事が大きな収穫だ。

　規則的に本をよまうと思ふ。

　Marcel Arland L'Ordre〔Marcel Arland の 1929年の著作〕は自由を求める Gilbert の外界との衝突、その夢の崩壊、そして la mort！それは冬近き、雨のそぼふる Clermont〔Clermont-Ferrand（クレルモン＝フェラン）のことならば、フランスの中央高地に位置する都市の一つ〕の田園、~~矢張り自由を求めるにしても島木健作等にはなにか生活そのものがある様な気がするがどうもヨーロッパのものは知性の産物といふ感じがする。しかしむしろ後者~~

　L'Ordre は Thibault 等にくらべるとより romanesque〔ここでは「現実離れしている」ぐらいの意味か。フランス語〕でしかもよりおとる様なきがする。

5月17日

　人がきて今日も本がよめなかつた。発展のない話などしてるよりは本をよみたい。

　ロシヤをやるか、Europe をやるか、僕には解決がつかない。

5月21日

　一昨日田辺先生の月曜講義で「死生」なる題のもとに話をされた。そして死を自然現象と観、我々に関はらぬものとした Stoa を代表とする自然観的態度と、死を現実の可能性とみて、それへの覚悟により生をみようとする Heidegger を代表とする自覚存在的態度をいづれも我々迷ふ人間はすくひをもとめぬものとされて、我々の死の態度は決死といふ点

にあると説かれた。

　即ち死を可能性として我々の生の問題をとくのではなく、死そのものへ我々がとびこんでゆく。死はSeinではなくSollenであると意で、之は現実の事態とにらみあはせての思索と考へられる。そしてそれだけに尊い考方と思つた。

　又人は神と直接のつながりをもちえない。それは国を媒介とする。人と国と神は三一的に結びつき一をかいても全体はなりたたない。そしてこの三が結びつくといふのは常にそこにはなれようとする傾向があることで、そのためにその三者一体は動くのである。そして学問とはまさにかかるものを結びつけてゆくところに意味があるととかれた。

　~~我々が現代に生きるうえに一つのよりどころをあたへてくれるものとして、講演をきくのがへたな僕も多大の感銘をうけた。そして学問の使命についての意識をより強められ、高められた。真に精神をきたへてゆくことがすべてを解決するのだ。~~

　今日山本五十六連合艦隊司令長官戦死の発表があつた。すぐれた人々が□々とその職務を遂行しつつ死んでゆく。我々は之をしつかりと考へ自己もまたより意志と努力をかため、たかめなければならないのだ。

　できるだけ時間をみつけて、田辺、西田、西谷三哲学者の本をよんでゆきたいと思ふ。

5月25日

　三井光弥「父親としてのゲーテ」をよむ。

　「勤勉なる事は人間第一の使命なり」

　「常に"現在"に固執せよ！その各々の状態、その各々の瞬間に無限の価値あり。そは即ち全"永遠"を代表するものなれば」

　「この世に於て何事かを為さんとする有為の人間は、日に日に努め、闘ひ働く事に忙しくして未来の世界を顧る暇がない。彼は唯この世に生きる限り活動し役に立つ事をする」

　「我生涯と全著作の意義も価値純人間的なる物の勝利にあるのだ」

　「人生に於て重要なる物は生活その物にありて生活の結果にあらず」

僕には神といふものがわからない。ただ人間としてすこしでも同胞の
生をたかめる様に努力しよう。Goethe の尊さはその人間的な生方なのだ。

5月29日

中村直勝助教授引率にて東大寺（大仏、戒壇院、三月堂）見学ならび
に薬師寺へゆく。雨あがりの丘陵の緑の若葉、若葉は美しかった。のび
のびとしたきもちで奈良を味はふ事ができた。

もう過去の怠惰な、浪費的生活をくひまひ。また将来を考へまい。ひ
たすら Dopsch〔前出〕をよんでおかう。ラテン語を学ぼう。それだけで
よいのだ。

学問と現実のむすびつき、それは僕にはわからない。たゞ僕は学問に
生甲斐と意味を見出す。

5月30日

日本精神史をうつす。「滝ノ白糸」見にゆきたかつたがやめにする。や
めてよかつた。ラテン語を少しやる。英・独・仏・露・伊・西・ラテン、
あとは中国語とギリシア語だ。「ベルツノ日記」をよんだ。日露戦争頃の
atmosphere をのぞく。

6月1日

精神史おはる。成高曰「Dopsch をよんでわつた様な話をするのが怪し
いのでわからないとのいふのは真面目によんでゐる証拠である」と。蓋
し僕の事をいふのか高坂氏の講演、さして感想なし。今は自分の仕事を
やるのが一番根のある生方を生きる所以と痛感する。

6月6日

夜の十時すぎ　ラヂオの夜のピアノがきこえる。美しい。流れ飛躍す
る様だ。誰かピチンときつてしまつた。また放浪への慾求がでてきた。

今晩三吉がきて話も割に気持よかつた。善良な素直な人だ。好感がも
てる。試験は通りぬければよいのだ。自分の勉強は継続しよう。試験を

うけながら自分の学問をやり、おちついて勉強する事をやつてみよう。

　僕が大学在学中によむべき伝記が二つある。

"Harnack"　　"Weber"

Lat.30.　Dor.30.　Dom.20〔不明〕

6月11日

　三吉君と鈴木先生をとふ。Dopschの疑問の個処を質問し(anthropologische Betrachtungen〔「人間観察」ぐらいの意味か。ドイツ語〕) 後現代に居〔ママ〕きるといふ中心のもとにいろいろのお話をした。先生が極めてfrankにお話をして下さつたのはうれしく思はれた。そして我々はあいまいさなくつっこんで話をした。

　我は精神科学への信念に生きよう。そしてそれをどんな時にも忘れまい。我々は富裕な生を求めて生きるのではない。我々は学問を求めるのだ。

6月12日

　今日も田中、安達にディスターブされる。おれはも〔ママ〕口舌の徒は大嫌ひだ。学問と生死、それへの努力と信念のない口舌が何の意味があるか。生活を高め浄めるのだ。

6月13日

　今善波さんの「弾巣」をよみつついろいろの感想をもつ。「戦場と学問」のところで「戦場で役に立たない学問に何の意味があるか」といふ言葉がとくに身にしみて感ぜられた。

　我々が今この大学に於て学ぶにあたつてもそれが中断されざるを得なくなるといふ恐怖にあるかぎり学問をつづけえない。又学問は不可能だ。そして今学問をやる事が如何なる事情にあつても自己の精神の内側にあるべきだといふ確信によつてのみ我々は現代をdurchleben〔「体験する」ぐらいの意味か。ドイツ語〕しうるのだ。我々は自己の生活を見るとき無秩序

173

のみを見る。利己的な気持と醜悪な肉体的慾望を見る。僕は之をこえて
ゆかねばならない。たへるのどんぞこまでたへる。それが我々内地に
あるものの一つの態度なのだ。そしてなほ自分のよつて以って生の支柱
になるものに努力する事が積極的実践だ。

　Dopsch, Descartes をつづけてよみ真によく理解してゆきたい。

6月14日
　「弾巣」〔善波周の1943年の著書〕の著者がいふ様に現代我々の倫理は英霊
にこたへるといふことだ。そこに生活ヲ帰一せしめるのだ。英霊の死を
辱からん〔ママ〕しめんがために、新しき正しき秩序を建設せんがために。
……たがこれだけで本当によいのか。これですべてなのか。

6月16日
　ロシヤの婦人達が政府の反対にも拘らず自発的に学び、或は外国で教
へうけついにWomen's Medical Academyをひらくに至つた話はロシヤ
にまきおこる精神的迫力のあらはれとして考へさせられる。さういふと
ころにロシヤがあるのだ。我々がロシヤの姿としてみるあの「死の家の
記録」にある世界、それとともにこの知的なものへの情熱、それの並存
にロシヤの特異性がありさうだ。

　Kropotkin memoirs of a revolutionist をよみつつ。

In short, women took any position, no matter how low in the social
scale, and no matter what privations it involved, if only they could be in
any way useful to the people. Not a few of them, but hundreds and
thousands.

They have conquered their rights in the true sense of the word.

The real secret of their wise and fully successful attitude was that
none of the women sho were the soul of that movement were mere
"feminists", desirous to get their share of the privileged positions in
society and the state. Far from that. The sympathies of most of them

went with the masses.

The rights they strove for — both the leaders and the great bulk of the women — were not only the individual right to higher instruction, but much more, far more, the right to be useful workers among the people, the masses.

6月17日
…the absence of a division between the leaders and the masses in the Jura Federation was also the reason why there was not a question upon which every member of the federation would not strive to form his own independent opinion. Here I saw that the workers were not a mass that was being led and made subservient to the political ends of a few men; their leaders were simply their more active comrades, — initiators rather than leaders.

6月18日
"Memoirs of a revolutionist" ハ僕ノ求メテ居タ日本ナノダ。ソコニハ智慧ト展望ト愛ト信念ガアル。
　…And each time that such a period of accelerated evolution and reconstruction on a grand scale begins, civil war is liable to break out on a small or large scale. The question is, then, not so much how to avoid revolutions, as how to attain the greatest results with the most limited amount of civil war, the smallest number of victims, and a minimum of mutual embitterment. For that end there is only one means; namely, that the oppressed part of society should obtain the clearest possible conception of what they intend to achieve, and how, and that they should be imbued with the enthusiasm which is necessary for that achievement; in that case they will be sure to attach to their cause the best and the freshest intellectual forces of the privileged class. P291.

6月22日

Don Quixote, he divided the history makers of mankind into two classes, represented by one or the other of these characters. "Analysis first of all, and then egotism, and therefore no faith,—an egotist cannot even believe in himself": so he characterized Hamlet. "Therefore he is a skeptic, and never will achieve anything; while Don Quixote, who fights against windmills, and takes a barber's plate for the magic helmet of Mambrino (who of us has never made the same mistake?), is a leader of the masses, because the masses always follow those who, taking no heed of the sarcasms of the majority, or even of persecutions, march straight forward, keeping their eyes fixed upon a goal which is seen, perhaps, by no one but themselves. They search, they fall, but they rise again, and find it,—and by right, too. Yet, although Hamlet is a skeptic, and disbelieves in Good, he does not disbelieve in Evil. He hates it; Evil and Deceit are his enemies; and his skepticism is not indifferentism, but only negation and doubt, which finally consume his will."

History makers of mankind ヲコノニツノ形ニ Turguéneff ハワケタ。He (Turguéneff) loved Hamlet, and admired Don Quixote.

フランス語がよめなくてこまる　"Les Thibault" を何としても読まう。

7月8日

我々の怠惰を克服する事、それが第一の問題だ。

試験の時の自分のあてて方を見ると不断の怠惰を痛感する。本当にこの点大地原君を範とすべきだ。

しかし試験などはその点以外では無意味だ。

努力、実力の涵養、それだけは不足があつてはならない。そしてそれさへよければあへて他をのぞむまい。

「試験によいと便利だ。」それを考へるくらいなら俺はまづ金をつくるよ。しかし、こう言ひうるにふさはしい生活と学問の建設だ。

"地方生活" 島木健作 9.2.

"Les Thibault.　L'été 1917〔1914〕" Tome III
　　　　Roger Martin du Gard

La mort consentie n'est pas une abdication:　elle est l'épanouissement
d'une destinée !　　p347.
«Et même si ça ne réussit pas, quel exemple !　Quoi qu'il arrive, ma
mort est un acte .... 　Relever l'honneur .... 　Etre fidèle　Fidèle, et utile ....
Utile, enfin !　Racheter ma vie, l'inutilité de ma vie .... 　Et trouver la
grande paix ....»　　p357.
Son existence n'a été qu'une longue et spasmodique soumission à une
orientation mystérieuse, à un enchaînement fatal.　Et maintenant, c'est
l'aboutissement l'apothéose.　Sa mort resplendit devant lui, semblable à
ce coucher de soleil glorieux.　Il a dépassé la peur.　Il obéit à l'appel,
sans vaine crânerie, avec une tristesse résolue, evivrante, tonique.　Cette
mort consciente est bien l'achivement de cette vie.　Elle est la condition
de ce dernier geste de fidélitê à soi-même .... 　de fidélité à l'instinct de
révolte .... 　Depuis son enfance, il dit :　Non !　Il n'a jamais en d'autre
façon de s'affirmer.　Pas :　non à la vie .... 　non au monde ! .... 　Eh bien,
voisi son dernier refus, son dernier :　Non !　à ce que les hommes ont
fair de la vie. .... 　　p360
1914〔ママ〕.9.10.読了

"赤と黒" スタンダール　桑原武夫　　　　　9.4.

"高野聖、眉かくしの霊" 鏡花　　　　　　　9.16.

"歌行燈"　　　　　　　　　　　　　　　　9.-

“日本近代史” 小西四郎　　　　　　　9.17.

“我輩は猫である” 漱石　　　　　　　9.-

“末枯、大寺学校” 万太郎　　　　　　9.19.

9.21.
“歴史的国家の理念”　　鈴木成高　　　読了

“萩すすき”　　　　　　久保田万太郎　了

10.1.
“うひ山ぶみ”　　　　　本居宣長　　　了

10.4.　　中世哲学思想史研究、The idea of Progress、
　　　　　万太郎、津村信夫（文学界10）

11.2.　　“心” 漱石
　　3.　　“精神病学教室”“クラーク氏の機械” 石上玄一郎
11.4.　　A.T.（aus einem Totenhaus）　　　Dostojevski
　　6.　　“Idea of Progress”　　　　　　　Bury
11.7.　　“道草” 漱石
11.10.　　Bury “Idea of Progress” 読了
11.26.　　“中世哲学思想史研究” 読了
　　　　　“大地”（The good earth）　第一部
　　　　　“思考、意慾、愛情” 市原豊太
　　　　　“
　　　　　“大地” 第二部
12.10　　“大地” 第三部

ノートⅢ　表題：日記 昭和18年12月19日——昭和19年7月13日 林尹夫

‥‥‥‥‥‥‥‥‥‥‥‥‥武山海兵団（1943年12月19日〜1944年1月26日）

12月19日

　あはたゞしく一日一日とすぎてゆく。しかもその一日が何か非常に長いのだ。現在経過してゆく事件（business）がそれ自身どの様な意味をもつのか、それは今はすこしも訳らない。たゞ現代の戦は一人では戦へない。一人一人が全体の一歯車になりきることにより遂行できる又さうでなくては行へないといふ文字どほり全体戦争Totale Krieg〔ドイツ語〕たる事を痛感する故に、そのための一つ一つのbusinessを必要なる過程として是認するのだ。しかしだからといつて軍隊に嫌なところがあるといふのではない。むしろめぐまれて居ると思ふ。しかしこの様なBegründung〔ここでは「正当化」ぐらいの意味か。ドイツ語〕を行ふのも僕の今迄のDenkweise〔「考え方」。ドイツ語〕の性質上やむをえない。そしてそれをすてない事は僕の性格をむしろ徹底させるものと思ふのだ。

12月25日

　断乎として俺はこの日記をつけようと思ふ。けだしGeist〔「精神」。ドイツ語〕はfrei〔「自由な」。ドイツ語の形容詞〕なるべきものなのだ。今我々が最もbeschränkt〔「限定された」。ドイツ語の形容詞〕されてるといふ感じをもつとすればそれはFreiheit des Geist〔「精神の自由」。ドイツ語〕を保持せんとする要求からだ。Pro Patria Mori〔「国のために死ぬ」ぐらいの意味。ラテン語〕の信念を堅く持つといふ条件をそなへ、それに肉体的条件を充足せしめ技術的熟練をへたならそれで国防のTräger〔「担い手」ぐらいの意味か。ドイツ語〕たりうるのではなからうか。それをあるmechanismの下におさへ

179

るといふ事は果して不可欠なのであらうか。けだし我々の感ずる矛楯の
大なるものはその点にある。しかし我々は人に自己の感情を徒にもらす
べきではない。それでうる物は何もないのだ。libre esprit〔「自由な精神」
ぐらいの意味か。フランス語〕、面白い言葉だ。しかし今それへの距離は無
限である。沈黙、沈黙、それが今は文字通り黄金だ。

12月28日

　1943年はあと三日でおはる。戦局の現段階はまさに苛烈であり、文
字通り前途重大である。我々の課題は国家の、運命共同体の防衛である。
今心に不満ありとすればかかる課題と軍隊の一員たることの矛楯である。
我々は未だ恵まれすぎてる。しかし妻子を持つ人々が応召で心に悲壮な
る決意を持つて軍隊に入り、そして軍隊で犬猫の如くとりあつかはれる
ならその心中如何であらうか。さうしなければ精強なる軍隊ができない
のであらうか。僕にはさう思はれないのだ。我々の感情は国家とは直接
に結びつきうる。しかし我々の情熱が軍隊を媒介とせずには国家に結び
つきへないといふBedingung〔「前提条件」。ドイツ語〕を考へるとき、そこ
にはらまれる問題は極めて重大だ。しかしそれにより多大なる青春の浪
費があるのではなかろうか。けだしhumanised〔「人道化された」ぐらいの意
味か。英語〕せられた軍隊は劣弱であらうか。異常なる強さが軍隊には不
可欠な要素なのか。問題はまさにそこにあるのだ。

　1944年はきたらむとする。大なるKatastropheはますます近づいた。
我々は身体的にも精神的にも強くならねばならない。まさに現実と一体
化した精神感覚と生活力vitalityを持たねばならないのだ

　Leben, Leben, nur Leben!〔「生、生、ただ生！」。ドイツ語〕そしてこの様
の生のDynamik〔「活力」。ドイツ語〕から我々の人間をつくりあげるのだ。
人生とは教養の道、Wegder Bildung〔Weg der Biludungではないだろうか。「人
間形成（＝教養）への道」ぐらいの意味。ドイツ語〕でなければならない。どんな
状況にたつてもしつかりと強く、絶対に泣言をいはずに生きてゆきたい。

　つくづくと感ずるのだが我々は言葉でわかつてもそれと現実との間に
はうめられぬ溝があるのだ。それを（以下中断）

12月30日

　この頃本来軍人ならざるものが予備学生として軍隊に入る。外からきた者により明治維新以來の軍隊構成にある変化がきてる。そしてその影響は多方面に考へられようが我々が見て顕著に感んずる一つの影響は下士官のそれに対する反発の気持であり、下から上にたいする不平の気持ではなからうか。最も之は憶測にすぎない。たゞ軍隊構成上軍人全体の solidarité〔「団結」。フランス語〕がある epochemachend〔「画期的な」。ドイツ語〕な変化が生れて居るのではなかろうか。

　人間は食物にたいし極めて貪慾な存在だ。活動量大く、食少い時の人間は実際あさましい。そしてその時の Stimmung〔「気分」。ドイツ語〕は極めて卑しい。結局 Denkweise〔「考え方」／「思考方法」。前出のドイツ語〕の点からいふと均衡のとれた社会にあつては或は時代にせよとにかくさういふ環境にあつては Humanism が妥当する。HARMONIA と VIA MEDIA〔＝ a middle way between two extremes〕が存立しうる。しかしもしその均衡が破れると極めて material な道へ即ち Materialismus〔「唯物論」。ドイツ語〕か或は熱烈な Idealismus〔「観念論」。ドイツ語〕へと分れてゆく。

　Stimmung と Denkweise の関係、その密接性、そこに Materialismus の道がひそむ。

　人間は Materialismus と言つてそこに居りつづけることはできない。さればとて Idealisten〔「観念論者」の複数形。ドイツ語〕として終始自己同一を保持しえない。結局我々人間とは矛楯にみちた存在だ。そして一人の人間を特色づけるのはその全体的性格である抱括的なものでなく複合せる諸々の性向の塊をうすくそめる色なのだ。諸々の音の集合の中に一段高くひびく主調音が一つのものを characterize するのだ。

　以上貧しき moraliste〔一般には、フランスのモラリストのことを指す〕の journal intime〔「私的な日記」ぐらいの意味。フランス語〕である。

1944年1月1日

　新な年がきた。時の変移はそれだけでは意味がないのに何か更新の感

をもたらすのだ。実際この年の変移は日本の立場にとつて重大な変化を
もたらしさうな予感をあたへる。日本が前進するか或は没落するか、蓋
し今はその turning point といへよう。

　我々の generation、勿論それに共通する普遍的な何物かを我々は real
に把握できないし、果してそこに solidarité の意識があるかどうか疑問
であるし、且又我々の generation といふ表現にふさはしい親愛感（amitié）
をおぼえさせるべきなにかをもつかどうかは疑問であるが、しかし我々
のクラスメートを標準として我々の generation を考へる時、その運命を、
その世界史的役割の故につぐなはねばならぬ我々の generation の犠牲を
反省してみたい。そんな気持がこのやうな日記をつけさせるのだ。

　我々は—より厳密にいへば私は—何物も不満をいふべき何物もない。
このままでは戦争の役には立ち得ぬ我々がまづ体力をつくり、又軍人と
しての Bildung〔「わきまえ」ぐらいの意味か。前出のドイツ語〕をなす上にこの
基礎教育をするのは当然である。しかも我々が何か不満を持つのは軍人
としてのこの一筋につながつて居ないからだ。それを経過せねば我々の
専門はきまらぬながらも、そしてもう二十日もすれば専門が定まる以上
我々は忍耐し待つべきなのだ。

　我々の将来にあるものは恐らく大きな Enttäuschung〔「失望」。ドイツ語〕
であり、社会的には広汎な Anarchie〔「無秩序状態」ぐらいの意味か。ドイツ語〕
であらう。しかもその様な結果を予想しつつ、そして 10 年 100 年の前
途を見るのではなくそれから全然眼をはなしたゞ一瞬の目的のために
我々は持つて居るすべてを燃焼させねばならないのだ。まるで歴史
（geschichte〔名詞なので、Geschichte が正確。ドイツ語〕）を神格化するようで
あるがとにかく世界史の
（täuschung〔これも名詞なので、Täuschung が正確。意味は「欺瞞」ぐらいか。ドイ
ツ語〕—思ひ違ひ、幻想錯覚瞞着を）〔この文章は余白に追記されている〕
運行を möglich〔「可能な」。ドイツ語の形容詞〕にする上にかかる augenblicklich
〔「一時的な」。ドイツ語の形容詞〕な zweck〔名詞なので、Zweck が正確。意味は「目
的」ぐらいか。ドイツ語〕のために自らを犠牲にせねばならぬ文字通り眼に
見へぬ Träger が必要なのではなからうか。歴史の形成とはそれら眼に見

へぬTrägerの屍の累積ともいへるのではなからうか。けだし歴史の局面とはたへずそれに先行する幾段階かのgenerationの墓碑銘であり、それをさびしく眼に映じさせるものだ。おかしな言方であるが諸々の心理のあやをとりまぜて全感覚を以て歴史を体得したのは芭蕉だ。けだし「夏草や兵どもが夢のあと」といふあの一句は歴史のTragedie〔フランス語のtragédieのつもりか。ドイツ語にはこの綴りはない。意味は悲劇〕のいつはらざる表現ではなからうか。勿論この様な感じはまさに Sentimentaler Träumer〔「感傷的空想家」ぐらいの意味。ドイツ語〕の勝手なたはごとにすぎないし、且又いたづらなる自己弁護ともいへよう。しかしとにかく今の僕はさう思ふのだ。
　　　　　　（一つのScene）
　真晴の太陽が鉛色にまぶしい。之はThomas Mannのあの奇妙なSchönheit〔「美しさ」。ドイツ語〕をたゝへたEnttäuschung〔「失望」。前出のドイツ語〕の書出しだつた。

　とにかくこの兵舎荒涼たるもの。群る人々。何かphilistine〔「俗物」といふ意味か。英語〕のmass〔「集まり」。英語〕といふ感じ。それは僕の心せまき為の感じかもしれないが、我はのぞむ陽光の下、青色の海の上にあおむけにのびのびとねて波のまにまにゆられながらただよひ夢想するを。Cimetière de la mer〔「海の墓場」ぐらいの意味か。フランス語〕....あゝ、もうフランス語も忘れかけたか。外国語には異常な魅力がひそむ。Linguist〔ここでは「語学愛好家」ぐらいの意味か。英語〕の歓び、必しもわからぬことはない。
　とにかくTräum〔Traum（夢）のことか。複数形になるとTräume。ドイツ語〕はぬきにして、我はのぞむ。青き海、緑の野、黒き土、白き砂、洋々たる海原、そよ風とあたたかき日ざしを

　Souvenirs de la maison des morts〔ドストエフスキーの『死の家の記録』のフランス語訳〕、をふと思ひだす。あの中にmaison des mortsの夏の宵。未だ空の白い頃、むりやりに囚人を房内におしこむ話がある。wirklich〔「現実の」。ドイツ語の形容詞〕にそこに身をおいたら誠に恐ろしい話だ。我々の生活はそれにくらべると天国だ。しかも普通の新兵にくらべても格段

の楽なのだ。しかも僕はbeschränkt〔「限定された」。前出のドイツ語の形容詞〕されてる意識をすてきれない。その様な意識ももちへないほど苛烈な現実。さういふものを真に深く体験しうるのは異常に強烈な生活力を持つた人のみ可能なのだ。実際分析の或は体験の対象としてもとにかく恐ろしい怪物だ。今は Via Media そのものが不可能なweltgeschichtliche Bedingungen〔「世界史上の前提条件」ぐらいの意味か。ドイツ語〕にとりかこまれて居るのだ。

　俺は孤独だ。極めて些細な事に於ても、之は不可避的な事かもしれないのだ。

1月3日

　面会といふ一瞬の歓び迄あと一週間、そして退団迄はあと二十日、無限に長い時間量だ。Zauberberg〔1924年に出版されたトーマス・マンによる長編小説『魔の山』の原題〕の中のあの時間の分析、あれはあく迄ふりかへつて見た時の時間観念で決して先を見た場合のものではない。時間はふりかえつてみた時は内容とそれを把握した時の心理的な量は比例する。しかし期待といふ形では将来の時点Aと現在の時点Gとの距離は無限である。期待の終末をもつある長さを持つ時間量Dは極めて短い。要するに先を見れば無限、ふりかへつて考へると一瞬といふのが時間の実相である。

　本をよめず無駄な時間のすぎる今、僕の一番のぞむのは家にかへりゆつくり話をし本をよみ、飯をゆつくりたべ風呂からかへつてすぐねる。そして自分で定めた目標に向ひarbeitすることだ。その様な自己の定立した目標に向ひ努力する時時間は著しく短い。だがある制限の下に全然自己をすてて生活する時は時間は無限に長い。

　軍隊生活をそれ自身目的的なものとして考へることのできぬ我々は今の生活をするために自分のうちにうごめく何かをおさへつけねばならないのだ。そしてその Etwas〔「何か」。ドイツ語〕が我々の最も貴重なものであるかもしれないのだ。我々に生活上の空虚が感ぜられるならばまさにこの点にある。我々は我々に特有のものの活動、自発性の発動をかくの

だ。軍隊といふ特殊な機構にあつては一度自己を全然すてないと自発的行為はなしえないのだ。軍隊といふ異常に厳格な規律を尊ぶ社会にあつてかかる個人的なものの抑制はある程度必然であり、かかる抑制なしにはその強力性は保持しかねるかもしれない。いはばliberalismを基礎とする時代を現代とするならばその様な意味で極度に近代化せる軍隊は弱体化するかもしれない。しかし果してかかる個人性の抑圧は軍隊強化の本質であらうか。勿論我々は新兵である。しかし新兵期間といへどかかる事が若し本質的でないならば許されてよいといふ事はない。そして軍隊の強力化を考慮する場合に我々は現代に於てrealな成功をおさめつつある軍隊の性格を考へる必要がある。例へばアメリカを考へよう。それは強力な機械と量を頼んで今着々と効果をおさめつつある。そして戦力とは武力そのものでなくまさに国家乃至共同体の含蓄せる政治力乃至経済力にあることを知らしめる。現代世界に於て強力な軍隊とは武力的強力性により強力なのではなくそのGrund〔「基盤」。ドイツ語〕たる機械的強力性の故に強力なのだ。経済的強力性の故に強力なのだ。それが戦力強化の、そして結局は軍隊強化の本質的なものなのだ。勿論国民の協力一致にもとづく精神力が大きな働をなすとも考へる。厳格な規律をもつ、高揚せるesprit du corps〔「団結精神」。フランス語〕を懐抱せる軍隊は強いであらう。しかしその様な意味で精神力高揚が真の戦力発揚の根源とすることはRomanceでなしにWirklichkeit〔「現実」。ドイツ語〕を念頭におく我々Realist〔「現実主義者」。英語〕にはかかる空虚なる神話によりたゞ嫌悪をそそられるのみである。現代軍隊は強力化のために機械化されなければならない。現代の軍人は、戦国の世の如き武士的なものではなくむしろ優秀なる熟練工に近いものでなければならない。機械力の、或は技術の欠陥を補ふための精神力等を揚言することは結局に於て戦力の衰退を導くものに他ならない。精神力なる美名の下に於ける肉体の酷使は国力を低下させる結果をもたらすのだ。現代に必要なのは決して精神力ではない。卓越せる技術と機械力にあるのだ。

　そしてかかるmaterialなmachineを媒介としてこそはじめて精神力がその光を放つのだ。Geistとは媒介されて現実化するものなのだ。無媒

介的にあらはれる Geist といふものはありえない。

　僕は犠牲たることを回避しない。自己をすてることを拒まない。しかしその process として自己を無にすることを嫌ふのだ。それを是認できないのだ。martyr〔「殉教者」。英語〕、乃至犠牲は自覚のクライマックスであるべきだ。自己喪失の極限が犠牲たることになんの意味があらうか。

　かういふことを書きなぐつてきたが之を Regard sur l'actualité〔「現実へのまなざし」ぐらいの意味か。フランス語〕とはいはない。ただ一日中何の訓練もなしに何もせずに多大の時間を空費し、夜の休務によみたい本もよめぬ。精神にある養分をあたへることにより休養をとる道の全然ふさがれた生活をせねばならぬ苦しみの故にかう書かざるをえないのだ。

　我々は Freiheit〔「自由」。ドイツ語〕を保持するため戦ふ。それに死することを光栄とする。僕の今は我々の民族の保全のために戦ふといふ気持はあつても、又体力をつくり技をねり有能なる軍人たらんと wollen するがしかしどうしてもすぐれた軍人精神の所有者たらんとはさうのぞまない。我々は自己の精神的風土（Climat）をすてることを拒む。

　軍人となる道は僕にとつてすべてを materialize することだ。之からその道に向ひ努力するのだ。能率と節約のために。そのためにあらゆることが必要なのだ。そしていろいろの事が根拠づけられるのだ。

　人は自己の最もよしとする道に全精神をうちこむべきだ。その道をつかむべきなのだ。これをつかむのが key point なのだ。それ以外にでないのが人間として最も真面目なのだ。「この道や行く人もなし秋の暮」なのだ。徒に自己とことなる平面なものにあこがれるそれが Thomas Mann のえがく Hans Kastorp の示す姿で精神的自律性にいはば vacuum〔「空虚」。英語〕の存するあらはれなのだ。

　人はいろいろの環境に身をおくことにより自己を多面的に、そしてより深く知ることができるのだ。俺はよはい人間だ。センチな、虚栄的な、肉体的慾望にたいし極めて弱い人間だ。L'homme est un roiseau faible, mais il est un raiseau pensif.〔パスカルの有名な言葉「人間は弱い葦のようなものだ。しかし、それは考える葦である」。フランス語。正確には、L'homme n'est qu'un roseau, le plus faible de la nature; mais c'est un roseau pensant.〕しかし vivre に於ても penser〔「考える」。フランス語の動詞〕に於ても弱い人間があるのだ。それは僕なのだ。

　僕は学校にあつては戦争にゆかうと思ひ、今軍隊にきてはその中ぶらりんな生活を嫌悪し、純一なる学問的生活に憧憬する。私は自己の弱さを心から感んずる。

1月12日

　あはただしく日はたつ。たのしく且又豊富な面会は終つた。人間は本性的に安易を求める存在であるらしく今僕がもつとも望む生活は家でゆつくり飯をくひ風呂に入り本をよみのんびりねることだ。こんな事以外に直接ハートにひびく希望がないとは今の生活の精神的貧困の結果だ。元来我々の今迄の生活は自己の Bildung〔「人間形成」。前出のドイツ語〕或は更に積極的に何物にもかへがたい個体としての人格たる自己を拡大するといふ中心をめぐつて居た。しかるに今の生活は全然 Ich〔「私＝自我」。ドイツ語〕をすてる事にあるのだ。我々は自覚することにより自己をすてつつより大きい全体の中に生きるといふ Prinzip〔「原理」。ドイツ語〕は知つて居る。そしてそれが Wahrheit〔「真理」。ドイツ語〕を持つと僕の頭脳はいふ。しかし僕の Passion は或は Herz〔「心」。ドイツ語〕は直線的にそれを肯定できないのだ。僕の Herz〔同前〕はむしろ没法子的虚無にあるのだ。勿論かかる心理は決つして個人と国家といふ公式的対立に話をもつてゆくべき性質のものではない。たゞ我々が両者の（以下中断）

1月13日

　入団以来今日で35日がおはり残りは11日間となった。胸突8丁といふが先を見ると飽迄長い。今の様な終末にしか希望の持てない、そして過程に全然意味のつかめぬ生活をして居ると schöne Leben〔「美しい人生」。ドイツ語〕等といふ言葉が如何にも嘘の如くしか思へない。今我々の生活には我々を鼓舞せしむべき何物もない。たゞ1月25日に家へ帰れればといふはかない希望をたのみにして居るのみだ。

　もつと強い体力と確固たる意志があれば我々の生活はもつとはりがあるかもしれないがその体力も意志も今となるとどこかへいつてしまつた。今はたゞ毎日が無難にそして飯多く過ぎるのをのぞむのみだ。

　なんといふ低調な情ない状態であらうか。しかし今はそれを否定すべき何物も俺にはのこつて居ない。まさに今無目的な空虚な生をすごすしかなく、対象も注ぎこむべき情熱もなくなつた。かうしてペンを走らせる、それのみがとにかく自分のはかない姿を何とかしてしつかりつなぎとめようとする手段なのだ。

　兵舎、海兵団生活、すべて去れ。俺はもうあきあきした。

　だが俺の欠陥はありのままの生活を enjoy する事ができない点だ。周囲にある人と調和しつつ楽しい生を開かず常に自己のまはりに垣をめぐらす性向だ。自縛自縄、それが結局僕の感情生活のありのままの姿かもしれない。僕の生涯とは木枯さむき冬の夜かもしれない。涸渇、そんな言葉が恐ろしくよくわかる。かさかさした感情しかもてぬくせに誇大癖のあるセンチメンタリストのたはごとなのだ。

1月16日（日）

時間はあはただしくすぎ日記をつけずに終る事が多い。昨日つけたと思つて居たのに13日であつた。この様にいそがしく時間がたちはやく24日となり休暇が許されればもうそれ以上の望みはないのだが。

　しかし読む本もなくある程度なにもしないで居る時間があつたら僕のあまりなれて居ない Selbstbetrachtung〔「自己観察＝内省」。ドイツ語〕なるものをなしうるかと考へて居たがさうはいかない。自己観照とはなにかを手掛りとして自己にくひこむことで何もなしに自己に浸透する事は不可能だ。それに今の様に生活が beschränkt〔「限定された」。前出のドイツ語〕されて居るとただ一面的にしか自己をとらへられない。そして僕の場合には自己の geistlich und körperlich〔「精神的にも肉体的にも」。ドイツ語の形容詞〕な弱さの自覚となつてゆくのだ。この日記は終始弱さの告白となつてのこるだらう。そしてこの点だけでは僕は別に恥しさを感じない。だがその弱さを超えてゆく etwas が僕に欠けて居るといふ点にむしろ問

題がひそんで居るのだ。僕はそのetwasの欠如を現在の生活の無目的性に帰するのだ。いはば今如何にあるべきかといふDenkenの素材が全然ふさがれて居るところにそのetwasの発生を、振動をさまたげる何かの原因があるのだ。この様に自己以外のものに原因をもつてゆくのはこれ又僕の弱さのあらはれかもしれない。しかし今の様にたゞ毎日を無難に過しさへすればといふ事を念頭において居る無関心の状態にあつてはさうとしか解釈できないのだ。

「今欧州で真に民族死活の勝負を争つて居るのは流石にドイツ人とイギリス人と、それからロシヤ人の三大強国であるといふことである。今日欧州において節操も恩義も或はものの道理も総て変転極まりなき動乱の怒濤の合間に根のない海藻の如くに漂つて居るにすぎない。大西洋憲章も新秩序（以下別紙）

尻切とんぼの様な引用であるが詳細は新聞の切取りにある。いはば戦争を支配するものは（記者は特に欧州戦場と記して居るが）ただ勝者は勝つといふ物理的法則のみであるといふ真実はただたんに欧州のみならず現代戦争を主動的に遂行しつつあるあらゆる国家にたいし妥当すべき原則である。そして正義とか愛国心とかいふMoralische Energie〔「道徳的活力」ぐらいの意味か。ドイツ語〕は人間にとり一つの根本的な生命力ではあるがそれが現実世界にwirklich〔「現実的な」。前出のドイツ語の形容詞〕な成果をあげるのはたゞ物質的なものを媒介とするかぎりに於てである。そして日本がその事を痛切に感ずるのは今であり、そしてHochkapitalismus〔「最盛期資本主義」。ドイツ語〕と（その型態は欧州の典型とことなるにせよ）機械化された近代世界へとふみこむのはまさに之からなのだ。Sozialwissenschaft〔「社会系諸科学」。ドイツ語〕の学徒として生甲斐があるのは之からの時代なのだ。そして僕は如何なる時でもその様な関心を失はずに生きてゆきたい。

1月17日（月）
僕はSoldat〔「軍人」。ドイツ語〕ではない。またたんなる一方的な馬車馬

的Soldat〔同前〕になりたいとは思はない。あく迄Sozialwissenschaft〔前出〕を学ぶ者として生きつづけたい。それにしても話はいつも同じところにかへるが人間としての強さ弱さの問題だ。かつてMarxistの一群が獄窓に苦しみつつしかも自己の信念を失はない態度、それは実にすばらしい。率直に言って僕にそれだけの強さ、頑張があるかどうか。今の僕には全然自信がもてないのだ。勿論全然自己喪失を強制された今の様態からことなつた条件下に於ける事情を推論する事は不可能ではあるがしかしそれだからといつて楽観しえないのだ。

1月22日（土）

　あはたゞしい日がつづいた。そして一日が無限に長い。面白さうな事があつても夜になるとたゞ不愉快さのみがのこる。何も今の生活には心豊な気持をそそるものはない。たゞ終末の日が近いといふ事だけが今の僕を支へて居るのだ。軍隊はPassionを殺しMachineの一歯車に変ずるところなのだ。もっとも之は海兵団だけかもしれないが、たゞ疲れたといふ感じがするのだ。

1月23日（日）

　我々の退団は近い。さればとて之からどうなるか全然発表されて居ない。文字通りdunkle Tage〔「暗い日々」。ドイツ語〕がすぎてゆく。今は時間をどうして殺すかが問題なのだ。もう今の食にがつがつした生活はつくづく嫌だ。何の感激も何のconsolation〔「慰め」。英語〕もないのだ。しかも一緒に居る人達はお坊っちやんやこせこせした人間の集合にすぎない。俺はゆつくりとlesen〔「読む」。ドイツ語の動詞〕とselbstbetrachtun〔「自己観察する」という意味の動詞だとすれば、selbstbetrachtenと綴る。ドイツ語〕をして、辞引をひきながら生活したい。自分のSchwächlichkeit〔「虚弱体質」。ドイツ語〕を嫌悪しもつとstark〔「強い」。ドイツ語の形容詞〕にならねばと思ふのも束間、どうでもよいから一日一日が楽に去れとのぞむだけでその他何のPassionも今はない。"Antoine, laissez moi seul〔「自分を独りにさせてくれ」ぐらいの意味。フランス語〕"といふあのJacques Thibaultの声、あの

Le Penitencier〔「監獄」の意味。スペルは、Pénitencier が正確。フランス語〕に囚はれの彼の声は僕の今の生活でもあるのだ。

　家に帰れるかどうかとの観測は今や断然悲観論旺盛だ。僕は今では家に帰れなかつたら、そしてこの海兵団から足を洗へなかつたら気が狂つてしまひさうだ。すべてが不愉快の連続。一居住区250名の生活、常に騒々しい話声、つかれはてた顔々、すでに限度がきてるのだ。あゝもうつかれ何もする元気がないのだ。それなのにこの様な日記をつけるのはServantes〔Miguel de Cervantes のことか〕の言ふほんとの歴史家の意識のあらはれかもしれない。

　今日新聞の広告でみると天野先生が「実践と信念」といふ本をだされる。今俺はゆつくり本をよみたい。この分ではとても戦争にはゆけない。俺はゆつくり生きたい。死など今の俺にとり coup de théâtre〔「劇的な意外性」ぐらいの意味か。フランス語〕だ。あゝなんといつても今は Linkische Macht〔「不器用な力」ぐらいの意味。ドイツ語〕にたへかねる。dunkle Tage〔前出〕が無限に続く予感のみする。その終末が若し死であつたら、恐ろしい時代だ。我々はそれを切開くべき使命を荷ふ者なのだ。だが今の俺にとりその様な passion も気力もない。indifférence〔「無関心」。フランス語〕、どうでもなれよといふ自己喪失。さうだ何が苦しいといつて今の様な自己喪失を強制された生活、一歩動くとすぐぶつかつてくるといふ障壁。それが今の俺にはたへがたいのだ。俺は自分自身の生活のうちにそれが進むためにのみ死にたい。我々の考方からいふと現代の戦争に死する人々はいづれも程度の差こそあれ現在の解決に参与して居るのだ。しかしさう話はついても今の様に自己の生活に何の意味もくみとれぬ時にはそれは空文句にすぎなくなつてくる。つらいのは死ぬ事よりも生きる事なのだ。生の climax で生が切断される。人生の幕がおりる。或それは実にすばらしい。まして climax のあとに静なる□がつづきその後に死の使者がくる。それはなほすばらしい筋書だ。たが生活に自己を打込めぬ。まして自己を表現する生活をなしえぬままに死んでしまふとしたらこんな悲惨なことがあらうか。現在の意味を正しく理解しうるのは現在を一環とする Epoche が完了した後にはじめて可能なのだ。それ故僕は

決つして今現在を理解しようとして居るのではない。ただ現在を怨嗟したいだけなのだ。

僕は暇があるとこの日記をつける。何も書く事はないのだがとにかくこの軍隊生活を記録しておいて何か生きて居る痕跡をとどめておきたいのだ。具体的に自己を表現しうるのは今の生活にあつてはこの日記だけなのだ。すべてがbeschränkt〔「限定された」。前出のドイツ語〕されただ自己喪失のみを強ひられる今の生活にあつては。

我々に一日30分でも余裕がある時本をよんで何故悪いのか。そしてそれが可能になつた時生活そのものにどれほど張がでてくるかわからないのだ。少の生活にあつては生活即自己建設の意識は持てない。そこにあつて僕の望むのは少しでもよいから本をよむ事だけだ。

1月25日（火）

昨日から今日にかけて井上にかりて Dilthey : Friedrich der Grosse und die deutsche Aufklärung〔ディルタイの1943年の著作『フリードリッヒ大王とドイツ啓蒙主義』の原題のこと〕をよんでみた。訳が悪いのかもしれないし、又この様なさわがしいところでよむために一向気がのらないのかもしれないが、或は頭がスムーズに動かぬ結果かもしれないが一向面白くないのである。それに今の僕にとり天文学的な宇宙秩序の如きものを人間世界にうつして神を中枢として人間世界の秩序を考へるといふような問題にあまり興味がもてない。もっと素材的な歴史的な事柄を見つつ Sozialwissenschaft〔前出〕の生成と Marxismus〔「マルクス主義」。ドイツ語〕の Genealogie〔「系譜学」。ドイツ語〕とその変形乃至明治維新後の日本の経済的発展観念といふ様な問題がより密接に僕の heart にひびいてくるのだ。結局自己の問題を追求する以外に我々の生はすすまないのだ。今の僕は矢張り文学とか研究でない pensée〔Pensées〕〔ここはパスカルの著作『パンセ』のことを指しているのではなく、一般名詞の思索のこと〕の結晶ともいふべき哲学書例へばあの St. Augustinus の Soliloquia〔アウグスティヌスの『独白』のこと〕の如き本がよみたい。今の様な時には厳密な Terminalogie〔「専門用語論」ぐらいの意味か。フランス語〕を必要とするような本はちょつとよめない。

　本をよみ自己に固有の振動をもつ事は今の様な中ぶらりんの状態にある時にはもつともありがたいのが、それも不可能である。今ただ表面的な連想の結果かもしれないが Segt : Gedanken eines Soldaten〔岩波新書として上梓され『一軍人の思想』(ゼークトの著作、訳者は篠田英雄) の原題のこと〕がよみたいと思ふ。

　今生きてる人にとり―話は随分違ふが―もつとも関心の厚いのは食の問題だ。その点にかんし浅間しいと思へるほどの事が多い。現代は人間の食慾が如何に恐ろしいかよく知らせてくれる。

1月26日(水)
　いよいよ明日は確実に発表になる。願はくは飛行機搭乗員として三重航空隊にゆけるようになりますように。

　恐らく我々が空想するような幸運、家で数日をすごすとか、京都にゆく等といふ事はかなへられずにおはるだらう。そしてそれも当然と考へられる。重要な事は我々が今からいよいよ専門への道をふみだす、そして active に戦争に参加しうるといふ事だ。それにこの好ましからぬ教班に Adieu をつげ何もいはずに訓練にいそしむことができるようになれるのがうれしい。あと願はくは出来るだけ早く本がよめるようになれたらとのぞむだけだ。本のしみかもしれないが矢張り本をよみながら考へてゆく以外にはどうもまとまつた denken ができない。今迄一月半、なれない生活に順応する忙しさのためかもしれないが冬眠状態のまますごしてしまつた。そして今はただこの空虚なる生活を脱却できさうなのにほつとしてるのだ。俺は或は人間として贅沢なのかもしれないが人のよさを発見する事が不手。自己との親近性よりはむしろ距離のみを意識するのが僕の性格かもしれない。しかも僕は amitié〔「友情」。フランス語〕に強い憧憬をもつて居る。そしてそれは常にみたされぬ Sehnsucht〔「憧憬」。ドイツ語〕としておはるかもしれない。僕の mémoire〔「記憶」。フランス語〕に中村 K、中村小母さん深瀬さん、大地原がのこるのも amitié pure〔「純粋なる友情」ぐらいの意味。フランス語〕の生みだ。
僕はある人間との amitié を保ちうるなら他のすべての人に絶縁しようと

も僕は平気だ。僕が本をよみたいのはその amitié の表現なのだ。とにかく孤独でもなほ一人強く生きてゆきたいのだ。一人で生きてそして一人だけにおわらぬ意味をつくりだしたいとは思ふがその道はどこにあるのだろうか。それが次に考へるべき問題だ。

……………………土浦海軍航空隊（1944年1月30日〜1944年5月23日）

1月30日

　27日飛行専修予備学生予定者と発表され、28日午前8時出発、夜8時半土浦着、11時おいしい夕食、12時すぎ就床。

　いよいよ明日は身体検査。どうかしてパスし飛行機乗りになりたいと思ふ。母の祈願のききとどけられますように。

　今後は緊張して生活し、絶対に人に文句をくはぬ。積極的にぐんぐん勉強する。この二つを目標にしあらゆることに自己のベストをつくして生活してゆかう。

2月5日

　身体検査は何んとかして無事に通抜けた。そしてX線検査もまあ無事にすぎた。パイロットへの道は未だ閉されては居ない。しかしこれから4月間に同様の検査が何回もあるときき、実施部隊へ行つても身体検査が常にある等ときくともうそんなに無理して迄もパイロットになりたいとは思はなくなつた。いたづらに体力の過度の消耗を強ひられるパイロットなどには。

　そしてここの生活は何とつまらない事ばかしつづく事だらう。日常生活上の些細な行為、一印判のもらひ方一を学ぶために苦労してる始末だ。一昨日以来の腹痛のため今の俺にはファイトがどうもでてこない。まあこうして一日じゅうねて居る幸福ヲ、謝しつつ何を考へてみよう。久しぶりに空想にひたるか。

2月6日（日）

　俺が今の様な無気力状態にあつたらそれだけで米英の企図を破砕し我国を防御するといふ現代の責務を怠る訳だ。まづ自己を強化する。そこからして戦力の増強がはかられるべきであらう。しかしこの無気力は勿論今は体が消耗してるといふ、ハンディキャップもあることながら俺にはどうしようもない。それは海兵団入団以来たへず俺の心中にくひいつ

195

てゐる潜在意識なのだ。学校に居た時のあのPatriotismus〔「愛国心」。ドイツ語〕の感激一歩々後退を余儀なくされるときいた時の緊迫感、さういふものはもう今は全然ない。だいたいpassionといふものはもう消えてしまつた。軍隊はさういふpassionを殺し、人間をindifférence〔前出〕にし、惰性的に動く歯車にかへてしまふところだ。

　それに今の様な時にはもつと技術的訓練を強化し科学戦にはたらける軍人を作らねばだめだ。帝国海軍にはそれを行ふだけの余裕がない。しかもその余裕がないといふ事は物理的数量のみが唯一の決定力たる現代戦に適応する資格がない事を意味するのだ。日本は真の危機にある。我々はそれに応ずべく訓練されて居ない。そこにたとへようのない物足らなさがあるのだ。

2月7日（月）

　日常生活はその一つ一つをとると些細なことの集合にすぎない。だがその些事全体が組合はされて何かを指向する時その何かは決つして些細でないのだ。些細といふ点に拘わりつまづくのが所謂重力をそなへた感情、愚烈〔ママ〕な感情だ。全体の指向する意味を把捉し、それを自覚的に自己自身の目的として積極的に生きるのは理性の役割だ。そこからして始めて高揚せる感情が生れる。そこにこそ生への意志（Wille zum Leben〔意味は左記のように「生への意志」。ドイツ語〕）の生誕する源泉がある。しかしかかる全体の指向する意味と個別的な些事との間のgapがある事がよくある。その時は如何にすべきか。ここで大事な発見をしうる。忍耐力＝生命力といふ公理の発見だ。汚れしものの中に美を求める。とにかくあの横光の上海に見られる態度とは又違つた意味で上の態度は生に不可欠なのだ。汚れしもの取るに足らぬものをとにかく我々は養分として生きてゆかねばならないのだ。

　如何なる時も常に「精神の王国を持て」。それを可能にするのは理性の全体的把握だ。Reich der Geist!〔「精神の王国」。ドイツ語〕かかる抽象的なロゴスも現実に受肉せしめた上で反省してみると何と美しさにみちてることであらう。

そうだこのTagebuch〔「日記」。ドイツ語〕も今迄の様な悲観的トーンのままに終らせてはならない。何か栄養をくみとる手掛とすべきだ。俺はよしなぐられけとばされる事があつても精神の王国だけは放すまい。それが今の俺にとり唯一の修行であり俺を過去と未来に一貫せる生方を学ばせるものがそこにあるのだ。

2月28日

あはたゞしい日はすぎてゆく。ますます荒涼たる気持になり粗雑な頭脳に至る。そしてそれよりも恐ろしいのはこの強制的共同生活に対する嫌悪と良心のマヒなのだ。たゞ唯一の慰は時間の経過のみだ。

3月25日

時間のないままにちょつとおこたつて居る間に一月をブランクのままにしてしまつた。それほどこの土浦の生活は忙しいといへる。しかし忙しく時間のたつのもしらぬといふのは気楽であるが生活そのものに積極的にとびこんでゆくといふ迄に未だなり切れない。よく下士官兵は人がみて居ないと手を抜くといふがさういふ傾向は僕の生活にも濃厚で平穏無事を祈るといふ意気地のない状態なのだ。その点一体俺の今の生活には真のEntwicklung〔「発展」。ドイツ語〕ありや否やといふ疑問を感ずる事が多い。körperlich〔「肉体的」。前出のドイツ語の形容詞〕にそれをはかるといふ点にはさう熱意が感ぜられないが航空の試験でも終つたら一つ諸例則の勉強でもしてみようと思ふ。それで帝国海軍のVerfassung〔ここでは、「体制」ぐらいの意味か。ドイツ語〕を研究するのも面白さうに思ふ。

弾膜の中にとびこむことは僕はできると思ふ。しかしこの土浦の基礎教育教程にあまり熱意が感ぜられないといふのがほんとのところだ。この点僕の啓示録はうそが多いのだ。軍隊の修養は内面より外面をととのへよといふところからはじまるらしいが、しかしどうも軍隊の人間観察も外面のみにはしる傾向がありさうだ。そしてそれを悪くとつてどうも一応見てくれがなんとかなれば、形式さへよければといふなげやり根性にはしりがちである。今にして思ふが個人として欠陥なくともある組織

の中に入りこむと事勿れ主義にはしるといふ事はたしかにあるのだ。それは今迄僕が知らなかつた心理風景なのだ。そしてそれを見るにつけ、痛感するのは人間には自発性をもやすべき自由なる内面生活と外的活動がなければならぬといふ事だ。自分の事は自分でする　それが人間生活の鉄則だと信ず。軍隊生活はそれ故にこそ私をして消極的無傷を好む人間たらしめると思ふ。

3月26日
　落ちついて、そして僕自身の週期をつかむこと。Selbstbetrachtung〔前出。自己観察〕。明日の試験、つまらぬ科目だがある程度やるため時間不足の新米すこし忙しすぎる。

　残念ナガラ当分コノ日記ヲツケナイコトニスル。

4月2日
　今日2回目の外出が許され「樺太風物抄」「パラツェルズス」「　　」を買つてきた。本をかふと自分の財産がふえた様な感じがして非常にうれしい。

　生活をふりかへつてみると、集団生活中に孤立する自己のさびしい姿を感んずる。大地原と結びえた様なピリヤは既に遠く今の僕にとり友達をつくるほどむつかしいことはない。それはまさにdunkel〔前出。暗い〕といふべき僕の性格かもしれぬがあるひは人にたいし俺には真面目さがかけて居るのであらうか。たしかに今の生活に於て浅間しい事ながら自分一人がよければといふ気持がすてきれない。今の生活にたいし早くいへば何の興味もないため、まあ何とか無事でさへあればといふ気分しかもてないのだ。俺は人には好かれぬ人間かもしれない。かの佐々木大尉は「γ〔飛行、飛行機、飛行場等の海軍用語か〕家は人に好かれる明朗な人でなければならぬ」といはれたが、もしそれを真実とせば僕は失格者の一人である。それに僕は決して雄大な人間ではない。私は小さき者、弱き者

にエロスを感じる人間だ。そして実行よりはむしろBetrachtung〔前出〕
に親近性のある人間なのだ。英雄Helden!〔ドイツ語〕それは雄々しい。し
かし俺は決して英雄的な分子をもたぬ。結局小人的存在かもしれぬ。し
かし小人なるが故にこそ俺は凡人の、弱き人間の忍耐と努力をうちこん
だ生方をつかめるように思ふのだ。そして生方の基点は形式でなくその
人が自己に適したところで力一杯生きるにあると信じるのだ。しかしか
かる考方そのものは全体として平和的であり時代遅れかもしれない。現
代は人間が自己にしたがつて生きる時でなく、自分を抹殺することによ
つてのみ自己の生存を維持しうる時代だからだ。そして俺はその事態を
認容しそれを前提としてそこに建設を考ふべきであらう。しかしそこで
最も苦しむのは肉体の問題だ。GeistとKörperの対立止揚といふのは極
めてRomantikな考へだ。新時代の原理はどのようなものかしらないが、
すくなくとも現代はKörperさへあれば何もいらぬ時代である。或はさ
う思ひこむところに俺のGeistの欠陥があるのだらうか?いやそれはど
うでもいい。とにかく現在は戦争下の生活としてただ頑張るといふ以外
に致方がないのだ。それが現在の第一前提である。たゞ辛抱しつつどこ
からか光明を求めるのだ。

　四月に入る。何とかして生あるかぎりこの日記をつづけよう。日常の
生活には俺は矢張りどこか無難でさへあればといふ消極的気持ちがぬけ
ない。くだらぬ事で鬱々としてたのしまずただ多忙なる故に負荷の軽減
を感ずるのみといふのが現状である。そして一日も早くこの生活の終了
をのぞむのみ。ただ軍人勅諭と大東亜戦争の大詔を拝誦する時だけは小
なるものをやぶり何か雄々しきものが開示されるような感じがする。

　どのような心理作用かはしらないが昨年6月頃中村直勝先生に引率さ
れ史学科の連中と同行したあの東大寺より薬師寺にいたる道を思ひだし
た。記憶は人気なき沼地の底より間歇的に出てくる泡沫の様だ。

4月7日（金）
　春めかしい日がつづく。おぼえるのにせはしくあはただしい日がつづく。巡検前によむ「樺太風物抄」が実に心たのしい。もつと公然と本がよめるようになりたい。ゆつくり Denken する余裕などはない。たゞつめこむにせはしい。しかしとにかく自己を豊にする生活と思へるだけ今迄ほど重荷ではなくなつた。Pride と積極性、それをもつとふるひおこすべきなのだ。

4月15日
　4月モ中旬トナリ今ハイササカサムイガシカシ春ノ気配ハ日マシ濃厚トナツテユク。課業中コレヲツケハヂメタガ一ツノ事ヲヤルヨリ二ツノ事ヲヤリ頭ヲツカヒナガラ、イハバロスヲツクリツツ講義ヲキク方ガヨク頭ニ入ルヤウナ気ガスル。コノ頃ハ嘗テノ様ナ生活ニ対スル絶望感ハナクナリドウデモヨイトイフイハバナゲヤリ気分ガ強イ。シカモソレハ決ツシテ自暴自棄的ナモノデナク、生活トハ要スルニソレ自体意味ヲ持ツモノデナクイハバ我々ガ意味ヲモリコム容器デアル。生活自体ノ意味ヲ云々シテモソレヲ変改スル力ヲ人間ハモタヌ。少クモ現代カカル生活ヲセネバナラヌトイフノハ人間ノ意志慾望ノ力ヲコエタ大キナ歴史的必然ノ力ニヨルノダ。我々ハソコニ於テソノ動向ヲ把握シツツ積極的ニ生ヲ切開キ生ノ泉ヲ生活ノ容器ニモリコマネバナラヌノダ。タダ今生活ソノモノニ物足ラヌノハ現在ノ生活ヲタダPathos H□〔前者はギリシア語の「情念」。H□は不明〕デダケデナク理性（ヌース）〔ギリシア語〕ヲ媒介トシテ生活ヲ考ヘルトイフ余裕ガナイコトダ。或ハ又、知識ヲ、ヨリ深メ確実ニシテユク道ヲフサガレテ居ルトイフ点デアル。シカシソレハ何モ我々軍隊ニ入ッタ者ノミデナク、現代人一般ニ通ズル状態デアル。ソシテココニ於テ教養ヲツムニハソノ専門ヲ深メル—コレサヘ極メテ困難デアルガ—トイフ方向ト自己ノ精神傾向ノ指向スル方向トヲ二ツナガラミタシテユカネバナラナイ。今ノトコロ未ダ海軍ノ何タルカヲ知ラヌ僕ハ前者ニ努力セネバナラヌガ折ヲミテ追々(2)ノ方向ニ努力シタイト思フ。シカシイキル気持ハアレド心ニホントニフクヨカナモノガ何モナイ。僕ノ

精神風景ハマサニ荒涼タリ。

4月18日、

　16日谷内洛文「樺太風物抄」ヲモツテ外出セントシテ外出止メトナル。矢張リカウイフコトニヨリ軍紀トイフモノニ一層ナレルヨウニ感ズル。未ダ軍人ヲ一時的地位トシテシカ把握シエヌタメ技術的或ハソノ他ノ外形的要素ヲ充分軍人ニフサハシクサヘシテオケバトイフ気ガスル。ソシテ之ガアヤマツテアラハレテコノ事件トナツタ訳デアル。トニカク過チハ悪シト思ツタラバソレデヨイ。モハヤトヤカクイフマイ。マズ申分ナキ外形ヲツクルノニ努力シヨウ。釣床デ思フノデアルガ俺ハ動作緩慢トハイヘ決シテ人ニマケルコトハナイ。今ノ生活デハ人ニカチアゲラレルヨウナヘマヲナクスヨウニスルノガ大事ダ。ソシテ気ノアフ人ト親シクナツテ追々友人ヲツクツテユクコトガ大切デアル。

　次第ニデマガトビダシテキテ事業服8日返納ガツタヘラレル。早ク中練ニユキ一人前ノγ家ヘノ道ヘ入リタイト思フガ未ダソレ迄ニハ如何ニ少クミテモ20日以上ハアル。先ヲミルト無限ニ長イ感ガシテイケナイ。先ハミナイコトダ。タダ今日一日ノミヲ生キルコトヲ念頭ニオイテ生活スベキデアロウガドウモダンダンオチツキガナクナツテユク。

　軍紀トハ個人ヲ軍隊トイフmachineノ一輪タラシメル力デアルトトモニ軍隊トイフmechanismヲミタスethosデアル。軍隊ニアルカギリ好ムト好マザルトニ拘ラズソレニ一致スルヨウニツトメナケレバナラヌ。軍紀慣熟トハ他面自己放棄デアル。タトヘバLe Pénitencier〔「監獄」／「少年院」。前出のフランス語〕ニ於ケルJacques Thibault ガマサニソノヨウナル近似性ヲモツ。アノ無関心性ヲ棒デオヒマクルト軍隊トイフモノガデキル。之ハ皮肉デアルガ実際ダト思フ。シカモソレヲ強力ナル軍隊トイフノハ軍紀ニ積極的ニactiveニ随従シ更ニソレヲモリタテテユクヨウニ各人ノ心ガムイテル即軍紀至厳ナル軍隊ノ謂デアル。之ハシカニ面白イ心的変化デアル。今迄追ヒマハサレタモノガ嬉々トシテオヒマハスニ至ルノダ。コノオヒマハスノトオヒマハサレルトイフ二ツノ段階ヲ歴史的伝統的ニキメラレテ居ルノダ。

今ノ僕ニトリ軍隊トハトイフ批判的態度ニハタテナイ。ソレヨリモマズ軍紀ニ慣熟、有能ナル一分子トナリ現代ノ国民全般ノ苦悩ノ打開ニ進ムノミデアル。ソレガ軍隊トイフ組織ニ親和デキヌ者デモフマネバナラヌ道デアル。

4月21日

今日ハ気温逆転シ又冬ニカヘッタ寒サトナル。寒イト身モ心モ萎縮スルノハ情ナイ話デアルガ事実デアル。昨夕ノ発表ニヨリ操縦ト決定シタ。偵察ニ希望ナキニシモアラズデアルガ一ニハ自分ガ生キテ居ルノニパイロットガ死ンダタメ死ナネバナラヌノガ嫌デアルコト、知的トイッテモ別ニ高度ノ頭脳デナク航法計算盤ノ如キ機械サヘツカヘレバヨイ程度ノ知的活動ヲ要求スルニスギヌト考ヘラレルシ、ソレニムシロintellectualトイフ部門ヨリハ全然今迄、僕ノ生活トコトナッタ色彩ヲモッ操縦ノ方ヲムシロ望マシク思ッタノデ操縦トキメラレテヨカッタ。モウDenkenハ最モ本質的ナモノニノミカギラレ他ハナルガママヨノ生活ニ入ルワケデアル。DenkenトHandlung〔「行為」。ドイツ語〕ドッチモカ一杯ヤラネバナラヌ。ソレガ高揚セル生ナノダ。

昨日ウララカナ土浦街道ヲハシリナガラBetrachtung〔前出〕トHandlung〔前出〕ナドトイフ事ヲ何度モ口誦ンダ。両者ムスビツイテ生ハススムノデアル。コノ頃駈足ガ如何ニモココロヨイ。終ッタアトノ快適サハタトヘヨウガナイ。僕モ幾分ツヨクナッタノカモシレナイ。

4月23日

sombre dimanche〔「暗い日曜日」。フランス語〕ハトニカク終ラントシテル。ココノ生活デハ忙シイ時間ホドタヘヤスイ。孤立的傾向ノ強イ僕ハドンナ共同生活ヲシテモトリノコサレポツントシテシマフ。淋シイ傾向デアルガ自分デハドウニモ仕方ガナイ。今運動靴ガ見ヘナクテ心配ナノダガソレヲ人ノ様ニ何ガナイト言ッテ皆ニヤツテモラフヨウニハドウモユカヌノダ。生活力トハスベテヲ易々トシテ処理シテユク能力デア

ラウ。僕ニハソレガナイノダ。俺ハ暗キ森ト躓ノ小道ヲ歩ミユクノダ。Betrachter〔「観察者」。ドイツ語。〕ニハ Mannigfaltigkeit〔「多様性」。ドイツ語〕ガソナハツテ居ル。ガ俺ハソノ様ナ Betrachter〔前出〕タルニハアマリニモ貧寒デアル。サレバトテ innerer Betrachter〔「内部観察者」。ドイツ語〕タルニハ俺ハアマリニ浅薄デアル。スベテニアマリニモ凡庸ナル人間ハカナシキカナ。ソレニシテモ人間ノ生ハ何カ自分ノ道ニ自己ノ意志ヲ具現スルトコロニソノ意義ガアル。ソレガコノ軍隊生活、或ハ少クモ今、学生トシテノ生活デハソノ様ナ生活様式ガ不可能ナノダ。ソレ故ニコソ一層専門化サレタ次ノ教程ガマチドホシイノダ。ソレデ生活ソノモノガドレダケヨクナルノカハワカラヌ。シカシトニカク現在ノ生活ニ不満デアルト未知ノ日ガ何カマチドホシイノデアル。

4月24日（日）

「浅ミドリスミワタリタル大空ノ広キヲオノガ心トモガナ」コノ御製ドホリノ美シキ朝。sombre dimanche〔前出〕ハオハリカガヤカシイ月曜トナル。忙シイ week day ガ一番ウレシイ。心ニラクデアル。カウシテ一週間ヲアハタダシクオクレバヨイノダ

今ノ生活ニハナレタ。ソシテコノ基礎教程ハナレレバソレデ事足レリトイフモノデアラウ。イハバソノ目的ハ軍紀慣熟ト士官タルノ態度容儀ヲツクルニアルカラデアル。シカシコノ様ナ惰性ガツクト向上ハナクナル。今日ハ陽光美シク空ニハ爆音ヒビキ春酷〔ママ〕ナハナリトノ感心中ニワキアガルヲ感ンズル。

今分隊長ノ精神訓話デ土浦ノ教程ハ「死生観」ト「躾」ニアルトイハレタガ、俺ガ思ツテイルトオリデアル。

人間ノ Denken ハヤヤトモスレバ抽象ニハシル。抽象ニハシルト真ノ向上トカ進歩乃至充実ハアリエナイ。我々ハ具体物ノ層上ニタツテル。ソコカラ道ヲ求メ、考ヘ、自己ノ生ヲヨリ高クヨリ豊ニスルトコロニ充実セル生トイフモノガアルノダ。

4月25日（火）曇
　靖国神社臨時大祭。
　遥拝式後0900ヨリ航法、ソノ問題ニ忙シ。忙シイノガヒドクナルト
頭ハボートスル。
　午後1300ヨリ相撲ガ行ハレ、1430オハリ入浴、今1540チョット一息
ツイタトコロデアル。実ニ忙シイ。左ノ眼ノ具合ガドウモワルイ。5月
7日、21日ニ面会ガ許サレル事ニナツタガソノタメ結局ココニ居ル日ガ
長ビクニスギヌ。

　今日ニュース映画ヲ見ナガラ思ツタ。俺ハアル現象ヲ見ルニツケソレ
ガ如何ナル社会的背景、歴史的地盤ニタツタカトイフトコロニ関心ガムク。
今日ニュース映画デ北海道ノ雪ノツモツタ森林中デ小サナ斧デ樹ヲ伐リ
倒シ、ソレヲ馬力ガヒイテユクノヲ見、之ガ航空機生産ノ最モ最初ノ風
景ナノダト考ヘツツ、アマリニモヒドイ飛躍カモシレヌガ前資本主義的
段階ト最高度ノ資本主義ノ要求ノ混在セル日本社会等トイフモノガ直念
頭ニ浮ンデクルノダ。オ目出度イ話ダガサウイフ事ヲ考ヘルト之コソ俺
ノ世界ダゾトトイフ身慄ヒヲ感ズル。
　今日ハタ方カラ雨ガフリハジメタ。温習室ノ屋根ニアタルconstantナ
雨ノ音ヲキイテルト丁度「春田ノ小説」ニアル春海ノ波ノ音ヲキクヨウナ
ノビヤカナ感ジガスル。何トシテ荒涼タル今ノ生活ニトリ静ナ雨シカモ
何モシヘヌ夜トイフ様ナモノホド心ニウルホヒヲアタヘテクレルモノハ
ナイ。アハタダシイ一日ハ終ツタ。今2145、カウシタ生活ハマダアト一
月モツヅクノダ。タダ忙シイガ故ニタヘヤスイガ内容ハカラツポナコノ
生活。虚無的多忙トイフベキカ。
　母ヨ兄ヨ姉、照子。今頃ヤスラカニネムレルカ。中村小母サン、K、
尚夫君、深瀬先生、小笠原先生、忘レ得ヌ人々ノ群像。ソシテ大地原君!!
アアカウ考ヘルト俺モナカナカ schöne gemit〔gemitは造語で、「美しい仲間」く
らいの意味か。ドイツ語〕ヲモツテルトイヘル。トニカクモウネヨウ。2150。

4月26日

　又一日タツタ。今朝中島聞隆氏ノ話ニヨルト21日ヲマタズニ出ル人ハ出ルトイフ。ソレガホントナラバ大ニ喜ブベキニュースナノデアルガ、コノ教程ヲハヤクオヘ土空ニ一日デモ早クオサラバシタイノガ今ノ唯一ノ望ミデアル。五月近シトイフノニ土浦ノ朝ハワズカニ雀ガノビヤカサヲ感ジサセテクレルダケデ何カ膚寒イ。

　午後ハ又相撲。攻撃精神ナド少シモ湧キタタヌ。タダ時間ノ経過ヲマチツツ寒風ノ中ニフルヘルノミデアル。之ガココノ生活ノ symbol カモシレナイ。自発性デハナク受動的態度ニ支配サレルノミデ一向ニハリキル等トイフ事ハデキナイ。

　急ニ試験ガ沢山オコナハレル事ニナツタ。少年時代アレホド興味ヲモテタ飛行機、軍艦ノ識別モ今トナツテハ一向興味ヲヒカレナイ。今ノ様ニ何物カヲ学バントスルニハ不消化ニスギル知識ヲ雑然ト陳列サレルト憶ヘヨウトカ学バントスル意志ガ全然消失スル。アトニハノコルノハ受動的ナ時間経過ヲマツ気持ト卑シイ食事ヲマツ気持ノミ。悲惨ナ生活、無為ノ生、タンナル惰性ノミガ支配スル。シカモ軍紀ハ個人的自己向上ノ努力ヲハバム。結局アトニノコルノハドウデモヨイカラ何トカシテ生活ヲ面白オカシクスゴサウトスルダケ。

4月27日（木）

　ヤヤ霾ノカカツタ春ノ真盛リラシキ晴天。昨日ノ相撲ノセイカ疲レテキテイケナイ。空トブγヲ見ナガラ中練ヘ早クユキタイトノ念イヨイヨ切ナリ。早ク一人前ノ道ヘススミタイノダ。

　昨日母、中村敏郎ヨリ来信アリ。母ガ富士ヘ行ク図ヲ想像シ心中微笑ヲ禁ジエズ。12時近イノデ食堂ヘヨリ今時思ヒモウケヌ善良ナ食事〔戦時下の食事の割には、ちゃんとした食事〕トイフ表現ハ実ニシヤレテルト思ツタ。中村敏郎ハ如何ニモTラシイ。カウシタ時ニ彼ノ様ニ学校ニ行テノンビリトシテ居ルノモ如何ニモ彼ラシク、ソノ態度ヲモツトツツパレバソコニ独自ノ風格ガ生レルヨウニ思ハレル。

　0913ヨリ急ニ気象ノ試験ガ行ハレタ。デキタヨウナデキナイヨウナ。トニカク海軍デハ本ヲヨミ最小限ヲオボエテオケバヨイノダ。モツトモドンナ本ヲヨム場合デモ最小限ヲトルヨウニスレバヨイノダ。

4月28日（金）

　雨ショボショボトフル。昨夜ノ話ニヨルト恩賜候補者ガ十数人アルトカ。サウイフモノニナリタイガシカシ問題ハヤルコトニアルノデ結果デハナイ。卒業ハ25日頃デアラウガカウナルト10日グライスグタチサウニ思フガサテドウデアラウカ。

　試験ハドウデモヨイ。シカシ獲得スベキ知識ヲノガシテシマフノガ残念デアル。知識ノ断片ハソレダケデハ価値ガナイ。シカシ知識ノ堅固ナル地盤アツテコソ強力ナWeltanschauung〔「世界観」。ドイツ語〕ガデキルノダ。俺ノ知識慾ハソノ様ナ動機ノ故ニハタラクノデアル。

　今日分隊長ニ呼バレタ。何ノタメカワカラヌガヨイコトラシイ。トニカクソンナコトハドウデモヨイカラマヅシツカリ我ガ根柢ヲタタキアゲルコトダ。南洲ノ佳言「道ヲ行フ人ハ身ノ生死、事ノ成敗ヲ顧ミズ」タダ我々ハナスベキヲナスノミ。自己ノ生トイフGrund〔「基盤」。前出のドイツ語〕ヲ遊離シタ思考ガ一体何ニナラウ。Entwicklung〔「発展」／「発育」。前出のドイツ語〕ソレハ植物ノ如ク根ヲ太ラシ幹ヲノバシ葉ヲシゲラセルコトデアラウ。我々ハ諸々ノ努力ノウチニ生長シ、ソシテReifewerden〔これも造語か。意味は「成熟」か。ドイツ語〕！易軒先生ハウマイ事ヲイフ。「心ハ楽シムベシ、苦シムベカラズ。身ハ労スベシヤスメ過スベカラズ」

　今日ノ朝日ニデテ居タノハ日蓮ノ昨日一日御書ニアル「世ヲ安ジ国ヲ安ンズルヲ忠孝トイフ」トノ言葉デアツタ。logos〔「理性」／「言葉」。ギリシア語〕ノカケテル今ノ生活ニトリ簡単ナ箴言風ノモノガナカナカ味ヒフカイ。今La Rochefoucau?〔La Rochefoucauld〕ノアノMaximes〔ラ・ロシュフコーの著作『箴言』を指している〕ヲヨンダラスバラシク面白イダラウト思フ。時間ニ恵マレヌ時ハ矢張リ和歌等ガ非常ニヨイノカモシレヌガ俺ニハSentimentハアツテモSenseガナイカラダメラシイ。

　1846、一日モアハタダシク終ラムントスル。渡部ト関西ノ事、外出ノ事ナドアレヤコレヤト話シアフ。俺モアウイフスマートナ人ト友達ニナレサウダトハ何トモウレシイ。アウイフ人ハ人ニ好感ヲモタレルスマートナ星ノヨイ人ダ。トニカクオ互ニ愉快ニ生活シテユクコトダ。

　人ニハ自己生長ヲ望ム或ハ自己ヲ深化シ拡大セントスル内面的欲求ヲモツ。ソノ故ニ Gedankenlosigkeit〔「無思慮」／「軽率」。ドイツ語〕ハタヘガタイノダ。四十年ノ収穫〔ブノア・メシャンの1941年の著作ではないか〕デ Benais Méchan〔その本の中に登場する人名ではないか〕ガイツテル。Cervantes 曰ク「彼ハ真ノ歴史家ダ。無意味ト思ハレル事ヲカイテ居ルカラ」―俺ガコノ journal ヲカクノモ一ニハサウイフ蒐集慾ガ盲目的ニ働クノ故モシレヌガ見方ヲカヘルト何カカクコトニヨリ思想ヲサグリアテントスル意慾ノ故デアルト思フ。

4月29日（土）

　天長節。アハタダシキ遥拝式後相撲大会行ハレ見事デルトマケ。午後洗濯ヲヤメテミレバ遠雷ノ響キコエ Cu-Nb〔気象用語？〕ノ聳立スルヲ見タ。如何ニモ夏ラシイ感ジガシテクル。ハリキリノ夏近シ。今ハアマストコロ三週間、ハヤク空ヲトビタイ。

　本日1600ヨリ訓練第一警戒配備、1630オハリ1700ノ夕食ガスゴクボリュームアリオマケニ大福ヲ三ツタベ大ニ元気ニナルトハアサマシキ話ナリ。今ビスケットヲタベツツ江口禎裕ノ手紙ヲ拝見シテ大ニ面白シ。

4月30日（日）

　俺ハ痛感スル。人間ハ浅マシイ存在ダ。充分ナル（meine mutter' ausdruck〔「私の母の言葉」ぐらいの意味か。ドイツ語。ただし、Ausdruck は名詞なので大文字にすべきところ〕ニシタガエバ―善良ナル）食事ヲトレバモウソレデアル程度元気ニナルノダ。浅マシイ話ダ。

　俺ハ自分ガ孤独ヘ孤独ヘト望マヌニヒツパラレテユクヨウナ感ジガスル。ソシテ Hesse 或ハ Obermann〔フランスのモラリストであるセナンクールの

作品名か〕ノ著者ノ表現ヲマネルト孤独ナル人間ハ自然ヲ愛スルノデハナ
カラウカ。ハルケキ彼方ヘ思ヒヲイザナフ様ナ入道雲、或ハ暗雲ト青空
ノ強イコントラスト。ノビヤカナ高原ノ上ノ畠ト森ソレラハ人ニモラシ
エヌ思ヒヲハグクンデクレルコヨナキ友ダ。ソコニ我々ハ強ク音楽ヲ愛
スル動機ガアルノデハナカラウカ。

　食事時ニイロンナレコードヲカケテクレル。「生命惜シマヌ予科練は」
…カラハジマリボレロ、谷間ノ灯、或ハ更ニトンデアキレタボーイズニ
マデイタルが昨日ハ思ヒガケナクJacques Hivers〔不明。フランス人の人名
か〕風ノモノヲヤツテクレタ。Pépé le moco〔前出のフランス映画、邦題は『望
郷』〕ヲ思ヒ出シ、アルヂエ、チユニス、Morocヨリ思ヒハトンデアノ奇
怪ナルRoman、Roger Martin Du GardノConfession Africaine〔ロジェ・
マルタン・デュ・ガールの1931年の小説『アフリカ秘話』を指している。ただし、ス
ペルは、Confidence Africaineが正しい〕ニイタル。1840今トツー〔モールス信号
訓練の略語か。一般に「トンツー」ともいう〕ガハジマツテイル。

　2030、願ハクハ早ク時間経過シ中練ニユクコトダ。思ヒハ常ニカワ
ラヌ。俺ハeinsam〔「孤独な」。ドイツ語の形容詞〕ニナラザルヲエヌトイフ
傾向ヲドウモナクセヌ。ソレ故ニコソ何ヨリモマズ斉一ヲ尊ブ軍隊トノ
間ニギヤツプヲ意識セザルヲエナイノダ。

5月1日（月）

　「美シキ五月トナレバ」「ヤガテ5日」ニトNatur〔ドイツ語。「自然」という
意味だが、ここではごろ合わせか。ナツール＝なる〕、モツトモケンランタル様
相ノ象徴期タル五月トナツタ。昨日ノ外出デソノschöne Natur〔「美しき
自然」。ドイツ語〕ヲカスカニアジワツタ。コノ季節トトモニ我々ガ土浦ヲ
ハナレル時機ハ近ズキツツアルノダ。ソレハFreiheit〔「自由」。頻出のドイ
ツ語〕ヘノ道ニ一歩ススミダスコトニナル。

　俺ハコノ頃一人デ動ケル戦斗機ニノリタクナツタ。einsam〔「孤独な」。
前出のドイツ語〕ニシテシカモfrei〔「自由な」。頻出のドイツ語〕ナル戦斗機ニ。

　戦局今ヤ如何ナルモノカワカラヌ。松陰ノ「国ノタメニ死スルハ死シ

テナホ生ケルナリ」トイフ思想ハ我々ニハ遠イ。軍隊ニアツテハ passion
ハケサレル。アルノハタダ軍紀トイフ mechanism ニ動カサレルノミデ
アル。現在日本ノ男子ヲ大部分吸収スル軍隊トイフ一種ノ société clos
〔「閉じた社会」の意味か。フランス語。ただし、スペルは、société close が正しい〕
ノ性質、ソシテソレガ次ノ世代ニ如何ナル結果ヲ及ボスカ、サウイフ点
ヲヨクミテユカウ。俺ハ軍人タル以上ニ何ヨリモ今ノ時代ノ人間トシテ
ツカザルヲエヌ地位タル戦士トシテ歴史ニハタラク虚無ナル渦巻ト戦ハ
ウ。シカモ同時ニ一個ノ人間トシテコノ時代ヲ betrachten〔「観察する」。
頻出のドイツ語〕スルコトヲオコタルマイ。或ハカカル意識ハ現実ニマダ
距離アリ余裕アル状態ノ故カモシレヌ。ソレナラソレデヨイ。今ノトコ
ロソレデツツパル他ハナイノダ。今ノ生活ノ Einsamkeit〔「孤独」。ドイツ語〕
ト虚無性、ソレモウジキダ。einsam〔「孤独な」。頻出のドイツ語〕デアツ
テモハリキレル生活ハアト 3 週間後ニアルノダ。忍耐、忍耐、今ハタダ
勉強スルノミデアル。

　家ヨリノ便ニヨレバ兄ノ健康オモハシカラズ。ナニゴトモソノママ知
ラセテクレル冷静サニ感謝スル。

5月2日（火）

　今日モ亦晴天極メテ感ジヨシ。タダ毎日思フノハ時間ノ早クタツ事ノ
ミ。ソノ他別ニ感ンズルトコロナシ。暖ナ陽光ノ下ノンビリトシタ爆音
ガキコエル。スコシノンビリシスギテ身体ガダルイホドデアル。

　昨日軍容査閲予行ニテ学生極メテ不良トノ講評。堀分隊士ノ勝敗ノ公
算我ニナキ時期待スルハ 13 ～ 14 期デアルトノオ話ニ感激スルトトモニ
眼界ヲヒロクシテ生活ニ積極性ヲアタヘネバナラヌト痛感シタ。シカシ
γニノラヌ今ノ生活デハドウシテモ未ダギヤツプヲ感ンゼザルヲエナイ。
モツト明確ニ自己ノ Entsetzung〔「解放」。ドイツ語〕ヲ把握スルコトニヨリ
生活ニ張リヲアタヘラレルトコロ大ト思フ。ソレニヨツテハジメテ強イ
決意ガ生レルノダ。シカシ今ノ学生タル位置デハ我々ハイハバ盲目デア
ル。動クヨリハ動カサレルトイフ面アルヲマヌカレヌ。ソレ故ニコソ同
ジ学生デアルニセヨトニカク我々ハ次ノ教程ヲ希望スルノダ。

　軍紀ノ抑制ノミヲ感ジカヘツテ軍紀ニ背スルノ行為ノ生ズルノハ自由ガナイガタメデハナカラウカ。

　今日喇叭ノオハルトトモニトビオキ釣床ヲククリ洗面、朝拝、カ一杯ノ体操、煙草一吹、朝食、朝温習トツー。沢入教員ノ話ニヨレバ査定ハアト二回ノミ。課業ハジメ、手旗受信。春光ウララカニシテ睡気ヲサソフホド。ハジメテ土浦デ手旗ノ教課ガアツタ時教員ガマズカイタ文句ガ「筑波ノ峯ノ風寒シ」デアツタ。今日ハ「ハルガキタ。サイタサイタサクラガサイタ」ト送ラレルノヲヨミアノサムカツタ日々…ソレハ一週間前迄デモサウデアツタガ…ヲ思ヒダシホットタメイキガデテクルヤウナ感ジガスル。

　　二次気象、三次物理、4次数学、午後、4、5次要務ネムル者続出。別課相撲。夕食、タノシキ入浴。

　カクテ5月2日モ終ラウトスル。ハヤク日ガタツコトダケガマチドホシイ。名誉心、自尊心、内面的ナ真面目サ、俺ハ環境ノ故ニソノ様ナhumanismノ美シキ徳目ハ俺ノ心カラ失ハレテユク。外面的ニ一応ノ形トトノハシテモ俺ノ心ノ中ニハ向上ヘノ意志ガ消失シテユク。俺ヲ支配スルモノハPatriotismデモ、内面的自覚デモナク無事無難デアレト願フ気持ノミ。ソレデハイケナイト思フ。シカモソレヲグントウチコエル意志ガ俺ニハデナイノダ。醜イ姿ヲ醜イ元気デワスレヨウトイフノカ。シカシトニカク今迄ノ様ナ俺ノタトヒカスカデハアルニセヨハタライテイタ内的傾向ハ失ハレ所謂パイロツト気質ニ変移スルノデアラウカ。コノ日記ノ運命ハドウデアラウカ。滅ビユク者ノサビシキソシテ醜キ告白トシテ終ラウトスルノデアラウカ。

5月4日

　昨夕中村金夫ヨリ手紙キタル。彼ノ字ヲ見タダケデナツカシク且又心ノ中ニ豊ナ明ルイ泉ガワキオコル様ナ感ジガスル。確ニ彼ノ言フ様ニ…少シ言葉ヲカザリスギル傾向ガアルガ…我々ノ LebenノUrgrund〔「根源」。ドイツ語〕ニハ容易ニ変ラナイ Identität〔「同一性」。ドイツ語〕ガアル。ソレガ我々ヲ共同ノ過去ヲ回想セシメルトトモニ将来ノ行動ヘノ激励トナツ

テクレル。

　昨日操偵別発表ガ行ハレ志望通リ偵察トキマル。矢張偵察ニナツテヨ
カツタ気ガスル。又今日任地発表ガ行ハレ大井航空隊トキマツタ。母、
兄ガ喜ブコトダラウ。

5月5日

　昨日ハ数学試験ヲアワテフタメキツツウケトニカク終ツタ。全部デキ
タト思フ。ウケル以上ハヤハリ満足ナ結果ヲエタイ。昨夜総員起シアリ。

5月8日

　アハタダシク面白クモナイ日ガ続ク。日ハメグリ今日ハスデニ八日、
明日ハ面会ノ日。家デハ兄病気ノタメキタラズ。ソノ方ガカヘツテヨイ。
大井航空隊ニユケバユツクリアヘルノダ。Individualismus ソレガ ismus
トイフ以上ニ強イ本能的ナ人間ノ性格ト思フ。俺ハ軍隊ナトハイヤダ。
タダ我々ノ Volk〔「民族」。ドイツ語〕ヲ防衛スル手段トシテ軍隊ノ意味ヲ
ミトメルノダ。

5月10日

　昨日ハ高橋弁明ト土浦ノ方ヘ山伝ヒニ散策、矢張自然ハ—残念ナガラ
多少ソコナハレテ居ルニセヨ—美シイ。イロイロ話ヲシテアルイテイル
ウチニ鉄道線路ノ上ニデテロマンチツクナ感傷ヲ味フ。
　晩佐藤保度ヨリ羊カンヲモラヒソノ親切サ—東北人ラシイ情—ニ感激
ス。
　今コノ生活ニ於テモ私ノ Individualismus ハカハラナイ。ムシロ
Kommunismus ノ嘘ヲナニカニツケテ感ンズルノミデアル。ソシテ我々
ガ一個ノ個体トシテ自己ヲ充実セシメ向上セシメルコトソレガ我々努
力ノ存スルトコロデアリソレヲ共同的ナラシメルモノハ個体トハ秩序ヲ
コトニシタ力作用デアル。我々ノ努力ノ目標ハ個体ノ向上ニ存スベキデ
アル。サテ偵察ト決定シタガ、行動者タルトトモニ Betrachter〔「観察者」。
頻出のドイツ語〕タル地位ニツクノハ非常ニ面白イト思フ。操縦ナドハム

211

シロマツピラデアル。

　昨日 Curtius〔エルンスト・ローベルト・クルティウス(Ernst Robert Curtius)のこと〕「現代ヨーロツパニ於ケルフランス精神」大野訳〔大野俊一訳、クゥルティウス『現代ヨーロッパに於けるフランス精神』、生活社、1944年のことだと思われる〕、「点鐘鳴ルトコロ」丸山薫ヲ買フ。ヨキ本ニデアフ喜ビ。カカル傾向ハ俺ノ一生カワラヌダラウ。

　学生長ノ修正―之ハ一ツノ game ダ。

5月11日

　又一日ガハジマル。昨日司令講話ニテ「一朝一命」トイハレタガ現在ノ生活デハ到底サウイフ積極性ニ迄至リ得ヌ。矢張リモタモタトシテ過ス結果ニナルノダ。(0755)。

　臀ニ腫物小デキル。咳ガデル。ムンムント暑苦シイ。セメテ肩ノナンカ力ノヌケタ様ナ感ジガトレテクレレバタスカルノダガ。シカシトニカク Lunge〔「肺」。ドイツ語〕ナンカニハナジンテ〔デ〕モラヒタクナイ。(1300)

　又一日ハ終ラムトスル。ヤスラカナル眠ヲマツノミ。一日一日ヲズルズルト過サザルヲエヌ今ノ生活ハ矢張リタヘガタイ。深クツツコムトイフ道ヲフサガレテ居ルノダ。ソノ点ニ今ノ教程ノ非常ナツマラナサデアル。一日一日ハ忙シイガ常ニソノ底ニ vacuum〔「空虚」。英語〕ガヒソンデ居ル。忙シサガソノ vacuum ニタイシ目カクシヲシテクレルノデアル。矢張リ日々ワ dunkle Tage デアル。勉強シタケレバグングンヤレルトイフ時間ト材料ガホシイ。

5月12日

　日アラタマリ 12 日、今ワズカニ心ヲ慰メルモノハ時間ノ経過ノミデアル。(A.M)

　コノ一日モ終ラウトスル。アトチヨツトコマルノハ掃除番ト山田中尉ノ巡検デアル。シカシソレモアト 1、2 時間デオハルノダ。

　林克也　　　　大正 7.9.10.　　　27
　　初枝　　　　大正 5.12.20.　　　29

照子　　　　昭和18.5.31.　　2
フク　　　　明治14.11.11.　　64
18.11. 京大西洋史
18.12.1. 現役編入
18.12.

5月13日
5月14日
　一日一日ガdunkle Tage。重キ心デスゴス。ツマラヌデモ以前ハ学バムトスル意志ガアツタ。今ハモウマナブベキ事項ガナクナツタ訳デモアルマイガモウ山ヲスギタタメ張合ガナクナツタ。雑然タル知識ノ教授ニハモウアキタ。今日カッターニ乗リナガラフト見セテモラツタ都々逸ニ「苦労スルノハイトヒハセヌガ苦労仕甲斐ノアル様ナ…高杉晋作」トイフノガアツタ。ホントニ実感ダ。我々ハ仕事ヲイトワヌ。ムシロ、ソレヲ求メル。シカモ惰性的ナ行事デハナク生命ノミチタ行為ヲコソ求メルノダ。海軍ノ生活ヲサウサウイヤジヤイヤジヤト女々シクハ云ハヌ。シカシモツト苦シクトモシテシガヒノアル生活ニ入リタイ。今ノ生活ガ極メテdunkelナノモケダシソノ故デアル。

5月15日
　臀部ノ腫物イヨイヨ痛ミ歩行困難ノタメ分隊点検欠席ス。今数人ノ同僚トトモニ兵舎ニ残留ス。コノ分デハ明後日ヨリノ野外演習モデラレマイ。今日三時ヨリ臀ノ腫物ヲ切ラレル事ヲ考ヘルト憂鬱ノ極ナリ。願ハクハ早ク身体ノ恢復センコトヲ。

5月17日
　極重悪人唯称仏　我亦在彼摂取中
　煩悩障眼雖不見　大悲無倦常照我
　　　　　　　　　　　（正信念仏偏）

213

親鸞「お前の淋しさは対象によつて癒される淋しさだが私の淋しさは
もう何物でも癒されない淋しさだ。人間の運命としての淋しさなのだ。
それはお前が人生を経験してゆかなくては解らない事だ。お前の今の淋
しさは段々形が定まつて中心に集中してくるよ。その淋しさを凌いでか
ら本当の淋しさが来るのだ。今の私の様な淋しさが、併し此の様な事は
話したのでは解るものではない。お前が自ら知つて行くよ」
唯円「では私はどうとればいいのでせうか?〔」〕
親鸞「淋しい時は淋しがるがいい。運命がお前を育ててゐるのだよ。只
何事も一すぢの心で真面目にやれ。ひねくれたり、ごまかしたり、自分
を欺いたりしないで、自分の心の願ひに忠実に従へ。それだけ心得て居
ればよいのだ。何が自分の心の本当の願ひかといふことも、すぐには解
るものではない。様々な迷ひを自分でつくりだすからな。しかし真面目
でさへあればそれを見出す智慧が次第に磨き出されるものだ。

5月19日
　演習終り皆がかへつてきた。百六十人の生活から8人の生活へ、そし
てまた百六十人の生活へと come back。
　8人ぐらいの気分のあつたしつくりした17、18両夜の生活がばかにな
つかしく心に浮ぶ。俺は高等学校以来孤独の生活であつたが矢張りそれ
が性に合つて居るのだ。そして俺は団体の中にあつて陽気にさはぐ方で
はなく、さびしくとも孤独の方がはるかにぴつたりして居るのだ。それ
でも俺は共同体と一致した生活をなしうる信じて居る。たんに個人とい
ふものはなく個人は常に共同体に結ばれた一員なるが故に。

　この休業中いろいろの本をよめてうれしかつた。実に6カ月ぶりだ。
　　　　「歴史的国家の理念」　　鈴木成高
　　　　「出家とその弟子」　　　倉田百三
　　　　「中華民国三十年史」　　橘樸
　　　小国民判〔少国民版〕「海軍」and「海軍随筆」岩田豊雄

　矢張成高氏の論集では国家とは Nurmacht〔造語か。「権力だけ」ぐらいの意味か。ドイツ語〕でも Nurrecht〔「法律だけ」ぐらいの意味か。同〕でもなく実に Das Real-Geistige〔「真の精神的実体」ぐらいの意味か。ドイツ語〕であり Staatsräson〔「国家的理念」ぐらいの意味か。ドイツ語〕とは自己自身をそして自己の周囲の世界を認識しつつ姿勢を決してゆく国家の行動的理念であり Macht〔「力」／「権力」。ドイツ語〕と Recht〔「法」／「法律」。ドイツ語〕はあくまでも蔽はれたる二元性としてうけいれるべきものとする
　「歴史的国家の理念」が一番面白かった。「中華民国三十年史」は半年前の望みが今かなつた訳で教へられるところ極めて大であつた。
　「出家とその弟子」、俺には Liebe〔「愛」。ドイツ語〕の美しさはわからぬ。
　俺には「人生の淋しさ」「祈り」と「恩愛と社会的義理」といふ Thema こそ心ひかれるが Liebe といふ Thema だけはあまりにも縁遠い感じがしてならない。この分では花も〜とかの若桜の Leben かもしれないがその様なあつさりした清さはあまりこのまぬ。人は死んではならないのだ。

5月20日
　卒業もあと5日後となる。俺はこの頃深泥池の北の洛北の風景、東山、嵐山の新緑に心ひかれる。もう一度、あのもりあがる緑の知恩院、円山、清水のコースをたどりたいなど所詮かなはぬ夢想をする。

　俺は中練にいつたらば（できなければ任官後）必ず独語、フランス語、英語で勉強を再開しよう。それでγ〔航空機の海軍用語か、前出〕の勉強ができなくなるとは思はぬ。煙草をのむ時間、雑談時間をさくことにより精神に若返り剤をあたへうるのだ。
　馬鹿〜しき生活がつづく。

5月22日
　いよいよ25日は卒業。日のせまるはこの上なきよろこびだ。
　昨日午後から夜にかけての演芸会仲々面白かつた。とにかくすみづらいこのグループより足を洗ふのはもうわづかである。それにしてもすみ

よきグループとは果して何時生れることであらうか。
　昨日半年ぶりに大地原豊君の筆蹟に接す。彼も亦極めて元気なり。
　中村小母さんよりお便りあり。尚夫君病み小母さんの心痛多き今あんな写真をお贈りしたのはいけなかつたかもしれない。今の俺にはその深さはわからないがたとへ金夫君健在なりとも尚夫君の病む今心は常に重苦しい雲にとざされて居ることであらう。

　今基礎教程終了ニ際シテノ所感ヲ書キナガラハツトツマツタノデアルガドウモ俺カライフト今死ヌトイフ事ハ無媒介的ニ正シイトイフコトニナル。クワシクイヘバ我々ガ今死ヌトシテモソレハ歴史ニヨリ義トセラレテ居ルト思フ。

5月23日

　又一日タツタ。又中村小母サンノ手紙ヲヨミカヘシソノ一入ノオ淋シサガヒシヒシト身ニセマル。
　ソレニシテモ我々ガイヨイヨ専門化サレル日ハ近ク明後日ハ卒業式デアル。喜ビカギリナシ。美シカラヌ記憶ガマツワレルコノ土浦ヲ一日モ早ク去リタイト思フノミ。
　陽光輝キ雀ノ声モノドカニ美シキ五月ノ朝、我々ハアル期間ノ進行トトモニ frei ヘ近ヅケルノデアル。中練ヘノ望ミハ本ヲヨム自由ヲアタヘラレル事ト汽車ヘ乗レル事トデアル。ソレニシテモ今一体何ヲ目標ニ本ヲ読ムノデアラウカ。マトマツタ勉強ニモナラヌシ系統的ニ読ムト言ツテモ本ヲ集メラレナイ。結局アタヘラレタ僅ノ時間ニ方面ノカハツタ本ヲ読ミ頭脳ノ転換ト疲労恢復ヲハカルトイフ事ニナル。ココデ問題トナルノハ今ノ様ニマトマツテ本ヲヨム機会ノナイ時ニハ一時的ナ効果ト時間ヲ要シテハジメテ効果アルモノトドチラヲエラブベキカトイフ点デアル。結局面白イコト、ソノ時理解デキル事ヲヤルトイフ道ニ進ムベキデアラウガトニカク俺ハソレガタンニ時間ノ浪費ニ終ルニセヨ外国語ハヤラウ。英、独、仏ヲトニカク我物トシテヤリタイ。シカシ一度ニ三ツトモヤレナイ。デハ何ヲヤルカ。主トシテドイツ語デアル。ドイツ語ノ文

法ヲトニカク一通リヤルコト。ソシテ Die Leiden des jungen Werthers〔ゲーテの『若きウェルテルの悩み』〕ヲ読ミ暗誦スルコト。ソシテ Helden und Held enverehrung in der Weltgeschichte〔Thomas Carlyle が 1841 に出版した *On Heroes, Hero-Worship, and The Heroic in History* の独訳本を指していると思われる〕ヲヨミ、Karl der Große〔「カール大帝」という項目のことだろう〕ヲヨム。ソレデ充分ダ。ソノ合間ニ英仏ヲヤルノダ。シカシ何ヨリ大切ナノハ目ヲソコナハヌトイフ事デアル。俺ハ一流ノ偵察将校ニハナリタイカラ。

　努力シテオボエコマネバナラヌモノハ決シテ身ニツカヌモノデアル。ソノ点成高氏ノ本ノ読ミ方ニハ教ヘラレル。一度ヨンデスート頭ニ入ラヌモノヲ強ヒテ理解シヨウトスル必要ハ全然ナイ。勿論ソレハ考ヘナクトモヨイトイフ事デハナイ。シカシ考ヘスギテモ徒ニ空マハリヲクリカヘス事ノ方ガ多イノデアル。イハバソノヨミ方ニコソ頭脳ノハタラキガアルトイヘヨウ。ハテシナク夢ヲ追ツテカケバマヅ深瀬先生ヨリフランス語ト英語ノ適当ナルソシテ読ゴタヘノアリサウナ本ヲ2冊送ツテモラフコト。トニカク外国語ハシヨツ中ヤツテナレル事ガ大切ナノダ。ソシテ頭ハツカヘバツカフホド活発トナルノダ。閑ヲミツケテ頑張ラネバナラナイ。ソレニシテモ閑ヲミツケテ読書スルニハ本ヲヨリエラブ事ガ必要デアル。読ミゴタヘノナイ雑書アサリハモツトモイカヌシ、低調デハアルガ面白サウトイフダケノ本ハステルベキデアル。本ヲパツトヒライテ之ハ俺ノ世界ニイレテヤレソウダト思ハレヌ本ハ惜気モナクステルニシカズデアル。精神ノ高揚ニ生キヨ。スベカラク。

　一体俺ガ生キテ娑婆ニカヘレルモノカドウカ。ソノ probability ハ極メテ少イ。否殆ンドナイ。マシテソレマデニ外国語ヲツカフ機会ガアル等トハ到底考ヘラレヌ。シカシ俺ハ今デモ西欧的ナモノトハ何カトイフ問題ヲステナイシ一生ソレヲ追ヒツヅケテユキタイト思ツテ居ル。モツトハツキリイヘバ……之モ結局漠然タル言方デハアルガ──欧州ノ社会科学ノ性格ト欧州社会トノ対比言ハバ社会ハバ Sozialwissenschaft トソノ基盤タル欧州社会ノ性格ヲ探究スル事ガ私ノ問題イハバ Lebensprobleme〔「人生問題」。ドイツ語。Probleme と大文字にすべき〕ナノデアル。ソレ故、私ハ何ヨリモ欧州ノ言語ヲ我物トスル必要ガアルノダ。ソレハ

役ニ立タヌ。有用性カライヘバ所詮無用ノ努力ダ。シカシ真ニ西洋ヲ探明セントスル以上トニカクソノ様ナ態度デ生キル事ガ肝要ナノデアル。ソレ故ニコソ俺ハ外国語ヲヤリタイト思フノデアルシ且又ヤルベキデアルト思フノダ。専門的学者ノ道ヲ進マウトハ思ハヌ。シカシ素人デモ自己ノ問題ノ解明ニハ進ミユクコトガ人間ノ努デアル。俺ハ外国語ヲ学ビ西欧的ナモノノ把握ニットメヨウト思フ。ソレハ決シテ学生ノ連続タル以上ニマタ一個ノ人間トシテ学ンデユキタイノデアル。勿論題目ハアマリニモ大キイ。シカシ大キスギテモヨイノダ。我々ハ小サキ完成ヲシウル性格デハナイ。所詮不可能ナ事ヲ追ヒマハシ何モトラヘエズニヤム。ソレデヨイノダ。トニカクオヒマハシテ走リマハツテ居レバ林尹夫君ノ生方ハ満点ナノデアル。尹夫君モツテ冥スベシトイヘル。

ハタシテ中練ニ行ツタカラトテ本ガヨメルモノカドウカワカラヌ。シカシ俺ハヨメルツモリデ Plan ヲネル。ヨメナケレバソレ迄ノコトデアル。

今俺ガココデ所持シテルハズ〔・・〕ノ本ハ「中華民国三十年史」「日本ニ於ケル宗教的自然観」「現代ヨーロツパニ於ケルフランス精神」「パラツエルヅス伝」「点鐘鳴ルトコロ」「前線映写隊」「樺太風物抄」ノ7冊。コノウチヨミカケノ「樺太風物抄」ハコノ苛烈ナ戦局下ニデルクライデアルカラスバラシイ強烈ナロマンチークナ精神ガアフレテ居ルカト思ヒノ外ニ低調ナノニアキレタ。之ハヨマヌガマシデアル。之カラハ買ツタ本デモツン読スル必要ガアル。

··························大井海軍航空隊（1944年5月29日〜1944年7月14日）

5月29日
　　25日　基礎教程終了卒業式　0900
　　2020土空出発
　　2210土浦駅発
　横浜ノ手前デ夜ガ明ケ愉快ナ汽車旅行ヲツヅケテ0850金谷着。2〜3分ホド母兄姉照子ニ会フ。母ノ老ケタノニ驚ク。兄ノ顔色ノ美シキガ心配ナリ。
　ソシテ2日ヲ経、又29日モ終ラントスル。慢性ニナッタ為カ軍隊ノツマラナサニ心動カサレル点少ナクナッタ。待望ノ偵察モ妙味ガ湧イテクル迄ハ未ダ時間ガタツデアラウ。トニカク段ラレル事ニ平気ニナル事ト多忙ノ中ニ閑暇ヲツクリダス事ト敏速ニ行動スル事、コレラガ大事ダ。zwecklos〔「無目的な」。ドイツ語〕デハアルガ大事デアル。

5月31日
　時間ハ不思議ナモノデアル。コノ間迄ハ中村小母サン深瀬サン極ク近クニ居ル様ナ気ガシテイタノニ最近急ニ京都ガ私ノ生活カラ遠ノイタ。時間的経過ノ生ズル変化トハ緩慢デアルットモソレヲ心理的ニウケイレル場合ニハコノ様ニkatastrophisch〔「破滅的な」という意味で使っていると思われるが、辞書にはない。この意味では、katastrophalという形容詞は存在する。ドイツ語の形容詞〕ナノデアル。
　日々ノ課業ハ依然トシテゴタゴタ乱雑ナ知識ノ詰込ミデアル。面白クナイ事オビタダシイ。ココノ生活ハジメノ印象ホド悪クナササウデアル。ソレハ確ニ分隊士ガ学生出身トイフ点ニアル。シカシ未ダ本当ニ生活ニナレヌセイカ何故カ忙シクテイカン。本ヲ読ミタクモソンナオチツイタソシテ何カ明ルイ積極的気分デテコナイ。シカシソレニシテモサウ悪イトコロデハナイノダカラモット課業ヲヤルットモニ隙ナク自分ノヤリタイコトモヤラウ、トハ思フガ?!。広イ生活面ヲモタネバナラヌ。実際俺ハSollenヲヨクイフシカシHandlung〔「行為」／「行動」。前出〕一向ソレニ

219

トモナハズデアル。若シ明日外出ガアリ家ニ帰ツタトシタラドウデアラ
ウ。ドイツ語ヲ朗読シタラドンナ感ジガスルダラウカ。

　今ソロヘテオリ必要アル書物ハ下ノ如シ。

Goethe Die Leiden des jungen Werther

Über Helden und Heldenverehrung in der Weltgeschichte〔前出。カーラ
イルの著作の独訳。217頁を参照のこと〕

John Stuart Mill Autobiography〔J.S.Mill の『自叙伝』〕

Huxley Crome Yellow. ?〔Aldous Leonard Huxley が1921年に発表した小説。
原題は *Crome Yellow*〕

　丸山薫　涙シタ神　等々。

　シカシトニカク今一番ヤリタイノハ語学（英・独・仏）ナノダ。

　dunkle Tage、又コノ言葉ヲ用ヒネバナラヌ Bestimmung〔ここでは「決ま
り」ぐらいの意味。ドイツ語〕トナツテキタ。矢張俺ノ様ナ小人物ハ Frieden
〔「平和」。ドイツ語〕ト Freiheit〔「自由」。ドイツ語〕ソレノミヲ求メツツ生キ
ル人間。言葉デハヤサシクシカモ実際ハアマリニモ遠イアノ Handlung
〔「行為」。頻出のドイツ語〕トイフ事実。国家興亡ノ岐路ニタツ今日我等ノ
社会ヲ秩序ヅケルモノハ何カ。ソレハ蓋シ第一ニ考ヘラレルノハ戦争ニ
カツ事。第二ニハ……。イヤ第二トイフ途ハナイ。アルノハタダ戦争ニ
カツ事ノミデアル。ソシテ我々ハ今ソノ戦争ニ直接的参与ヲナスベキ途
ニアル。イハバ最モ光栄アル戦斗配置ニ。シカモソコデ我ヲハバムモノ
ハ何カ。ドウシテモ軍隊生活ニピツタリデキヌトイフ点デアル。ソシテ
ドコマデモ Ich〔前出。「自我／自分」ぐらいの意味〕ヲ守リタテテユキタイトイ
フ意志デアル。イカナル些細ナ Individualität〔「個人主義」。頻出のドイツ語〕
ヲモ抑圧セントスル軍紀トノ間ノ gap。更ニソレト同ジク dunkle〔単独で
は dunkel と綴る。頻出のドイツ語の形容詞〕ナラシムルモノハ疲労。精神的ニ
休マルコトノナイ疲労デアル。心身トモニツカレテル気持チ。ソレガ何
時モ俺カラハヌケナイ。シカモコンナコトデドウスルノダトイフ意識ガ
俺ニハドウシテモ今ハデテコナイノダ。タダ平穏無事ヲ願フノミトイフ
コノ精神ノ低調サヨ。思フニ現在ハタダ肉体ノ強サノミガ唯一ノ価値ト
ナツタ時代デアル。少クモ現在ニハ未ダ神格ヘノ意識ニ動カサレテ生キ

テ居ル人ガアルカモシレナイ。シカシ俺ニハソレヨリモ現代社会ノ現実ノ根底ヲナスノハ Staat〔「国家」。ドイツ語〕デアリ、ソノ Staat〔同前〕ヲ擁護スルトイフ意識ガ支配的ナノデアル。俺ハ思フ　今国家防禦ニ人々ヲススメル力ハ素朴ナルカカル意識デアルト。深渕ニオビヤカサル人々ハフルヒタツテ居ルノダ。ソレガ本当ダ。ソレ故ニコソソコニ敢然トツツコム人ハ尊イノダ。ケダシ共同体ヲ擁護スルタメニ、我等ノ祖先ト同時代人ト子孫ノ、伝統ト未来ノ擁護ノ故ニ。ソシテ日本ニ於テ時代的ニ強弱ノ差コソアレ共同体ノ精神的中心トナツタモノハフマデモナイ。矢張カウ考ヘルト我々ハ現在ノ些小事ヲコエテ軍人トシテ精強トナルノガ最モ緊急ノ要務デアル事ハイフマデモナイ。タダ俺ハ有能デアルトトモニアクマデモ林尹夫君デアリタイ。ソレガ俺ノイツハラザル心境デアル。軍隊生活ハツマランヨ。教員諸君ノ言フ様ニ今ハタダ我慢、我慢。

軍隊デ無難ニスゴス途ハコンナ野郎ニマケテタマルカトイフ気持ノミデアル。

フン林尹夫ノポンスケ。モツトシツカリシロ。ボヤケテ居ルトカチアゲラレルゾ。

馬鹿ラシキカナ今ノ生活。日記デモツケヨウ。明日ノツマラヌ外出。

6月2日

月更マリ6月トナル。昨日ノ外出0945大井神社着1030解散、極メテ面白カラズ。家ヲサガシアテ至レバ大ナル歓ノ故カ家ノ者ハ恰モ嬉シカラザルガ如キ風情デアツタ。Symphonie No.9〔ベートーヴェンの「歓びの歌」〕ヲキキ感激大ナルモノアリキ。本ヲヨミタイトイフ意志イヨイヨ強シ。

6月4日

ツギノ外出（7日）ハ外出止メ。当分煙草止メ。結構ナ風景ダ。素晴ラシク待遇モヨク設備優秀ナル楽園コノ大井空ハカウナルトマスマス御立派ナ環境トナルワイナ。

オマケニ1545カラ日本ニュース、土俵祭、結構ナコトジヤ。コンナモノヲミルクライナラアノ Gedanken eines Soldaten〔前出。193頁を参照の

こと〕ヲヨム方ガドノクライヨイカワカラヌ。ソレヲオサヘルトコロニ軍隊ガアルノダ。

　dunkle Tage ガツヅク。面白クナイ事ハヨクワカル。又将来イヨイヨ暗イ日ガ、希望ヲ shut シタ日ガツヅクデアラウ。現在ノ生活ノ障害トイフカ、非常ナ苦痛ハ過度ノ共同性ト

6月5日

　又一日経ツタ。dunkle Tage ノ連続。課業中ハ睡魔ニオソワルル事甚シ。生ヘノ意志イヨイヨ減退ス。生活ヲハツキリ区別シワズカナ時間ヲ読書ニフリムケヨ。

　ein dunkler Tage〔「ある暗い一日」ぐらいの意味。ドイツ語〕マタ終ラントスル。Nature ハ美シク、シカモ夏ラシイ energisch〔「精力的な」。ドイツ語の形容詞〕ナ感ヲオボエサセル。シカシ我々ハ何故カ心ノ暗サノミ、ソシテ肉体ノ疲労ノミヲ感ズル。

　シカシコノ様ナクライ陰ハ背負フニセヨトニカク一日一日ト日ハタツテユク。2010。

　今日午後航法ノ実習デ自差修正ヲ行ツタガ一度ハ一応修正用羅針儀ニヨリ行ツタガ二回目ニハ大部分ノ者ハ模型γニ肘ヲツカンバカリニシテ雑談ニ耽ツテ居ル有様デアツタ。実際コノ十四期予学ホドダラシノナイ無統制団体モ珍シイノデハアルマイカ。何度同ジ注意ヲサレテモヤマヌ温習中ノオシヤベリ。モシ之ガ俺ノ generation ノイロイロノ分子ヲ集メタ caricature〔「戯画」／「諷刺」。英語〕トシタラドウデアラウ。我々ハコノ世代ニハ誠実サガナイト断言セザルヲエナクナル。自己ノ生ヲ切開クトイフ最モ本質的ナ誠実サ即チイハバ最モ大事ナ人間ノ積極的ナ生活態度ガコノ generation ニカケテ居ルノデアラウカ。トニカク日本デハ学校ヘ行ク者ト行カヌ者ガ社会的ニ画然ト区別サレテ居ル。シカシ我々ハ今一度コノ点ヲ反省シソノ様ナ artificial ナ区別ヲ排シ各々ソノ独自性ヲ発揮シツツ共同シテユクトイフ生命力ノアル generation ヘト自己更新ヲシエナカツタラバソノ結果ハ一体ドウナルデアラウカ。ソノ結果ハ重大デアル。(―アアシカシカカル事ヲ考ヘテ何ニナラウ。Mais〔「しかし」。フラン

ス語の接続詞〕……─）。日本ノ自己改新ハカカル更新ヲヌキニシテ一体
如何ニシテ可能デアラウカ。サウイフ結論ハ果シテ早計デアラウカ。今
私ハ生ヲトモニスル人々ガ日本ノ青年中デモ比較的教育ノアル階層トス
ルトキ、ソノ生活ブリヲ見テ我々ハソレガ真ニ世界ノ Selbstveränderung
〔「自己改革」。ドイツ語〕ノ推進カタル日本ノ青年ノ生□ト考ヘラレルデア
ラウカ。今ノ生活ハ勿論面白クナイ。シカシ将来ヲ展望スル時イヨイヨ
暗イ。戦争タルト否トヲトハズ現在ノ自己解決ニ明確ナ態度ヲトリウル
者ガナクテドウシテ日本ノ生命ヲ我々ハ信ジ得ヨウカ。シカシカカル発
言ヲ可能ニスルタメ俺ハモット強ク健康ニナラネバナラヌ。俺ノ問題ハ
ムシロソコニアル。

6月6日
　コノ日記ハ写実的デハナイ。感情ノ表現デモナイ。サレバトテ思索ノ
跡デモナイ。デハ一体コノ日記ヲ特徴ヅケルモノハ何カ。ケダシ曖昧ト
混乱ガ不連続ト不統一ガ、即チ現在ノ俺ノ貧寒ニシテ意慾ニ欠乏シタ精
神ノ風景ソノママデアル。ソレ故ニコソコノ日記ハ無意味ナ断片ノ乱積
ナルガ故ニコソ幾分カ意味ヲソナヘル。俺ハ
1350。　明日外出。オマケニ島田マデ汽車。アーコリヤコリヤ。

6月8日
　昨日外出島田ニ行キ家ヘユキ母ト話シ照子ヲカラカフ。高原秋永キタ
ル。第二戦線結成サル。一月半以内ニ Paris ハ陥落ト思フ。イヨイヨ膨
大ナル量ヲ誇ル敵ノ総攻撃ハジマリ、Nichts Neues im Westen〔Im
Westen nichts Neues〕〔1928年から新聞に連載され、1929年に発表された、エーリヒ・
マリア・レマルク作の長編戦争小説である『西部戦線異状なし』のこと〕ノ最後ニ見
ラレル Katastrophisch〔前出〕ナ段階ガセマリツツアル感ジガスル。我々
ハ別ニ何モウラマヌ。タダ現在ノ事態ノ進行ヲ人間ノ如何ノ如何トモナ
シエヌ不可能事ト考ヘル。ソレ故ニコソ私ハ動キ建設スルトイフヨリハ
動カサレ傍観スルトイフ傾向ガツヨイ。軍隊ニ居ナガラ！俺ハ未ダ自分
ヲ軍人トシテ表現スルコトガデキナイ。軍人トイフヨリハ軍隊ニ居ル

一ヶノ人間トイフ意識ガカツテ居ルノダ。

　1230ヨリ分隊点検。南方デハビアク島ニヨル敵フィリツピンヲ奪還セントシツツアリ真ニ重大ナル時カノダシオシミヲシテハナラヌ又課外ニオヒマハサレテ居ルガ一抹ノ余裕ナケレバナラヌトノ御訓示アリ。俺ハ精神的余裕ヲ得タイ。ソシテソノ媒介トシテ本ヲヨミタイ。俺ハ自己ヲ考ヘ生活ヲ考ヘツツ生キタイ。読書ハソノ媒介デアル。

6月9日

　1340、俺ハコノ日記ヲ考ヘナガラ書イタ事ハナイ。ダカラ重要ナ事実ヲ選択シテ書イタモノデナク、ナンデモカマハズユキアタリバツタリニカイタモノデアル。シカシ之デモ何等カ現在ノ生活ノ記録ニハナラウ。ユツクリ書クホド余裕ガナイトイフ事ヲコノ日記ハモノガタル。マトマツタ思索モ読書モ今ハナイトイフ事ヲ示ス。内容ノナイ忙シサソレガ現在ノ生活ナノデアル。

　本日γ長、訓示ニEuropaノ第二戦線デキ我々ノ活動範囲イヨイヨ大ナル事ヲ考ヘ技倆ノ練磨ニツクセトアリ、ソレハサウダ。シカシ俺ハ分隊長トカ雨宮γ曹長ノ航法ニハ熱ガ入ルガ村尾分隊士ノ課業ハイズレモ面白クナイ。大体ヨクコナシテ教ヘラレテ居ルトイフ感ジガシナイ。本サヘヨメバ俺デモアノ位ニハユク、等ト考ヘザルヲエナイ。課業デモ試験デモ形ダケヨクナル様ニヤル事ハモウアキタ。真ニ身ニツケテ、実施部隊ヘ行ツテヤクニタツ。ソレデ充分。成績ナド云々スル必要ハ全然ナイノダ。

　ユウユウトシテ心ヲ楽シマシメヨ。ソレガ俺ノinnere Ahnung〔「内なる漠然とした考え」ぐらいの意味か。ドイツ語。〕デアル。タガ実際ハ俺ニハソレガデキヌ。ソレガツライノダ。寂シクサヘナルノダ。

　矢張小説ガナイトイケナイカモシレヌ。次ノ外出ニハ宇野千代チャンノ「日露戦聞記」デモ買ツテ心ヲヤワラゲル必要ガアル。暑サニヨル疲労ノ故カネムク面白クナイ事オビタダシイ。

　Wilhelm Meisterノ一章「Mignon」ヲ今日カラヨミハジメタ。一日一頁ハヨメルガソレデユクト9月一杯カカル訳デアル。何トカシテ七月一杯

ニオヘタイト思フ。ソシテ8〜9月ニWertherトユケバマサニ理想的デ
アル。之ガ唯一ノ楽ミデアル。結局俺ハソノ様ナ意味カラコツトウ趣味
ノ人間カモシレヌ。シカシ理由ナシニ俺ハ語学ガヤリタクテタマランノ
ダ。今の読書ハトニカクMignon一本槍デツキススンデユカウ。ツマラ
ヌ時間ツブシノ書ナグリデアルガ暇ガナイトカヘツテコンナ事ヲシタク
ナル。idle thoughts〔「無駄な考え」。英語〕ヤメ。

6月10日

　暑サイササカハゲシクナル。防空訓練ニツイテノ総員集合デ副長ハ又
欧州戦線ニツキ我々ノ活動範囲イヨイヨ広クナル故努力スベシトノ訓示
アリ。
　新聞ヲ見テハ班ノ者ト独ノマイル時期ノ予想ヲシアウ。俺ハ6月一杯
デParis陥落、7月一杯デライン地方占領、9月ハジメ独マイルトノ予想。
勿論、アテズツポウナリ。シカシ考ヘルマデモナク、独ガマイレバソレ
ハ日本ニトツテノ重大ナル脅威ヲ意味スル。シカルニ独ガマイツテ重大
ナル変化アルコトガ俺ニハノゾマシイ。ソレハ何モ日本ガ負ケテモヨイ
トイフノデハナイ。勿論カタネバナラヌ。シカシ変化ガ我々ガγニノル
時期ヲハヤメルナラバカヘツテソノ方ガヨイノダ。早ク役ニタツ事ヲド
ンドンヤツテγニノレレバモウソレデ結構ナノダ。今ノ馬鹿ラシイ生活
ナドタヘガタイ。(untrüglich〔「間違いようのない」。ドイツ語の形容詞〕) 我々
ハ動キヲ、意味ヲシツカリツカメル意味ヲ発見シタイノダ。トニカクモ
ウ雑ナ知識ノツメコミハゴメンカウムル。Weltkrieg〔「世界大戦」。ドイツ
語〕、ソノ中ニ生キル我々ガツマラヌ事デ神経ヲツカツテ居タラバ生活
力ヲ失ツテシマフ。イサギヨク精神ノ求メヌ物ヲステ、心ノビヤカニ生
キル態度ヲモツベキデアル。トニカク俺ハツマラヌSollen気分ヲステモ
ツトモツトWollenニ忠実ナ生方ヲ求メルノダ。
　今迄キイタリ見タリシタ様ナ深刻サor修養ノ態度ソレハ俺カラ縁遠
イ。俺ハエラサウナ事ハ求メヌ。軍隊ニキタカラニハセメテ強行療養所
(?)ニデモ入ツタツモリデkörperlich〔「肉体的」。頻出するドイツ語の形容詞〕
ニstark〔「強い」。同〕ニナルコトヲノゾムガ精神的ニ気狂ニナル事ナドハ

御免カウムリタイ。トニカク俺ハγデ米国ト戦ヘルヨウニナレバヨイノダ。ソレ以外ニモシヤルコトアリトスレバソレハ俺ノ精神ノ個有性ガ求メルトコロノミデアル。軍隊デ大声ヲダシハイハイトイツテ居レバヨイノダ。トニカク軍隊ハ俺ノ世界デハナイ。俺ハ戦争ニハ大ナル必然性ヲ意識スル。シカシ軍隊ニハドウシテモ俺ハ一致デキナイ。思ヘバソレガ今ノ生活ノgapデアリ、mechanismノ破レルKrieg〔「戦争」。ドイツ語〕ソノモノヲ求メル傾向一層強クナルノダ。俺ハ今生活ヲシツツモ決シテaktiv〔「活動的な」。ドイツ語〕ナ行為トシテハ生キエナイ。ソレデハ意味ノ把握ニクルシム。ムシロ生活シツツ俺ハBetrachter〔「観察者」。頻出〕ナノダ。ソノ点passiv〔「受動的な」。ドイツ語〕ナ態度ヲステエヌ。ソシテソノ故ニコソ俺ノWander jahre〔「遍歴時代」。ドイツ語。一般に、Wanderjahre(複数形)と一字で綴る〕ニ於ケル一経験oder〔「あるいは」。ドイツ語の接続詞〕軍隊トイフモノノ一見物トシテ又ハ人間ノイロイロノ姿態ノ観察トシテ、現在ノ生活ニ意味ヲサガセルノダ。シカシ思ヘバナント不思議ナErasmus〔15世紀の人文主義者のDesiderius Erasmusのことだろう〕的態度デアラウカ。

6月11日

アハタダシク日ハタツ。オカゲデ一日一日サウ退屈ナクスゴセル。ソレガ唯一ノ慰サメトイフノガ現在ノ生活デアル。コノ日記ニノコルノハ結局永続的ナ退屈ノ嘆キニスギナイ。vacantナ生活トハコノ事デアラウ。昨日Alt Heidelberg〔ドイツの作家ヴィルヘルム・マイヤー=フェルスターによる五幕の戯曲。1901年にベルリンで初演〕ヲヨム。極メテ面白シ。Universität〔「大学」。ドイツ語〕トノ一ツノAtmosphär〔「雰囲気」。ドイツ語。ただし、スペルはAtmosphäre〕ハタシカニアソコニアラハレテ居ルノダ。俺ハアウイフAtmosphär〔同前〕ニタイシ一生憧憬ヲステエナイデアラウ。ソレニシテモ教養クサイ面ヲシナガラ文化財ヲ真ニ我物トセントノ気魄ト情熱ヲモツ人間ガ如何ニ少イコトカ。本ハヨム。ソレモモノズキニスギナイ。人間ガ如何ニ多イコトカ。要スルニ文化ノ建設ハ非常ニ難事ナノダ。ソレニ敢然トシテツキススム人間ガ如何ニ少ク、ソレヲ遊ビニスル人間ガ如何ニ多イコトカ。俺ハBetrachter〔頻出〕デ結構ダ。トニカク真面目ニ自

己ノ生命ガカケラレバ何デモヨイ。トニカク Kultur ナラ Kultur ヲ真剣ニ
ナツテ自己ノ問題トシテ考ヘテユク。ソコニ結晶スル態度ガソノ人間ノ
人格トナルノダ。俺ハ予備学生ナル友人（三高ノ友デハナイ）ヲ見テハ
果シテ日本ハ勝テルデアラウカ、等ト思フトコロガ非常ニ多イ。文化的
精神的ニ日本ハ危機ダ。Japan in Gefahr〔「日本は危機に瀕している」の意味。
ドイツ語〕! ソシテ日本精神ハ新ナル生命ヲ吹キ込マレタ moralische
Energie〔「道徳的活力」ぐらいの意味。前出のドイツ語〕デハナクムシロ慣習的
惰性ト俺ハ断ンズル。之ハ極端ナ考方デアラウカ？

　軍隊ニ対シテハ軍隊的尺度、娑婆ニ対シテハ娑婆ノ尺度ヲツカヒワケ
デキル人ハ矢張真ニ軍人ラシクナツタトイヘヨウ。俺ニハソレガデキヌ。

6月12日

　サイパン方面ニ敵機動部隊来襲。又本洲東方海面ニモ機動部隊アリト
ノ事。防空演習ハ昨夜1930デ打切ラレ、今朝0300 〜 0730第一配備。
0730以後第二配備トナル。結局14日ハ外出ガナクナル。

　"Mignon" 遅々トシテデハアルガ次第ニ進ム。俺ノ Welt トイフ意識ガ
明瞭トナリ生活ニ非常ナ楽シサガ生レテクル。何トカシテ《Mignon》ヲ
七月一杯ニ読了シテ八〜九月中ニ Werther ヲ読ミアゲ γ 作業ノ開始期ニ
ハ真物ノ原書ニカカレルヨウニナリタイト思フ。Mignon ヲアゲタラバ
フランス語ヲハジメル。ソシテ Werther ガ終ツタラバ John Stuart Mill
ノ Autobiography ニカカル。実ニ楽シイ予想デアル。ドウシテモ之ハ実
現サセルゾ。断ジテ行ヘバ鬼神モ亦避クデアル。深瀬先生ガドンナ本ヲ
オ送リ下サルカタノシミデアル。人ハ何カ歓ビノ湧キ（中断）

6月16日

13 〜 15日マデ風邪ノタメネタ。Lunge〔「肺」。前出のドイツ語〕デハナイ
ラシイ。サイパン、テニヤンノ空襲、小笠原ヘノ来襲、状勢イヨイヨ緊
迫化ス。変ナ考方デアルガ俺ハ Japan ガヤラレルナラヤラレテシマヘト
サヘ思フ。コンナトコロデモタモタシテ居ルノハタマラナイノダ。シカ
シカカル些々タル個人感情デ大事ナ点ヲ誤ツテハナラヌ。軍隊ハ Mittel

〔「手段」。ドイツ語〕ト考ヘ我々ハスベカラク Hauptsache〔「大事なこと」。ドイツ語〕ニ生キルベキナノデアル。

Hauptsache〔同前〕トハ何カ。世界史ノ必要ガ我々ノ民族ノ危機ヲ招来シタ。我々ハ愛スル民族ト国土ノ防衛ニ立ツタノダ。ソシテソノ間ニ於ケル生活上ノ些事ハグントフットバスベキダ。国土防衛者タル実力ノ獲得ニ進メ。ソシテ些事ハスベカラクフミコエヨ。武蔵ノイフトホリ「ズントトベ」ナノダ。スベカラク弱事ヲステヨ。強ク強ク生キヨ。

6月17日

　サイパン、テニヤン来襲（事実ハ上陸）小笠原、硫黄島北九州空襲ノ記事新聞ニデル。スバラシキ米ノ出方。些事ハ気ニカケルベカラズ。大事ニ注目シツツ生キヨ。深瀬先生ガ Heinrich Rickert "Naturwissenschaft und Kulturwissenschaft〔Kulturwissenschaft und Naturwissenschaft〕〔ハインリッヒ・リッケルトの『文化科学と自然科学』のこと〕" ヲオクツテ下サツタ事ハ非常ニ意義フカイ。私ノ Universität 生活ノ最後ノ Zweifel〔「疑念」。ドイツ語〕、ソシテ今デモ私ヲトラヘル Zweifel〔同前〕ニタイシ何等カノ鍵ヲアタヘテクレルト思ハレル。如何ニ閑暇ガナク又肉体的ニ苦シクトモ、タトヘ少シデモヨイカラネバリズヨク読ンデユカウト思フ。

　又一日終ラントスル。面白カラザル日々ノ連続、ソレハイフ迄モナシ。生活ニ思想ヲモタセル、思索シツツ生キル、俺ニハソレダケノ Aktivität〔「活動性」／「積極性」。ドイツ語〕ガナク、生活ニソレダケノ Freiheit〔「自由」。ドイツ語〕ガナイ。Dunkle Tage。

6月18日

　第二配備ハツヅク。1730 ヨリ γ 分散。コノ様ナ normal ナ日課ヲヤブル日ハカヘツテスゴシヤスクテヨシ。サシアタリ数日ノ目標ハ釣床ヲ下スノヲ35秒、ククルノヲ1.5分ニスル事、トニカク障害ヲナクシテ日々ノ生活ヲ凌ギヤスクスル事デアル。

6月19日

　総員起シ0400。睡気甚ダシ。第二ハツヅク。コノ分デハ外出ハ当分見込ガナイ。ソシテ何時モ同ジ様ナ dunkle Tage。

　今ノ俺ノ生活ニハ倫理ガナイ。ホントニ Tat ト結ビツイタ Sollen ガナイ。俺ハソレガツライソシテ情ナイノダ。シカシソレガ実状ナノダ。

6月20日

　第二配備ハトケサウデモナイ。Mutter、Brüder〔「母と弟たち」。ドイツ語〕ニアヘル望ハマヅナイ。航法ノ時間居眠リヲシテコツン。ネムツテ居テモワカルサ。ワカラヌシロモノナラコチラモオキテル。gedankenlos〔「考えなしの」。前出のドイツ語の形容詞〕ノ生活日々ツヅク。雨フリ始ム。雨シトシトフルノハ悪クナイ。俺モナカナカ Dichter 詩人ダ。ダカラ(darauf)俺ハ現代ニ生キル人間デハナイヨ。

　夕食前トツゼン第三配備トナル。歓喜極リナシ。シカシ土砂降リノ雨ハフリツヅク。何トカシテコノ雨ガヤムヨウニ。Mein〔「私の」。ドイツ語の形容詞的な所有代名詞〕Gott im Himmel!! Thomas Man ノ「トニオ　クレーゲル」ヲ今読ンデル。一抹ノ寂シサヲタタエタコノ delicate ナ gemüt〔「心情」。ドイツ語。ここは名詞なのでGemütにすべきところ〕ノツヅラ織ハ怪シク又楽シク俺ノ心ヲフルハス。Mann ノ最モ甘美ナ果実ノ一ツダ。ソシテ人間ニハ絶対ノ誠実サガナク嘗テ絶対的ト感ゼラレタ amour モ回顧スレバ hausser les épaules〔無関心・軽蔑の身振りとしての「肩をすくめる」。フランス語〕ノ対象トナルトイフ人間ノ心理ノ構造ハイトモ痛烈ナ Wahrheit〔「真理」。前出のドイツ語〕ダ。シカシイハバコノ様ナ心理ノ故ニコソ人間ハ生キラレルノダ。モシサウデナカツタラバ我々ハ永遠ニ心ノ傷ノ痛手ニ悩マネバナラヌノダカラ。外ニハ雨ガ烈シク降ツテ居ル。之ガ戦争前ノ京都デアツタナラバ一体ドウデアラウ。東山ハ静ニカスム。俺ハ大丸ノ上カラソレヲ眺メテ居ル。ソシテソノ時酒ヲ飲メタラ早速深瀬先生ヲ誘ヒ出シテトモニ語リトモニ歌フノダガ。

　シカシ之ハアマリニモ根ノナイ妄想ダ。今俺ガ深瀬サンニ対スル敬愛ノ雰囲気ヲ Real ナモノニ結晶スルニハ何ヨリモマヅ日々ヲ強ク明ク男

ラシク生キル事。深瀬サン私ハ生キテ居マスヨトイヘル生活ヲスル事、ソシテデキルダケ閑暇ヲミツケテ先生ノ深イオ考ヘカラオ贈リ下ツタ"Heinrich Rickert : Naturwissenschaft und Kulturwissenschaft"〔Kulturwissenschaft und Naturwissenschaft　ここも順番が異なる〕ヲ味読スルコト。ソレハ不可能デハナク俺ニハソノ能力アリト sachlich〔ここでは、「端的に」ぐらいの意味か。ドイツ語〕ニ断言シウル。シカシ我々ノ社会的ナモノヘノ関心トハ一体ドノ様ナモノヲ指スノデアラウカ。ソシテソレハ心理ノ werden〔「～になる」ぐらいの意味か。ドイツ語〕ノ一ツノ Motif デハアルニシテモ constant : concrete ナ gestalt ヲ帯ビタモノデハナイノデハアルマイカ。何物カヲ触媒トシテハジメテ wirklich〔「現実的な」。前出のドイツ語の形容詞〕ナモノニ生長シテユクノデアラウ。(勿論 Mann ノ様ナ極メテ innerlich〔「内面的な」。ドイツ語の形容詞〕ナ傾向ノ人モアルニセヨ)アマリ身ニ即セヌ Sollen ヲ振リマハシテモ発展ハナイ。現在ノ意慾ヲハグクミソダテル事ガ大事ダ。ソレ以外ニ出ヨウトシテモ人ハ出ラレヌモノナノダ。ソコニ人間ノ限界ガアルノダ。現在ノ様ニ systematisch〔「体系的な」。ドイツ語の形容詞〕ニ全体ノ一分子タル以外ノ生活ガ閉サレテ居ル時我々ハムシロ Sogial〔ドイツ語の sozial のつもりか。「社会的な」〕ナモノヲ離レテ innerlich〔前出〕ナモノヘト関心ガウツツテユク。現在ハ古人ノ言フ様ニ何才デ国家トノ結合ヲ、ソシテ何才デ天下トノ結合ヲ体得スルト言フ程ノンビリシタ時代デハナイ。生レタバカリノ赤坊モ Nationalität〔「国民性」。ドイツ語〕ヲニナハセラレテ居ルノガ現代ナノダ。

6月22日

　昨日家ヘ帰ル。如何ニモ戦時生活ヲ最モ端的ニ表現シテ居ル乏シサハ如何ニモ気ノ毒デ些カ寂シクサヘナル。之ガ本当ノ現在ノ生活デアラウ。シカシソレニシテモ気ノ毒デナラナイ。Nichts Neues im Westen〔ここも、Im Westen nichts Neues とすべきところ〕ノ Paul Bäumer 君ノ運命ヲシミジミト感ジサセラレル。俺ハアマリニモ若クシテ年ヨリジミタ経験ヲ感情シテキタノカモシレナイ。ソレガ一見俺ヲシテ若サノ欠乏ト人ニ言ハシメル要素ヲツクツタノカモシレヌ。シカシ俺ハ信ズル。俺ハ äußerlich〔「外

見上の」。ドイツ語の形容詞〕ナ若サヲステタ代リニinnerlich〔頻出〕ナ永遠ノ若サヲ獲得シタト。即チ俺ハ老イル事ガナイ男ニナツタト信ズル。ソレガ一面俺ノKultur oder Wissenschaft〔「教養か学問か」ぐらいの意味。ドイツ語〕ヘノSehnsucht〔「憧憬」。前出のドイツ語〕トナツテアラハレテ居ルノカモシレナイ。シカシソレニシテモ若サハ若サダ。アルペンノ山腹ニ輪舞ヲオドル快活サハ俺ニハナイ。俺ハソノ点Anatole France的ナ老年ノ世界ニ生キル人間カモシレナイ。ソノ点俺ニハ常ニホロニガイ微笑ガハナレナイノダ。rudeナ様デdelicateナ delicateナ様デrudeナ俺。ケダシ矮小ナル人間ハアハレナルカナ。俺ハマサニソノ矮小ナル人間ノ典型カモシレナイ。ソノ為ニコソ俺ハ偉大ナルモノヨリハ卑小ナルコトヲ経験スルコトアマリニモ大デアル。平凡ニシテ矮小ナル人間ノミゼラブルナ運命ヨ。俺ハソノ束縛ヲツキヤブリタイ。ソレガ俺ノExotisme〔「異国風」。フランス語〕ヘノ憧憬、努力ニヨル潜在的ナ原理的ナモノヲツカマントスル意慾ノ大キナ原因ナノダ。俺ハMeine Weg〔「我が道」。ドイツ語〕ヲ意味フカイト思フ。シカシソレハ寂シサト背中合セニナツテ居ルノダ。

　身体ノダルイムヤミニ忙シイ日ガハジマツタ。矢張昨日ノ外出ノツカレガデタノカ。ネムクテタマラヌ。

　人ガ真ニ自発的ニ動クニハFreiheit〔「自由」。ドイツ語〕ガ必要ダ。軍隊ノ今ノ生活ノハラム無気力ノ原因ハケダシコノ不可欠ナ自由ノ欠乏ニアル。酒ノ神ヲバツカストイフ。煙草ノ神ハ果シテ何トイフノデアラウカ。サウダ俺ハモツトhumanistノessayistニナラネバナラヌ。シカシソレニハSollen意識ヲ全クステルベシ。イヤココニモsollenガデキタ。

　今日夕食司令ノ会食アリ。源田中佐、亀井大佐ノ健在ナルヲ知ツタ。人間ハサウ簡単ニ死ヌモノデナイト藤田元春先生ハ言ハレタ。当ツテ居ルカモシレナイ。再ビ京大ニ学ビ深瀬先生ト歓談シウル機会ノ再来ヲ信ジタイ。アマリニモ遠クハカナイ望ミデハアルガ‥‥。

　俺ハココニハツキリカイテオキタイ。コノ日記ニ思索的ナ色彩ヲアタヘヌト。之ハ要スルニ「ゲロ」ノハキステ所トイフ役目ヲモツニスギナイノデアル。現在ノ生活ノフンマンヲ思想ニ換〔ママ〕元スル等トイフマハリクドイ事ヲヌキニシテ直接ハキステルノガコノ日記ナノダ。心ノウ

サノステドコロナノダ。ツカレタ。毎日人ヲタノマズ自分一人デ働クノハ精神的ニモ肉体的ニモ実ニ過労ダ。時間ヲナントカシテモツトツクリダシテ Richert：Kulturwissenschaft und Naturwissenschaft〔順番を訂正したようだ〕ヲヨメル様ニナレタラバトツクヅク思フ。γ乗リニナレタラトイフ希望ハ雪ノ様ニトケタトシヨウ。サウ言ハザルヲエンヨ、今トナツテハ。

6月23日

　今日ハ如何ニモ暑ツポイ日ダ。昨日ノ副長ノ訓辞「サイパンヲトラレタラバ重大ナ結果ヲ戦局ノ将来ニモタラス。ココ数日ガ勝敗ノ岐路」トイフ要旨。我々ハコノ世界史ノ大動向ノワキ道ニ道草ヲクツテル次第往年ノ Marxist ハ矢張現代史ノ中心ニ生キルベキ歴史的使命ヲ担ツテ生キテ居ルノカモシレナイ。我々ハアク迄モソノ次ノ二流ノ地位ニシカ立テヌ generation ナノカモシレヌ。言葉ノミアツテ実践ノナイ貧弱ナル generation。主流ニ立チエズ傍流ニ溺レテユク generation ノ運命ヨ!! ソレハ如何ナル分野ニアツテモ我々ノ粗製濫造的世代ノ宿命カ!!

　現在ノ様ナ無気力ナ、passive ナ、面白クナイ生活ハ海軍ニ居ル限リ続クデアラウ。モウ将来ニ対スル期待ナドハナクナツタ。organ ニスギナイノダ。今ニシテ過度ノ control ヲ基礎トスル totalism ノ何タルカガツクヅクワカル。アル一国ヲ倒シ正義ヲ宣揚スル等トイフ日清日露的ナ景気ヨサハアマリニモ過去ノ姿デアル。手ニハツキリトツカメ又膨大ナ歴史ノ波ガドウトラヘドウエドウ動カシテイツテヨイカワカラヌ方ヘト人間ヲ動カシテユク。人ハ歴史トイフ Leviathan〔「怪物」。Hobbes の著作〕ノ圧力ニオビエルノミダ。ソレガ現代ノ姿デラウ。

　純粋ナル感覚ノ働ク la belle saison〔「美しき季節＝素晴らしき時代」。フランス語〕ハスギサツタ。dunkel ナ日ガツヅク。

　思フニ俺ハ若クシテ Dunkelheit〔「暗闇」。ドイツ語〕ニトリカコマレル機会ガ多カツタ。シカモ俺ハ子供ポイポーズヲトルタメソレヲカクシテ mask ヲカブツタ。ソレガ俺ノ caractère〔「性格」。フランス語〕ナノダ。ソコニ俺ノ性格ノ弱サト暗サガアルノダ。Schicksal!! Schicksal!!〔「摂理」／

〔「運命」。ドイツ語〕

　左ノ「マル」ハ分隊士ガマハツテキタタメ筆記ヲスル様ナ恰好ヲツクロフタメカイタモノ。ミゼラブルナゴマカシノ一手段ニスギナイノダ。情ケナキ話。

　1915、ツマラナイクダラヌ一日ガマタ終ラウトシテ居ル。マサニ之ハ dunkle Tage ノ連続デアル。アアコノ胸ノウサハ如何ニスツベキカ。

　2105、Dunkelheit〔前出〕トイフ事ハ味ヘバ味フホド精神ガ混乱スル。

6月24日

　又一日経ツタ。後ハタダネムルノミ。別ニ大シタ奮発心モオコラヌ生活ガツヅク。低調ナ生活ガ。サイパン方面制海制空権敵手ニアルラシク海軍ノ報道部長栗原大佐ノ談ニヨルト連合艦隊出動トノ由、イヨイヨココ数日ガ勝敗ノ岐路トナツテキタ訳デアル。人間ガ共同体全体ノ Krise〔「危機」。ドイツ語〕ニアタリドウシタラヨイカト憔慮シテモナントモナラヌ。要ハマヅ自己ノ持場デ努力スル事デアル。シカシ例ヘバ国文学者ガ我如何ニナスベキカト考ヘ、自己ノ職分ガ如何ニ深メテモ直接戦力増強ニカカワリエヌト考ヘタ時彼ハ如何ニ生キレバヨイノデアラウカ。俺ハサウイフ人迄無理シテ自己ノ研究ヲ戦争ニコヂツケルノハイケナイト思フ。

　俺ハ思ウ。結局 Gelehrte〔「学者」。ドイツ語〕トハ Schicksal〔前出〕ノ刻印ヲニナフ人間ナノデアル。イハバ彼等ハ人生ノ時間的ナモノヨリ永遠的ナモノヘ眼ヲ転ンジ彼等ノ視野ニアツテレアールナノハソノ Das Ewige〔「永遠的なるもの」。ドイツ語〕ノミデアル。故ニソレニ生キヨ。苦シクトモ眼ヲソレニ集中セヨ。モシソレガデキヌトアレバコノ Krise ニ彼等ハ学ヲナス資格ハナイ。イサギヨクハンマーヲトレ。嗚呼之モ空虚ナ雑言。一種ノウサバラシ。Krise Krise。物ヲ言ツテ居ラレヌ血ノ海ニ溺レルカモシレヌ Krise ハセマリツツアル。今ノ Betrachtung〔頻出〕ノミ抽象シテハ成立シナイ。行動ニアル。行動ニアル。我々ハ何ヨリモマヅ実力ヲツクラウ。科学ヲ学べ。

6月25日

　アト三日後マタ外出トナル。コノ頃僅ニ時間ノ歩ミノ速クナツタ事ヲ感ズル。読書ヲ禁止サレタ。サリトテ航法ソノ他休ミ時間ニ読マウナドトイフ気持チハサラサラナイ。生活ノ面白クナサヲ今更ノ様ニ感ズル。ツマラヌ禁止ヲシテ一体何ニナルノカ。馬鹿ラシサヲワザワザ感銘サセルヨウナモノダ。

　人間ガアル生活ニ入ル。最初ソレガ如何ニ悪イカヲ感ズル。ソシテドウスベキカニ悩ム。シカシアル生活ガ動カシガタク永続的ニ強力サヲ示ス時没法子的ノ感情ガ生レ受動的生活ニオチイツテユク。ソノ時ドウイフコトニナルダラウカ。之ヲ具体的ニハツキリ言ハウ。軍隊デ没法子的受動性以上ニ出ラレヌトシタラソノ結果ハドウカ。ソレハ生活全般ノ受動化、イハバドウデモナレトイフ心理状態ニナル。ソシテ拘束ガ強イホドナゲヤリナ気分モ強クナル。ソシテソノ様ナ態度ガ一年二年トツヅイタナラバソノ結果ハドウダラウ。ヨシソノ人間ガ嘗テソノ人ヲ歓待シタ社会ニ帰ツタトシテモ果シテ彼ハ（外ヘ自由ナ生活ニ復帰シタトシテモ）拘束ヲウケナイ前ニ彼ノ生活全般ニ満チテ居タ真面目ナ積極的生活態度ヲトリモドスコトガデキルデアラウカ。俺ハココデ思ヒダスノハRemarques ノ Nichts Neues im Westen〔Im Westen nichts Neues と直つていない。前出〕ダ。（コノ本ハ俺ガ軍隊ニ入ツテカラ片時トイヘドモ忘レエヌ豊サヲヲタタヘテ居ル。）Remarque ハ Paul Bäumer 君ノ世代ヲ弾丸ハ逃レタガ戦争ソノモノニヨリ殺サレタト言ヒ、又「彼等ハ戦争ニキタ時ハ未ダ青年デアツタ。シカシ現在ノ彼等ハアマリニモイロイロノ経験ヲ経タト評シテ居ル。Krieg〔「戦争」。頻出のドイツ語〕ノ大ナル Verwandlung〔「変化」。ドイツ語〕ノ中ニ多クノものガ亡ビル。ソレハヤムヲエナイ。社会的ニ否世界史ソノモノノ性格上ヤムヲエヌ犠牲デアラウ。シカシ一個ノ人間ガ、無価値ナル虫ケラノ様ニオシツブサレテユク事実ハ果シテ必然デアツタダケデスムノデアラウカ。俺ハカカル事態ハ必然デアルトハ思フ。日本ノ興亡。ソノ故ノ犠牲、ヤムヲエザル歴史ノ捨石トイフ事ハ真実ダ。シカモソノ事実ヲ現在ノ生活ノ中ニ、ソシテ自分自身ト、又俺ノ知友ノ身ニセマツタ事態トシテ考ヘル時一体我々ハ如何ニ之ヲ考ヘタラバヨイノ

デアラウカ。果シテ必然性ノ認識ダケデ我々ハ満足シウルデアラウカ。勿論ソレダカラトテ我々ハ死ノ危機ガキテモ或ハ平気カモシレナイ。シカシ一体現在俺ノ思考ヲセマルコノ世界史ノ運命ト個人ノ運命ハドノ様ニシテ一致セシメラレルモノデアラウカ。サウダ俺ハココデ今更ノ様ニ感ンズル。現在ノ生活ヲ肯定セシメナイ様ナ人生観ハ真ノ人生観タリエヌトノ相原先生ノオ言葉ヲ。之ヲ今ノ問題ニヒキモドセバイハバ世界史ト個人トイフ運命的対決ニ一ツノ解決ヲアタヘルモノハ Entscheidung〔ここでは、「決意」／「決断」ぐらいの意味だろうか。ドイツ語〕ノミダ。ソレヲ結ビツキウル二者トシテ前提シテソノツナガリヲ見ツケルトコロニ無理ガ生レル。無理トイフモノハ人生ソノモノヨリ根絶デキヌ人生ニ本質的ナ物デアラウ。イハバ無理ハアラユル合理性以上ニ人生ニ本来的ナモノナノダ。ソシテ強サトハコノ無理ニ körperlich〔「肉体的」。頻出〕ニモ geistig〔「精神的」。頻出〕ニモウチカツトコロニ生レル。俺ニハ矛盾的ナ二者ガ含マレテ居ル。ソレハドウトデモイヘヨウ

　政治的ト非政治的、松陰的ナモノトトニオクレーゲル的要素ト。ソノ二ツガタタカフ。ソシテトニオガ勝テバ俺ハ絶望ニイヨイヨ深クシズミコム。シカシソレデハタマラヌト松陰先生ガ叫ブ。ソコデ俺ハドウ生キルノカ。俺ハトニオ・クレーゲルニ黙ラセル他ハナイ。一ツノ真実ノ故ニ他ノ真実ヲ殺スホカハナイ。ソレヲ説明スルモノハナンダラウ。一ツニハ俺ハ歴史ノ故ニカウナツタ。ソシテ我々ハ歴史ヨリ離レテ生クルヲエヌモノナル故ニシカセザルベカラズト考ヘル。故ニアル人々ノ様ニ俺ニハ恨ムナドトイフコトハデキナイノダ。一体恨ムト言ツテ誰ヲ恨ムノダ。世界史ヲ恨ミトホスタメニハ我々ハ死ヌホカハナイ。ソシテ我々ハ恨ミエヌ以上忍耐シテ生キ、ソシテ有味ヲツクリダサネバナラナイデハナイカ。日本ハ危機ニアル。ソレハ言フ迄モナイ。ソレヲ克復〔ママ〕シウルカドウカハ疑問デアル。シカシタトヘ明日亡ビルニシテモ明日ノ没落ノ鐘ガナル迄ハ我々ハ戦ハネバナラナイ。ソレハ一小説家榊山潤ガ「歴史」ノ中デ描イタ家老ニアラハサレテ居ル様ナ人間ノ生方ニヤムヲエヌ態度ナノダ。ソシテ俺ハ歴史ヲウラミエヌ考ヘル以上徒ナ泣言ヲステョウ。ソシテタトヘ現代日本ハ実ニ文化的ニ貧困デアラウトモ、ソレガ

ヨキ健全ナル社会デナカラウトモ、欺瞞ト不明朗ノ塊デアラウトモ我々
日本人ハ日本トイフ島国ヲ離レ歴史的世界ヲモチエヌ人間デアリ、我々
ハコノ地盤ガアシクトモシカモソレ以外ニ我々ノ地盤ハナクイハバ我々
ハ我々ノ土壌シカ耕セヌ人間デアルト考ヘル以上我々ハ泣言ヲ言ツテハ
ナラナイ。ミゼラブルナ結果ワワカツテ居テモトニカク忍耐シテ生キ強
ク積極的ニ生キネバナラナイデハナイカ。人生ハ苦シイモノナノダ。我々
ハ18C末ヨリ19Cニカケテマキオコツタ Deutsche Romantiker〔「ドイツ・
ロマン派の人々」。ドイツ語〕ノ様ナ明ルイ Passion ハモテナイ。我々カライ
ヘバ Heinrich von Offterdingen〔Ofterdingen〕〔ドイツ・ロマン派の作家 Novalis
の未完の小説『青い花』のこと〕ガ心ノ糧デハナイ。我々ハ Krise〔「危機」。ドイ
ツ語〕ニ生レタノダ。我々ノ世紀ハ最初ヨリ dunkel ヲ宣言サレタ。我々
ハ Schön ist die Jugend〔「若さは美しい」ぐらいの意味。ドイツ語〕！ナドトハ
イヘナイ。人生ハツライ。ナゲキノ渕ダ。(少クモ現代ニ於テ) シカモナ
ゲキノ渕ダカラトテ逃レラレヌトコロニ又人生ノ苦シサガアル。ソシテ
サウデアル以上我々ハ何トカシテ強ク生キル道、或ハトニカク生ヲ意味
ヅケル道ヲ発見セネバナラナイノダ。

　死ハ決シテ遠クナイ。今デモ我々ハ死ニセマラレテ居ル。ソシテソノ
死ヲフリハラツテ生ニオモムキウルカドウカ、ソレガ之カラノ生キ方ナ
ノダ。ソレガ Wege zum Leben〔「生への道」。ドイツ語〕トナルカ Wege
zum Tod〔「死への道」。同〕トナルカ、スベテハ之カラナノダ。

　ドウセ何時モ眠イノダ。一層ネムイナラバ睡眠7時間デヤツテユクノ
ガマシデアル。デハ6月25日左様ナラ。今日ハ考ヘタクナツタ。貧困
ダガ之ガ現在ノレベルデアル。2106。

6月26日
　一日タツタ。今朝ハ雨ガショボショボトフツキタガ今ヤミ曇天ノスズ
シイ日。コノ頃朝カラツカレテ居テイケナイ。オマケニ課業ハ村尾君、
タヨリナシ。教員ハ矢張リ実力ガ旺盛デアル。

6月27日

　アナ眠シ、アナ眠シ。サレドネラレズ。自分ノ身体ダカ人ノ身体カワカラヌホドグッタリシテル。ツラレテネムクダルイ。Schlafenheft〔不詳。あるいは、Schlaflosigkeit（不眠）の意味で用いているのか。ドイツ語〕ナ日ガツヅク。I am sorry トイフガ sorry ノ spel ハ一体之デヨイノダラウカ。ドウモ記憶ガナクナッタ。アマリサウイフ事ヲ考ヘヌコトダ。ソノ点ヲアレコレ考ヘ焦慮シタトテ何ニナラウ。今トナッテハ、コノ道デ可能ナ教養ノ道ヲエラバネバナラヌノダ。イヤ或ハ教養ノ道トイフモノガハッキリト存在シナイ、即チイハバ閉サレテイルトイヘルカモシレナイ。ソレガ現在ナノカモシレヌ。今迄ノ生活トノ連続面ハスベテ閉サレタ。ソコカラ生方ヲミツケル。ソレハドウシテモサウセネバナラヌノダ。シカモソノ熱意ニ消長アルノガ現在ノ心理風景ナノダ。

7月1日

　本日ヨリ上半ダケ白服トナル。我々ガ実際ソレヲ行フノハ次ノ外出日5日カラデアル。精神的ニハ空元気ハデナイガ今ドウ生キルベキカノ反省ノ故ノ青白イ焔ニモエタ頑張リノ気分ガ割合ニ旺盛デアル。ソレヲ強ク存続サセレバヨイノダ。(0717)

　中村ノ小母サン、我慢シマセウトハ言ッタ。シカシソレヲ水臭イトイハレルト猛然会ヒタクテタマラヌ。俺ハ純粋ニ意慾スル気魄ノ足リヌ男ダ。何カアルト諦メル性質ダ。人間トシテ消極的トイハザルヲエヌ。空転式ナ情熱トカ意慾ハステルガヨイ。シカシ意慾スル以上ハ飽迄意慾セヨ。意慾セネバナラヌ。断ジテ行ヘバ鬼神モ亦避ク。

　今ノ生活ノ中カラ何物カヲツカミダス。我々ハ Wanderjahre〔「遍歴時代」。前出のドイツ語〕デ何カヲツカミソレヲ自己発展（Ich entwicklung〔ドイツ語。Ich entwicklung はおかしい。Selbstentwicklung にすべきところ〕）ノ媒介トシテユカネバナラヌ。俺ハサウ思フダケデモ幾分カ力強クナッテキタノカモシレヌ。家ニカヘッテ感ンズ pathos、（ソレハ或点デハ Nichts Neues im Westen〔ここでも訂正されていない〕ノ Paul Bäumer 君ノ感ンズル悲哀ニニタトコロモアル）ソシテ日常ノ不愉快サニ負ケテタマルカトイフ意慾

ソレラノ生活ノ中カラ俺ハ現代ノ変換過程ノ（タトヘ部分的ニセヨ又末梢的ナモノニセヨ）相貌ノ一端ヲrealニトラヘルトトモニ現代ニ生キル人々psychologie〔ドイツ語。心理学。名詞なので、大文字のPsychologieにすべきころ〕ニ直接接触シテユク事ヲ課題トスルノデアル。ソレガハタサレルカ否カハトハズ、タダソノ方向ニ生キルノミ。

　隊ノ土木作業シスル囚人、ソレニタイシテ別ニ愛情トカ彼等ノタメニナドトイフ気持ハオコラナイ。何カ俺ノ描ク世界ニ不調和ナ、存在スベキデナイ存在トイフ感ジガスル。俺ハソレラノ人々ニタイシ大ナル愛情ヲモテル人間ニハ未ダ達セズムシロソノ存在ニタイシ不愉快ヲ感ンズル。スベテアル存在ニタイスル大キナ愛情トイフモノハソレラノ存在ノ集団ニ対シテデハナクソノ個体トノ接触ニヨリ生レルモノナノダ。純粋ナ改革ノ情熱トハムシロカカル個人的ナソノ故ニ直接的ナ因子カラ生レデルモノデアラウ。文字ノ意味ハ他ノ手段ヲモツテトラヘ又カカル心理ノ動キヲ端的ニトラヘウルトコロニアルノデハナカラウカ。

　今通兵本日ノ分ハ終ツタ（1105）。ワカラヌトコロ質問トイフガアマリ知ラヌ電気ノコトヲワツト一度ニオシコメラレ如何モ不消化ナ知識ノツメコミヲサレルト何日カ一向ニ見当ガツカナクナル。航法以外ニカカルチンプンカンプンガ多イ。シカシスベテハ入門的ナ段階デ要ハ航法ノ作業ヲ今ハ迅速ニヤルトイフ点ニ努力シ、アトハ機会アリ次第現物ニツイテヤル他ハナイ。サテ今後ノ読書ト計画ヲタテル。家デハマズ第一ニHeinrich Rickert : Kulturwissenschaft und Naturwissenschaftund。ツギニGeorges Duhamel Scènes de la vie future〔ジョルジュ・デュアメルの1930年に出版した紀行文『未来生活情景』のこと〕ヲconstantニ（トハイヘ一週一度）読ム。ココデハ暇ナ時Aurelius Augustinus Confessionum〔アウグスティヌスの『告白（懺悔録）』のこと。原題（ラテン語）は、*Confessiones*〕ヲヨム。コノ三ツガヨメタラソレコソsuperbe〔「素晴らしい」。フランス語の形容詞〕ナノダ。之モ亦断ジテ行ヘバ鬼神モ亦サクノ気魄デ実現シテミセヨウ。トコロデSchnitzler〔オーストリアの作家Arthur Schnitzlerのことか〕マデユクノハサテ何時ノコトカ。

　Le vent se lève, il faut tenter de vivre〔ヴァレリーの詩の一節。堀辰雄はこ

れを「風立ちぬ。いざ生きめやも」と訳した。フランス語〕！

　楽焼に中村Ｋが江島でかう書いた事があつた。それも遠い過去となつた。遠い過去！別に時間としては大きな量が経過した訳ではないが半年のmechanism内のdunkelな生活が過去としてしまつたのだ。遠い過去としてしまつたのだ。それは無限の過去とさへ言へる。一日が終らうとする夕方ふと過去過去と死霊がよびかける。あゝそれは追ひもとめても詮なき亡霊ではあるがそれにたいするなつかしさはいやまさりにまさりゆく。そんなSentimentalismはすてるべしと誰かは言ふであらう。すてられる人はすてよ。

　俺のSentimentは今まできづいたわづかのpiria〔ギリシア語のphiliaのことを指していると思われる。意味は「愛」〕のきづなの崩壊するのを許さぬ。俺はすぎしものをなつかしまう。それをいつくしみ生きよう。之からの生活、今の生活で友愛が得られるかどうかはわからぬ。だから俺は過去の没我に近い友情の生活をなつかしみ最も貴重なものと思ふのだ。俺が実践へのfreiな意志に生きてるならば之ほどのことはないであらう。しかし一年にわたり全然自由意志を否定された生活（何もそれが軍隊生活といふのではない。軍隊に附属する些事がしかせしめるのだ）は俺をして唯過去のみに眼を向けさせる。京都を中心にした生活よ、俺は汝等をしつかりねむ〔むね〕にだきしめて生きるぞ。俺は生きる。大和民族のために働く。しかし俺は軍隊に奉仕するものではない。俺は現代に生きる人間のために働く。しかし俺は何もよき軍人になるために生きるのではない。その点に俺は僅か自由意志の途を見出すのだ。俺は軍隊に入つて国のためにといふ感情をよびさまされた事は少くも軍人諸君を通じてといふ限り皆無である。ただ深瀬先生のお便りや何かにより国民の直面する苦悩を反省させられると俺は軍隊とか或は所謂日本の国のためでなく、日本の人々のために、否之もうそだ。俺が血肉をわけた人と親しき人々と美しい京都のために戦はうとする感情がおこる。つまらぬとも訳がわからぬとも人は言ふがよい。俺はただ全体のために生きるのではないのだ。全体がその生命をえぬと個人の生命が完うされぬ故に俺は生きるのだ。故に俺の日本観は純粋でないといへるかもしれぬ。しかし俺はか空

の日本よりはたとへ利己的なりとも少数の敬愛する人々のために生きる
のだと言ひたい。俺は抽象に生きる人間ではない。俺は直接俺自身胸に
ぐんときて把握するもののために生きるのだ。俺はくだらぬ哲学者では
ない。俺は歴史家だ。文学青年だ。そして市井一町人だ。それらしく生
きれば可なりではないか!

7月2日
　又一日ガハジマツタ。今日モツマラヌオ説教ナク無難ニ過ギテクレ。
退屈ではあつても無難な日が一番よい。消極的ナ生活態度、シカシ frei
デナイ我々ハ passive トナラザルヲエヌ。frei ト active トハ二ニシテ一ナ
ルモノダ。
　予備学生諸君ミナ眠サウナ顔ヲシテグツタリシテ居ル。彼等ノ内面
ハ一体ドウデアラウ。Pro Patria〔「祖国のために」。ラテン語〕トイフ様ナ
passion ハ恐ラク顕在的ニハ存在シマイ。次第ニソレハウスレテユク。
不感症的ナ状態ニオチテユク。

7月3日
　Un jour se passe〔「一日が過ぎ去った」ぐらいの意味。フランス語〕。暑イ眠
イ日ダ。
　今日ノ黒板ニハヨイ事ガ書イテアツタ。
　之ヲ思ヒ之ヲ思ヒテ得ザレバ鬼神之ヲ教フ。
　心誠ニ之ヲ求ムレバ鬼中ラズトイヘドモ遠カラズ。
　　　　　　　　　　　　管仲心術篇下
　強イ人生観ノ表出デアル。俺ハ materialist ダ。シカモカカル信念ニ生
キル materialism ヲ信ズル。真ノ materialism トハサウシタ強イ極メテ
geistlich〔頻出〕ナモノナノダ。(geist ノコモツタ)

7月5日
　小笠原附近敵機動部隊アルラシク第二配備今朝起床三時。ネムクテタ
マラヌ。外出勿論ナシ。昨日明石ヨリ深瀬先生ノオ便リアリ。手紙トイ

フpublicナモノデハワカラヌガ一体先生ハ今ノ時代ヲドウ見テ居ラレル
ノデアラウカ。Lebensgrund〔「生の基盤」。ドイツ語〕ノ防衛ソレ以上ノ
Anschauung〔ここでは「直観」の意味か。ドイツ語〕ニヨルモノデアラウカ。之
ヲ簡単ニ断定デキヌガソコニ面白イトコロガアル。

7月6日
　新聞ニヨルト敵機動部隊ハ小笠原方面ニ再ビ空陸ヨリ来襲。局面ハイ
ヨイヨ深刻化シテキタ。アラユル些細ナ感情ヲステテコノ国ノ防衛ニス
スムベキ時ガ真ニキタ。pro patria mori!〔「祖国のために死ぬ」ぐらいの意味。
前出のラテン語〕ソノ根拠ハイズコニアルカワカラヌガ我々ハサウスベキ
ナノダ。

7月8日
　昨日外出。帰宅。12日中村君母上キタルトノ由、ドウカシテ会ヘマ
スヨウニ。Leninウマク手ニ入リサウモナイ。シカシハタシテ何時ヨメ
ルトモワカラヌモノ故或ハコノ方ガヨイノカモシレナイ。ソノ間ニドイ
ツ語ソノモノヲモット力ヲツケネバナラナイノデアルカラ。今ノ計画ハ
Schmidtbon〔Schmidtbonn　ドイツの詩人・小説家〕：Die Letzte〔シュミットボ
ンの作品か〕, Rilke Apostel〔Rilke Der Apostel〕ノ暗誦。ソレガ終ツタラバ関
口存男　Der grosse Kursus des Deutschen Sprache〔関口存男の『独逸語大講
座』のこと〕以上ヲココデ行フ。或ハ下ノ順デモヨ

　　　　Die Letzte
　　　　Der Apostel
　　　　Augustinus
　　　　Die Leiden des jungen Werthers。以上暗誦。
　ソシテ之ガ実現デキタラバSchnitzler、Carlyle、Voltaireノ類順序ニ読
ミハジメル。フランス語ハサシアタリ外出時ノミ行フトイフ事ニシテ
オク。英語ハ当分ヤラナイコトニスル。フランス語ノ順序ハDuhamel
Civilisation〔ジョルジュ・デュアメルの1918年の評論のこと。ゴンクール賞を受賞
している〕、Scènes de la vie futureソシテ戦場ニモツテユク本ハSchnitzler、

Carlyle、J.S.Mill、Duhamel トナリサウダ。

嗚呼之ハ楽シイ空想ダ。ドウカシテ実現サセヨウ。ソシテ次ノ休憩時間カラ早速 Die Letzte ヲハジメヨウ。自己向上ノ世界、俺ノミ生キウル世界ヲモツコト。ソレハ俺ニトツテ不可欠ノ要求ナノダ。

ソレハ上ノ人カラミレバ許スベカラズ行為カモシレヌ。シカシ我ハ信ズ。自分ノ義務ノコノ要求ハ何等抵触セザルモノナルコトヲ。恐ラクカカル努力ハ無駄ナモノトシテ何等ノ実ヲムスバヌデアラウ。シカシソレデモヨイノダ。人生ニ於テ、トクニ現在ノ様ナ一歩先モワカラヌ時代ニ結果ヲ予期シタラバ何ガデキヨウ。結果ヨリ我之ヲ望ムトイフ Wollen ニ、ソシテ自己ノ世界観ノ暗示スル生方ニ眼ヲ転ジヨウ。ソコカラ意味ヲクミトリ生方ヲ決定スベキナノダ。現代ニ於テ信頼スベキ唯一ノ Grund ハタダ自己ノ世界観ノミダ。Gewalt〔「権力」。ドイツ語〕モ富モ何モ確ナヨリドコロトハナラヌ。ソレラスベテガオビヤカサレテル。ソコニ一ツノ道ヲ切ヒラクモノハ Weltanschauung〔「世界観」。前出のドイツ語〕ノミト思フ。

7月9日

昨夜ネタノガ11時近ク、今日ハ眠クテタマラヌ。班長オコシテアルクベシ、トイフガ俺ニハ到底デキヌ。眠リタイモノハ眠レ。何時カサメル、サメタラ頑張レ。C'est ma method, moi un liberale.〔「これが私の方法、私は一介の自由主義者」ぐらいの意味。フランス語〕教師ノ三段階 primus magistes ludi magister, ltterator : grammatieus, rethar?〔「教師の最初の段階が ludi magister 、次が grammaticus 、最後が rhetor」ぐらいの意味。ラテン語〕スペルハチガツテ居ルカモシレヌガ。

通信兵器ナニモワカラヌ。之ノアル日ハユウウツナリ。Radio カラ勉強ヲショウ。シカシ課業時間中ハ全然ヤル気ガシナイノダ。モウスコシ grund ガアレバト思フガ、少クモ無電ノ理論ニツイテハナンデモトイフトコロマデユカネバナラナイ。俺ハナニカ学ブ時自分ノ興味ト教ヘラレル事トノ間ニナカナカ一致点ヲ見出シガタイ人間デアル。マアマアユツクリヤルベシ。スローニ進ムノガ俺ノ道デアル。アアネムイネムイ

1010。

　又今日一日ハ終ラウトシテ居ル。今日ハ一日中眠ツテ過シタヨウナモ
ノデアツタ。シカシソレダカラトイツテ無駄ニ過シタトハ思ハヌ。「常
識ラヂオ技術学」ニヨリ知ラヌ事ヲ学ンダリ、空三号ノ短波送信ノ作動
状況ガ前ヨリ些カヨクワカツテキタノモ収獲ノ一ツデアル。要スルニ一
日中全部有意義ニ過セレバ申分ナイガサウデナクトモ、ヨシ短クトモ有
意義ナ時間ヲ持ツコトハ我々ノ生活ニ大キナ step ヲ画スルモノデアル。
要スルニ形式デハナク豊ナ Inhalt〔「内容」。ドイツ語〕ヲフクム生ヲ送ラネ
バナラナイ。海軍ノ様ニ内容空虚デ形式ノミヲ尊重スル社会トソリガア
ハヌノモ当然デアル。シカシ空虚ニセヨ形式ノ欠陥ヨリ内容ノ弱点ヲ反
省スルトイフ事モ一面必要デハアラウガ。

　Wilhelm Schmidtbonn : Die Letzte イヨイヨ本格的ニヤリハジメタ。
最初ハ新シキ故ニ面白イツギニ混迷ガクル。ソレヲノリコエル時ニ真物
ニナル。ヤリトホスベシ。意味ハ問ハズタダヤリタキガ故、進ムベキカ
退クベキカトイフ時ハグント進メ。

7月13日

　昨日京都ヨリ中村小母サンガコラレ島田ノ家デ 1000 ヨリ 1645 マデユ
ツクリトオ話ヲシタ。1645 家ヲ出テ一緒ニ大井川神社ヲ参詣頭ヲタレ
ナガラ自然小母サンノ御健康ヲオ祈リセズニハ居ラレナカツタ。小母サ
ンノ思出ヲイヨイヨ美シクスベク毎日ノ生活ヲ積極的ニススメルコトガ
今後ノ私ノ進ム道デアル。スベテヲ栄アラシメル事、嘗テ去年ノ今頃実
践トハ時代ノ課題ヲ自己ノ課題トシテ何ラカノ方向ニヨリソノ解決ニ進
ム事デアルト考ヘタ。我々ニハ今ソノ方法ノ選択ヲ許サレル余裕ナイ。
スベテノ人々ガ直接戦争キリヌケルトイフ方向ニ沿ツテ最モソノ一時的
表面的ナ解決ニ努力セネバナラナクナツタ。原理根本的、乃至理論的探
究サヘモ脅威サレ否定サレテ居ル。ソレ故現代人ハ著シク制限サレタ生
活ヲシソノ義務ノ遂行ヲ求メネバナラナイノダ。Freiheit〔「自由」。ドイツ
語〕ノ欠乏ニハ大ナル寂シサヲ感ズル。ソレガヒシヒシト社会ノアラユ
ル層ニ penetrate スル時代ノ運命ナノデアル。

　12日附ベルリン発守山特派員ノ朝日特電ニヨレバタトヘ戦ヒハ終結セズトモ戦争ノ帰趨ハココ3〜4月デ決スルトノ由。ドイツハ西部、イタリヤ、東部ノ三方面〔ヲ〕リスル反枢軸軍猛攻ヲウケ嘗テ「時ガドイツニ有利スルデアラウ」トイフ声ハ最早聞カレナクナツタ。長距離競走ノゴールハ目前ニアル。息ギレシタ方ガマケデアルトイフ烈々タル論調ハ深ク現在ノ激流ノKern〔「核心」。ドイツ語〕ニ誘フヨウナ感ガスル。我々ハ実際軍人デアルナイハドウデモヨイノダ。有能ニシテ積極的ナ国土ノ防衛者タリウレバ我々ノ任務ハハタサレルノダ。

　中村ノ小母サン、小母サント一緒ニ走イテ〔ママ〕居タ時ガオ互ノ心ガ一番ピツタリ通ジアツタ時ダッタ。家ノ母ヤ兄ヨリ僕ノ心ガ離レユクコトガアツテモ小母サント僕ノハナレル事ハナイ。小母サンハ僕ヲ買被ツテ下サツタ。僕ハソノ買被リヲfruchtbar〔「実り豊かな」。ドイツ語の形容詞〕ナモノニシテミセヨウ。青年ト50ヲコエタ人トノ間ニ生レタ愛情、ソレホド美シイモノガアラウカ。

　今日ハイロンナ行事ガアツタ。低級ナル慰問演劇隊見テイテmiserableデ仕方ナカツタ。

　雷電（局地戦斗機）二機不時着ス。ズングリトシテ如何ニモ強力ナ美シイト言ヒタイヨウナ姿態デアツタ。銀河ガ滑走距離短カスギテγ場ノハシニメリコンデ居ルノヲ見タ。横空実験部ノγ、O-02トイフ番号ガウツテアッタ。

　先日ノ班長会議、外国語ヲヨム者ヘノ攻撃ガアツタ。攻撃モ成程根拠ハアル。シカシ結局攻撃者ハサウイフ慾望ガ如何ニ根深ク且又人間ノ本性ソノモノニ基ク要求デアル事ヲ知ラヌ人間デアル事ヲバクロシタニスギヌ。俺ハヨムゾ。ソンナ事デヘコタレルモノカ。Club de femme, "Vivre! Vivre!〔直訳すると、「女性の会、生きる、生きる」ぐらいか。フランス語〕」〔ママ〕ダ。

　同時ニ一面田辺先生ノ「我々ハアマリ本ニ頼リスギル」トイフオ言葉ヲ忘レテハナラナイ。現在ノ生活ヲ生キルト同時ニソノRealität〔「現実」／「実在性」。ドイツ語〕ヲ把握スルコトガ不可欠デアル。無理カモシレヌガ素材ニヂカニブツカツテユクトイフ事ハヤムヲエナイ。新シイ方法ニハ常ニ混乱ガツキマトフ。ソコニ一心ニ生キルトキ真物ガツカメルト楽

観シヨウ。

　コノ日記モ終ツタ。俺ノ貧弱ナル精神生活ノ生ミダシタ最初ノ Frucht デアル。混乱ト無秩序ノミ。Mois cette confusion et anarchie, c'est moi. 〔直訳すると、「私はこの混乱、無秩序、それが私」ぐらいの意味。フランス語〕

　俺ハ依然トシテ前ト同ジ林尹夫。俺ヲ強クヒキツケルノハ近代社会トハ何カ、ソノヨーロツパ的形態ト日本ノ近代化、ソシテロシヤ社会ノ近代化トイフバラバラデハアルガ一ツノ塊ヲナシテセマル問題ダ。ソレヘノ努力カラミレバ何事モ一ツノ素材タル以上ノ意味ヲモタヌ。生キルカ死ヌカハ判ラヌ。何カ結果ガ（7月14日）アツテ生キルノハ真ノ Spiritualist ノ生方デハナイ。我々 Materialist ニシテ Spiritualismus ヲ心底ニ抱ク人間ノ生方ハナシウルカギリノ具体的努力ヲハラヒ、ソノ結果ノ Utilitealität〔ドイツ語。辞書にはない。「功利主義」ぐらいの意味か〕ニハ眼ヲムケヌノデアル。我々ハ暗黒ノ前ニタジロガヌ。ソコニ我々ノ Spiritualismus ガアル。シカモアラユル Dunkelheit〔「暗闇」。前出〕ヲノゾカウトスル。ソコニ我々ノ Materialismus ガアルノダ。ソレガ真ノ Real ナ生方デアルト俺ハ信ズル。コノ日記ニ俺ハイロイロノ弱気ヲハキツケタ。スベテノ miserable ナ人間ノ性質ガ具体的デハナクトモコノ日記ノナカニハウズイテル。シカモソレハ俺ノ現代ノ激流ノ〔ニ〕マケマイトスル、ソコデ aktiv ニ生キントス俺ノ意義ノ契機ヲナスモノナノダ。俺ノ様ナ弱キ heart ノ人間ハ自己ノ弱サヲ直視スルコトニヨリ弱ナリニ強クナル道ヲ求メテユクノデアル。人間ハ本質的ニ弱サヲニナツテ生キテイル。シカモ強クナラント意慾スル。弱キ人間、才能ナキ人間、要スル平凡人ハソノ平凡ノ沼地ヨリ強ク輝シイ大空ヘ飛躍セント熱望スル。ソコニ平凡人ノ努力ノ真剣サガアルノダ。

　俺ハ思ウ。俺ガ一番似合フハ Moscow ノ町ヲハンチングヲカブツテ散歩シタリ Bibliothek〔「図書館」。ドイツ語〕ニカヨツテ Weltpolitik〔「世界政策」。ドイツ語〕ト Weltwirtschaft〔「世界経済」。同〕ノ勉強ヲスルカ、或ハ日本ノ進行方向ヲ理論的ニグングン勉強シテユク生活ダ。モシ生アレバ俺ハソレヲ実現サセテミセルゾ。（モシ死ンダラスベテハ夢ノマタ夢ニスギナ

クナルガ。）ソシテコノ日記モ夢ノミ大キク力タラザル人間ガ自己ノ大
キナ夢ヘ渾身ノ努力ヲツクス過程ノ記録ノ第一篇タラシメテユキタイト
俺ハ思フ。

Ende.

1944.7.14.0940

第三部　ノートⅣ 昭和 20 年の断想

……………………………………………………………第八〇一航空隊—美保基地

ノートⅣ　表題：T709　林

風吹けば色香もあせではらはらと
　　　　散りゆく花ぞげに愛しけれ

嫣然と我に笑みたる乙女らの
面影だにも今日はなかりき

春風の重く流るる宵まだき
　　　　巷の女の艶めきて見ゆ

父母はさびしかるらん久方に
　　　　会ひ見し子の？　淡々とゆく
　　　　　　　　友のつくりし

ならんだ言葉のコンビナチヨン

人の世のつれなき風の吹くままに
　　ほろほろとちる花の香あはれ

あゝ友よ、忘れ得ぬ人々よ、
　　夏はきにけり　いざ我ゆかん

砂浜は白くはえたり星月夜
　　ちりゆく花は風のまにまに

なつかしき友が上には
大地原汝が上に幸あれと
　　祈る心をいかにつたへん

姉上を母と思ひておひたちし豊よ
　　今は何処にありなむ

　すぎし日の便をよんで大地原が如何にも素直な人だつた事を想ひだした。
　我等の周囲に居た人々が皆この渦をのりきるすべを知つて居たのに大地原よ、君の持つてゐたのはナイブテのみ。
　大地原何時迄もそのままで。

　忘れまいと嘗て思つて居た人々もこの世の流に押されゆく我にとつては既に過去の人となつた。別離は永遠のアデイユー。

　夜光虫きらめく美保の海浜に
　　　　酒くみあはす我等三人は

　友よ、あなた（vous）は美はしく、そしてすぐれたメンタリテイとそれにふさはしいオルグーイをそなへて居る。

　友よあなたは人々に愛される。世の中で貴方にたいし一片の好意だに持ちえない人はないでせう。友よあなたは恵まれた星に生れた人なのだ。

　見よや人、星美はしき初夏の海の
　　　　うたげによへるこの男の子らを

愛ほしと思う心にたへかねて

なにもなく俺の生活は終つてゆく。

バルトのクレドー。

あまりにも何もなさすぎるかもしれぬが所詮なる様にしかならぬものなのだ。

もし俺が愛といふ経験ありとすればそれは結局苦しみの経験以外何ものでもないではないか。

俺が嘗てあつた愛によつて知つたものは何であらうか。

愛といふ感情は結局相違を意識させるにすぎないことを。

だがそれをこえようと身もだえするのも愛なのだ。

そして結局愛は苦しみにすぎないといふのだ。

何もなしに、何もつくらずに、さればとて地固めもなしに。

人生のほこりつぽい表層をすうと流れてきたにすぎぬ尹夫君よ、きのどくだがそれがお前の星なのだ。如何なる星の下に！

順よお前もやるせないようにせつないな。

夜がきたもう秋光芒もはかなくかそけく遠く流れ星二つ三つ。

谷長茂ちやん今いづこ。あゝ母よ兄よ、私は今貴方たちに何の感情ももちません。

度しがたい私でせうが、之もしかたない感情です。みんなこはれる。まはりまはるよ。今晩は気分的によつた。

ドイツ無条件降服。

さびしき世界史の一瞬よ、その悲壮なる努力、満五年八月の終にでた結末は僅にこの無条件降服よ。

過去数十年の営々たる努力も一瞬にして崩壊す。寂零感んずるのはさびしさ、でるのは涙のみ。

のこるものはたゞ日本。

嘗て我に親しかりし人々よ、私はあなた方が何か幸なる最后をつかまれるようにお祈りする。敗の確信、あゝ実に昭和十七年頃よりの確信が

249

今にして実現するさびしさを誰か知らう。

　さらばさらば、みんななくなる。すべては消滅する。それでよいのだ。いはばそれが極めて自然なる過程ではないか。

　ほろびるものはほろびよ。真に強きもののみ発展せよ。それでよいではないか。しかし我々は盲目だ。たゞ戦ふこと、それが我々にのこされた唯一の道なのだ。親しかりし人々よ、戦はんかな。

　　Wir wollen nur varongehen!

Un jour sans façon,

　　Un joli garçon,

Comme an chante dans les chansons.

Lui fit simplement quelques compliments

La glisa〔grisa〕de boniments.

Nini, je te joue,

Ça ne〔ne不要〕se fair plus la vertu !

Je t'adore sais〔à〕moi dis vous〔veux-〕tu.

sous les toits de Paris,

dans ma chambre ma Nini.

On s'aime〔s'aim'ra〕, c'est si bon d'être uni

C'est quand on a vingt ans,

quand fleurit le printemps.

faut se maniait tous les.

L'air etait〔était〕très pur et le ciel

L'azur elle dit je ne veux pas

Puis elle se donna

C'est ainsi quand〔qu'en〕ce jours〔jour〕

Le vinqueur comme toujours

sous les toits de Paris fut

L'Amour.
〔Sous les toits de Paris（『巴里の屋根の下』）ルネ・クレール監督、1930年のフランス
映画の主題歌の一部〕

　夏草やつはものどもが夢のあと
　菊の香や奈良には古き佛たち

　この日友木更津にさる旬日を出でずして再会しうるものとは知りなが
らそのさびしさ誰かよく知らう

　ひとりねののさびしさはらすすべもなし
　　友の日記に我ひとりなく

　一郎よ汝がアポテオーズ美しかれ
　美はしい愛情の子一郎よ
　あゝ君も亦天上の人々の一人よ
　君の美はしい青春のイメージをつくりあげては君のさびしさをおもひ
涙する者も居る
　一郎よ、すぎゆくものは美しきよ

　南九州の制空権既に敵の手中にあり。
　我等の祖国まさに崩壊せんとす。
　生をこの国に享けしもの何ぞ生命を惜しまん。愚劣な日本よ、優柔不
断なる日本よ、汝いかに愚なりとも我等この国の人たる以上、その防衛
に決起せざるをえず。

　オプティミイズムをやめよ。眼をひらけ。日本の人々よ、日本は必ず
負ける。そして我等日本人は何としてもこの国に新なる生命をふきこみ、
新なる再建の道を切ひらかなければならないのだ。
　若きジエネレーション、君達はあまりにも苦しい運命と闘はねばなら

ない。だが頑張つてくれ。盲目になつて生きることそれほど正しいモラルはない。死ではない。生なのだ。モラルの目指すものは。

そして我のごとく死を求むるものをインモラリストと人やいはん。

ルマルクよ、少年より老人へ、青春もなしに戦争によつて破壊されたゲシュレヒトの運命。
皮肉なる歴史の運命は又西部戦線にフイナーレを奏でる。
予言者ニーチェ、ドイツにつきまとふ永劫回帰のこのプルガトリオ。

…この世の職工さんに俺はならう。
立役者は人様のお役。
それに何のかかわりがあらう。‥‥

秋の星よ、ひめやかに天の一角に光ぼうを放つ。人その存在を知らず、その光されど永遠に消えず。よしオメガー星であらうとも。

人の世はそのアルバイターのつくりだすもの。建設改革そしてレボルショーン、その上に歩むよりはその下に進まん。
クレドー〔信条〕。Von unten berühren〔直訳すると、「下の方から触れる」。ドイツ語〕!

一体どんなプロセスによりこの様な結果に立至つたのか驚いてしまふ。
だがそれがどんなに異常でも一緒に居ないとたえきれぬ。

しかし決断が大切だ。あの様な美はしい青春の終末を損つてはならない。林尹夫君、Zurückkehr zurückkehr〔「帰る」。ドイツ語〕!お前はひとりでゆかなければいけない。なまじひお前がアムールを見出してもそれは人を傷けるだけ。

　あゝ、でも彼の居ない生活に何の興味があらうか。彼と俺と二人で居られる、それだけが生命の源だ。他の人が俺にとつて何の重みを持たうか。

　朝日がさす。ものういように。
　もつとそばへよりそふて居たかつた
　彼の人の手を動かしたら
　ポキツとなつたので
　思はず二人とも笑ひだしてしまつた。

子のごとく
吾育くみし兄君よ
それをも捨てて
吾ひとりゆく

　友よ、我等のよりそふて
　いねしあした
　あなたのクラールな心は
　悔恨に痛むのではないか。
　もしさうだつたらば、
　たとへ如何にそれがつらくやるせなくとも、友よ貴方の生命の発展と精神の高揚の為には何時でも私はひとりにかへる心をかためてる。

　友よ、貴方の笑声がきこえる。貴方が歩んでゐる今快い朗笑がきこえる。よし美はしい微笑が私の方に向けられなくとも、貴方のそばに居られるだけで幸福なのだ。
　あゝ友よ、なんと切ないやるせない悲しみそそる人なのだらう。

　ひとりみのうきにたええで
　　　　やるせなうみだるる心誰か知るらん

母よ兄よ流水ゆいてかへらずと
　　　諦めたまへ放浪の子を
人の世の情の外にすてられし
　　　老ひし母こそあはれなりけり

かきいだき慰めばやと思へども
　　　そのすべもなし老ひし我が母

我をのみたよりと思ひながらへし
　　　母の心ぞあはれなりけり

母よみな昔の夢とすてたまへ
　　　放浪の子はすでに変りぬ

大地原、中村の小母さん、深瀬先生、中村金夫。
　時としてたえがたい様ななつかしさに心をしめられる事もありますが
もう今迄の事は夢のまた夢とあきらめませう。
　大地原、大学生活を実りゆたかに勉強さしてくれた君に、そしてはじ
めて友情の美しさを知らせてくれた君は私の過去の祭壇の中央にたつ人
だ。

　ヒトパデーシヤを君の学びし傍に
　　我ドツプシユをものにせんとて冬の日も夏の日もまる一年図書室で
二人だけで過してきた。
　　君正道にてラテン文法を学びおりしに我はインダクチブメソツドとて
カエサルを暗記し居れり。

　大地原今もおぼえて居るか
　我がよみしあのカエサルの数句を。
　　Gallia est omnis divisa in partes tres!〔カエサルの『ガリア戦記』の一節。

「ガリアは全体として三つの部分に分かれている」ぐらいの意味。ラテン語〕
　　　quarum unam est Aquitannia, ……!〔同。「そのうちのひとつはアクイター
ニア(フランスの南西部)である」ぐらいの意味。〕
　君よ、フランス語をよまんとてかのマンションをひきだして我が深瀬
ばりの説明をし君大にうなづきたり。かの本は何なりしか　L'art de
lire, Emile Faguet〔エミール・ファゲの『読書術』のこと〕

　我頭いたき。そして飛躍と律動のかのニーチェのVom Nutzen und
Nachteil der Historie für das Leben〔1874年のニーチェの著作『生に対する歴史
の利害』のこと〕を教へよと求めしに君わからんよとなげしあのナイーブ
な君よ。されど我等共感しぬ□のかのゲーテの言葉
　「たゞ教へるのみにて生命をふきこまぬすべてのものはいとはし」と
いふ。

　Bougainville、スターリングラード〔旧ソ連の工業都市、現在のヴォルゴグラー
ド〕〔この二つは、第二次世界大戦の激戦地として挙げた地名か〕、我等ともにパ
トス的同感のうちに現代を語らひぬ。

　君一人ゆかせはすまじと君の帰る時家の前まで一緒についていつた。
　その間お互にひつきりなしにおしやべりして、頭にフレツシュな暗示
をうけ学問に跪拝した。
　あゝ我等若き二人のフィロローゲンよ。

　大地原学びの道に一年を
　　　　　　ともにおくりし昔なつかし

　今の世をきりひらくものはパトスなりロゴスはパトスと一体化しては
じめて現代のロゴスたりうると語りしこともありし。

　征でゆく日我とKと二人して

君をおくりし朝はさびしき

出でゆく日、汝のみおくれとのたまひし君の心よ涙ぐまるる

軍隊はうきことのみぞ多しとて
　　　文に悩みをかはしあひしが

兵営の人眼をさけてヒトパデーシヤ
　　　開かんとする君よいとはし

　すめくにのこの運命の決せられむとする時軍隊のランクバイリツヒカ
イトに眼をつぶりしつかり闘はんと君のかきおくられしは三月の末つ方、
それより我君に感懐をのぶることもなく今となりぬ。我等一体と結ばれ
居りしかの日より満一年半たちし今、語り合ふ機あらば又パトスの共感
の再現されようすべあらんも心のほんたうのところの結びつきを今又と
りもどさんにはあまりにも多く異れる経験をふみたり。君今我を見ば昔
の我にあらざるべし。
　時の流れのうらめしさ。
　君よ我との共感は共に微笑みあひつ語りしそのアトモスフィヤとその
時の我等の心の言葉に媒介されざる結合によつてなりたちたり。
　語るすべもなき今如何にして真情をつたええよう。
　大地原この世でと言ひえぬ再会の日迄君のイメージを心に抱き進まん。
　君は今でも私に真面目に生きる姿勢をあたへてくれる。

大地原、汝とおくりし一年を
　思ひだすだに心さやぎぬ

何時迄もかくあらまほしと
思ひしがたゞ一年の夢とおはりぬ

　大地原のともに学びし頃のあのナイーヴな面影は私の心の中に昇化され我が心をてらす。

　君をえし我が青春よ美はしき。

La fin.

小母さん
　小母さんは私を子供の様に思ひ
　私は母の様に思つてゐます。

　小母さんはスマートはない。
　だがその泉の如く豊なるハートよ。

　金夫、尚夫ともに召さると知りし日の
　　虚脱の姿まこなりけり。

尚夫いでし日。
　　　　髪みだし涙にくるる母親の
　　　心のうちぞあはれならずや

　海軍はやめよといひし小母様の
　　　　あのはげしさに涙ぐまるる

　血をわけし親子といふにあらねども
　　　　小母様のみをいとほしと思ふ

　尚夫帰る下鴨の家に灯はつきぬ
　　　　スウイートホームよなつかしきかな

先生

　小松原は衣笠山の麓冬の夜おそく私は先生と話した事そして話さうとしても話しきれなかつた淋しさをかみしめながらきらきらとせまる様な光りをうれしい様なやるせない様な思ひにせまられた事が幾度もありました。

　所詮年齢のちがひはこすにこされず理解をさまたげましたが、でも深瀬さん、年はちがつて居てもお互に楽しいつきあひでしたね。

　先生とのんだのは卒業のコンパと、臨時のバンケツトと、私が東京から東海道をくだり一升さげて行つてとまりこみになつた時とそしてお別れにあの四畳半でKと三人でのんだ事と、それだけでした。

　先生が日本にあまりないドーソンの原本をつぎからつぎへとおかし下されつぎからつぎへと私はそれをよみそして忘れてゆきました。

　学生の時何のアルバイトもせず語学ばかしして居たのが残念ですが、中道にせよあのやり方がオルトドクシーであつたと信じます。

　Bellum Gallicum〔カエサル『ガリア戦記』〕をよんだのも先生のおかげ、Berdyaev に頭いたかつたのも先生、先生が十年前にかかれた Joubert の評論をよんで今の先生を考へてほほえまれた事もあつた。

　先生よ、忘れえぬ方よ。

　先生と一緒に大地原をほめあひましたね。先生は「大地原が教室に居るのをみると俺はうれしくなつてね」と言つて居た。あゝなつかしき我等の交りよ。

　先生の顔はナイスだつた。先生の笑声は明るかつた。世の普通の標準からいつて異様な顔をしてるのに私にはたまらなく美しいインテレクチヤルなおもかげよ。深瀬さん五十にもなられしあなたがなつかしく。

　　東山・北山はるかかすみたる
　　　　春の三高よげにあたゝかし

師の君よ美しの頭脳、肉体化したデイヤレクティーク。
深瀬さん貴方を思ひ自分の世界がわかつてくる。

仲人をしようよと言ひてえまれたる
わが師の君よげに温かし

我等ともに祇園小唄によひしれぬ

東山ぬれかすみたる冬の夜
舞子の涙よあはれなりけり

冬の夜のそぼふる雨に蛇目さし
おほきにと言ひてゆきし子あはれ

師の君の愛してみちたる眼こそ
　　　我をはげまし力づけたり

われ信ず親愛のみが力なり

師の君よめぐりあふ日は
　　　なけれども君を思へば
　　　我はたのしき

K
　我等とも々比良の中腹に月を見んとて雨の中をあゆんだ。
　君のつくりしみそ汁にあさげをおへ秋風さはやかな江北の山頂に我等
つばくろのとぶをながめた。
　北山の連山黒く重り我等ともに誦しぬブツセの一句。

　我海軍にゆかんとし君をさそふ。
　　　　　　君又海軍をのぞむ。君のムツターのせつなきこひをしりぞ
けて。

259

　我等冬の日君の家のベランダに椅子をならべ南日にあたゝまりてパステルをかく。
　ともに歌ひし Zigeunerleben〔シューマンの曲名『ジプシー（ロマ）の生活』〕！
　思出多き北園、
　しづかなり京の夜、
　大学に入つて君の家を我家とし休暇おはればいそいそとして上洛せし我。
　小母さん、K、尚夫
　下鴨の家は夢をそそる。

　大地原、君の夢をみて釣床に涙した。夢破れ深き溜息に過去を想ふ気持、やるせないようだつた。
　夜半夢やぶれて、まるで獄窓に月を仰いで居る様だつた。炊事所の蒸気の音がさびしかつた。
　あゝ、過去によつて生きてる男。

　不愉快な事あるたびに君を思ふ。豊よ、強く生きよ。

　姉は結婚しないで何時迄も母親の様になつて弟と妹をいたわり病みし父親をたすけてゆくつもりさ。皆で昨夜はなしあつてね、何時迄も皆で手をとりあつてゆかうて約束したよ。
　君は子供の様な素直さと成年の声と、頭でさう話してた。
　映画もみなかつた豊、一年間教育の結果煙草ののみ方をおしえてあげた。
　まづさうにふかして居たが、姉さんの足音がきこえると煙草を俺の方においてはちよつとかうしておくよといつて思はず笑つてしまつた。
　大地原君のイメージを残りの生活に生かしてゆかう。豊よ強くあれ。

　教頭に二人の娘あり。土浦に居りし時その姉より感情をのべし手紙を

うけとり困惑せしこともありき。妹は美しき乙女にはあらねどすぐれた
ひとだつた。わが話を傍よりほゝえみてきゝし乙女よ。
　汝が上によき星のきたれかし。

　たとへ今はのらなくとも何時かのる日を目指し大空のよろこびのうち
によき最後を飾るべくつとめよう。はなやかさも平和もない荒涼とした
今迄の生活であつたが、今思ひかへしそれ以外に生きようとする望もな
い。今学園にかへり又の生活しよといはれたら今迄の道をくりかへすこ
とが一番よいと思つてゐる。すべては星のきめるところ。
　今の俺は何と平和なことであらう。忘れがたきの面影はいよいよ俺の
心のうちを明るくてらす。すべては夢とすてし今放浪と郷愁になやみし
今迄がほほえましい物語りの様だ。今俺の心をひきずる何物もない。たゞ
アポテオーズに光栄あらしむればよし。一人にかへれ。システムのオル
ガーンとして生きる時にのみお前は幸福なのだ。お前が徒にアムールを
求める時破壊がくるだけだ。人の身をこはすのみ。

　村尾中尉、靖国にてきたる。自慢話を一くさり、無邪気なる子供よ。
遊ぶなんて馬鹿らしいな。君はさかんに七戦隊トップの遊び者と自慢さ
れるが。

　一郎、君は美しい人。私の友たるにはあまりにもスマートな人。君の
心はそして一挙手一投足はあまりにもリファインされて居る。Mannig-
faltigkeit〔「多様性」。前出のドイツ語〕にとむ貴方に私の様な性格の男が何
の興味をよびおこすことがあらう。
　最近の親しさもあまりに幸福すぎて嘘の様だ。
　私は貴方を愛する。それだけでよいのだ。愛は愛する者の心をさいな
む。だが愛する者よ、愛する苦しみがむしろ幸福そのものだ。いみじく
もリルケのいふ様に病気になることが幸福なのだ。世の人は知らず、我
にとり軽快な友情などといふもののありようはずはない。友情はげに全
心全霊をあげ求めることなく愛することなのだ。苦しみつつ愛する事よ。

過去と現在
　ロクシドンのいみじき姿に心ひかれつつ学生時代はすぎた。ラジーエ　ロクシドンその対立とむすびつきの微妙なる緊張よ。ロクシドンの秘密をさぐらんとて三年を京にすごしたり。

　こよなき友にめぐまれし大学時代のなつかしき。
　夢にみて涙した事幾度ぞ。
　今もトランクに我等の別れの近き日君よりきたる手紙あり。
　そをよみかへしかくも親しまれたる幸福になく。

　げに放浪の荒涼さと孤独と郷愁に悩みたる我にとり君のこの世ならぬ愛こそなつかしき。
　君我より十日はやく出でゆくこととなり、他の人をしりぞけのこりの日々をともにすごしぬ。
　忘れえじ十二月一日朝まだき未だくらくねむる京を北より南へとともに歩みし事を。

　駅頭は人にあふれぬ。我君をおくり人々たちさはぐ中にやるせなき虚脱感をおぼえつつ一人になつた味気なさに胸がつまつた。

　涙なきにあらず、誰か死を求めん。されど皇国の……といふあの新聞をよみ君を思ひ涙ながしぬ。

　日はたちぬはや一年となかば
　君と我ことなる道をすすむ。
　ともに肩をならべ雪しとしととふる。
　京のまちを別れえず話しあゆみし事もすぎし日の夢となりぬ。

　その夢を思ひ我心やるせなうみだるるも又香はしき幸にぞよふ。
　げに友よ我は不信の子すべてのものうつりかはるを信ずるも不変てふ

事を信ぜずされど友よ、汝が面影は我心のうちにきえず我君のいみじき
心ばえをしのび心ふるふ。

　　風立ちぬいざ生きめやもとのたまひし
　　　　うた人の心ぞあはれならずや

　ボードレールのパリのゆううつがよみたかつた中村小母さんのと
ころに手紙をかいたが破つてしまつた。とくにあの〔L']Étranger,〔Les〕
Vocation〔s〕,〔La Belle〕Drothée〔フランス語。ボードレールの『パリの憂鬱』の中の
詩〕がよんでみたかつた。白い真昼の砂浜を歩む褐色の女ドロテアが。

雨ふれば心もなごむ

　こぞの春土浦の温習講堂で日記をかいて居たら窓硝子にさつと雨のふ
りかかる音がきこえた。
　春の声、さう思つてじつと雨の音をききほれて居たら、なんだか胸が
せまつてきた。

　放浪の子はととのひしものみる時に冷かな孤独を感じるが、形なき断
片の美に心が動かされる。されば我は一時的の、その場かぎりの美にの
みよふ。本をよみその全体が何にならう。一つでも印象的であれば充分
ではないか。
　ペーターカーメンチンド、あれで思ひ浮ぶのは南風が吹いてくる、と
いふところだけ。

母
　お母さんあなたは不幸な人だ。
　あなたには甘美なる青春の香も平家なる妻たるのどけさもやさしい母
としての愛情も発露しきる事もなかつた。
　あなたの一生は苦しみの連続でせう。

　あなたがどの様な生涯をたどられたかそれは私の知らない事であり又知らない方がよい事です。

　しかし人の世に多いでないでもよい事に口をださうとする徒輩に妨げられ貴方の一生はあらぬ方へと廻転してしまつた。その悩みにきざまれた、そしてそれに負けまいとする身もだえを□した貴方の顔を横からそつとながめては涙がでてくる様な事もあつた。

　あなたに子供が二人できた。それをたよりにあなたは生きた。私が学校にいつてゐる事そして私がでたらといふ望みがあなたの不幸な生涯にともされた唯一の平和な光でせう。

　さうですお母さん貴方はよく言つてられましたね。私が学校をでたら一緒に京都でくらさうよと。ほんとに山科より花山天文台を右にながめながら東山をとほりぬけてつくあの京都は平和な市民的なまちでした。

　私とあなたと一緒にほそぼそとしながらも学びつつすむにもつともよいところでした。

　よく中村の小母さんが言ひましたよ。

　お母さんをつれてきて家の近くに一軒家をお持ちなさいよと。

　学校をでたらねと私がいふと今からすぐにさうなさいとあの小母さんは強ひる様にすすめたものでした。

　その心根がうれしかつた。

　でもお母さんさうするにはお金が必要でしたね。

　兄の結婚はお母さんによろこびをあたへる何物でもなかつた。いはばお母さんはあの流れの圏外にあるどうでもよい人にすぎなかつた。気の毒な母よ。

　結局お母さん、二人一緒におでんをうつて私がその日その日のお米をかひにいつて居た頃が、苦しみ多くとも一番幸福でした。

　あの頃よくお母さんはお酒をのんだ。その気持はよくわかるが、それ
がなんともいへずさびしくてお母さんよしてといつて私がないた事もよ
くあつた。

　あとで私が京都にゆく様になつた頃時々すまなかつたとお母さんが
言って居ましたがそんな事はどうでもよい昔の事、栓なき昔の夢ですよ。

　「俺はあの頃一人になつて母が酒をのんでるのを遠くできききながら涙
がでてきた。

　あの事から俺には涙がなくなつた。

　人は多感にして夢多くすごす青春を俺は冷かにそして所詮レアリテー
トのない人間関係をオミツトした夢を求めて生きたあの生活により少年
の軽やかな日より大人の無関心へと変質的成長をした青春をとほること
なしに。

　でもそれはどうでもよい」

　お母さん、たしかに私の少年時代は暗かつた。でも今となるとそのく
らさがむしろ私らしい。ノーマルな状態で平和なスイートなものがむし
ろ私には仮措の所産の様に思へるのです。他の人にとつてかつちりした
不動の現在の甘美さには私はよひきれぬのです。いつも冷たい暗いウン
ターラーゲが意識されるために。

　お母さんもよく知つてる大地原、彼の存在はこの暗い下層より私をひ
きあげてくれたようなものでした。

　でもお母さんこんな話はよしませう。

　お母さん今となつては世の大きな波の変動に流され私とくらす望もな
くなりました。あゝあなたは一体過去の何を糧としてのこりの生活をお
くられるのですか。現在何をたよりにあなたは生きるのですか。

　老ひし母よ、愛にへだてられし親よ

　あなたがきのどくでたまらないのだ。

幸のすむ国ありと人はいへど
　　老母にえみし星はなかりき

インペリウムロマノールム。汝がほろびしみなもとをさぐらんとして
三年はたちぬ。

しきりに友の美しいイメージを思出す。この気持わからんだらうとえ
みし友を。
　されど友よ汝が心ばえいかならんとも我が汝を想ふ心にいかで及ばん。
　我汝に―今よりは―何も求めず。
　我たゞ汝の生の美しく花咲きにほふを祈るのみ。
　我は所詮汝の如き美はしい存在をそこなふに過ぎぬトイフェルにすぎ
ず。

　友よ、我を見る勿れ。我眼冷く暗し。君我を見ば荒涼たる感にうたれ
面をそむけん。
　されど友よ、我心を信ぜよ。君の美しき躍動を心より祈るもの我をお
きて又人はあらじ。

　夏はきぬ積乱雲は空をとぶ
　~~夫山南に~~
　高鳴りぬ若人の心いとつよし
　さびしなど思ひし事は未だなし
　ああこのパラドツクス誰か知る

　今日の午後何故か去りし友のことを思ふ。
　彼がかへってきたらあゝも言ひたいかうも言ひたいと思ふ事が数多あ
る。彼は今如何うして居るだらう。彼の様子を思ひ浮べただけでも胸が
あつくなる。たとへ苦しくとも愛する人と最後を共に生活できる俺は幸

福だ。たとへ一方的であつてもそれでよい。尹夫よお前が相互的なる愛を求めるのが誤りなのだ。お前のカラクテールが果して人にとつて愛すべきものであるかどうか、考へて見ればよい。

　平和な家庭私はそれを二つみた。

　北園と成城に。

　この国に如何に嵐ふきすさぶともあの二つのスイートホームだけはとこしへにつづいてもらひたい。

　どちらも子供が二人とも軍隊にゆきやさしいほんとに愛すべき父と母が二人して我子の帰りを待つて居る。

　静な夕老ひし母と父が夕餉のテーブルにむかふ時貴方方の心の中はどんなでせう。

　佐竹・中村・あゝ二つのスイートホームに幸あれよ。成城・北園・どちらも夢の故郷だな。

　Heimweh〔「郷愁」。ドイツ語〕!

　愚劣なるものを憎め。没論理の醜悪なる横行よ。つかまうとして対象がするりとこぼれおちてしまふシロジスムの素樸さと云ふ勿れ。シロジスムの発展が論理の諸々の形式の母胎ではないか。

　この生を心して生きよ。人を傷くること勿れ。

　人間関係をオミットし、自分を一つの機械となす。それによって生をうちたててゆく人もある事といふ。

　海辺にてマッチをかりしかの乙女の

　　法ぴ姿のなまめかしゆ〔ママ〕う見ゆ

　リールとはうつろな鐘のひびきなり

生きるとは死への努力とのたまひし
　聖の心に涙そそらる

朝になると何時もかうして日記をかく。
朝はメデイタシヨンをそそる。

いろいろの感情の浪をかきつづけてゆくうちにそれをながめるように
なる。

君よ知るやオレンジ〔レモン〕の花咲く南の国を
Kennst du das Land wo die Zitronen blühn〔ゲーテの詩の一節。意味は上
記〕！

美しき友もすまふにこの世はなれ
　とはのさすらひを我はこがれぬ

わが心にくらき風ふきすさぶ
　くらく冷きものはほろびよ
　この世は強く明く美しきもののみの住むところ、と思ふ

俺はひとりのからにとじこもり心も固く冷くなる。よし如何に強烈な
りとも人間をわが生からオミツトし一つのシステムのオルガーンになり
きれ。朝な朝な空をうつろな眼でながめつつ求めんとしてあひえざりし
ものにあこがれる心はそつとかくして。
　涙も温い心もなにもないベイクームの子となる事がお前にとつて幸福
ではないか。
　お前はいつその事はやく死ねばよい。苦しみもつかれもなにもない永
遠のやすらぎへと進みゆくべきではないか。
　オーマーカイヤム
　　星は彼方なる地方に沈みキヤラバンは静に歩む……

　之ほどメランコリックな孤独感に沈むことも今迄あまりなかつた。愛は生の源泉と人は言ふのに愛とは苦しみと Sehnsucht zum Tode〔「死への憧れ」。ドイツ語〕にすぎぬとは！あまりにもつれない星のいたづらよ。

　伍朗かへる。一郎かへるも近からん。あまりにもうれしくてちょつと悲しい様だ。
　今日は彼の事を何かにつけて思ひだした。
　彼のアクセントとポーズがうかび、ひとりでにほほえまれる。俺は一人の人をしか愛する事ができない。愛は分割して減ずるものではないといふ。それが真の愛なのだらう。だが俺の愛はどうしてもケルペルリッヒカイトをはなれられない。俺の愛はあく迄も不純であり盲目なのだ。それが冷く暗くそして (und) 醜い俺にふさはしいのだらう。
　だが友よ。私は貴方に関する限り純粋になりうる。□私は真に友たる愛に達しえたからだがそれを俺は他に及ぼしえないのだ。聖人は幸福であり小人は不幸だ。
　天才よ貴方は豚的幸福といふ。だがジェニーよ豚の不幸の苦しみを果して汝知るや。

　激怒をそつと静めるのも楽じやねえぜ。そんな気持はそこらの野郎にはちよつとわかるめえぼけなすよ。

S
　昔Sといふ男が居た。おとなしい男だつた。その頃俺は彼は内面的に強い男だと思つて居たがそれは実体のない幻の移入にすぎなかつた。
　ある年上の人が、彼を愛して居て俺にその思ひをうちあけた。結構面白くきけたが人に対する思ひをはあはあ等といつてきいてる男は余程滑稽だ。
　京都に行つたらその男も家が引越して大坂の高等学校へいつた。二年ばかりして大学で彼に出会つた。その挨拶のしぶりといひ天晴れ未来の

269

銀行家みたいなスマートさがあつた。

　京都に居るなら勉強するかそれとも一かどの遊人になればよいのにやけにヂェトルマンらしくなつた居た。チェッいけすかねえと思つたつけ。

　海軍に入つて中学の同級の男が分隊長として着任。—（俺は卒業まで天晴名優としてすごした）—彼は昔しＳの親友だった。

　なにかの時Ｓが死んだときいた。惜しいことをしたよと彼は言つたが俺には全然何の感じもおこらなかつた。

Ｍ

　あまり親しくはなく全然無関心で中学をすごしたがそのＭが分隊長として着任、驚いた。

　彼らしいよさを発揮して皆をひきいて居た。さつさうたり。

　学生に話がながくなるにつれ、彼の言ふことはあてにはならぬ等といふ男がよくでてきた。手をひるがへせばとかいふ軽薄を見せつけられるようで不愉快だつた。

　でも俺は高等学校・大学時代の友には素直な愛着を感じるのに中学の時知つてた男に出会ふと皮肉な眼でしかみられない。

　いたしかたなし。所詮小人尹夫の愚かさは死ななきやなほらねえ。

Ａ

　彼も元来Ｍと同じタイプの男だ。高等学校大学と東京でおくりお互になんの関係もなかつたが大井でひよつこり一緒になつた。

　Ａは小学校中学と同級、子供の頃は仲好しだつたがそれでおしまひ。

　Ａにあふと過去のきづなにしめつけられるようで嫌だつた。

　大地原よ貴方は私と時間は短かかつたが内容からいへば最も深く長く、最後迄、（あへていへばトウトラビー）強い友情を抱きあつて居た。

　あなたはよく私を元気の源だ等と言つて居たがそれは私の方で言ひたいくらいだつた。今でもあなたを思ふこと多し。

　大地原姉上、よく豊が姉さんが君にあそびにきてくれと言つて居たよと言ひました。豊よ何を言つたかと思ふにつひゆけなくなり家の前迄言〔ママ〕つてはでは失礼と別れてしまひました。大地原征でゆく日近き頃はじめてお伺ひしました。

　あなたは想像して居たとほりの方でした。

　父上と豊と妹さんの世話をなさるあなたにお目にかかると涙がでてきました。やみし父上を看護なされる姉上よ、あなたの瞳は何時も涙にぬれた様にうるんで居た。美しい貴女が粗末な着物にショールをかけてさびしさうに歩いて居られるほど美しい姿を知りません。

　ピーハウといふものがあるといふ。そこに歓楽の草がさくといふならともかくも、ざらざらした皮膚としはがれた声ではとんだ興ざめではなかろうか。

　大地原、大地原姉上、貴方がたと親しかつたといふ事がなんと大きな力を及ぼすことでせう。

　大地原と気楽にそして又実によく話をした。人がきいたら無味乾燥な話がなんとすばらしく興味をそそつた事でせう。そして人気もかまはず往来で朗笑した。豊のくせはオーバーに手をつつこんで話しに熱中して―それも静なクラールな声で―人を押してくることです。そこで私は何時も往来のはじに追ひやられ立止つてしまつた。

　愛すべき少年ユマニスト、豊。

―わたしがあなたをどれほど愛し恋焦がれてゐるか、あなたは少しも知らない。否、知らうともしない。
―真情を吐露して受け入れられぬ寂しさは実に限りないもの。
―愛情の表現に拙いところはあつても、受け入れる心さへあれば、といつも思つてゐる。
―人は孤独、他人は人の気など察しもしなければ、大体分らないもの。

271

とは思っても、あなただけには分つてほしい。
—あなたがいそいそと要ムγに行く時のさびしさ。せめて別離の哀愁でも、瞳に湛えてくれたら、どれ丈、慰められたらう。再会の日に、飛んで行つて抱いて、喜びたかつたのにわたしの気も知らないで…。
ナンテウスツペラナ!

この頃は一日ゞと快調にすぎてゆく
五月から六月へまさに美はしきセゾン
昨日は鹿屋へ。人気なく荒涼としたγ〔飛行場〕。
破壊されし格納庫。
戦はいやましに深刻化し、そしてカタストローフへ。あゝこのタブーよ。

佐竹、美はしき人、クレドー。彼が生きる事を真に祈る者、彼のために死ぬ者我を惜きて又人はあらじ。

人知るや真の友の情には
　　　おみな心もうすくつめたし

レーベンといふ事、そは進む事、停滞は退りぞけられよ。

美はしきはるをすごせしかの人は
今日此頃ヲ如何に見つらん

あまり感情にはしるなかれ。いやそれは嘘だ。感情によへよ。たゞ自分であることを忘れるなかれ。いや忘れてしまへ。忘れてなくなるものなぞはなくしてしまへ。

没落と崩壊、デカダンス、皆ほろびのこるもの何もなし。すべての終末。

　今年の秋のこの日はさびしく冷く風がふきすさびのこるもの何もなくならう。

　そこにのこる人は頂度今宵の様な冷い風がふき松がなる音をききながらなくにもなけぬさびしさにたえきれぬようにならう。

　お気の毒だが私はもう貴方方とは縁なき者なのだ。我等とmit leben しうる者は今年の夏迄生きぬ者に限られるのだ。

　そしてそれ迄に死ぬべく運命づけられて居られぬ者は我等とmit leben しうる権利を持たず。

　嘗てあつた様な人間関係はすべて深い溝で切断せられ我等もはや何等のつながりももたなくなつてゐる。

　親しかりし人々よ、貴方方は今一体生きて居るのか、それとも明日の再建をひかへて生命の源泉を培つて居るのか。

　だが現在の生なくして何で明日の生が存在しえようか。すべては崩壊する。日本に終末がくる。あのタブーカタストローフよ。

　愛と云ふものはいつまでも変らぬものだらうか。愛の対象や環境の変化によつて愛は変ることはないだらうか。

　人類の流した涙はみなこの涙ではないだらうか。

　この涙を流さざらんがための努力は卑怯だらうか。それとも愛が足りないのだらうか。

　一緒に夜間飛行やつて、同じ機内で。パツとガソリンが燃えたら。につこり笑つてとびついて接吻するのに。一緒に死にたい。

　そしたら、そしたら、死の勝利と云ふ絶対的原則に一つの別称愛の勝利を認識出来るのだが。

　生には何の未練もない私。

　もしももしもあなたが私のために、と云のなら…。たゞ一言一緒に死んで……。と云ふのだけど。この世のすべての苦痛は背負つても、この一言があれば何も恐れない。一緒に死ねたら、どんなに嬉しいだろうナ。

あはてふためく部下の前で、妖然たる君の笑みたる唇に、熱い口づけをこんな素晴らしいこと！
人間には許されてない美しい世界の様なきがするナ。

人が何と云はうと、二人のことは分らない。何も片鱗も知らないんだ。この世はバカ許りだ。下らネェ。バカが死ななかつたらこつちでさつさと失礼する許り。

こんないゝひとを私に与へてくれたものには、感謝する。君なかりせば、…□のだに。あー

未だ爆音が聞える。何も忘れてオルヂスを祈つてゐるのかナ？
それでいいのだけど、矢張りわがまゝが云ひたくなるんだ。
ときに、想い出してくれ、と。

こんな事があつた。
大井川の鉄橋の上をかの人がずんずん歩いて行く。途中で自転車で失敬と言ひ乍ら先にゆく。「オオ」…とそれだけだつた。

俺のあまり好きでないタイプの男が居た。それが何時もかの人と外出して居た。そして「おい」とか言つて彼と親し気に話して居た。もしかの人があゝいふカラクテールにしか関心が持てないならいつその事なんとかして俺の性格をかへてしまひたいと思ひ悩んだつけ。

将棋、便利なミッテル。最もうれしい、一時。でもそれだけだつたのがさびしい。

かの人と昌〔ママ〕家。ミツトシユラーフエン。俺は憤激した。

274

　ともに木更津行、あゝその歓喜。

　今迄の醜い制服の生活は終つた。
　大井川をあんな人形の様な汚い服で歩くのがあまりにも苦しくなさけなかつた。

終焉
　総て過去にあつたものは崩壊し流されてゆく。もろもろの権威と秩序の混沌と沈みゆく時我等をめぐりし人々の面影もそこはかとなく消えさりぬ。あゝ過去よ。流れ星の様にかそけくもさりゆくよ。

　今は唯一人の美はしくやさしき友と語らふのみ。のこる月日も少しと知るそのさはやかさ、友よ、あなたの星に幸あれ。

没落!!日本はたどる唯壊滅の一途。我等はゆく、トーデスメール。

　国民義勇兵役法制定。もがく人々よ、さびしい努力。クレドー。嘗つての日本は亡びるよ。

　このレーベンもあと一月。気は軽し。眼は痛し。疲労の連続の故か?

　愛と切断に対する不安とに緊張した。不思議に甘美な今の生活よ。
　夢さりやらずしてフイナーレを奏でうるごとく我等の終末よ早かれ。

　大地原、中村K、すでに遠く去りぬ。

　上久保、佐竹と境にポスリに行くこととなる。されど気すすまず。佐竹との友情に影がさすのがたえがたくて。
　幸にして実現せず。ほつとする。そしてそのあとのベゼとアンブラセ。佐竹が居なければ平気でポスレルのだ。

眼未だいたし。はれて居る。今夜は十一時にねる。

俺はもつと力一杯生きるのだ。あらゆるパッションに道をひらけ。

私はかの人を熱愛する。かの人はまるでそれを嘲笑する様なポーズをとる。

私はその時どうしてよいかわからなくなる。その寂しさにたえがたく、ままよと孤独の没落へ進まうとすると彼の人はひしと私をとらへてはなさない。

悩み深く又甘美なる愛と切断のドラマ、そして私はその三枚目として生きてゆくのだ。

人は私をねちねちしてるといふ。だが常にはなれがたいのだもの。しかし、すべてをもう一度すてなければ新しい生命はでてこないものなのだ。生きる事は悩みふかく又歓びをそそる。

過去の関係はすべて消滅した。一人ぼつち切りはなされ最後の華を咲かすのだ。だが私には愛する佐竹が居る。二体にしてしかも一体なる佐竹が。

破壊！まさに甘美なるアルバイト。
デカダンス！快き生命の消耗。
浮々と浮びつつ沈みゆく存在よ。
お前は死へのエロチシズムにより生きて居るのだ。

過去にある諸々のイメージの中唯豊をのぞいては今となつて私に貴重なものはなくなつた。
豊と私が共にある事その運命の微笑が我等二人に生命をあたへたのだ。

この頃は不愉快な事が多いです。為さんにもしかられたりなぐられた

り思ひがけぬ人の罵言とか苦言、苦い気持にもなりました。

　でもそのうちに熱が出て私はやすみ今日で六日もねました。
　肩がへんにこるのを感じ、昔し京都で病んだ頃を思ひだした。

　あの頃は孤独でミゼラブルだつた。
　高等学校的なにぎやかさがなんだかあまり美しくないそして楽しくもないParadis artificiel〔直訳すると「人工的な天国」ぐらいの意味。フランス語〕の様だった。

　ポエシスの…広い意味で…歓びをしつたのは深瀬さんについて本をよみはじめた頃で、その時から三高もたのしくそしてよいかげんにはすまされぬ貴重な時間の連続となつた。

　森六が私の翻訳をよんではにこりと快心の笑をもらしたがその六さんも死なれたといふ。

　でも今の暗い生活もこの病気で一時とぎれ私は新しい雰囲気のうちに生活をくみたてなほさうといふ新しい意慾がふつふつと心中にきざしてくるのを感じます。

　強く強く嵐がふいても折れない意志を以て生きませう。
　それが嘗つて私をひきつけた一すじの道をすすんだ人々の生方だつたではないですか。

　風りんがすずしげになつて居ます。
　秋の様に涼しい風。
　Kと共に愛したあの詩を思出します。
　　　　Le vent se lève,
　　　　il faut tenter de vivre!〔前出。ヴァレリーの詩の一節〕

ねながら俺がサタポンサタポンと呼びかけるといふ。それをきいて俺は涙がでさうだった。

それほど迄に俺はサタポンを熱愛して居るのだ。

考方とか、レーベンスベールトのおき方等がずいぶんちがふと思ふけどなんとしても二人とも離れられないのだ。

この様な親近さを大井にありし頃、果して誰かよく想像しえよう。

でも現在の事はかけないものなのだ!!

七月十五日といふ日で親しい人々と別れなければならないさうだ。あゝあまりにも惨酷な変化。

今日は苦しい一日。γ作業もわあわあとわめいて故障の電探まで作動しはじめるといふ順調さ。でも今日はあまりにも悩み深い一日だった。

伍朗、貴様の様な明朗さをみると俺は胸がむかつくよ。

といつて貴様を憎むわけでもないが、貴様が面白さうに話してくれた事実が…俺は笑ひながらきいて居たが…どれ程俺の心をかきみだしたか。貴様の様な人間にはわかるまい。

あの事実をきいたがため俺は一日中苦しみどほした。かの人はいとも朗かさうだつたけれど。

でも仕方ないし、むしろその方が当然なのだ。結局俺は何かのサブスティテュートにすぎないのだもの。

あゝなんとたまらないことか。現在がまさに過去へ移行してしまふとは。生ける屍、もうたへがたい別離の后に俺にのこるものはたゞ死への

エロチシズムだけなのだ。

夜、もう夏も真盛り、昨日yで流星のとびかふのが見えた。
あゝ秋までにおさらばしたいな。

カタストローフ、デカダンス、休息がねむり。
では今眼の前にある人々よ。
さようなら。もうみんなだめ。

なんでもかも滅びてよいのだ。
俺にとつてもうハイターカイトほどいやなものはなくなつた。

どうでもよい早くねむりへ。
俺のyが今日離陸しようとしたとたんてあらく左へぐつとまがつた。
俺はその時思つたけ、今死んでもかまはないよ、と。さあさあおさらば
するならお早い方がよいですよ。あゝあまりにも苦しみ多い一日だった。

一日そして又一日。ランクバイリツヒ。Sehr langweilich〔「とても退屈な」。
ドイツ語〕
かの人の腕に抱かれかの人の胸に顔をうづめる夜の一時のほか生命を
そそるものは何もない。

一体戦争に出られるのも何時の事だらう。あの心安らかな永遠の平和
のくるのは。

夕方、あの最も美しい一時。
なんのまとまりもなく浮んでは消えるいろいろのイメージ

いとはしい人々と死ぬたへがたさ‼
このダブルエクスクラメーションマーク。

付　記　—筑摩書房版『わがいのち月明に燃ゆ』より—　▶

「回想に生きる林尹夫」

林克也

1　出版までの二十有余年

　弟が戦死して二十一年半、その遺稿集を発表できることは兄として、また彼を育てつつ彼を理解する者の一人として感慨なきをえない。

　だが今日まで、いたずらに機を待って年月を空費したわけでなく、次のように三点の理由があった。

　第一に、当時の米軍占領統治下では、全文はおろか部分的にも公刊不可能であり、最悪のばあいはプレスコード違反で原ノート没収の危険があった。そういう噂が占領軍の耳に入ることさえ注意しなければならない時代であった。

　第二の理由は、この種の遺稿は、他にも存在するのではないかという配慮である。もし秀れたものが公刊されるならば、あえて弟の遺稿を取上げる必要はない。この是非の判断は、日本の戦争が、多角的な視点から批判され、第二次大戦の導火線となった日本の本質が解明されたならば、学徒出陣という事態のもつ意義があきらかになり、この渦中に置かれた青年の思想・心情・行動が問題になる。このような時期がくるまで発表は待つべきだというのが、私の判断だった。

　第三の理由は、戦後日本の諸変化を考慮したことである。これについて戦時中に私は弟といくたびか討論した。彼が大井空にいた当時、この戦争のなりゆきを分析し、われわれはいかに生き、何をなさねばならぬかを考え合った。それは、明日の世界とは何かという課題との取組みであった。この素材になったのは第一次世界大戦に敗れたドイツになぜナチズムが出現したか、その教訓が第二次世界大戦にいかなる意味をもつかの分析である。

　ついで戦後のアジアはいかに変化するか、それと日本の関係、とりわけ日本にのしかかってくる課題とは何かの分析であった。

　限られた時間、乏しい材料、しかも私は二十六歳、弟は二十二歳、いずれも未熟な知識と能力であったが、いまふりかえってみると大筋の分析は、当らずといえども遠からずだった。

　このことは、弟が戦死の半年前に、なぜ一篇の論文（付記参照）を書こうとしたか、その問題意識の解明になるものである。これは弟から私あての最後の書簡（第二部）にあらわれている。以上が私をして二十年まって公刊しようという気持にさせた。

　弟の遺稿集（原ノート四冊）のうち後半の二冊が、友人中村金夫氏の手にわたったまま、戻ってこなかった。しかし私は、友人とその家族の弟に対する愛情の深さによるものと判断して、二十年たったら必ず返してもらう決心をきめ、家族にも納得させておいた。

　しかし渡す直前、万が一を考慮してコピイを三部つくった。一部は評論家I氏が紛失し、一部は作家K氏が火災で焼失した。一九六五年夏、弟戦死の満二十年めがめぐってきたので、遺稿集発表の準備にかかり、原ノート前半二冊（三高・京大時代）の浄書にかかった。

2　原ノート戻る

　原ノート後半二冊（海軍時代）は三高級友某君か、深瀬基寛氏（京大名誉教授、六六年死去）の手許にあるはずで、これは筑摩書房山田丈児氏の協力で深瀬氏と連絡をとった結果、やはり某君の手許であることが判った。

　機縁が訪れれば問題は解決する。それは第十四期会が、戦死者遺稿集を刊行することになり（『あゝ同期の桜』、毎日新聞社、六六年九月刊）、弟の遺稿担当者の高原俊雄氏（会社社長）から原稿提出の依頼状が届いたことである。高原氏は亡弟の三高時代の級友、そして土浦空、大井空時代を共に過し、私とも戦時中に面識があった。そこでこれまでの経過

を高原氏に告げ、原ノート返却の手配を依頼した。この結果、まず原ノート二冊は高原氏の手に移り、ついで二十年ぶりに私の手に戻ったのが一九六六年三月末、奇しくも亡弟の誕生日にあたる日であった。

　遺稿集の資料は幼児から戦死時期まで相当量あるが、私の意図は、戦時下の青年が真実探究の誠実な努力をつくしたか、その一端をあきらかにすることなので、三高・京大・海軍時代の日記を基本とし（第一部、第二部）、加うるに三高一年の夏（四〇年七月）に書いたトーマス・マン研究『ブッデンブロオク一家』と、戦死四カ月前に執筆し未完に終った社会経済史論を加えることにした。これは弟の精神に生と死と愛の葛藤が芽生え、人間とは、社会とはを探究し始めて文学、それも最初はトーマス・マンに打込み、ついでマルタン・デュ・ガール『チボー家の人々』に熱中することから政治・経済に開眼し歴史学専攻の立場から国家・民族・革命を理解しようとした弟の五年間の努力を集約するものであったからに他ならない。これについて私は『愛と死の筈の下で』（潮・六六年八月号）と題した小論で、遺稿集発表の真意をあきらかにした。亡弟についてはじめての著作である。

　原稿浄書にあたり、用語は現代表記に改め、英・独・仏の原語は訳語をつけたが、そのうち既に日本語化したものはルビを付するにとどめた。また文章についての誤り、字句の誤記はすべて訂正した。

　当初の予定では約四百枚で脱稿するつもりだったが、実際には七百枚になり、一部を削除して五五〇枚前後を決定稿とした。

　また原語の校訂およびその訳語については、特に三高・京大時代を通じて弟の親友だった大地原豊氏（京大）を多分に煩わした。昨年の春、大地原氏より直接に何か手伝いたいとの話があり、弟にとって無二の香華と思ったからである。厚く同氏に感謝する。

　私が遺稿集公刊を筑摩書房に託したのは、きわめて稀な縁故を感じたためである。まず山田丈児氏が原稿浄書中の一年間にわたって休みなく熱意を寄せられたことである。ついで関係者三氏がいずれも昭和十八年学徒出陣の体験生存者だったことである。担当責任者の野原部長は海軍十四期、また細かい配慮の上でたえず大地原氏と連絡をとられた井上局

長は京大の後輩で十四期予備学生として武山海兵団を共に過されている。そして展望に約百枚掲載の便を図られた岡山編集長は陸軍徴集とはいえ同じ体験者だった。加えて弟の原ノートを戦死直後に秘匿し没収されることを防いでくれた佐竹一郎氏（公務員、後述）が岡山編集長と高校・大学同級の縁である。

このように弟の遺稿集は多くの友人・知己の努力と厚情によって世にでることとなり、『林尹夫、もって冥すべし』と感謝せざるを得ない。

3　表題決定の由来

いかなる題をつけるべきか、これは編者の私にとって二十余年来の悩みであった。原稿を編集にわたしても名案がでてこなかった。これが『わがいのち月明に燃ゆ』と決定したのは展望に発表するぎりぎりの時である。それは前述の追悼記『愛と死の笞の下で』に書いた文章の一節がとつぜん弟戦死の光景として視界をよぎったからである。すなわち、

「……尹夫の青春に充実した意識の世界は僅か五年でそのいっさいを未完のうちに終った。　……（中略）……低気圧の乱雲乱れとぶ月明の夜半、爆発的に燃えさかる機中で昇天した。　敗戦二週間前である。……（後略）」

こうして表題はできたものの、なぜか急に二十二年前の天候、月齢と時刻が気がかりになった。これを確認する材料は、佐竹氏が二十年ぶりに寄せられた『友よ、高度三千を飛べ』という回想文である。

佐竹氏は同じ海軍十四期で、武山＝土浦＝大井＝木更津＝美保＝大和の各基地生活を、弟と共にされている。美保基地では起居を共にし、大井空時代から私も面識がある。特に弟の戦死を秘かに知らせてくれたし、原ノートを没収されぬように秘匿し私に届けてくれた。その佐竹氏は次のように書いている。

『おい林、高度はどうするんだ』

『うん。六千で飛ぶ』

六千という高度をきいたとき、私は大きな不安に駆られた。当夜の気

象は二千から三千にかけて層雲、ないし層積雲がびっしりと空をさえぎってはいたが、三千以上は一点の雲もない晴天で、月は満月に近かった。

　こんなばあい、夜間飛行としては雲の下を飛ぶか、雲上三千を飛ぶか、六千という高々度を飛ぶか、三つのやり方がある。雲の下を飛ぶことは、海上に灯火でも見えれば視認できる可能性があり、また敵のレーダーにもつかまりにくいという長所もある。しかし夜間飛行に不可欠な天測ができず、機位を失する恐れがあり、気流も悪いという欠陥があった。

　六千という高度で飛ぶことは、レーダー索敵にはやや有利であるが、敵レーダーに発見される危険が大きく、とくに動作の鈍重な一式陸攻では敵の夜間戦闘機に追われたときに逃げきれない恐れが大きかった。私は林に、六千は危険だ。夜戦に追われたとき、すぐ雲に突込んで逃げられるよう、高度を三千にとれと強く主張した」（以上、佐竹氏資料）

　弟の戦死状況については、私も美保基地に赴き（一九四五年十月）、残務整理中の司令、飛行長から直接に説明してもらったので佐竹氏資料とあわせて書いておく。大阪がB29の大空襲を受けて炎上中だった七月二十七日二十二時、弟の搭乗機（レーダー装備の一式陸攻二四型甲）に緊急出動命令がでた。四国沖に米海軍の第三十八機動部隊が接近中で、この夜間索敵哨戒のためである。出動準備に手間どり大和基地（八〇九錦部隊）を発進したのが二十八日午前零時、まず東方洋上に飛び、ついで針路を南にして四国室戸岬東南方一四〇浬（約二六〇キロ）の位置で、敵空母部隊の夜間戦闘機から攻撃を受けた。時に〇二・一〇時である。このとき「われ敵を発見、敵戦闘機の追跡を受く」の第一電を発して空戦にはいり、ついで、〇二・二〇時に第二電「ツセウ」（敵戦闘機の追跡を受く）を連送、それなり電波は停止した。この時刻が、被弾すると一撃で炎上爆発するため「ワンショット・ライター」とアダ名された一式陸攻の最後だったと思える。

　このイメージが『わがいのち月明に燃ゆ』の発想である。月は満月に近く、しかも昇って間もない。下方三千メートルは一面の雲海、金波銀波のさざ波のごとく、満天にまだ星がきらめき、そのなかを彼我の曳光弾がとびかった直後、一閃の爆発が同乗者七人の昇華を告げる。そして

大気中に飛散した灰がひめやかに雲海にふりそそぎ、やがて海に散って消えはてた。

事実、このとき米第三十八機動部隊は、四国足摺岬一一〇～一三五度一八〇キロ海域に展開中で、黎明とともに母艦機を発進、四国、中国、九州を襲った。呉軍港だけでも母艦機六五〇機が来襲、戦艦伊勢、日向、巡洋艦大淀、空母葛城など多数の艦艇が為す術もなく撃沈破されている。

つまり弟の搭乗機は敵機動部隊から五〇～一〇〇キロ辺で触接探知し、撃墜された。当時、連合艦隊は高速偵察機彩雲を使用して索敵中だったが目的を達せず、敵の無線傍受と夜間レーダー索敵ではじめて敵所在点を知ったが、手の打ちようがなかったのである。同時にこの時、ポツダム宣言の無条件降伏の勧告がわが国に通達されていた。

ここで弟の旧師深瀬基寛氏が、随想集『人はみな草のごとく』のあとがきに書かれた弟への追悼文を引用させていただく。

「……ついでに一つの挿話をつけ加へることを許されたい。かつて私の生徒の一人に林尹夫君といふ名前の生徒がゐた。恐ろしく優秀な生徒で、いまごろ生きてゐたら恐らく、逆にこの生徒からいろんなことを教はつてゐたであらう。戦争が起るとすぐ、汚い死にざまは嫌だといつて、飛行機の特攻隊を志願し、終戦のわずか一週間前に、私の生れた土佐の海岸から数十哩南方の海底へ、その短い一生を沈めた生徒である。話に聞くと、激しい訓練の最中も書物を離さず、その最終飛行の時には、すでに軍刀は無用だといつて、軍刀の代りに平素愛読してゐた四冊の書物をトランクへつめて行つたといふ。……（後略）」（以上、原文のまま）。

深瀬氏は人伝てに弟の最後を知ったが、その内容について若干の誤りがあることは前述の戦死状況で明白である。しかしこれは深瀬氏になんら責任がない。終戦直後に弟の戦死を大阪朝日新聞に寄稿した級友平井啓之氏（東大）が特攻戦死と書かれたからである。

深瀬氏は弟の三高時代の担任教官という関係であったが、年齢をこえて相互に認識しあう契機になったのは、弟が最初に書いたトーマス・マン研究の文芸評論からである。遺稿集付記に掲載した第一論文『ブッデンブロオク一家』がそれである。この原稿にはわざわざ「理解の明晰と

287

表現の適確さが実に快よい。敬意を表す」と書き添えてあった。

　弟の遺稿集はこのように、多くの友人・知己の理解と支持によって刊行された。兄として感謝にたえない次第である。

4　兄弟、愛別離苦の追想

　兄弟、必ずしも相互を完全に理解しうるものではない。これはあらゆる人間関係に共通する。相手をいかに深く理解するか、どれだけ透明度を高く認識できるかは、観察する側の意識、姿勢、方法にかかわる。

　わたくしのばあいも、弟の生存中よりは、現在のほうが、より明確に把握できる。時をつみ重ね、時代の変化による青年像の移り変りを観察し、体験を増すにつれて、弟の全貌が尖鋭に見えるようになってきた。これは心情的、感覚的にとらえていた状態から、客観的、解析的に考察する、いわゆる突き離して見るようになったからであろう。

　こうなるまでには私自身にかなりの変化があった。弟が戦死した直後は悲しみと言うよりは苦痛であった。真の悲しみは死後五〜七年ぐらいになって、急激に、しかも痛烈に襲ってきた。それが何であったか、現在ではかなりはっきり理解できる。だがこれよりも彼とわたくしの、兄弟というより人間形成の過程を検討してみたい。

　それは幼年時代の自然的関係から、たがいに個体的・自我的に両者の心情の交流が断切し、やがて潜在的、または意識的な対立と相剋があり、ついで独立個体として思想的・意識的に相互理解が確立されるまでの記録である。

幼年期の回想

　彼の死後、その日記を読むたびに奇異の念にうたれた問題が一つあった。それは、なぜこれほどまで淋しがりやであり、孤独感にさいなまれながら苦しんでいたのか。そして、はげしく愛を求めたのは何故か。ここに言う愛とは日記であきらかなように、異性へのそれでなくして、人間相互の理解と信頼という基本的なものであったが、これがながいこと

不明確であった。

　休暇で東京にいる時の彼は、もの静かな青年であった。彼が語る京都の学生生活は、よい教師と友人に恵まれていた。それを我々に語るとき、彼は生活を楽しんでいることを示している。私を相手に文学を語るとき、作品にとけこんでいた。静かであるが暗さはなく、心温い青年だった。

　そうなると、京都にいるときだけ淋しがりやで孤独感に悩まされていたのであろうか。

　この事は彼の死後に詳しく分析した結果、後天的な環境によるものであった。

　一言で言えば、彼は幼いときから甘エン坊であり、弱虫だった。家族から、ター坊の甘ったれ、ター坊の泣虫と言われた。この点ではっきり想いだせる事実がある。それは一九二三年の大地震（大正大震災）が原因だったと思う。

　当時の我家は一五〇メートルほどの高台にあり、背後は山、前景は東京湾が一望できた。庭は広く築山があり、四〇石入りの大きな池があった。幼い頃はタライを浮べて水遊びしたことが記憶にある。

　大震災の日、昼食にごちそうが用意されていた。食事が始まってまもなく例の衝撃波のような強烈な激震がきた。弟は一歳半、母に甘えて乳を吸っていたが、その瞬間の驚愕の表情はいまでも眼底にある。父は不在で、母が叱咤するような声をだし、食事中の者を避難させた。弟は小猿が母猿にしがみつくような姿勢をしていた。私だけは、母がよろめくように庭にでてゆくのを見送ると、膳のごちそうをかかえて机の下に入り、静まるまで一人で食べていた。怖いとは思わなかった。

　我家は潰れなかったが、近所の家は倒壊していた。それよりもひどかったのは、四〇石入りの池の端が欠壊して一種の山津浪をひきおこした事である。下方の街から火の手があがった。暴動が起るとデマがとび、数日後に兵舎に収容された。こういう記憶を辿ってゆくと、弟が泣虫といわれるようになった時期が理解できる。

　私たちの子供の頃には、ガマン会があった。夜になると墓地に行き、命ぜられた品を持ちかえる。私も怖いにちがいないが、幼い頃から「世

が世なら槍一筋の家柄」などと母に躾けられ、切腹の作法まで教わった
せいか、無理にがまんしなければならない。しかし弟はすぐに泣いてだ
めであった。

　小学校に入ってからも、長い廊下の便所にゆけなかった。私が「おば
け!」と言おうものなら、しがみついて泣く。私は母にずいぶん叱られ
た記憶がある。

　映画はやかましくなかった。現代のようなひどい映画はなかった。目
玉の松ちゃん時代からである。児雷也がガマに乗るとき、赤穂義士討入
りで大石が太鼓を叩く場面、こんなとき弟は泣きだしてかがみこみ、私
の膝にしがみついていた。

　私は小学校以前から遠泳に参加したが、弟は水泳協会のマスコットに
されて泳ごうとしない。海が怖いのである。私は彼を伝馬船にのせて弟
を海に突き落した。溺れそうだったら助けるつもりである。弟は浮いて
きたが泣いて困った。これは母に言いつけられた。その晩ひどく叱られ
る私を横目にみながら、弟は母に甘えて膝にもたれていた。

　たしかに弟は甘ったれで泣虫だったが、弱虫というのではない。私の
小学校同級に腕力の強いのがいて、こまかい集団のボスだった。それに
囲まれたとき、弟は「お兄ちゃんになにをする」と全身で頭突きをくら
わした。相手は倒れて泣きだした。弟は「さあ、逃げよう」と、わたく
しの手をひっぱったことがある。

　私は家で特別の待遇を受けて育った。本でも服でもまず兄さんからだ
った。自転車も蓄音器も私のものだった。これが弟にどのような影響を
与えたかよく判る。これも私の責任ではない。我家は積極的で進歩的な
一面とひどく封建的で家父長的なものが混在していた。明治の姿である。
私は弟を可愛がったが同時に横暴だった。彼を泣かしても周囲の者は「ター
坊が悪いんでしょう」と言う。その結果、弟は体をふるわせて泣き私
に反抗した。大人がとめるとそれを振り払い、私にむしゃぶりついた。
取組みあいの喧嘩になってガラス戸を突き破り庭にころげ落ちたことが
ある。彼が小学校に入るか入らぬ頃である。それ以後、兄弟喧嘩をした
ことがないところをみると、こりたのは兄の私だったにちがいない。

　私には多勢の友だちがいて家に遊びにきたが、弟はそれを嫌った。そして彼は友だちがなかった。そしていつも「お兄ちゃん」と私にまつわりつく。私はしまいにうるさくなり弟を追払って友だちと夢中になって遊ぶ。

　気がつくと弟は独りぽっちで泣いていた。私があやまると、こらえきれずに大声で泣き家にかけこむ。そして長くぐずった。

　この記憶はかなりある。こう書いているとすまなかったと詫びたい気持である。四歳ちがいの兄弟は、兄にとって弟はものたらなく、弟には兄が貴重な存在で力強く思えたにちがいない。とにかく彼は私に甘えて育った。

兄弟の別離

　わたくしは剣道、弓道、馬術、カッター、野球、水泳をやった。趣味は写真、動植物の標本づくり、ラジオの組立などであった。いずれも小学校以前からで、ラジオは鉱石ラジオからいじった。弟は剣道だけ学校正科のためやった。水泳は好きで上達した。野球は自分でやるよりスコアー・ブックで記録をつくるのが好きだった。二人に共通していたのは読書だった。

　仲よし兄弟であったのは私が中学二年、彼が小学校四年の時までである。この先三年間というもの、弟について記憶がない。正確に言うと弟など私の眼中になかったのである。それは私自身の生死にかかわる時期だった。簡単に言うと人生と社会、国家と思想に悩み始めて、教わる人なく打あける術なく苦しんだ時期である。読書と参禅で解決つかず、学業を放棄した。そして庭の隅に物置小屋のような実験室をたてて閉じこもった。弟なぞ寄せつけなかった。化学と物理、それに生物学の勉強と実験に没頭した。これが長くつづき私は父と別居して田舎の一軒家に下宿した。中学には試験の時だけ行った。級友は私を死んだとか発狂したと噂した。

　弟が何度かきたが、優しく語りあった記憶がない。追い返した。そしてその後まもなく私は父と真正面から激突した。父の偽善的な進歩性と

専横な封建性という明治的矛盾に耐えられなくなったのである。一九三四年（昭和九年）で満十六歳だった。

　私は数時間、父と激論した。さいごに「私は、あなたを父と呼びたくないのです。もはや親子の縁を切ってほしい」と言った。〝あなた〟という言葉に父は逆上した。「親の恩を忘れて」と喚き、刀に手をかけて私を斬ると言った。父が興奮のあまり脳溢血で倒れたのはその夜である。言語障害をおこして、わたくしを睨みつけた。

　事態が逆転した。私はそれから一年間、父の看護に専心した。父はしまいに「克也は私の先生だ」と言った。食事、治療、注射、ちょっとした小手術めいた処置はすべて私がした。軍医中将を主治医に三人の医師がついてくれたが、この人たちの指示と諒解のもとである。臨終のとき父は私に抱かれ、桃の花を眺めながら息を引きとった。私には、涙もでなかった。

　このあとはじめて弟を意識した。彼は中学一年生になっていた。はっきり書くが、彼は父の看護をしたことがなかった。彼もまたいつの間にか専制的家父長だった父を憎んでいた。そして私が父と闘ってそこを突き抜けたとき、四歳下の弟は、ようやくそこに眼ざめかけていた。しかし父の死で、その鉾先は私にむいてきた。それは彼を無視した兄への怒り、不信、不満がからみあっている。

　おたがいに話しあう術を欠いていた。年齢的未熟さがそれを深めていた。その頃の弟にとって、兄の私は何を考えているのか、何をやりだすのか理解がつかなかった。私にとって弟は何も判らぬ存在でしかなく、記憶をたぐっても冷い関係であった。

兄弟の相剋

　父が死ぬと同時に襲ってきたのは破産状態であった。一九三五年、私に突きつけられた父の未整理負債は十八万円あった。破産宣告を受ける直前であった。この時、宣告を受けたら弟はどうなるかと考えた。電気・水道・ガスはとめられていた。私は六法全書一冊をたよりに裁判所、債権者、しまいに内務省まででかけて限定相続の交渉に成功した。苦しま

292

ぎれに精魂をつくした闘争である。動産と不動産を処分して残り八万円の借財は棚上げにした。

生活は急変し、私は昼は職工になって働き、夜はオデンの屋台を曳いて行商した。そうしながら物理、化学、数学、それに自然科学に必要な英・独・仏の三カ国語を独習した。オデンを売りながら微分方程式を解き、指がかじかんで書けなくなった時の悲しみはいまでもかすかに残っているような気がする。

そういう私の努力と熱意を汲んで、理化学研究所に採用してくれた人が鈴木梅太郎博士である。第二の脱走という姿で私は家をでた。理研で月給十五円、一日一食で実験と勉強に専念した。空腹は水でみたし、耐えられなくなると動物実験室のモルモットの餌を失敬した。これらは清潔であったし、栄養実験の餌料なので、餓死をまぬかれた。

こういう苦闘時代に私と弟は生涯一度の正面衝突をした。家に帰って働いてくれとハガキを寄こしたのは弟だった。「兄さんが働かなかったら、ぼくとお母さんは餓死します。帰ってください」と書いてあった。家に戻ると彼は私に「兄さんが家の犠牲になるのは当然ではないか」と言った。

私が弟を憎みたく思ったのは、生涯これ一度だった。情なく、悲しく、絶望であった。それは弟が私の旧師まで動員して私の勉強を中断させようと努力したからである。

私には死んでも死にきれぬ思いであった。数日間、母や弟と言葉も交さずに苦しんだ。私は、運命は自分で創造するものだと確信していた。私に犠牲になれというなら、よしッ、なってやろうと思った。しかし私は自分が犠牲になるなど考えてもいなかった。

私は弟が苦労を分ちあいながら共に勉強しようと言ってくれるのを願った。それを彼は拒否した。それなら理科か工科の専門学校でがまんしてくれと言うと、「ぼくは兄さんとちがう。ぼくは文学をやりたいのだ」とはねつけた。現在でこそ懐かしい想い出だが、私と弟の未熟な時代の傷のような痛みである。

兄弟の人間理解

　絶望的気分の私に朗報が舞いこんだ。海軍の某研究機関で研究に専念せよという話である。研究さえできるならと考えた。待遇も悪くはなかった。専用の研究室を一つくれて、工業学校出の助手を三人つけてくれた。一九三七〜八年の二年間で、第一にした仕事は『航空ガソリン凍結防止剤の有機化学的研究』である。第二が『ロケット研究の重要性とその特殊燃料の可能性』という論文であったが、これは荒唐無稽として却下され、以後はロケットを口にすべからずと厳命された。第三は『林反応の研究』で海軍大臣特許になった。この結果、私は海軍依託学生として大学に派遣されることになった。

　こういう状況になったので、私は海軍をやめる決心をきめた。戦争に反対の意志を持ちながら、海軍技術士官になることは許せなかった。そこで表彰内示を受けた直後にサボタージュをやった。海軍は特許その他の権利を放棄するならば目をつぶってやると言った。一種の追放である。

　この事件を知って男爵大倉喜七郎が私を後援してくれることになった。形式的には月給八十五円だったが、実験手当を加えて一五〇円だった。この他に書籍代五百円（月額）、実験研究費一千円（月額）をだしてくれた。

　私は弟を寺に下宿させて、冷静に受験勉強できるようにした。こうして一九三九年春に弟は希望どおり三高文科甲類に合格した。この頃、彼は奨学資金を受けたり、私の友人から学資を援助してもらって、兄の負担を軽減しようと努力したが、私はそのすべてを中止させた。また家庭教師などもやるなと命じた。その代り毎月五〇円宛、彼に送金した。書籍は、不足分は私が購入して送った。学問は中途半端な姿勢でやれないからである。

　こういう状況になった頃、弟はふいに帰京してくると一年休学したいと言いだした。一生のお願いだという。徹底的に英・独・仏の勉強をやりたいと言う。一晩討論してから私は認めた。

　これと同時に私自身も国内留学にでた。満三カ年、四カ所の大学で勉強してから東京工大に腰をおちつけた。

　弟は一九四〇年春から高校生活を開始したが、ここで指摘しておきたい点は、弟がかつての事を心にかけて悩んでいた事である。彼の日記の書きだしに、いきなり兄への感想を洩らしている点である。私は彼の死後、弟が過去のことをどんなに心苦しく、重荷に感じていたかを知った。兄に対して徹底的に甘ったれで、わがままだった弟は、成長するにつれて、それで自身をきびしくせめていたことを理解した。

　さらに、私になんどもきた召集が、彼に改めて戦争を考え直させる契機になっていたことを知った。兄が召集される事は彼の願望をいっさい御破算にするからである。

　しかし彼はそれらの不安と重荷を克服すべく努力した。彼の努力は、やがて彼自身の内部に芽生えてきた学問への目的理解によって方向づけられ、社会科学への定着になる。

　大学に進んだ時、とつぜん帰京してきた。某教授から卒業後も大学に残るつもりで努力するように言われたというのである。「貧乏学者になってもいいかね」と言う。私は大賛成だった。しかしそれも中断された。一九四八〔一九四三〕年九月の学徒徴兵延期停止令の公布である。

　一九四三年、総動員法で指定化学者に登録させられていた私は、軍事研究をやるか、兵隊にゆくか、現場にでるかの岐路に立たされた。私は現場に行って労働者と一緒に働く決心をした。このため島田に転居した。過労で喀血したのは一九四四年一月、意識不明状態の危機を脱し、杖にすがって散歩できるようになったとき、弟が大井航空隊にやってきた。

　幸運であった。月に数回、彼は兄の家に戻ってきて、シンホニィーを聴き、書籍に埋れた兄の書斎で読書し、ノートをとることができた。このとき私たち兄弟は、兄弟というより思想をもった人間同士として、はじめて触れあうことができた。長い空間を運動してきたあと、はじめてめぐりあったような、相互に驚きと信頼をもって評価しあい、語りあうことができた。弟が最後の便りで「われわれはすべてを語りあった」というのは、この時期のことをさしている。

　一九四五年三月、私は病気療養と戦後の活動に備えて松本に転地した。そうしないと原子爆弾か殺人光線の軍事研究要員として徴用される可能

性がでたためである。

　五月下旬、とつぜん美保基地近在の未知の人から美保にくるようにと
手紙が届いた。私はためらった。もし弟の心情に動揺を感じさせて危険
なことが生じてはならぬと思ったからである。つづいて弟は、「こなく
てもいい」（最後の便り参照）と言ってきた。これが逆に作用した。そ
して六月八日から十二日まで美保基地の彼の宿舎で過した。島田時代に
家にきた十三期と十四期の顔見知りの士官たちが集って盛大な宴会もや
ってくれた。

　このあと数回、兄弟二人して夜になると夜見ケ浜の海岸で語りあった。
弟は島田時代にわたくしが極秘に持っていたレーニンの『国家と革命』
を欲しがっていた。国禁の書である。ずいぶんためらったが、ついに弟
にわたした。彼は一枚ずつ千切って便所のなかで読み、細かく切り刻ん
で捨てるか、ばあいによっては食べてしまったと笑って話した。

　二人はここで卒直に日本とアジア、そして世界を論じあった。もはや
思い残すことのないようにと考えて討論をした。私はここで言った。「死
んではだめだ。俺は死んではならぬと決心して行動してくれ」と。

　弟は「もうぜんぶ終ったのだ。だめだよ兄さん」と答え、いきなり優
しく、きつく私を抱きしめた。おたがいに涙こそ一滴もこぼさなかった
が、これほどせつない思いで一瞬を過したことは、かつて二人の間でな
かったことである。

　兄弟が、大人としての愛情を感じあったのはこのときである。弟は「本
当は会いたかったのだ。でもね、ぼくは兄さんに会うのがいちばんこわ
かったんだ。本当に長い長いあいだ、すまなかった」と言った。

　これが二人の永別だった。翌朝はやく弟は哨戒飛行にでかけた。私は
一人で仕度して信州に戻った。

　弟の戦死を伝えてくれたのは佐竹氏だった。八月三十一〔三十〕日に
疎開先の山奥の家に電報が届いた。眼が暗くなる思い、妻が声をのんで
泣いた。母にはしばらく黙っていようと決心した。このショックで一カ
月以上はやく、その晩に妻に陣痛が起った。次女の出生である。医師と
産婆は疎開し、電話は通じない。妻と胎児の生命はわたくしの処置と自

信にかかっていた。そこで難産の事前処置をとった。戦時下、内地と戦場の区別なく、内科と一寸した外科の真似ごとぐらいできるように準備しておいたのが役にたった。難産だったが、そのあとの後産（あとざん）がでてこない。放っておけば重大事であり、無理をすれば死である。私は妻に告げた。「生死はぼくの手中にある。」

　わたくしは全神経を指先一本に集中し、一寸刻み五分刻みの息づかいで胎盤の引きだしにかかった。次女の出生は午前二時すぎだったが、胎盤を完全にとりだすまで四時間かかった。完全に消毒をすませ、赤子が乳を吸いだしたとき、私の意識はもうろうとしてきた。弟の死の通知、新しい生命の誕生、この急激かつ深刻な生死の転換に、私は耐えぬいた。梓川の河原に朝霧がたちこめて、樹の姿がとけるように包まれるのをかすかに意識しながら、わたくしは疲れはてて眠った。それは眠っても眠っても、天地が逆転しつづけているような睡眠だった。

　目があいても弟の死という痛みはなかった。生と死の同時的な訪れに、私の精神は疲れきっていた。

　母は弟の死を知ると、枯れるように衰弱して翌年の二月十六日、眠りながら死んだ。

　私は村の塾の弟子たちに助けられて板を割り棺をつくり、薪を火葬場に運びこんだ。吹雪のなか、一人で薪に火をつけた。深夜独り母を焼きつづけた。

　弟は髪や爪は残したくない。戒名などやめてくれと言った。「ぼくはやっぱり林尹夫さ」と。わたくしはそれを現在も守っている。私はその後も信州の山野を歩きつづけ、農業問題の勉強をしながら青年男女の指導にあたった。

　朝鮮戦争がはじまったので七年ぶりに帰京した。この頃から弟が恋しかった。四〜五年というもの弟への愛惜の想いで眼がさめ、深夜独り声をあげて泣いた。忘れるために酒をのんだがそれが悲しみを深めた。それから平静に回想することができた。

（一九六七年一月十五日、之を記す）

「若き二人のフィロローゲンよ」

大地原豊

　林尹夫君、その名と顔とこそは一九四〇年春、三高に入学の早々から知っていたはずである。文科甲類の二クラスは、毎週の数時間を合併授業で共にしたのだから。ただ甲一クラスの私は、とかく騒がしい連中の多い甲二の中で、例外的に温厚寡黙な白皙の人、を漠然と感じていたにすぎない。甲二の数人だけが受講する第二外国語のフランス語で、文丙にさえかつて例を見ぬと伊吹武彦先生が感嘆されるまでの力量の持主、これに迫るのは平井啓之君だけであるとか、深瀬基寛先生からC・ドーソンの原書をつぎつぎにお借りして読破したとか、甲二ではかなり知られていたらしい林君のうわさも、甲一には聞き伝えるものがなかったかと思われる。私がはじめてこのことを聞いたのは、卒業繰上げの戦時措置で三高を出る一九四二年九月、中学で親しかった甲二の友人、中村金夫君からであった。東大法学部に入る中村君は、どちらも京大文学部を選んだ中学・高校それぞれの期の友人の間に、以後親密な交渉の生ずることを希望したのであって、同時に林君に対しては私の紹介をしていてくれたにちがいない。

　かくて十月、林君は西洋史専攻を意図して史学科に入り、私は文学科梵文専攻の学生となったのであるが、当初しばらくの間は、かえってぎこちなく、互いにもの言いかけたげな目礼をかわすにとどまっていた。それだけに、十二月十日ごろだったか（とにかく天皇御西下の日だった）、哲学科閲覧室の一隅でようやく二人が口をきいた瞬間の景は、今もって眼裏に彩然と再現される。当時は印哲と梵文の書庫が共通だったので私が毎日つめかけ、史学科閲覧室が満員だからか林君が時折にやって来ていたこの西向きの部屋は、一九四二〜三年の冬まだ程よくスチーム暖房が通じていた。平素常連の人といえば、牢名主然と大あぐらを組む三回

生の上山春平さん（教練査閲時の大隊長でもあった）と、二回生で早く
もすぐれたラティニストと聞こえた、漂泊僧のような山田晶さんとが印
象的であるが、その日の午後に限って、奇妙に在室者は林君と私とだけ
という一瞬が起こったと記憶する。「ちょっと、おしゃべりしませんか」
——こういった語調をその後も林君は変えなかったが——というわけで
哲閲をつれだって出た二人は、程なく話に夢中になって学外へ歩き出て
いたらしい。確かなのは、どちらから言い出すともなく「駅まで陛下を
拝みに行こう」と決まって、以後いくどとなくくり返されたしゃべり歩
きの、その日が第一回となったこと、そして東本願寺の前あたりで沿道
の市民の群に加わり、「やっぱり何となし感激するんだものな」と言い
かわしたこと、なのである。無類の汽車好きとやがて知った林君に、駅
が特殊の意味をもっていたことを認めた上で、この日の双方からの発議
事項と「やっぱり」の語とには、(後に述べるように私たちに必要だった)
何とか心に言い聞かせようとする努力と、そして二人が談話の冒頭から
話題としていたであろうことどもとが、すでに反映されていたと言う外
はない。三高卒業前の夏休みに軍艦マーチで聞いたはずのソロモン沖海
戦は、二次・三次と重なる内にガダルカナルの死闘の報をともなって暗
影を投じ、このころには1対15の物量比とか航空決戦とかの新表現が
紙面に姿を見せていた。いや、それよりも以上に、林君はもとより私の
関心をも占めたのは、独ソ・北阿の両面に看取された欧州戦局の急変、
とくに近づくスターリングラードの悲劇を前に首都ベルリンの沈痛を熱
っぽく報ずる、朝日の守山支局長特電の記事であったろう。

　これでいいのかという危機感と焦慮がつのったのは——逆説的な真実
として明言したい ——学内の営みが（学年暦の変動だけで）完全にな
お正常であり、手記に見える林君の表現を借りれば、「学の殿堂に跪拝
する」感動を依然として私たち新入生に与え得たからこそなのである。
田中秀央先生を指揮者としてあった一度きりの防空演習は単に戯画的で
あったし、軍事教練にしても、三高のある事件で経験したような、悲痛
な屈辱感を強いられることはなかった。ことに前記の哲閲室内で、私が
初等サンスクリットの問題予習に余念なく、林君がかたわらでA・ドプ

シュの大著から入念なノートをとっているとき、そして時々調べものに出入する大学院の方々の（大島康正とか矢内原伊作といった）名を上級生からヒソヒソ声で教わるとき、私たち自身の前途にもあるべきは「学の殿堂」にとどまっての学究生活でしかないという素朴な使命感が、幼なく単純な私にばかりではなく、林君にも共通の情念をなしていたものと確信する。ただ殿堂はあまりにも小さく、一歩外に出て感知する殿堂の基盤たるや、日ごとに窮迫する市民生活であって、私たちはそこでは、戦争の進行を民族の命運の問題として憂慮せずにおれなかった。当時の個々の学生について、いたたまれぬ思いの切実さは、学園の内と外とでかれに起こった精神的貴族性と物的窮乏との、対蹠度に正比例して強いものがあったのではなかろうか。

　駅まで歩いたその日から、二人は共通のあき時間ごとにあい求めて、京大東門すぐ近くの林君の下宿でおしゃべりを楽しんだ。といっても、それは対等の交友とは程遠く、私がひたすら林君に兄事し、林君の友情にすがって一方的な受益者となったのである。林君が三高の一年で休学した人、元来は一年上級の人だと知ったのはこのころであるが、精神年齢の差はこの一年の違いどころか、戦後ある先輩がもらされたように十年の長幼差といって過言ではなく、それだけまた私の林君への傾倒が熱烈化するのだった。発育の差というより結局は資質の差であろうが、しかも二人が対話の喜びを満喫し得た第一の話題は、先生たちのうわさ話と、それぞれが出席する講義から得た印象乃至知識の交換、という種類のものであった。林君の深瀬先生との密接な関係は、親しく聞いていよいよ私に驚きであったが、全然別の平面で――三高籠球部のマネージャーとして部長たる――深瀬先生を近く感じていた私には、同時に非常な嬉しさでもあった。だから、英文学の普通講義で石田憲次先生がJ・M・マリを説かれるとき、敬意の語調で深瀬先生の名に及ばれたことを、私はいそいそと林君に語り、林君が喜ぶのを私も喜びとしたかったのである。三高で文科生一同の崇拝の的だった鈴木成高先生（文学部へ私たちの入学の半年前に移って来ておられた）については、私が一般の学生と同様「すばらしい先生」と感じていたのに対して、林君が「こわい」と

言うのが不思議に思えた——今の私には林君の心意が十二分にわかる気
がするのだが。こういった先達への敬意の反面、「日本地政学」（グオポリティーク）の旗じ
るしに聞こえたある先生の普通講義が、いたって陳腐で平板なのは何と
したことか、という皮肉な林君の所感に（聴講者でもない）私が手を打
って喜んだのは、はたして若年の浅慮だったろうか。　逆に最も地味な
教授の一人であったろう倉石武四郎先生の「支那語学概説」が、中国の
国字改革運動を清末からの熾烈な民族主義気運との関連の下に叙述され
る講義であったことは、そのような事実をつゆ知らなかった私に深刻な
感銘をよび、また私のする受売り話をこのとき林君は特別な関心を示し
つつ聞いてくれたと記憶する。（中国革命運動史の認識——そのあらゆ
る様相に及びかつ実感に支えられた理解——は、現在とてもわが国民的
教養の最大の盲点なのでなかろうか。）

　もう一つ、林君の下宿で、私はフランス語の生徒となった。どんな
経緯だったかは省くが、学年の中途で二人はそれぞれの出ていた副科
目外語二回講読を交換し、以後（手記に林君が書名をあげているごと
く）林君が大山定一先生のニーチェに、私が伊吹先生のE・ファゲに出
ることとした。互いに、三高で正課の第二外語として習った語学に関し、
予習復習教師（レペティトゥール）をつとめあうというのが諒解事項ではあったが、事実はも
う初回から一方的となるのが当然だったのである。独習ながらドイツ史
書を駆使できる林君のドイツ語の前で、通りいっぺんの第二外語として
習ったにとどまる私のそれが、単にお笑いぐさ以外の何ものでもなかっ
たに反して、林君のフランス語は、かつて中村君から耳にした定評を裏
書きする以上に、ただただ私の目をみはらさせるのであった。学力低下
のすでに顕著だった当時の平均的学生として、私が林君からはじめて本
当に教わったのは、外国語辞書（この場合リトレ＝ボージャンとハラ
ップ＝マンシォン）の使い方であったろう。素質の差から、学びとる
ことはできず単に仰天したのは、『チボー家の人々』の好きないくつか
の場面を、仏文ですらすらと暗誦して聞かせる林君だった。受験語学的
文法派（グラメリアン）たるにつきる（現在とて本質的にはそのままである）私が、梵文
一回生として、はじめての古典語5・近代語1を同時に履修しつつある、

という幼稚な自負は林君の前で瞬時に消散し、「読める」ということの意味を真剣に考えられるようになったのはこのときに発端する。ならんで貴重なのは、伊吹先生の芸術品的ともいうべき名講読への心酔を介して、フランス的な知的活動への共感をおぼえるようになったこと——私にその門を林君が開いてくれたのだった。

　貴公子の風ある（伊吹先生は、戦後あるとき、「シェリーのような」と評された）林君が実は家庭的に薄幸の人——中学のときオデンの屋台をひいたことがある——と聞いて驚いたが、そのことがまた、私の林君への甘えぶりを一挙に倍化させるに到った。私が中学ことに高校以来、意識的に隠そう乃至は逃避しようとして来ていた私自身の家庭の悲哀を、林君に向かっては逆に誇張せんばかりに告白したのであり、その林君の寄せてくれる理解と同情とを無二の慰さめとも救いともしたのである。暗さを共通とするがゆえに深まった友情、しかしここでも関係は一方的だった——林君が片親の年よったお母さんと、年齢はさほども隔たらぬのに自分の学資の担い手・学業の鼓舞者としてあった兄さんと、について時たま語った複雑で苦悩多き感情を、本当のところ私は身に迫った形で共感してはいなかったのでないか。（この点で林君に私が泣いたのは、遺稿の終りに近く君がお母さんへ寄せる最後の言葉、を読むことのできた戦後のことなのだから。）林君の下宿に入りびたりつつ、逆に林君を私の家へ呼ぶことが（ただひとり極度に窮迫した家計の処理者となっている姉を思えば）どうしてもためらわれる私の心情を察してか、後には私から誘いもしたのだが林君は応じてくれなかった。それどころか林君は、当時の（京都は全国一ひどかった）食生活の面でも、しばしば奇蹟的な庇護者となって、私を啞然とさせたのである。登録なしでも食べさせてくれる外食券食堂に関し驚くべき情報通で、あちらこちらへと私をつれて行くのだった。（そのころ大類伸博士の来洛を迎え、京大西洋史教室が小宴を準備した際には、林君が神業的な物資調達ぶりを示したと聞いている。）私の林君への依拠には、生活の勇者への讃嘆までが込められていたというべきであろう。関連して想起するのは、四三年初夏だったか、清水裏山へ陶土運搬の勤労奉仕（私どもの経験したただ一度の

それ）に行ったとき、作業班長に指名されて林君の見せた、実にもの柔らかでしかも能率的な指揮ぶりである。

　その間にも、外には戦局の悪化、内には市民生活の窮乏が、一週とて進行を停止しはしなかった。ソロモン沖海戦はいつしかブーゲンヴィル沖航空戦と、戦闘地域も名称も変っており、アッツ島は「玉砕」の表現を語彙に加えていた。北阿戦線はもはやチュニジア橋頭堡からの枢軸軍「撤収」の成否を残すのみ、独ソ戦線に独軍の夏季攻勢なく、他方、英米空軍千九百機ハンブルグを絨毯爆撃の記事は、私たち二人が特別な恐怖をもって読み語った所と記憶する。京都の町なみといえば、代用コーヒーを飲む喫茶店さえなくなって来たからだろうか、止めどない林君とのおしゃべり歩きしか想い浮かばない。一次大戦の話に聞くオックスフォードの学生、ラグビー大隊、そういった発現をとる体の祖国愛高揚がどうして私たちにはないのか、《pro patria mori》と《noblesse oblige》とを頻発しつつ二人はいぶかった。比島の文士徴用から帰還した三木清氏が、高山教授の司会する学内講演会で、戦争の本質は殺し合いという極限状況であると絶叫し、この現実を青年の目から覆う「世界史的論議」の横行を難詰したとき、知名の二人の哲学者間のわだかまりを想像しながら、私たちは三木清の冷酷な指摘に全面的に共感しようと努めたのである。（幸か不幸か戦後、今日出海氏の投じた三木清像は、当時われわれの想像外であった。）努めた、のだったと思う。徴兵猶予はついに満二十三歳までに引下げられ、鳴物入りで始まった海軍航空予備学生に、卒業をまたず応募する上級生が身辺にあいついで、私たちの命数も長くはあるまいと予感されるのだった。倒錯した自虐的な仕方で努める外なかった———米軍の「物量」なるものを「機械文明」に同置し、それに圧殺されるであろう私たち自身の宿命を、「人間精神」が新たな飛躍を迎えるためには、避けることのできない対決と納得しようとしたのだ。『西部戦線異状なし』にさえ、戦場のリアリズムのみを読もうとする私を、林君とても無下にはしりぞけなかったように思う。（パウル・ボイメル君を、鈴木先生が「未完成なインテリの崩壊過程」と評し去られたとき、私自身は当時ひどく不服だった———半年後の兵営では、先生の正当が

いやというほど自嘲的に思い当ったのだが。）

　にもかかわらず夏休みとなり、帰省した林君と離れて八月末の学年試験に備える間、伊ファシスト政権の崩壊もさまで気にせぬような、奇妙な焦慮の中絶が少くも私の方にはあったのでないか。そして試験期に再会してまた別れ、それから十月の新学年を前にして私をとらえていたのは、若き松平千秋先生担当のはずの初等ラテン語講読クラスに対する準備だった。今まで一つの授業をも共にしていない林君と、このクラスだけは（かねて約束のとおり）いっしょに出席して、戦いそして何としても勝ちたかったのである。動機は春のころにさかのぼる——林君が三高の図書館から "Inductive Method of Latin Course"(?) とか題する一書を借出して来て、田中先生流の語形変化表暗記を得々とつづけている私に、同書によるラテン語独習を宣言、ばかりか旬日の後には、林君ははや『ガリア戦記』冒頭の十数行を、『チボー家の人々』の仏文とまったく同様に、ラテン語で暗誦し聞かせたのだった。万般に資質の大差を認めて兄事する私に限りなく貴重な友人、それなればこそまた、この林君に対して、印欧語系の古典語に関する限りは石頭文法派（グラメリアン）の戦闘力が実証できねばと、以来ずっと私は心に期して来たのである。——かくて松平先生の授業には、一年分の予習ができたと私の自負した矢先き、九月二十二日午後五時、東条首相のラジオ演説が企業整備・徴用拡大の重大措置を発表、ついで「学徒諸君」と声を高めた……気負って待つ新学年は夢と消えた。

　あわてふためいて林君に書いた手紙に対する二十五日付の返信が、今日私に残る林君の唯一の書翰である（それまでのもそれ以後のも、すべて私の将校行李に入ったまま、終戦近く焼夷弾にほろびた）。林君を思って私の涙したのは、この手紙に接してが最初であった——その末尾は「どういふ風に表現すべきかわからないほどのものをあたへられた君との生活に有終の悲劇突発す、とにかく Vivre, Vivre と思ふのみです」と結ばれている。　十月徴兵検査、まもなく私には十二月一日陸軍入営の令書が来、林君は十二月九日海軍と判明した（君の下宿にかけつけたが留守、机に兄さんからの——かねて聞いていた暗号！——電報「バンザイウミヘユク」があるのを見た）。私が出席した最後の授業は、前記の

松平先生の三週間、林君との同席はついになくて終った。徴兵検査で丸刈になった頭を、林君は私と別れの写真のためにともう一度のばし、何とか格好がついてとった二人の写真は、以後兵隊の二年近くを私の胸もとですごし、汗でまだらに汚れたまま、私の手許に現在も残るいま一つきりの遺品となっている。スポーツに興味のない林君を、京大対同志社の送別ラグビーを見につれ出したのも、同じく十一月二十日ごろだったろう。十一月二十九日、私の最後の夜を林君は私の家で送ってくれた。それは私が時代に対し——皮膚的には町内会・隣組に対して——ただ一つしたかった反抗に、加担してくれるためだったか。三十日午前三時、二人はそっと起きて、だれにも万歳をいわれることなく、眠っている京の街を北から南に駅まで歩き抜けた、途中から加わってくれた中村君（やはり海軍）と三人で。着いた駅頭はすでに学徒兵を送る旗幟でうずまり、私どもは早々に別れたと記憶する。運動部時代のバッグ一つもってフォームに向う私を、「ハイキングに行くみたいね」と笑ったのが、林君から聞く永久に最後の肉声となった。

　歩兵砲の初年兵となった私が、『真空地帯』にえがかれる獣の状況に堕するには、一週間もかからなかった。たまに林君へ書いた葉書とても軍用郵便の紋切型を出なかったのに反し、海軍の検閲印がありながら、四種の外国語の綴りを織りこんで届く林君の便りには、自分を恥じるというよりも、海軍と対比しての陸軍にくやしい、といった思いばかりが切なかった。どのような方向への精神高揚も圧殺された兵隊の私という獣には、かつて林君との間にあった最高度に人間的な友情が、維持できなくて当然だったろう。——こうした十三カ月のあとで、新米の見習士官という限りの自由にありついた私は、終戦の年の初頭、京都出張の機を利して深瀬先生をお訪ねし、林君が先生に預けていた海軍秘密手記（第一部）ノートに出会ったのである。拝借して原隊へ帰る車中、私が息をずませてこれを読んだとき、もうそれまでの形でのくやしさはなかった。津々浦々で「未完成なインテリの崩壊過程」をいとも手軽に現出しつつある私たち退落期の世代の中で、ひとり学窓でと変らぬ自己省察を貫き得る林君の知的強靱を確認することは、汚辱にまみれた私自身の良心に

かけがえのない救いと映ずるのだった。（林君の高貴は手記の中だけで
ではなかった、海軍生活の現実での高貴を証言する目撃者の数人に、私
は戦後出会っている。）

　私の渇仰の慕情は、そのころ大井から美保の哨戒任務に移った林君に、
届いたのかどうかを知らない。私の側に関する限り、林君との接触は、
すでに君の死後の時点で、もちろん私がそのことを知るよしもなく起こ
った。暴風雨のあとで、珍しく沖縄からの米機の爆音がなかった八月二
日の夜、宿営していた南九州のある女学校の一室で、林君から久々の葉
書を手に私は声あげて泣いていたのだ。「大地原よ手紙うれしかった」
と書き出すその便りは、後に存在を知った手記第三部（絶筆――その前
に、どうしても第二部をなすノート一冊があったはずだろうが）の文体
に類似し、中でも烈しく私の心を刺す一句を込めていた――「rex-regeo
かく書いただけで劇しい情感のさかまくもの僕と君との間を措いてある
まい」。涙にしゃくりながら、一〔二〕年前と同じく幼ない私は、勝った
とほくそ笑んだのである――第三種動詞は rego じゃないか、林君とう
とうラテン語を忘れたか！

　終戦、そして混乱の支配する復員の途上、林君と再会の時の開口一番
をのみ思いえがきつつ、十月十七日能登の親類までたどりついた私は、
父が二旬前に死んだことを聞いて泣いた。翌四十五年十月十八日、疎開
先の姉に再会してすぐ知らされたのは、中村君から届いたという林君の
戦死の報であった―――軒先きにつっ立ったきり声あげて泣いた。

　以後のこと、とくに手記をめぐる戦後一両年の経緯、は今さら述べま
い。深瀬先生に御心配をかけつづけたこと、兼岩正夫さん（林君のよく
話題にした西洋史の先輩）との親交を得たこと、林君の遺産を私は不当
なまでに受けて来ている。ただ一つ、とびきり最大の遺産についてだけ
は、林君も私の負債償還ぶりに満足していてはくれまいか。君に教わっ
たフランス語から発して、私がインド文献学パリ学派の一員となってい
ることに。国際インド学の頂点に立つL・ルヌー教授の異例の愛顧と十
二年にわたる共業とは、私の心の中に知らず知らず、林君の縁〔像〕と
この先生のそれとの二重写しを生起していた。昨年八月、林君の心の師、

お酒を召上がっては林君を追想して涙された深瀬先生が亡くなられ、二十四日お葬式に参って帰宅した私を待っていたのはルヌー教授急逝の報だった、享年ともに七十歳。前後して私の仕事の完成と林君の遺稿刊行──私の一番きらいな語ながら、「因縁」を感じざるを得ないこの一年だった。

（一九六七・一・一五）

〔筆者は当時、京都大学梵文学科助教授〕

　友人大地原豊君宛ての書簡

　　　　美保航空基地より

　大地原君お便りうれしかつた。君の手紙を俺ほどよく理解しうるものはあるまい。君があげる一つの単語。一つの固有名詞には実に我々がともとすごしたアルバイトの一年の歴史がコンデンス【凝縮】され甘美な香りを放って居る。君今でも覚えてゐるか、かのカエサルのベルムガロールム【シーザーのガリア戦記】の冒頭の句を「ガリアは全体として三つの部分に分れてゐる」と云ふ簡潔なる表現。それを語りあつて我々は嘗つて言ひがたき感激をともにしたのだ。まさに「魔の山の彼方に我が愛する人ぞ住む」。俺は君の顔だけみてゐても君の心の動きがよくわかるのだ。そして君の手紙もこれを言葉にだして君はどう表情しつつ云ふだらうかと想像しつつ読むのだ。□【すめらみこと−統める】これだけでお互の間に大きな情感の波さかまくもの俺と君の他にはあるまい。豊、俺は君ありし故に過去を誇りうる。では豊、プライド【誇】をもつてお互にしつかり闘はう。エロス【愛】の国の再会をきして。

いのち月明に燃ゆ─近代日本の青年の知的探究と戦争─

斉藤利彦

序章

一 林尹夫（はやし ただお）との出会い

　人は誰もが、歳月を過ぎてもふと甦る幾冊かの本の記憶をもっている。その著作『わがいのち月明に燃ゆ』[1] に最初にふれたのは、私が高校2年の時であった。刊行されたのは1967年であるから、初出から2年後ということになる。当時話題となっていた本で、郷里福島の書店で見かけて購入した。

　本を手にしてすぐに、一心に読みふけったことを覚えている。高校生の私が、なぜ読もうとしたのか。副題が「一戦没学徒の手記」であったことからも分かるように、著者の林尹夫はアジア・太平洋戦争下において、京都帝国大学に在学中のまま、全国の10万人以上に及ぶ大学・旧制高等学校・専門学校生徒とともに21才で「学徒出陣」[2] し、海軍飛行予備学生となった。尹夫は述べている。「ぼくは、この戦争で死ぬことが、我ら世代の宿命として受けとらねばならぬような気がする。根本的な問題について、ぼくらは発言し、批判し、是非を論じ、そして決然たる態度で行動する。そういう自主性と実践性を剥奪されたままの状況で戦場にでねばならぬためである。だから宿命と言うのだ。」1941.10.12

　若者の生き様とは、自らが生を受けた時代と国家に制約されざるを得ない。自分はどういう時代のどういう世の中に生きているのか、そうした想いのせいであったろう、自己の生き方を考え始めていた私は強く関心を引きつけられたのだった。また、当時、ベトナム戦争が激化し、世界中で反戦の声が叫ばれ、高校生の私もまた平和への想いを感じながら

生きていた。

　林は敗戦直前の1945年7月27日深夜、四国沖に接近していたアメリカ海軍第三八機動部隊を偵察する出撃命令を受けた。一式陸上攻撃機で夜間索敵飛行を行い、機動部隊の所在を確認したが、米戦闘機による激しい攻撃を浴びた。翌28日午前2時10分、室戸岬沖260キロ上空で「我れ敵を発見、敵戦闘機の追跡を受く」と打電し、さらに10分後「ツ・セ・ウ（敵戦闘機の追跡を受く）」という連続打電の後に、6名の搭乗員と共に消息を絶った。当時、一式陸上攻撃機は「ワンショット・ライター」と呼ばれるほどの、一撃でたちまち炎上し撃墜されてしまう機体であったという。[3] 偵察機であるために武装は弱く、通常の援護機もつかず、ただ一機で機長の尹夫は10分以上の戦闘を繰り広げ散華した。

　その尹夫が18歳の旧制第三高等学校（三高）入学から京都帝大を経て、23才で「学徒出陣」で死亡するまでに書き残した手記を、実兄である林克也がまとめたのがこの著作であった。遺稿はノート4冊に残され、このうち前半の2冊は三高・京都帝大時代の日記や思索の記録である。

　残り2冊のうち1冊は、海軍に召集され武山海兵団、土浦航空隊を経て、静岡の大井航空隊で少尉に任官するまでの日記及び生活記録である。1943年12月19日から翌44年7月14日までの日付が付されている。最後の1冊は、山陰の美保海軍航空基地に偵察士官として赴任し、戦死の直前まで記されたものである。これには日付けはなく、詩や断想と言うべきものが綴られている。

　そして刊行本の末尾には論文2篇が収められていた。1篇は尹夫が三高の第一学年の時に書いたトーマス・マン作『ブッデンブロオク一家』についての評論、もう1篇は大井海軍航空基地在任中に記した「近代ヨーロッパ経済史ノート」である。海軍時代のノートは、同じ航空基地に所属した戦友が、上官から没収されるのを避けて秘匿し、遺族に届けた貴重なものであった。

　また巻末には、兄克也による「回想に生きる林尹夫」、および尹夫の親友で戦後京大サンスクリット文学の教授となった大地原豊による「若き二人のフィロローゲンよ」の2つの追悼文が付されている。

　克也の追悼文は、「四〜五年というもの弟への愛惜の想いで眼がさめ、深夜独り声をあげて泣いた。」「弟は髪や爪は残したくない。戒名などやめてくれと言った。『僕はやっぱり林尹夫さ』と。わたくしはそれを現在も守っている。」という文章で結ばれている。[4] 私自身も涙があふれた。

　克也は、またこうも述べている。「こうして二〇年が経過した。この間に、わたしはようやく、弟を第三者の人間として考え、分析し、判断しうる心境に到達しえた。」[5]、と。追悼記は、「幼年期の回想」「兄弟の別離」「兄弟の相剋」「兄弟の人間理解」の項目から成り、弟尹夫への客観的な人間理解に迫ろうとする深さをもっている。

　タイトル「わがいのち月明に燃ゆ」は、克也がつけたものである。その表題が心に去来したのは、弟が戦死した日の状況を、生き残った戦友から聞いた時のことだった。当夜の気象は高度2,000から3,000メートルにかけて層積雲がびっしりと空をさえぎっていたが、3,000メートル以上は一点の雲もない晴天であり、月は満月に近かったという。尹夫は、高度6,000メートルを飛ぶと言って離陸していった。

　克也の視界には、撃墜された尹夫の機の状況が、次のような光景として映ったのである。

　　　月は満月に近く、しかも昇って間もない。下方三千メートルは一面の雲海、金波銀波のさざ波のごとく、満天にまだ星がきらめき、そのなかを彼我の曳光弾がとびかった直後一閃の爆発が同乗者七人の昇華を告げる。そして大気中に飛散した灰がひめやかに雲海にふりそそぎ、やがて海に散って消えはてた。[6]

　タイトルは、まさに超高度上空に煌々と広がる月明の世界の中で、身もろとも燃え尽き落下していった若者への鎮魂詩であったといえよう。そして、この文章を読んだ時、私の心の中で全く意想外に、不意に結びついたことがあった。それは、やはり以前に読んでいた別の作家の死の光景である。

　その名は、サン＝テグジュペリ。内藤濯訳の『星の王子さま』はすで

に多くの読者を得ていた。彼の作品は、その他にも『人間の土地』『夜間飛行』『戦う操縦士』が堀口大學によって新潮文庫に訳出されており、堀口訳のベルレーヌの詩に感動していたこともあって、私はそれらの作品も読んでいた。

　サン＝テグジュペリは、祖国フランスにおける対ナチス戦争に参加し、偵察飛行隊の操縦士として従軍した。1944年7月31日、フランス南部グルノーブルおよびアヌシー方面への写真偵察のため、コルシカのボルゴ基地から単機で出撃したが、敵戦闘機と遭遇し地中海上空で消息を絶っている。

　それは全くの偶然にせよ、尹夫が夜空に散った前年の同じ7月であったことも私の胸を貫いた。私にとって彼の死の状況は、尹夫の死のそれと印象が重なるものとなったのである。私は、この二人の運命を、戦争の時代に生を受け、時代と対峙して生きた者たちの共通の運命であるかのように感じたのだ。

　尹夫は、サン＝テグジュペリを読んでいたのではないか。これといった根拠があるわけでもないのに唐突にそう思ったのである。実際に、本の中にはサン＝テグジュペリの名は一言も出てこなければ、彼の作品についてふれているような記述も一切なかった。

　ただ、尹夫は「大事なのは徹底することである。私はフランス文学に沈潜することに大きな充実を獲得しうることであらう。」1941.6.27と記している。京都帝国大学文学部で西洋史を専攻した尹夫の教養と思索は、高校時代から広く文学にも及んでいた。語学に長けていた彼は、「"Les Thibault, L'été 1914"　R.G. du Gard　P1050、1941.12-1942.9.10 読了す。」と記しており、マルタン・デュ・ガール作『チボー家の人々』全8部を、原書で2度読破している。

　サン＝テグジュペリは、『夜間飛行』を1931年に発表するや、フランスで最も権威ある文学賞の一つフェミナ賞を受賞し注目された作家であった。マルタン・デュ・ガール等のフランス文学に深く傾倒していた尹夫は、サン＝テグジュペリをも知っていたのではないかと思った。

　むろん、置かれた状況や選びとった生き様において、尹夫とサン＝テ

グジュペリには確実な相違も存在している。しかし、二人の死には、た
とえ洋の東西に別れていても、同じ戦争という時代の下で、その意味に
おいて共通するものがあるのではないかと思った。それは、具体的にど
のようなものなのか、二人に相通じるものがあったとすればそれは何か。
そうした問いが当時の私の心の中に残ったのだった。

　だが、その問いを探求する間もなく、いつしか40年以上の歳月が流
れ去り、私はその問い自体をも忘れ去っていたのだった。

二　40年後の資料の発見

　しかし、人生とは不可思議なものである。それから40年後、はから
ずも私は林尹夫の遺稿に再び関わりを持つことになったのである。それ
は全くの偶然によるものであった。

　私は、教育史を専門とする職業についていた。具体的な課題としてい
たのは、戦時下日本の軍国主義の下で、教育のあり方や学校の日常がど
のように変化していったのかという問題である。調査対象の一つとなっ
たのは、京都の学校であった。京都は、空襲を受けなかったこともあり、
戦時下の資料が比較的多く残されている地である。

　また、それら資料収集の拠点の一つであった京都市学校博物館の学芸
員和崎光太郎氏とは、同じ学会での知己ということもあった。戦後70
年をむかえた2015年、同博物館では、戦時下における学校資料の特別
展示会を開催し、私もそれを見学に行った。私は、さらに資料を見出そ
うとして、和崎氏の助言もあり、立命館大学国際平和ミュージアムに当
時の多くの資料が寄託されていることを知った。

　同資料室の目録は、インターネットを用いて、東京にある私の研究室
からも検索ができたため、折を見て目録に記載されている四万点にもの
ぼる資料を探っていった。目録では、一五年戦争下の資料が多くの大項
目すなわち、「軍隊・兵士」、「銃後・国家総動員」、「町内会・部落会・
隣組」、「国民の貯蓄・消費生活」、「軍需生産」、「女性」、「子ども」、「青
年・学生」、「教育」、「思想弾圧、マスメディア」、「宗教」、「反戦・平和

運動」、「植民地・占領地」、「空襲」、「沖縄戦」、「原爆」に分類されていた。

その中の「青年・学生」の項目に検索が及んだ日のことである。提示されていた13の小項目の中に、林美由子氏から寄贈されたという資料群があることに気づいた。むろん、その時、林尹夫のことが念頭にあったわけではない。だが、それらの資料の詳細を確かめようとして、私は思わず目を見はることになった。そこには、尹夫の4冊の遺稿ノートのみならず、家族や恩師・友人に宛てた書簡を含む、73点もの資料名が示されていたのであった。

その日から3週間後、私は日程を調整し慌ただしく京都に向ったのである。

国際平和ミュージアムは、立命館大学衣笠校舎の敷地から少し離れたところに建っていた。周辺には、平野神社、北野天満宮、金閣寺、竜安寺、仁和寺などの名勝が立ち並び、近くには足利氏の菩提寺で、樹齢400年とされる詫助が美事な等持院がある。

地下1階、地上2階建ての瀟洒な白い壁のミュージアムに入り、受付で案内を請うた。閲覧願いはすでに出してあったので、私はすぐに1階の資料室に通された。遺稿ノート4冊のうち、2冊は常設展示室のパネルの中に納められていたが、学芸員の篠田裕介氏の配慮により、それらを含めすべての資料が閲覧用の机の上にすでに置かれてあった。

私は、まず一番気にかかっていたことから確認を始めた。尹夫のノートの全文は、いまだ明らかにされているわけではなかった。この点では、戦没学徒の多くの遺稿を実証的に研究した岡田裕之氏も、尹夫に関しては「遺稿は筆者未見」と記している。[7]

私はまず次の2点を明らかにしなければならないと思った。一つは、ノート全文の内容を確認することである。兄克也はノートを浄書した際の400字詰原稿用紙700枚のうち、編集の段階で頁数の調整により550枚に削減したと述べている。[8] つまり、150枚分の原稿が公刊されていなかったということになる。残りの内容が、どのようなものであるのか

が気にかかった。それは、未だ誰も検
討していない内容であった。

　さらに岡田氏は刊行本を基に、尹夫
の日記は「日付はとびとびが通例で」
「時に四ヵ月も日記が記されなかった
り（一九四二年末―四三年四月）」[9] と
記しているが、削除された内容の中に
は、それらの日付が存しているのかも
しれない。日付の正確な連続性を確か
めなければと思った。

　机の上に置かれた73点の資料は、歳
月の流れを帯びて色褪せながらも、70
年前の相貌をしっかりと伝えていた。

　私の眼は、すぐに一葉の写真に吸い寄せられた。光沢が全く消えたモ
ノクロの写真。そして、写真の中には逞しい体格を戦闘飛行服でつつみ、
腰に両手を当て、はにかむような笑顔でこちらを見て立っている、一人
の若々しい青年がいた。尹夫であった。私は、しばらく時の流れを見失
っていた。

　克也が書いた追悼文の一節を思い出した。戦死の1ヶ月半前の1945
年6月、美保海軍航空基地に慰問に訪れて撮った写真があるということ。
それは、尹夫と交わした最後の時間だった。

　「別れる直前、わたしは小型のベビー・イコンタで彼の飛行服姿を撮
影した。その時刻は午前六時四八分二八秒だった。なぜなら、彼の腕に
はめてある航空時計の針が、二〇年後の今日まで正確に時を示している
からである。」[10]

　私は、尹夫が左手にはめている時計の秒針を凝視した。まさに、その
時刻が写しだされていた。私は胸が熱くなった。そして、しばし瞑目し
た。

三　サン＝テグジュペリとの邂逅

　しばらくの後、私はそれぞれの資料の体裁を確認する作業に入った。4冊のノートは、当時よく使われていた横罫B-5判の大学ノートである。1冊目の表紙には三高の、2冊目には帝大のマークが印され三省堂製であることが明記されている。3冊目は「学用ノート統制株式会社」製、そして4冊目は海軍製であり、まさに尹夫の軌跡と異動がそのまま反映されていた。表紙の上部には、克也が記したものと思われる「遺稿～Ⅰ」「遺稿～Ⅱ」「遺稿～Ⅲ」「遺稿～Ⅳ」の文字が黒色マジックで書かれていた。

　刊行本で削除された日付はどれほどなのか。調べてみると、編集段階で削除された日付は、以下のように1940年で46日分、1941年で55日分、1942年で34日分であり、総計135日分であることが判明した。なお、一九四三年と一九四四年の分はすべて刊行本に掲載されているが、最後の年となった一九四五年の分は日付の記載はなく、またその一部は未掲載となっていた。

　　1940年　5/12、5/13、5/30、6/8、6/9、6/16、6/18、6/20、6/28、7/6、7/7、7/10、7/13、7/14、7/18、7/30、7/31、8/1、8/3、8/4、8/12、9/21、9/23、9/29、10/13、10/15、10/18、10/27、11/3、11/10、11/14、11/19、11/21、11.24、11/28、11/29、12/1、12/3、12/4、12/6、12/7、12/14、12/16、12/18、12/19、12/31
　　1941年　1/19、1/26、2/6、2/14、2/19、2/20、2/23、2/28、3/5、3/23、4/13、4/15、4/18、4/22、4/23、4/24、4/27、4/28、4/29、5/6、5/7、5/9、5/11、5/16、5/17、5/19、5/21、5/23、6/4、6/5、6/6、6/7、6/11、6/14、6/15、6/23、7/1、7/2、7/15、8/11、8/25、8/27、8/29、9/1、9/9、9/11、9/13、9/14、9/18、10/14、10/21、10/23、10/27、11/1、11/4
　　1942年　2/8、2/9、2/20、2/24、2/27、3/1、3/21、3/26、3/27、3/29、3/30、4/3、4/5、4/11、4/13、5/4、5/28、6/9、6/12、6/13、

6/15、6/17、6/19、6/21、6/23、6/28、7/5、7/6、7/8、7/2、7/24、
7/30、8/31、9/10

　これらの日付のうち、1、2行ほどの短い記述であるため削除したと
思われるものもある。しかし、そうした日付はごく僅かであり、また省
略された日付の中には、後述するように内容面でも重要な意味をもつも
のも含まれている。むろん、編集上の要請から削除を行うことは、編集
者の権限と見識の範囲による選択であって、そのことにただちに何らか
の問題があるとは思っていない。

　しかし、それらの日付に何が書かれていたのか、その記述の意味する
ものは何かということは、すでに公刊されている内容とも関わって、探
求されるべき重要な課題であることはまちがいない。

　さらに、遺稿ノートとは別に、大井海軍航空隊時代に学んだ航空技術
に関する受講ノートが1冊あった。尹夫は1944年5月、土浦海軍航空隊
に入隊し飛行訓練を受けた後、大井航空隊に転じ、特に夜間偵察のため
の厳しい訓練に従事している。その折りの偵察機器の操作方法や無線通
信技術等の様々な講義内容が記されていた。飛行少尉としての尹夫の奮
闘を伝えるものである。さらに、2冊の受講内容を書き付けた黒表紙の
手帳があった。表紙裏には「信号・通信」と書かれている。

　そして、特に私の注意を強く引きつけたのは、ドイツ語の文庫本であ
った。表紙に Thomas Carlyle ”Uebrer Helden, Heldenverehrung und das
Heldentümliche in der Geschichte“ と記されている。『英雄と英雄崇拝と
歴史における英雄性について』と読める。トーマス・カーライルの代表
作のレクラム文庫版であった。

　確かに、1944年5月23日の日付に、この著を読んでいることが記さ
れている。繰り返し読んだためだろうか、全体はぼろぼろであり、表紙
と本文を綴じているのは錆びた針金であった。いや、無線機等で使うエ
ナメル線を撚ったものかもしれない。多くの頁に自筆の書き込みがなさ
れていた。

　さらに、皺だらけのノート状の紙に書き付けられた、10枚の論文原

稿が残されていた。「近代ヨーロッパ経済史ノート」のタイトルが付されており、刊行本に収められていた大井航空基地で書かれた論考であることが分かった。冒頭に、「このノートは、我が社会科学的研究の集約たるべきものなり。日本の危機ちかきを想いつつ　一九四五年二月二六日、大井空にて着稿す」と鉛筆書で記されている。

　克也が、「大井海軍航空隊時代の一九四五年二月から三月にかけて、空襲下の日本を観察しつつ、飛行作業の余暇、寸暇を惜しんで書きつづけた。その動機は、日本をしてかかる破局を選ばしめた本質の探究であった。彼はアジアの悲劇とヨーロッパ的世界観の矛盾を探ぐりあてようとしていた。」[11]と記したものの現物であった。

　飛行士としての厳しい任務の最中にあっても、いかに尹夫が学問と現実探求への情熱を失わなかったのかを明確に示すものであろう。尹夫の死は、それから4ヶ月後のことである。

　そして、海軍基地の中から家族に宛てた通常葉書及び封緘葉書が計34通。ほとんどに「検閲済」という大きな朱判が捺されており、軍の検閲の下での書簡であったことが分かる。母の林冨久（ふく）に宛てたものが14通あり、「手紙は自由故、どうか毎日下さい」「煙草、葉書等お送り戴きたい」「実に呑気にくらして居ます」という文面が見える。克也宛の葉書が20通で、「中村小母様」宛も1通ある。

　注目すべきは、三高の教授で恩師でもある深瀬基寛宛の葉書が18通残されていたことである。いずれも、海軍基地からのものであり、学徒出陣後も師弟の交流が続いていたことがうかがえる。

　そして、私はその文面の中に、驚くべき文章の存在を見出した。2通の葉書に、尹夫はサン＝テグジュペリについて記していたのである。

　1944年9月27日付けの葉書には、冒頭から「サン＝テグジュペリ的世界への突入のため真に多忙であります。」と書かれてあった。さらに、同10月14日付の1通には、「サン＝テグジュペリ先生の世界は、仲々張り合いがあります。言葉とかポーズの無力な沈黙の世界といふものは、実に良いものですね。サイレント・ネービーといひますが徒にいきりたつことなく一歩づつ進んでゆかうと思います。」と書かれてあった。

　私は、40年前の時が一挙に蘇るのを感じた。高校時代に抱いた、サン＝テグジュペリを尹夫は読んでいたのではないかという想いは、間違ってはいなかったのだ。しかも、サン＝テグジュペリが地中海上空での偵察飛行中に行方を絶ったのは、尹夫が葉書で彼について書いていた時期の44年7月のことであった。何という偶然であろうか。

　「サン＝テグジュペリ的世界への突入」や、「サン＝テグジュペリ先生の世界は、仲々張り合いがあります。」という表現。いったい、海軍基地で死の影を意識しつつ、尹夫が「突入」しようとしたサン＝テグジュペリの世界とは何だったのか。尹夫はその世界をどのようにとらえていたのか。こうして、40年前の問いは、私の中で再びよみがえり、そして、さらに問い続けられることになったのである。

　同じ戦争の時代を生きた尹夫は、サン＝テグジュペリの世界に何を求めたのだろうか。その世界をどのように見出し、そして何に惹きつけられたのか。むろん一度も出会ったはずのないサン＝テグジュペリであるが、その思索や理念において相通じるものがあったのだろうか、私はそのことを明らかにしなければならないと思った。

第一章　林尹夫の軌跡

　本章では、林尹夫という青年の思索と行動、そして彷徨と苦悩の軌跡を、その生涯を特徴づける以下の9つの項目、
　「生いたちと家族」
　「友情と孤独」
　「愛と性、そして共生」
　「日記という表現」
　「読書の軌跡」
　「学問への探求」
　「深瀬基寛との交流」
　「国家と戦争」
　「破局の訪れ」

に分けて、たどってみよう。

　彼の日記（ノート）には、青春という時代に多くの青年を激しくとらえて止まない、人は何のために生きるのか、愛とは、性とはという問い、そして読書や学問への真摯な取り組み、さらには国家と戦争に対する深い懐疑等、人生と時代への苦悩と模索が率直に、かつ赤裸々に描き出されている。

一　生いたちと家族

　母、兄、苦労に生き、我を支ふ。我のみひとり生をむさぼる。わざわひとは何か。うちふるひたつ自己の欠除〔ママ〕。さうだ僕はなさけなくも自己のない人間なのだ。1941.11.6

　林尹夫は1922年神奈川県に生まれ、東京湾を見下ろす高台に建つ家と、広い庭を持つ裕福な事業家の家庭に育った。[12] 元士族の出自であり、母は「世が世なら槍一筋の家柄」として、長男の克也に切腹の仕方を教えるほどであったという。克也によれば、父は封建的な家長であり、克也は林家の後継ぎとして特別な位置を与えられ、厳しく教育された。一方で、弟尹夫は甘えん坊に育ち、家族から「ター坊の甘ったれ」と呼ばれたという。だが、4才違いの克也は追悼録「兄弟、愛別離苦の追想」の中で、兄としての冷静な眼から、尹夫の少年時代の別の側面についても述べている。

　　たしかに弟は甘ったれで泣虫だったが、弱虫というのではない。私の小学校同級に腕力の強いのがいて、こまかい集団のボスだった。それに囲まれたとき、弟は『お兄ちゃんになにをする』と全身で頭突きをくらわした。相手は倒れて泣きだした。弟は『さあ、逃げよう』と、わたくしの手をひっぱったことがある。[13]

　同時に、どの兄弟にも見られるように、兄と弟の激しい葛藤もあった。

　私は弟を可愛がったが同時に横暴だった。彼を泣かしても周囲の者は『ター坊が悪いんでしょう』と言う。その結果、弟は体をふるわせて泣き私に反抗した。大人がとめるとそれを振り払い、私にむしゃぶりついた。取組みあいの喧嘩になってガラス戸を突き破り庭にころげ落ちたことがある。彼が小学校に入るか入らぬ頃である。[14]

　しかし、1935年、尹夫が13才の時に父が突然死去する。それは、克也と父との激しい議論が引き金となったものだった。ある日、克也は父の「偽善的な進歩性と専横な封建性という明治的矛盾」に耐えられなくなり、数時間の激論を交わした。長男の反抗に激怒した父は、刀を摑んで克也を切ると言った。その最中に脳溢血で倒れたのだった。

　克也は良心の呵責を感じ、その後1年間は全てを捨てて食事・介護など父の看病に尽くした。

　一方で、詳細な事情は不明だが、こうした克也と父との関係に比べ、尹夫と父との関係は薄かったという。克也は、「彼もまたいつの間にか専制的家父長だった父を憎んでいた」[15] としている。日記に、父に関する記述が一行も出てこないのは、そのせいなのかもしれない。

　父の死後には、膨大な額の借金が残されていた。家は破産寸前にまで追い込まれ、克也は昼間は職工となって働き、夜はおでんの屋台を曳いて行商した。その間も、学業を諦めることなく、物理、化学、数学を、さらに英、独、仏の3ヶ国語を必死に学び続けた。その努力は並々ならぬものであり、学才が認められ、理化学界の重鎮鈴木梅太郎博士の推薦を得て理化学研究所に採用されるに至った。

　こうして、ようやく一家の生活にやや余裕ができるようになった。克也は、寺に尹夫を下宿させ、受験勉強に専念できる環境を作った。兄からの援助により、1940年4月尹夫は横須賀中学校を経て、京都の第三高等学校文科甲類（第一外国語英語）に入学した。

　日記の中で尹夫は、「兄よ、僕はあまりにみにくかった。僕自身の願望を達成するため、すべての負担を荷わせ犠牲を押しつけた。兄を愛す

ると言ふ資格が僕にはないのだ。」1941.11.3 と記している。

　しかし、二人は読書の嗜好やクラシック音楽への傾倒などの共通点も多く、しばしば家で一緒にレコードを聴いたり、文学や哲学、生と死、戦争と日本の状況など多くの事柄について語り合った。むろん様々な相剋を孕んでいたとしても、兄弟として親しく信頼し合う間柄であった。

**　之からほんとに努力しようと思ふのである。母を兄おもへ。宮木さんをおもへ。寂しいなど言つてはならない。1940.10.28**

　母との関係では、末っ子の尹夫を母は特別に愛した。母への想いは、戦死する2ヶ月前の次の葉書からもうかがい知ることができる。

　　お母さん。あなたはよく言っておられましたね。私が学校を出たら、一緒に京都でくらそうよ。ほんとに山科より花山天文台を右にながめながら東山をとおりぬけてつくあの京都は、平和な市民的なまちでした。私とあなたと一緒に、ほそぼそとしながらも学びつつ住むに最もよいところでした。……お母さん、今となっては世の大きな波の変動に流され、私とくらす望みもなくなりました。ああ、あなたは一体、過去の何を糧としてのこりの生活をおくられるのですか。現在、何をたよりにあなたは生きるのですか。老いし母よ。愛にへだてられし親よ。私はあなたが気の毒でたまらないのだ。[16]

　さらに、海軍航空隊における最後の日々の中で、尹夫は母と兄に向けて次のような詩を綴っている。[17]

　　母よ兄よ流水ゆいてかへらずと
　　諦めたまへ放浪の子を

二 友情と孤独

　私は友をその価値に於て尊敬したい。笑へる友泣ける友。その前にて
は真面目にならずに居られない友を衷心より求める。1940.6.23

　京都という馴染みのない土地で、尹夫は学生生活を送り始めた。その
胸中に去来していたのは故郷への想いと、互いの心情を語り合える友人
を得ることへの渇望であった。日記の最初の頁には、「ついたが何事に
つけてもさびしい。矢張り私は Home Sick にかかつてしまし〔つ〕た。」
と綴られ、すぐに続けて「……それほどでもないか！」1940.4.1 と自分
を励ます言葉が記されている。
　尹夫は、以下の自作の詩に、「友を求めて遠く険しきをさまよ」う自
己の姿を映し出している。

　私は詩を求む。心を沈ませる海を、心ひらくすべしらぬ我は、一人の
声、心より発するをきかん。あゝ生活は時間的に進む。しかもわが意識
に何等の変化なし。我は今友を求めて遠く、けはしきをさまよはんとす。
旅に死ね。それは男子の生方である。1941.5.2

　尹夫が入学した昭和15年度の『第三高等学校一覧』によれば、文科一
年甲類（第一外国語が英語）は2学級あり合計81名が在籍、他に文科乙
類（ドイツ語）41名、文科丙類（フランス語）40名、理科甲類（英語）
120名、理科乙類（ドイツ語）41名の生徒数であった。全3学年の総計
は857名であり、京都から208名、大阪、兵庫、滋賀からそれぞれ83名、
81名、44名と、京都・関西地方の地元出身の生徒が多くを占めていた。
　それに対し尹夫の神奈川からは8名、東京からでも31名であり、遠
く離れた地に来たという想いはまぬがれなかっただろう。後に尹夫の親
友となり、学徒出陣後も互いに連絡を交わし合った中村金夫は同じクラ
スであり、大地原豊は隣のクラス、二人ともに京都出身である。
　日記には、孤独や淋しさについて、多くの自問が綴られている。

　読書のあいま。こんな事を人に話したいと思ふ時、僕の話しを誰
も聞いてくれない事をさとる。黙つて居なくてはならない事を知る。
その時何といつても僕の生の貧寒さを知らされる。僕の生とは何か。
1940.11.26

　そして、学校生活を経ていく中で、しだいにいく人かの友人との出会
いが生まれていった。尹夫が傾倒していたヘルマン・ヘッセの著作をめ
ぐり会話も行われた。

　　真本君にあつた（5.5）。車輪の下がよいと言つていた。さもあり
　なん。私はM.Shimmotoに接する事により多大の鼓舞と反省う〔ママ〕
　うける。得難い友の一人である。1940.5.7

　　しかも僕はamitié〔「友情」。フランス語〕に強い憧憬をもつて居る。そ
　してそれは常にみたされぬSehnsucht〔「憧憬」。ドイツ語〕としておはる
　かもしれない。1944.1.26

　一方で尹夫は、友のいない孤独にも耐え得る自己の確立を志している。

　　片々たる友情にとびまわる事を止めて、孤独に沈潜しよう。浮薄
　虚飾をさけ根柢的な実体の創造に努力しよう。1940.5.15
　　今の僕の孤独をしっかりかみしめそこに沈潜してみよう。それは
　深い意味がある孤独だ。ひとりで居〔ママ〕きる事こそ生の根本だ。
　1940.12.15

　友情への希求をこのようにとらえなおした尹夫は、次のような決意を
綴っている。

　　嗚呼、緊張せずには居られない様な師・友人を得たい。又それら

　　　に価する如く自己を高めてゆかねばならない。その意味に於ても僕
　　　の現在なし得るは広い意味に於ける勉強以外ないと言ひ得るのであ
　　　る。自己建設が第一だ。そして建設といふ事が―それのみが唯一最
　　　高のみちである。1940.4.15
　　　　自己の確立、自己形成への努力、それをぬきにしてどこに真の他
　　　との協同が可能であるといへようか。その努力へ再び進まねばなら
　　　ない。1941.11.6

　友情に値する人間として自己を確立していくこと、そのために「時代
の中で自己建設」を目ざそうとする強い意志が綴られている。
　尹夫のこうした自己形成と友情への想いは、その後も変わらなかった。
親友として大地原豊や中村金夫と交わりあったが、共に学徒出陣した後
に海軍基地の中からも、「語るすべもなきいま、いかにして真情を伝え
得ようか。」と無念に思いながら、「ブッセの一句を踊し」た学生時代の
二人との思い出や共感をいく度も日記に綴っている。

　　　君よ我との共感は共に微笑みあひつ語りしそのアトモスフィヤと
　　　その時の我等の心の言葉に媒介されざる結合によつてなりたちたり。
　　　語るすべもなき今如何にして真情をつたええよう。
　　　大地原この世でと言ひえぬ再会の日迄君のイメージを心に抱き進ま
　　　ん。
　　　君は今でも私に真面目に生きる姿勢をあたへてくれる。
　　　（ノート４）

　　　K
　　　我等とも々比良の中腹に月を見んとて雨の中をあゆんだ。
　　　君のつくりしみそ汁にあさげをおへ秋風さはやかな江北の山頂に我
　　　等つばくろのとぶをながめた
　　　北山の連山黒く重り我等ともに誦しぬブツセの一句。
　　　（ノート４）

三　愛と性、そして共生

　僕の心中に異性の欲求を強く感ずる。けだし肉慾の対象として且又自
己及対象を高め生かす愛の幻につかれて。1942.10.19

　尹夫は、青春における異性への憧れや恋愛への欲求、そして人間の性
的なつながりについても深く真摯な想いをいだいていた。
　自伝的色彩の濃いゴットフリート・ケラーの代表作『緑のハインリッ
ヒ』全4巻を読み、そこで描かれた同い年の娘アンナや美しい未亡人ユ
ーディットへのハインリッヒの愛を、次のように「若々しい青春の詩で
ある」として讃えている。

　　しかしこの作は極めて、詩情のあふれた、若々しい、青春の詩で
　ある。そしてそこには美しくはかなき憧憬の的たるアンナと強く、
　美しく、健康なユーデイツトが浮ぶ。ユーディツトのそれは何と美
　しく、而も強きか。Heinrichの生の大きな支持はこのユーデイツト
　の全的な愛に立脚する。1941.5.12

　わたしがあなたをどれほど愛し恋焦がれてゐるか、あなたは少しも知
らない。

　未公刊の日記の部分の中で、次のような「あなた」への想いを率直に
吐露している記述が目にとまる。

　　わたしがあなたをどれほど愛し恋焦がれてゐるか、あなたは少し
　も知らない。否、知らうともしない。
　　真情を吐露して受け入れられぬ寂しさは実に限りないもの。
　　愛情の表現に拙いところはあつても、受け入れる心さへあれば、と
　いつも思つてゐる。

> 人は孤独、他人は人の気など察しもしなければ、大体分らないもの。
> とは思っても、あなただけには分つてほしい。（ノート４）

　このように書いた上で、林は「ナンテ　ウスッペラナ！」と記し、文章の上に何度も大きく×を書き殴っている。兄克也が、削除した所以であらうか。
　こうして、いわば異性への愛の、肯定と否定の堂々めぐりの中に、尹夫の青春の苦悩はあった。そして、次のように綴る。

> 恋は人を浄化する。いや、恋には限らない。一生懸命になりさへすれば、その時間、人は誰でも清く美しい心になれるのだ。さうだ、一生懸命といふことが肝腎な点だ‥‥　1941.4.19

例へ肉体の結合にすぎないにせよ

人間の情欲についても、尹夫は様々な苦悩と想いを綴っていた。

> 人間が情痴の世界にふけることのうちにはたしかに大きな真実が含まれてゐる。人はさびしい孤立したさびしい存在である。しかしそれが例へ肉体の結合にすぎないにせよ2人の人間が相手なしにはすまされぬ結合の感情をいだくといふことのうちには何か本性的な宿命的なものがあるのではなからうか。勿論情欲は単に寂ばく感のうちからのみでてくるものではない。しかしそれにしても相手をもとめる。共になにかする人をもとめる感情には単に卑しいだけではすまない何かがあるまいか。1941.4.19

　そして、尹夫が求めたのは、「何故に人は生くるか」という自己の生き方に結びつく、愛と性のあり様を考えようとすることであった。

> 問題の中心は「何故に人は生くるか」といふ事である。この事が

解し得るかぎり食欲も性欲もある程度の是認を得るであらう。

恋、肉のよろこび、之等はあまりにも僕に遠い。僕は恋をおそれる。

僕は肉体の結合を清純に解し得られない。1940.4.6

肉体の結合へという想念に憧れる自分を凝視する。

性の問題をどのように考えるのか、繰り返し尹夫は考えるが、「苦悩」や「怒り」を超えて自己の欲望を率直に見つめようとしている。以下の後半の部分は、未公刊の日記の中の記述である。そこには、さらなる直截で赤裸々な想いが記されている。

性慾、僕は今何と肉の結合にあこがれる事か。汚くみにくい慾望しかし僕は女を求めるのだ。

息吹、汗、異性の体臭、熱き肉体、抱擁のよろこび、恥しらずなたはむれ、舞踏、汝が腕に、まどろまんかな。

めざめ、ものうきめざめのよろこび。1943.9.30

共生とは、愛と批判が、一層、高く結びついたものにほかならない。

こうした苦悩の中で、尹夫は愛と共生という理念を模索しはじめていた。共生という愛の姿は、相互理解のみならず相互批判をともなう、より本質的な愛として求められている。

我々は感情的に愛するものを求める。しかし大事なのはそれ以上に共生者ではあるまいか。そして共生とは愛のないものでなく、愛と批判が一層高く結びついてゐるものに他ならない。1941.4.20

いま僕の心に大きな姿をとる人にたいし僕は大きな愛に導かれてゐるのではない。その人にたいする理解と批判がその人に僕自身を強く対立せしめる。それが形をかへた愛の表現かもしれない。然し

　　それは決つして passionate なものではないのである。その点僕とし
　　ては愛とは認めにくいものなのである。しかしその愛以上に人と人
　　との共生を強くせしめる紐帯があると僕は思ふ。それは理解であり、
　　批判である。之こそ或る点では生の最も本質的なものではあるまい
　　か。1941.4.20

　だが、こうした尹夫の若さあふれる異性への感情、そして共生への想
いは、かなうことはなかった。戦争の下で生が断ち切られたことにより、
未完のままに終わるほかはなかった。
　尹夫は最後まで、自己の求める性のあり方を貫こうとしている。着任
した美保海軍航空基地の周囲には、海軍の隠語で「ピーハウ」[18]と呼ば
れる娼家があったが、他の隊員たちがそこに通っても行こうとはせず、
逆に憤激している。

　　かの人と昌〔ママ〕家。ミツトシユラーフエン。俺は憤激した。

四　日記という表現

　　スベテノ miserable ナ人間ノ性質ガ具体的デハナクトモコノ日記ノナ
　　カニハウズイテル。

　なぜ、尹夫は高等学校から帝国大学、そして海軍に入隊してからもず
っと日記をつけ続けたのだろうか。海軍時代には、検閲される危険を侵
してまでも、日本の現状への懐疑と批判を書き綴っている。その日記は、
敗戦直後に隊の僚友により秘かに隠匿して持ち出された。遺族にひきわ
たされたことにより、今、私たちも読むことができる。
　危険を侵してまでも書き続けられなければならない日記とは、尹夫に
とっていかなる意味をもつものであったのか、彼自身それをどのように
自覚していたのかが、了解されなければならない。

　　スベテノmiserableナ人間ノ性質ガ具体的デハナクトモコノ日記
　　ノナカニハウズイテル。シカモソレハ俺ノ現代ノ激流ノ〔ニ〕マケマ
　　イトスル、ソコデaktivニ生キントス俺ノ意義ノ契機ヲナスモノナ
　　ノダ。俺ノ様ナ弱キheartノ人間ハ自己ノ弱サヲ直視スルコトニヨ
　　リ弱ナリニ強クナル道ヲ求メテユクノデアル。
　　1944.7.14

　日記をつけることは、「miserable」（悲惨）な状況の中でも、自己を
見つめ続けることであった。時代の激流の中でaktiv（主体的）に生き
る途を求めようとする意志が日記を綴らせていた。

　　断乎として俺はこの日記をつけようと思ふ。けだしGeist〔「精神」。ド
　　イツ語〕はfrei〔「自由な」。ドイツ語の形容詞〕なるべきものなのだ。1943.
　　12.25

　特に軍隊時代にあって、日記は精神において自由でありたいという、
尹夫の根本的要求を満たす場でもあった。それは、自己の内面を表現し、
「精神の自由」を確認するという意味をもっていた。日記を付けること、
それは自分が生きていることのあかしだった。

　　僕は暇があるとこの日記をつける。何も書く事はないのだがとにか
　　くこの軍隊生活を記録しておいて何か生きて居る痕跡をとどめてお
　　きたいのだ。具体的に自己を表現しうるのは今の生活にあつてはこ
　　の日記だけなのだ。すべてがbeschränkt〔「限定された」。前出のドイツ語〕
　　されただ自己喪失のみを強ひられる今の生活にあっては。1944.1.23

　また、尹夫の日記には、フランス語・ドイツ語・英語そしてラテン語
による記述が多く見られる。「俺ヲ強クヒキツケルノハ近代社会トハ何
カ、ソノヨーロッパ的形態ト日本ノ近代化、ソシテロシヤ社会ノ近代化
トイフバラバラデハアルガ一ツノ塊ヲナシテセマル問題ダ。」1944.7.14

と記しているように、「ヨーロツパ的形態ト日本ノ近代化」を探求する武器としての言語であり、日記の中でもその習練を積み、探求の軌跡を示すものとして意味づけられていた。

尹夫は、こうした決意を次のように書き記している。

　　僕は近代史とロシヤを生涯の課題としたい。そしてEuropeの近代を自己の中に定位し、解決してゆきたい。一すじの道へ努力するのみである。1942.7.22
　　私ハ何ヨリモ欧州ノ言語ヲ我物トスル必要ガアルノダ。ソレハ役ニ立タヌ。有用性カライヘバ所詮無用ノ努力ダ。シカシ真ニ西洋ヲ探明セントスル以上トニカクソノ様ナ態度デ生キル事ガ肝要ナノデアル。1944.5.23

我々のgenerationを考へる時、その運命を、その世界史的役割の故につぐなはねばならぬ我々のgenerationの犠牲を反省してみたい。1944.1.1

こうした学問への意識に立ったとき、尹夫は自分たちの世代が何故に戦争の時代に生き、そして死の危険に向き合う状況に立つのか、歴史学徒としてその思索を日記に書き残そうとした。

　　しかし我々のクラスメートを標準として我々のgenerationを考へる時、その運命を、その世界史的役割の故につぐなはねばならぬ我々のgenerationの犠牲を反省してみたい。そんな気持がこのやうな日記をつけさせるのだ。1944.1.1

コノ日記ハ無意味ナ断片ノ乱積ナルガ故ニコソ幾分カ意味ヲソナヘル。1944.6.6

むろん、以上のような自覚的な探求とは区別されて、「コノ日記ニ

俺ハイロイロノ弱気ヲハキツケタ。」1944.7.14 と綴るように、日記は何よりも尹夫の内面の様々な苦悩を記すものでもあった。その意味で、自分との対話でもあった。そして、きわめて厳しい自己との対話を重視した。

> デハ一体コノ日記ヲ特徴ヅケルモノハ何カ。ケダシ曖昧ト混乱ガ不連続ト不統一ガ、即チ現在ノ俺ノ貧寒ニシテ意慾ニ欠乏シタ精神ノ風景ソノママデアル。ソレ故ニコソコノ日記ハ無意味ナ断片ノ乱積ナルガ故ニコソ幾分カ意味ヲソナヘル。1944.6.6

こうして日々の対話が綴られていったが、海軍航空基地における戦局の悪化の中で、日記の日付は付されなくなっていく。死の影が迫る日常の下で、尹夫の内面において日付がもはや意味をもたなくなったことを表しているのだろう。そこに書き続けられたのは、「断想」や「詩」であった。ノートの最後に、尹夫はついに次のように記す。

> コノ日記モ終ツタ。俺ノ貧弱ナル精神生活ノ生ミダシタ最初ノFruchtデアル。混乱ト無秩序ノミ。Mois cette confusion et anarchie, c'est moi.〔直訳すると、「私はこの混乱、無秩序、それが私」ぐらいの意味。フランス語〕
>
> 俺ハ依然トシテ前ト同ジ林尹夫。1944.7.14

第二章　読書と自己形成

一　読書の軌跡

明治維新による武士の抑圧の排除も、実は新な圧力の交替以外何物でもなかつた。1941.5.29

　尹夫の日記の大きな特色は、その随所に広汎な読書への欲求と学問への志向が記されていることである。そこにあるのは、自己を成長させていこうとする意志である。それは以下に紹介するように、その質においても、量においても、近代日本の青年がいかにその知的な成長と人間性の形成を目ざしたのかの、類まれなる記録ともいいうるものであろう。

　尹夫の読書の具体的な軌跡については、すでに岡田裕之氏がその著『日本戦没学生の思想』（2009年）において、他の戦没学徒と比較しながら詳細な分析を行っている。その考察を引き継ぎながら、さらに未公刊の日記に記されている内容も付け加えて、読書の軌跡を明らかにしてみよう。

　まずは、学徒出陣前の学生時代の読書をたどってみる。日記に登場し、記録が記載されているものの中で、最初に目につくのは文学方面の読書である。青年期の読書として、それは自然なものであろう。

　日本文学で名前の出てくるのは、夏目漱石、島崎藤村、泉鏡花、徳富蘆花、志賀直哉、芥川龍之介、武者小路実篤、谷崎潤一郎、永井荷風、島木健作、堀辰雄、久保田万太郎、高見順、里見弴、梶井基次郎、横光利一、中河与一、石川達三、深田久彌、火野葦平、小川正子、善波周、岩倉政治などである。

　作品名が記されている例として、夏目漱石『吾輩は猫である』『漾虚集』『心』『道草』『門』『行人』、島崎藤村『夜明け前』、徳富蘆花『黒い眼と茶色の目』、泉鏡花『高野聖・眉かくし』『歌行燈』、志賀直哉『暗夜行路』、武者小路実篤『人類の意志について』『幸福なる家族』、里見弴『多情仏心』、谷崎潤一郎『春琴抄』、梶井基次郎『檸檬』、横光利一『上海』、久保田万太郎『末枯、大寺学校』『萩すすき』、石上玄一郎『クラーク氏の機械』『精神病学教室』、善波周『弾巣』、堀辰雄『聖家族』『菜穂子』、深田久彌『贋修道院』、高見順『故旧忘れ得べき』『如何なる星の下に』『私の小説勉強』、石川達三『蒼氓』、島木健作『運命の人』、井上政次『大和古寺』、岩倉政治『村長日記』等々があげられる。

　以上に加えて、未公刊の日記の部分には、夏目漱石『それから』、泉鏡花『白鷺』、長與善郎『竹沢先生と云ふ人』、佐藤春夫『佐藤春夫詩抄』、

島木健作『随筆と小品』、林房雄『青年』『壮年』、大嶽康子『病院船』
が記されている。『病院船』は、小説というよりも、負傷兵を救護する
従軍看護婦のドキュメントである。

　読後感としては、武者小路実篤『幸福なる家族』の「これは楽しくも、
また美し」1941.5.30のようなごく短いものもあれば、夏目漱石『明暗』
や志賀直哉の『暗夜行路』等、ノート二頁分を超えるかなり長いものも
ある。例えば、漱石の『明暗』について、その一部をあげればこうであ
る。

　　「明暗」は明な、きれのよい、会話の描写、心理の動きをうつし
　　て居る。然しそれだけしか理解できないのである。そこには常に津
　　田の「皮膚」の様の一種の白さ―clean and smoothなあくどさ、油
　　こそを感じるのである。もつとすつきりとしたものが読みたい。然
　　し考へて見ればここにある様なわり切れなさ！それが事実であるか
　　もしれない。我々の心理のわりきれなさは常につきまとつてゆくの
　　であるかもしれない、と考へるのである。その点から考へて矢張「明
　　暗」には面白さがある。漱石の小説は単に外面事象の平板なるられ
　　つではない。所謂大衆小説的な、飛躍的な事件の道行などはない。
　　しかしそれを断面的にながめるならば矢張り考へさせられるものが
　　あるのである。人間心理の克明な記録だと思ふのである。1940.7.28

　僕には神といふものがわからない。ただ人間としてすこしでも同胞の
生をたかめる様に努力しよう。Goetheの尊さはその人間的な生方なの
だ。1943.5.25

　尹夫の関心は、きわめて旺盛に西欧の文学へも向けられていた。フラ
ンス文学では、コルネイユ、ラ・ロシュフコー、セナンクール、スタン
ダール、バルザック、フローベール、メリメ、ブールジェ、モーパッサ
ン、ドーデー、アナトール・フランス、ルナール、アラン、ピエル・ロ
チ、ボードレール、ランボー、ヴェルレーヌ、デュアメル、ヴァレリー、
マルタン・デューガール、ロマン・ロランと、多彩である。ドイツ文学

では、トーマス・マンをはじめ、ゲーテ、ノヴァーリス、ヘッセ、ケラー、リルケ、シュニッツラー、シュミットボン、シュトルム、レマルクであり、さらに英米文学ではスコット、シング、ジェイムズ・ジョイス、ハドソン、モーム、オルダス・ハクスリー、パール・バック、ロシア文学ではトルストイ、ドストエフスキー、ツルゲーネフなどが日記に記されている。

　書名は、以下のようなものである。なお、原語での表記は原書で読んだことを示している。

　ヘルマン・ヘッセ『車輪の下』『デミアン』『狭き門』、ツルゲーネフ『春の水』、フローベール『ボヴァリー夫人』"L'education sentimentale"〈『感情教育』〉、ドストエフスキー『虐げられし人々』『罪と罰』『死の家の記録』『カラマーゾフの兄弟』、パール・バック『大地』、ロマン・ローラン『ジャン・クリストフ』、ピエル・ロチ『氷島の漁夫』『ラムンチョ』『アメリカ騎兵』、スタンダール『アンリー・ペールの生涯』『パルムの僧院』、メリメ『コロンバ』『カルメン』『エトルリアの壺』、バルザック『海辺の悲劇』『絶対の探求』"Le lis dans la vallee"〈『谷間の百合』〉"le cousin pons"〈『従兄ポンス』〉、アナトール・フランス"Le crime de Sylvestre Bonnard"〈『シルベストル・ボナールの罪』〉、ブルジェ『我等の行為は、我等を追う』『弟子』『大我と女たち』、『愛』『姉妹』、マルタン・デューガール"Les Thibault"〈『チボー家の人々』〉、ドーデー『サッフォー』"Les lettres de mon moulin"〈『風車小屋だより』〉、トーマス・マン『魔の山』『ブッテンブロオク一家』、モーパッサン『脂肪の塊』、"Deux amis"〈『二人の友』〉"Pierre et Jean"〈『ピエールとジャン』〉、ハドスン"Green Mansion"〈『緑の館』〉、シング"Sing's Drama"〈『シングの戯曲』〉"The Lady of the Lake"〈『湖上の美人』〉、ジェームズ・ジョイス"Portrait of the Artist as a Young Man"〈『若き日の芸術家の肖像』〉、スタンダール『アソリー・ペールの生涯』『パルムの僧院』"Le rouge et le noir"〈『赤と黒』〉

　未公刊の日記の部分には、マダム・ラファイエット『クレーブの奥方』、アナトール・フランス『舞姫タイス』も記されている。

　読後感としては、例えば次のようなものである。

　　懸案の"Pierre et Jean"を全部読み終つた。それは一つの記念日
　である。しかしとりわけ重大な事とも言へぬかもしれない。寧ろ一
　日3-4頁づつよんで80日ほどあれば寧ろ読了するのが普通であり、
　事極めて平凡である。そして僕の生きるみちはその平凡の集積にあ
　る。1941.6.4

　以上の作品の中で、尹夫に特に大きな影響を与えたのは、岡田裕之氏
が指摘するように、マルタン・デューガールの『チボー家の人々』であ
った。第一次世界対戦を背景とした大河小説であり、全8部のうち第7
部以降は反戦小説の意味合いを強くもっている。主人公ジャック・チボ
ーは、独仏両軍の対峙する塹壕の上空から航空機で反戦ビラを撒く活動
に参加し、志を曲げないままに殺害される。
　マルタン・デューガールはこの第7部で、ノーベル文学賞を受賞して
いる。しかし、日本での翻訳は反戦意識を広めるものとして禁止となっ
た。当時の言論統制が、いかに強圧的なものであったのかの一つの証左
であろう。だが、前記のように尹夫は全8部の大著を二度原書で読破し
ている。読後感もたびたび記されているが、その一つは次のようなもの
であった。

　　Jacque〔Jacques〕Thibaur〔Les Thibault〕〔ジャックは『チボー家の人々』
　の主要登場人物のこと〕その精神は現在の僕を支配する。独立の人格
　とは烈しい苦しみにより結晶する。まひした自己批判。それは醜い
　背徳者にある。酷烈に自己をさばけ。第一歩はそこにはじまる。
　1941.4.12

　今勉強したいと思ふのは歴史である。主として歴史哲学、西洋史、東
洋史、日本史をしつかりものにしたい。1940.12.21

　尹夫は、さらに哲学や思想書関連、とりわけ歴史関係の書物に強く引きつけられていった。

　哲学・思想書関連の著書として、日本のものでは、西田幾多郎、田辺元、和辻哲郎、朝永三十郎、長谷川如是閑、倉田百三、三木清、谷川徹三、阿部次郎、出隆、杉正俊、河合栄治郎、矢内原忠雄、波多野精一、三谷隆正、今井仙一、高坂正顕、松村克己、岩下壮一、市原豊太、辰野隆などの著作が読まれている。

　書名としては、倉田百三『愛と認識との出発』、長谷川如是閑『額の男』、河合栄治郎『第一学生生活』『第二学生生活』『社会思想家評伝』『書斎の窓より』『感傷と反省』『文学の周囲』『時局と自由主義』『ファシズム批判』『トマス・ヒル・グリーンの思想体系』、三木清『歴史哲学』、谷川徹三『生活・哲学・芸術』『日本人の心』、朝永三十郎『近世における我の自覚史』、波多野精一『基督教の起源』、高坂正顕『歴史的世界』『歴史哲学と政治哲学』、和辻哲郎『倫理学』『日本精神史研究』、今井仙一『フランス哲学の主要問題』、三谷隆正『アウグスチヌス』、三井光弥『父親としてのゲーテ』、市原豊太『思考・意識・愛情』、辰野隆『印象と追憶』等々である。

　この中で、自由主義者としてファシズムと戦った経済学者河合栄治郎については、次のように、ややそっけなく批評している。

　　　河合さんは高校時代は人生観を確立し、自己をみつめる生活だと
　　言ふがあまりにも抽象的でのみこめない。1940.6.15

　後の日記で尹夫は、「俺は抽象に生きる人間ではない。俺は直接俺自身胸にぐんときて把握するもののために生きるのだ。俺はくだらぬ哲学者ではない。俺は歴史家だ。文学青年だ。そして市井一町人だ。」1944.7.1と書いているが、抽象的ではない実践的な課題を探求しようとする一貫した矜持が、河合への批判をもたらしたものであろう。

　西欧の哲学や思想そして宗教書に関しては、プラトン、アリストテレ

ス、アウグスチヌス、ルター、デカルト、パスカル、カント、ニーチェ、リッケルト、ディルタイ、ハルナック、ブーバー等があげられている。

　書名については、プラトン『ソクラテスの弁明』『クリトン』『饗宴』、アリストテレス『ニコマコス倫理学』第六巻第三章『学問』、ルター『キリスト者の自由』、モーリス・バレス『自我礼拝』、ヴァレリイ『方法的征覇』、フォイエルバッハ『基督教の本質』、ニーチェ『ツァラトゥストラ』、アラン『精神と情熱に関する八十一章』等である。

　未公刊の日付の中で目にとまるのは、アルベルト・シュヴァイツァー『わが生活と思想より』の、以下の文章が書き留められていることである。

　　この世界の悲惨の問題が私をひどく苦しめた。しかし私はこの難問題に惑溺することはしなかつた。むしろ、われらすべてはこの悲惨を幾分なりとも根絶せしむべく、各々力を尽すことができる、と信じて疑はなかつた。かくて次第に、この問題についてわれらの知り得る唯一のことは、われらは救済を齎さんとする者として各々その道を行くべきである、といふことだと考へるに至つた。1942.6.21

歴史書の読書が優先権を持つこと。且又歴史の読書が中心であることを忘れない様にせねばならない。1940.12.21

　以上のような広汎な読書を経る中から、尹夫が深く取り組んでいったのは歴史関係の書物であった。歴史的・社会的な問題と具体的現象への関心は、尹夫の本来的な資質に根ざすものでもあったろう。

　　今日ニュース映画ヲ見ナガラ思ツタ。俺ハアル現象ヲ見ルニツケソレガ如何ナル社会的背景、歴史的地盤ニタツカトイフトコロニ関心ガムク。1944.4.25

　こうした関心の元に、日本の歴史関係の文献として、本居宣長、杉田玄白、貝原益軒、恩田木工、西郷隆盛、福沢諭吉、陸奥宗光、橘樸、箕

作元八、大類伸、鈴木成高、小西四郎らの諸著作があげられる。

　書名としては、恩田木工『日暮硯』、本居宣長『うひ山ぶみ』、杉田玄白『蘭学事始』、西郷隆盛『西郷南洲遺訓』、福沢諭吉『福翁自伝』、陸奥宗光『蹇々録』、徳富猪一郎『吉田松陰』、文部省維新史料編纂会『概観維新史』、箕作元八『西洋史講話』、小西四郎『日本近代史』、大類伸『西洋中世の文化』『西洋史新講』、鈴木成高『歴史的国家の理念』『ランケと世界史学』、石原謙『基督教史』等である。

　未公刊の日記の部分には、さらに岡不可止『松下村塾の指導者』、中山治一『政治史の課題』、長與善郎『日本文化の話』、荒川義彦『大学と伝統』、そして当時新鋭の歴史哲学者であった樺俊雄『歴史哲学概論』『歴史に於ける理念』『歴史の理論』が記されている。松陰については、「俺ニハ矛盾的ナ二者ガ含マレテ居ル。……政治的ト非政治的、松陰的ナモノトトニオクレーゲル的要素ト。ソノ二ツガタタカフ。」1944.6.25と記している。著作を通して、自身の分析にも向っていることが分かる。

　西洋の歴史関係の著作として、カエサル、カーライル、ランケ、ウェーバー、A・モーロア、C・ドーソン、E・ファゲ、ストリンドベーリ、E・ジルソン、ドープッシュ、E・クルティウス、J・ベリー、J・シーリー、L・ディキンソン、M・アラン、N・ベルジャーエフ、マンハイム、レーニン、V・フィグネル、ヘルツ、ラスキなどがあがっている。

　書名については、以下のようなものである。

　ストリンドベーリ『歴史の縮図』、ジルソン『中世ヒューマニズムと文芸復興』、ベルジャーエフ"The meaning of History"〈『歴史の意味』〉、"The Fate of Man in the Modern World"〈『近代世界における人間の運命』〉、J・シーリー"The Expansion of England"〈『英国の発展』〉、ラスキ"The Political Thoughts in England from Hobbes to Bentham"〈『ホッブズからベンサムに至る英国における政治思想』〉、A・モーロア"The History of England"〈『英国史』〉、J・ベリー"The Idea of Progress"〈『進歩の概念』〉、M・アラン"L'ordre"〈『秩序』〉、ドーソン『政治の彼方に』（深瀬基寛訳）"Progress and Religion"〈『進歩と宗教』〉"St. Augustine and

His Age" 〈『聖アウグスティヌスとその時代』〉 "The New Leviathan" 〈『新たなるリヴァイアサン』〉。

　西洋史に関し、尹夫は日本人による研究の「力量不足」について、厳しい問いを投げかけている。

　　〔Über die〕Epochen〔der neueren Geschichte〕〔Ranke の 1899 年の著作〕
　　を読みながら考へるのであるが日本の歴史家の史書（西洋史）には
　　何か力不足、教義の不足が考ぜられる。ヨーロッパの歴史のみなら
　　ず文学その他の地盤なき歴史家などナンセンスといはざるをえない。
　　1943.1.18

　同時に、尹夫は自分の読書の質やあり方について、容赦のない自己批判を行うこともしばしばであった。

　　　第一に私の勉強の欠陥は不徹底といふ事、いいかげんと言ふ事で
　　ある。例へば歴史哲学をやるにしてもいいかげんでほつておく事が
　　多い。理解せずにすます事が多い。それが最大の欠陥である。徹底
　　さ、すなわち Wissenschaftlichkeit〔「学問的なこと」という意味。ドイツ語〕
　　に対する真面目さなしにどうして我々は自己の知識的形成が何〔マ
　　マ〕し得ようか。其点に対し先づ猛省せねばならない。元来私は頭
　　脳的に非常に劣等である。其故真に努力して自ら邁進せねばならな
　　い。1940.10.28

軍隊での読書
　一体俺ガ生キテ娑婆ニカヘレルモノカドウカ。ソノ probability ハ極メ
テ少イ。否殆ンドナイ。マシテソレマデニ外国語ヲツカフ機会ガアル等
トハ到底考ヘラレヌ。シカシ俺ハ今デモ西欧的ナモノトハ何カトイフ問
題ヲステナイシ一生ソレヲ追ヒツヅケテユキタイト思ツテ居ル。
1944.5.23

　尹夫は、学徒出陣後も海軍基地の中で読書を進めている。軍隊という厳しい訓練と管理の下での読書が、きわめて困難であることは想像に難くない。「本を読みたくも、そんなおちついた、そしてなにか明るい積極的気分がでてこない。」1944.5.31と記しながらも、外出許可が出るたびにできる限り書物を購入して基地に持ちかえっている。また、「まず深瀬先生より、フランス語と英語の適当な、そして読みごたえのありそうな本を二冊送ってもらうこと。」1944.5.23、あるいは「深瀬先生がどんな本をお送り下さるか、楽しみである。」1944.6.12のように、恩師深瀬基寛から送られた書物も読み進めた。むろん、休暇で兄の家で過ごす時間も、貴重な読書の機会となった。

　生きられる希望を絶たれた中でも、「一生追い続けていく課題」を把握し、それを実現しようとする、その果敢な意欲には心を打たれるばかりである。

　軍隊の時代に実際に読み進めたのは、日本の著作では、小川政修『パラツェルズス伝』、谷内尚文『樺太風物抄』、丸山薫『点鐘鳴るところ』、倉田百三『出家とその弟子』、鈴木成高『歴史的国家の理念』、橘撲『中華民国三十年史』、岩田豊雄『海軍』『海軍随筆』、丸山薫『涙した神』『点鐘鳴るところ』、宇野千代『日露戦聞記』、榊山潤『歴史』である。

　『中華民国三十年史』には、「半年前の望みがいま叶ったわけで、教えられるところきわめて大であった。」1944.5.19という短い評が附されている。この著作について、大東亜戦争における中国への武力侵攻がいったい何をもたらすのか、尹夫は歴史的・文化的視野の下でさらに考察を深めようとした。後述するように恩師深瀬基寛宛の1945年2月23日付の葉書の中でも、検閲を意識しつつ、より詳しく語られている。

　　ソ聯と英国・アメリカをバックとする支那が、その進路を抗日救国に求めた事は極めて当然な過程であり、当然その相剋するところを打開する事は、真の強国のみ可能だと思います。大東亜戦争の原因は支那にあり、又支那の四億五千の民衆の強力〔ママ〕なしに、大東亜戦争の究極の勝利は不可能だという著者の言が強く心に残り

ました。

　また、『出家とその弟子』の読後感には、「俺にはLiebe〔「愛」。ドイツ語〕の美しさはわからぬ。俺には「人生の淋しさ」「祈り」と「恩愛と社会的義理」といふThemaこそ心ひかれるがLiebeといふThemaだけはあまりにも縁遠い感じがしてならない。」1944.5.19と書かれている。「Liebe（愛）」への感覚は、高校時代とあまり変わっていないと思われる。

　吉田松陰に関しても、軍隊で直面する状況との関連が、次のように記されている。

　　戦局今ヤ如何ナルモノカワカラヌ。松陰ノ「国ノタメニ死スルハ死シテナホ生ケルナリ」トイフ思想ハ我々ニハ遠イ。軍隊ニアツテハpassionハケサレル。アルノハタダ軍紀トイフmechanismニ動カサレルノミデアル。1944.5.1

　さらに西洋の著作では、アウグスチヌス『告白』、ゲーテ『ウェルテル』『ウィルヘルムーマイスター』『ミニヨン』、マイヤー・フェルスター『アルト・ハイデルベルク』、カーライル『英雄崇拝』、ミル『自伝』、デュアメル『未来風景』、マルタン・デュ・ガール『アフリカでの告白』、クルチュース『現代ヨーロッパにおけるフランス精神』、リッケルト『自然科学と文化科学』、トーマス・マン『トニオ・クレーゲル』、レマルク『西部戦線異状なし』、ノヴァーリス『青い花』、リルケ『使徒』、ヴィルヘルム・シュミットボン『レッツテ』と読み進めている。

　原書で読んでいるのは、例えば、Aurelius Augustnus "Confessiones"〈アウグスチヌス『告白』〉、Dilithey "Friedrich der Grosse und die deutsche Aufklarung"〈ディルタイ『フリードリッヒ大王とドイツ啓蒙思潮』〉、Segt "Gedanken eines Soldaten"〈ゼークト『一軍人の思想』〉、Thomas Carlyle "Uebrer Helden, Heldenverehrung und das Heldentümliche in der Geschichte"〈『英雄と英雄崇拝と歴史における英雄性について』〉、John Stuart Mill "Autobiography"〈ジョン・スチュアート・ミル『自叙

伝』〉、Aldos Huxley "Crome Yellow" 〈オルダス・ハックスリ『クロウム・イエロウ』〉、Georges Duhamal "Scenes de la vie future" 〈ジョルジュ・デュアメル『未来生活風景』〉等である。

　これだけの書物を軍隊内で読んだことは、驚異的である。しかも、後述するように、「読書ヲ禁止サレタ。…ツマラヌ禁止ヲシテ一体何ニナルノカ」（1944.6.25）という状況においてである。

　そうした中で尹夫は、「俺ハヨムゾ。ソンナ事デヘコタレルモノカ」（1944.7.13）と自己を叱咤し、読後感もていねいに記している。例えば、

　　昨日 Alt Heidelberg 〔ドイツの作家ヴィルヘルム・マイヤー＝フェルスターによる五幕の戯曲。1901年にベルリンで初演〕ヲヨム。極メテ面白シ。Universität 〔「大学」。ドイツ語〕トノ一ツノ Atmosphär 〔「雰囲気」。ドイツ語。ただし、スペルは Atmosphäre〕ハタシカニアソコニアラハレテ居ルノダ。俺ハアウイフ Atmosphär 〔同前〕ニタイシ一生憧憬ヲステエナイデアラウ。ソレニシテモ教養クサイ面ヲシナガラ文化財ヲ真ニ我物トセントノ気魄ト情熱ヲモツ人間ガ如何ニ少イコトカ。本ハヨム。ソレモモノズキニスギナイ。人間ガ如何ニ多イコトカ。要スルニ文化ノ建設ハ非常ニ難事ナノダ。ソレニ敢然トシテツキススム人間ガ如何ニ少ク、ソレヲ遊ビニスル人間ガ如何ニ多イコトカ。俺ハ Betrachter 〔観察者〕デ結構ダ。トニカク真面目ニ自己ノ生命ガカケラレバ何デモヨイ。トニカク Kultur ナラ Kultur ヲ真剣ニナツテ自己ノ問題トシテ考ヘテユク。ソコニ結晶スル態度ガソノ人間ノ人格トナルノダ。1944.6.11

二　学問への探求

　我は精神科学への信念に生きよう。そしてそれをどんな時にも忘れまい。我々は富裕な生を求めて生きるのではない。我々は学問を求めるのだ。1943.6.11

　高校卒業の日、1942年7月18日、尹夫はこれまでの生活をふり返り、新しき道に臨もうとする決意を記している。

　　今日で三高生活は終る。之でよかつたと思ふ。あらたむべき事は又あらためよう。学んだ事をあくまで実践しよう。が過去はすぎた。僕の新しい道はひらけた。古きものへは涙しよう。そして新しいものにすすみゆかう。1942.7.18

この「新しい道」について、次のように記述している。

　　今日は僕にとつて決定的な日だ。僕は思想史的、精神史的な研究、へ自分の生涯をささげようと思ふ。僕の頼りうるものは何もない。頭脳、才能いづれも自信が持てない。唯僕をかりたてるものは精神的な欲求のみである。その他に何のよりどころもないのである。それでよいではないか。1942.7.10

思想を媒介としての主体性の把握、それが僕の生方なのだ。それをすてるとき僕は僕でなくなつてしまふ。1942.7.5

　注目すべきは、学問と思想への探究とは、尹夫にとって自己の主体性の確立と「社会の向上」を目ざす実践的な志向として自覚されていたことである。

　　学問に生きること。それは哲学科に行く事が考へられる。しかし学問をやりとほしてゆくだけの熱意が持てない。具体的な生方を欲する。1941.11.6
　　えた知識即ち学術により、それを手段として実社会に於て活動し、自己の向上と同時に社会の向上を目的とするのである。1940.4.22

自己の対象に幻惑されて自己の足場をはなれた虚弱な浮薄な物珍しが

りや、この分でゆくとお前はスコラ哲学の研究者になるとうぬぼれた。何たる愚劣さぞ。1942.5.25

　一方で尹夫は、学問への道の困難さを自身に問いかけ、しばしば厳しい自己批判を行っている。

　　　一言でいへばすべてを活動せぬ故、努力もせぬ故と人の生活の薄弱さを見てその結果自己の生活の中心的、精神の本質に何等批評をしなかつた曖昧さ。1942.5.25

京都という土地

　京都の秋‼外には雨がふる。汽車の汽笛、音、寺の鐘。それらは私をして快きennuiにひたらしめる。心もおちつき、ひきしまる。そして現在のこの清き孤独を愛する。京の秋よ。1940.10.14

　尹夫が学問への探求に向き合おうとするにあたって、学術の府としての京都の土地柄と自然環境が少なからず影響を有していた。尹夫は京都という土地に馴染み、そこで暮らす意味を学問的なものと結びつけ、つかみとっていった。

　　　京都はさびしい。然し真にdenken〔「考える」という意味のドイツ語の動詞〕の行へる場所なのだ。永遠のものとブつかる場所だ。古典主義はあらゆるものの母体ではあるまいか。それにいるにしてもいづるにしても。1940.12.8

　　　京都はしつかりとした生活をするによい場所だ。美しい自然。処々に見られる古刹。古典的な香。
　　　しかも京都はある新しい息吹きを持ち、確固たる中心的な学派を持つ。京都哲学派を。

　京都に於ての意義ある生活の一つはこの学派に精通し、そのうち
に生きる事ではあるまいか。さうしてこそ京都は単なる平凡無為で
なく、また我々は創造的となりうるのである。1940.12.12

　このように京都の学問的雰囲気と自然環境は、尹夫の知的な探求を育
む土壌となった。
　ここで京都の「確固たる学派」とは、その一つとして、「世界史の哲学」
や「近代の超克」を唱え、「西洋は行き詰まり、東洋こそが中心たるべき」
との大東亜共栄圏思想を提唱したグループがある。メンバーは、田辺元
の教えを受けた高坂正顕・西谷啓治・高山岩男・鈴木成高等であった。
三高と京都帝大がその中心となっていたが、彼らは『中央公論』一九四
二年一月号の座談会「世界史的立場と日本」において、日米開戦・真珠
湾攻撃やマレー沖海戦の「大勝利」を受け、国民に「大東亜戦争」の「世
界史的意義」を論じ、総力戦突入への覚悟を説いていた。尹夫も田辺、
鈴木、高坂らの講演や講義を受講している。

　一昨日田辺先生の月曜講義で「死生」なる題のもとに話をされた。
そして死を自然現象と観、我々に関はらぬものとしたStoaを代表
とする自然観的態度と、死を現実の可能性とみて、それへの覚悟に
より生をみようとするHeideggerを代表とする自覚存的態度をい
づれも我々迷ふ人間はすくひをもとめぬものとされて、我々の死の
態度は決死といふ点にあると説かれた。
　即ち死を可能性として我々の生の問題をとくのではなく、死その
ものへ我々がとびこんでゆく。死はSeinではなくSollenであると
意で、之は現実の事態とにらみあはせての思索と考へられる。そし
てそれだけに尊い考方と思つた。
　又人は神と直接のつながりをもちえない。それは国を媒介とする。
人と国と神は三一的に結びつき一をかいても全体はなりたたない。
1943.5.21

　このように、田辺は、死を Sein（存在）ではなく Sollen（当為）とし、覚悟をもって主体的に死に臨むべきである（「死そのものへ我々がとびこんでゆく」）とした。さらに至上の存在との結びつきは、国家を媒介とせずには成り立たないと述べた。こうしたヘーゲル流哲学の一般命題は、当時の日本の現実においては国家が押し進める戦争に、覚悟を持って身を投じるべきとする理念へと、容易に結びつけられていった。田辺の説く「国家の道義性」は、それをさらに根拠づけるものである。おそらく、講演における田辺の生の言葉のもつ力は、迫真をもって尹夫の胸に迫ったのであろう。

　しかしながら、尹夫は、その二年前に「国家。それは強力な実体である。それを離れてはならない。日本を讃美すること。私はそれはしたくない。感傷としてしりぞけたい。」（1941.10.12）と記している。

　国家の存在を承認することと、「日本を讃美すること」を明確に区別していた。すなわち国家の具体的なあり様への無条件の肯定を、尹夫は「感傷」としてしりぞけようとしていたのである。

　この尹夫の葛藤は、その後、大日本帝国の軍隊および戦争の現実の姿に直面し、さらに深まり研ぎ澄まされていくこととなった。

　戦後、田辺は「京大の憶出」（一九五六年）というエッセーの中で、「第二次大戦の緊迫愈々激しきに伴ひ思想統制益々厳しく、それに対し心弱き私がなんら積極的に抵抗すること能はず、多かれ少かれ時勢の風潮に支配せられざるを得なかつたのは、いかに深く自ら慚づるもなお足らざる所である」と述べ、「私は頭を垂れてひたすら自己の罪を悔ゆる外ない」と「懺悔」した[19]。それは学問と現実を結びつける際に求められる厳密さと、それができなかった場合の破局と非情さとを示すものであったろう。

　日本精神ハ新ナル生命ヲ吹キ込マレタ moralische Energie〔「道徳的活力」ぐらいの意味。前出のドイツ語〕デハナクムシロ慣習的惰性ト俺ハ断ンズル。1944.6.11

　この「日本精神論」は、当時、京都学派の「世界史の哲学」と並び、戦時イデオロギーとして大きな影響を与えていたものである。天皇を中心とする日本の国体こそ世界に冠たるものであり、日本精神はすべての指導原理であるとする主張であり、主に文部省（教学局）を通して流布された官許の教学である。これに対しても尹夫は正面からの批判を隠さない。

　　文化的精神的ニ日本ハ危機ダ。Japan in Gefahr〔「日本は危機に瀕している」の意味。ドイツ語〕！ソシテ日本精神ハ新ナル生命ヲ吹キ込マレタmoralische Energie〔「道徳的活力」ぐらいの意味。前出のドイツ語〕デハナクムシロ慣習的惰性ト俺ハ断ンズル。之ハ極端ナ考方デアラウカ？　1944.6.11

「慣習的惰性」とは、言いえて妙である。

三　深瀬基寛との交流

　東山ハ静ニカスム。俺ハ大丸ノ上カラソレヲ眺メテ居ル。ソシテソノ時酒ヲ飲メタラ早速深瀬先生ヲ誘ヒ出シテトモニ語リトモニ歌フノダガ。1944.6.20

　尹夫の学問への志向と人間性の形成において、きわめて大きな意味をもったのは第三高等学校教授の深瀬基寛との交流であった。深瀬の専攻は英文学であり、詩人エリオットの研究者として著名であったが、さらに第一次大戦とヨーロッパの危機体験に立つドーソンの歴史哲学を高く評価し、その紹介者であり邦訳者でもあった。

　尹夫は、「先生が、日本にあまりないドーソンの原本をつぎからつぎへと貸してくださり、私はそれをつぎからつぎへと読み」と記し、あるいは「Bellum Gallicum（ガリア戦記）を読んだのも先生のおかげ、Berdyaev（ベルジャーエフ）で頭が痛かったのも先生、先生が十年前に

書かれたJoubertの評論を読んで今の先生を考えてほほえまれた事もあった。」と、深瀬による指導と交流の一端を記している。[20]

　二人の交流は、学徒出陣後も頻繁に続いている。例えば、「連続ハガキのお便り非常な感激を以て拝読いたしました。」と、時に続けざまの葉書の往復が行われていたこと、また「之からは俺の背後に深瀬基寛ありの心構えで頑張ります。」（1944年3月9日付深瀬宛葉書）等、尹夫にとって深瀬は軍隊生活の心の支えともなる存在でもあった。

　大井海軍航空隊での日記には、恩師深瀬への想いが次のように綴られている。

　　今俺ガ深瀬サンニ対スル敬愛ノ雰囲気ヲRealナモノニ結晶スルニハ何ヨリモマヅ日々ヲ強ク明ク男ラシク生キル事。深瀬サン私ハ生キテ居マスヨトイヘル生活ヲスル事、ソシテデキルダケ閑暇ヲミツケテ先生ノ深イオ考ヘカラオ贈リ下ツタ"Heinrich Rickert : Naturwissenschaft und Kulturwissenschaft"〔Kulturwissenschaft und Naturwissenschaftであり、順番が異なっている〕ヲ味読スルコト。
　　1944.6.20

　日記には、深瀬に宛てた遺書ともいうべき文章が残されている。師弟の活き活きとした交流をふりかえる内容である。一升瓶を下げて師の家を訪ね飲み明かしたこと等が綴られ、尹夫の心の中にいかに師の面影が生きていたのかが伝わってくる。

　　先生
　　小松原は衣笠山の麓冬の夜おそく私は先生と話した事そして話さうとしても話しきれなかつた淋しさをかみしめながらきらきらとせまる様な光りをうれしい様なやるせない様な思ひにせまられた事が幾度もありました。
　　所詮年齢のちがひはこすにこされず理解をさまたげましたが、でも深瀬さん、年はちがつて居てもお互に楽しいつきあひでしたね。

　先生とのんだのは卒業のコンパと、臨時のバンケツトと、私が東京から東海道をくだり一升さげて行つてとまりこみになつた時とそしてお別れにあの四畳半でKと三人でのんだ事と、それだけでした。
（中略）
　先生よ、忘れえぬ方よ。
　先生と一緒に大地原をほめあひましたね。先生は「大地原が教室に居るのをみると俺はうれしくなつてね」と言つて居た。あゝなつかしき我等の交りよ。
　先生の顔はナイスだつた。先生の笑声は明るかつた。世の普通の標準からいつて異様な顔をしてるのに私にはたまらなく美しいインテレクチヤルなおもかげよ。深瀬さん五十にもなられしあなたがなつかしく。（ノート4）

　岡田裕之『日本戦没学生の思想』は、戦没学徒への学問と人間形成における教師の影響について、幾人かの例をあげて詳細に論じている。そして、「戦没学生の思想形成において同時代の教授層の役割は大きく、師弟の結合はまた学徒兵の矜持と抵抗を支えたのであった。」としている。なかでも「林と深瀬の関係が最も親密ではなかったか。」[21]と述べる。尹夫と深瀬の交流は、そうした関係を事実として物語っていよう。
　戦後、深瀬は尹夫の遺稿を公刊しようと尽力するが、依頼した唐木順三に対し、その想いをこう語っている。

　　小生としては戦没学生中、恐らく、これだけ徹底した自覚の下に死んで行った学生を知らないと考へてをります。
　　万一にも林君の遺稿が出版になれば、小生としては、自分の本など問題にならないとさへ考へてをります。それは勿論、学問的価値の点ではなく、私の三十年の教師生活のうち林君が学生の頂点に立つてゐることを確言出来るからなのです。[22]

歴史的世界の把握

　我々ノ学問ワケテモ歴史学ハ我々ノ装飾トナルモノデナク血トナリ肉トナリ我々ノ生キテユク基本ヲ示スモノデアルトスルナラバ我々ハ歴史ヲ唯現象的、発展的ニ終リウルモノニハナラナイノデソノ秘密ノ点ニ到達シナケレハナラナイ。1941.11.8

　京都帝国大学史学科に進学した尹夫は、歴史とは何かという問題、そして現在に生きる人間と歴史はどう関わるのかについて、様々な思索を重ねていった。

　我々ガVergangenheit〔意味は「過去」。ドイツ語〕トシテ過去ノモノヲ静ニミル事ガデキル。ソシテ具体的ナ生命ノアリ方生命ノ姿ヲ発展トシテ見ル事ガデキ、過ギサッタ生ガ歴史カラ発展シタモノデアル事ヲ把握スル時歴史ガソノ発展ノ記録デアルトイフ事ヲ確信シウル。
1941.11.8

四　国家と戦争

　尹夫が中学校に入学した1934年の時点で、すでに「陸軍現役将校学校配属令」（1925年）が施行され、各学校に常駐した陸軍現役将校が軍事訓練（軍事教練）を生徒たちに行う制度が確立していた。さらに、昭和に入り日本は独自の権益を守るためとして、軍事行動を次々と引き起こし、ついに国際連盟からも脱退するに至った。その間、1931年の「満州事変」に続き、1936年の「日中事変」、1941年の「大東亜戦争」と、戦線を拡大させていった。そうした時代に尹夫と同じ世代の青年たちは生きた。
　「大東亜共栄圏の建設」という当時の国家政策に、多くの国民は雪崩をうって巻き込まれていったが、尹夫は歴史学徒としての矜持をもって、

352

国家と戦争についての冷静な考察を深めていた。

　　そして国家は大きくなり、それは個人の自由をゆるさず、精神的
　　忠誠を要求する。個人を経済組織の一単位とせんとする。そして国
　　家は自己以外の価値の存在を非認しようとする。即ち国家は統治者
　　であるとともに、教育家であり、一言でいへば人間の神なるもので
　　ある。1942.6.16

高等学校においても軍事教練は行われた。尹夫は、そうした強制を行
う国家に深い懐疑を寄せる。

　　死んだ気で教練をやるのか。
　　日本よ、何故私は敬愛を持ちえないか。
　　日本の実体はどこにあるのか。1941.9.5

しかし人間には本来どうにもならぬ領域がある。即ち人間の自由は絶
対的に他に没せられぬ要素である。自由をあたへよ。各々その分にとど
まれ。1941.10.3

近代社会の根底にあるべき原理は、個人の精神の自由の確立であると
認識する尹夫は、自由主義の思想的基盤に立って国家のあり方を考察し
ていた。

　　我々の近代の産物たる深くしみこんだ自由主義の理念をすてるこ
　　とが可能とはおもへない。それはまさに人間の本性そのものである
　　まいか。（中略）
　　私は国家の為に銃はとれる。国家がそれを完全に遂行するはその
　　つとめである。しかし人間には本来どうにもならぬ領域がある。即
　　ち人間の自由は絶対的に他に没せられぬ要素である。自由をあたへ
　　よ。各々その分にとどまれ。非常時はあくまでも一時的現象たらし

むべきもの。人間は戦争のため、国家のためにのみいきるものではない。まさにそれは自己のため、ではあるまいか。
　個人主義、自由主義の理想、失ふべからず、自ら生きることがまず中心でなければならない。1941.10.3

思ひあがれる国に対する失望。しかし現実に生きる我々にとつて結局国家は究極の地盤ではあるまいか。1941.10.11

　だが日本の現状は、国家総動員を目ざす国民全体への強制を一層加速させていた。すでに、1937年8月、日中戦争の全面拡大による戦時体制に向けた「国民精神総動員実施要綱」が決定された。翌38年3月には「国家総動員法」、すなわち「戦時ニ際シ国防目的達成ノ為国ノ全カヲ最モ有効ニ発揮セシムル様人的及物的資源ヲ統制運用スルヲ謂フ」とする法令が発動された。これにより、国民生活の全領域に国家統制が行われ、勤労報国と勤労動員の総力戦体制が整えられた。
　すでに尹夫が第三高等学校に入学した1940年8月には、「皇国の国是は八紘一宇とする肇国の大精神に基づき世界平和の確立を招来することを以て根本とし、先づ皇国を核心とし日満支の強固なる結合を根幹とする大東亜の新秩序を建設するに在り」と定めた「基本国策要綱」が制定・実施されている。こうした加速度的に進行する事態を、尹夫は次のようにとらえていた。

　　政治の拡大とは決つして嬉しい現象ではないと思ふが、政治はむしろ非常時ののりきりとして困難を要求するはよからう。しかし政治が教師になる。きかざる者の断〔ママ〕圧。一体何の権利で、国家の拡大はそこまでゆけばおしまひである。1941.10.3

　1941年10月、中国・アメリカとの関係改善の立場をとった首相近衛文麿が辞職した。尹夫は政治状況の深刻な危機を感じとる。さらに、天皇大命によって東条英機が首相に任命されたことを、戦争に向けた国策

のいっそうの進展ととらえている。日記には、「東條陸相大命降下。遂
にくるべきところへ。何が期待できさうであるか?」1941.10.18と短く
記されている。

　　この重苦しい感じ。祖国を守るといふのにこの無気力。認識不足
　か。それとも絶望か。日本に対する不信か。たしかにそれもある。
　毅然たらざるは何故か。思ひあがれる国に対する失望。
　1941.10.11

　同年、12月8日、ついに日米開戦の火ぶたが切られたが、その日の日
記には何も記されていない。

　戦争は決つして国体擁護ではない。むしろ人間の生活のあり方が国家
といふものを不可欠な要素として、現実に要求するといふ事実こそ戦争
への一つの道である。1941.10.12

　尹夫には、日本はその基本的性格からして、戦争を要求している国家
ととらえられた。そうであるなら、日本を祖国とする自分たちにはいか
なる運命が待ち受けているのか、そのことを尹夫は問おうとした。

　　国家。それは強力な実体である。それを離れてはならない。日本
　を讃美すること。私はそれはしたくない。感傷としてしりぞけたい。
　1941.10.12

軍隊という抑圧の機構

　軍隊はPassionを殺しMachineの一歯車に変ずるところなのだ。
1944.1.21
　俺は軍隊に奉仕するものではない。俺は現代に生きる人間のために働
く。しかし俺は何もよき軍人になるために生きるのではない。その点に

俺は僅な自由意志の途を見出すのだ。1944.7.1

　1943年9月、徴兵猶予停止の法令が出され、全国の大学、専門学校の学生約30万人が徴兵検査を義務づけられた。「学徒出陣」の始りである。尹夫は、同年12月、横須賀第二海兵団に海軍二等水兵として入団、次いで翌44年2月土浦海軍航空隊に入隊し、海軍飛行予備学生となった。同年5月には偵察専修学生として大井航空隊に転じ、通信・航法・射撃・爆撃の地上訓練および機上訓練を受けた。同12月、少尉に任官する。

　翌45年4月上旬、木更津海軍航空隊（攻撃七〇九空）に転じ夜間天測航法を習得後、鳥取県西伯郡美保海軍航空隊八〇一空（錦部隊）に異動した。ついで7月下旬、八〇一空は新設の大和航空基地（奈良）に転じた。

　その間、尹夫は軍隊生活を受け入れるための苦闘を続けていく。

　　　矢張カウ考ヘルト我々ハ現在ノ些小事ヲコエテ軍人トシテ精強トナルノガ最モ緊急ノ要務デアル事ハイフマデモナイ。タダ俺ハ有能デアルトトモニアクマデモ林尹夫君デアリタイ。1944.5.31

軍隊といふ特殊な機構にあつては一度自己を全然すてないと自発的行為はなしえないのだ。1944.1.3

　日本の軍隊の過剰な精神主義、そして極端なまでの個人の意志の抑圧や画一性、それらをどう受けとめるのか、尹夫は苦闘した。そして、そうした軍隊が真に祖国と国民を守るための軍隊となりえるのか、という問題を冷静に直視する。

　　　現代世界に於て強力な軍隊とは武力的強力性により強力なのではなくそのGrund〔「基盤」。ドイツ語〕たる機械的強力性の故に強力なのだ。経済的強力性の故に強力なのだ。それが戦力強化の、そして結局は軍隊強化の本質的なものなのだ。勿論国民の協力一致にもと

づく精神力が大きな働をなすとも考へる。厳格な規律をもつ、高揚せる esprit du corps〔「団結精神」。フランス語〕を懐抱せる軍隊は強いであらう。しかしその様な意味で精神力高揚が真の戦力発揚の根源とすることは Romance でなしに Wirklichkeit〔「現実」。ドイツ語〕を念頭におく我々 Realist〔「現実主義者」。英語〕にはかかる空虚なる神話によりたゞ嫌悪をそそられるのみである。1944.1.3

五　破局の訪れ

　1943年4月、山本五十六連合艦隊司令長官戦死（4月18日。6月5日に国葬）の報に、尹夫は日本が陥った軍事的・政治的危機の深刻さを思い知る。

　前年に始まったガダルカナルでのアメリカ軍との戦闘は、2月に日本軍の全面的敗北に終っていた。敗退はとどまるところを知らず、翌44年6月のマリアナ沖海戦では所有の航空母艦三隻と搭載機のほぼ全てを失うという壊滅的敗北を喫している。

　続いて、アメリカ軍はサイパン島に上陸し、激戦の末に日本軍守備隊はほぼ全滅し、3万人の将兵と民間人1万人もの戦死者を出すに至った。ただちに日本本土攻撃に向けた飛行場が造設され、これより大型爆撃機B-29による本土への大規模空襲が本格化することになった。

　日本陸軍は戦局を打開しようと、44年3月、インド東北部の都市インパールの攻略を目ざしたが、世界戦史に残るほどの無謀な作戦であった。戦死者26,000名、戦病者30,000名以上の無残な結果に終わった。

　ヨーロッパの戦局では、43年9月に同盟国のイタリアが降伏し、ファシストのムッソリーニは国民によって処刑された。ドイツもまた劣勢に陥り、アメリカを中心とする連合国軍とソ連軍への東西二正面作戦を余儀なくされ、苦境の下で敗北を続けていた。

　こうして、外には戦局の悪化、内には国民生活の激しい窮乏が日を追って進んでいった。しかし依然として、軍部は徹底的な戦争の継続を主張して止まなかった。

　尹夫は、こうした情勢の進展を冷静に見つめようとしていた。日記には、次のように記されている。

　　サイパン方面制海制空権敵手ニアルラシク海軍ノ報道部長栗原大佐ノ談ニヨルト連合艦隊出動トノ由、イヨイヨココ数日ガ勝敗ノ岐路トナツテキタ訳デアル。人間ガ共同体全体ノKrise〔「危機」。ドイツ語〕ニアタリドウシタラヨイカト憔慮シテモナントモナラヌ。要ハマヅ自己ノ持場デ努力スル事デアル。1944.6.24

　戦局の悪化の中で、尹夫は軍人としての自分には死が、そして日本には破局が訪れることを予見していた。日記はそのことを明瞭に示している。「唯心主義」を心底に抱きながらの「唯物論者」として自己を規定し、苦悩の中でこう吐露する。

　　生キルカ死ヌカハ判ラヌ。何カ結果ガ（7月14日）アツテ生キルノハ真ノSpiritualistノ生方デハナイ。我々MaterialistニシテSpiritualismusヲ心底ニ抱ク人間ノ生方ハナシウルカギリノ具体的努力ヲハラヒ、ソノ結果ノUtilitealität〔ドイツ語。辞書にはない。「功利主義」ぐらいの意味か〕ニハ眼ヲムケヌノデアル。我々ハ暗黒ノ前ニタジロガヌ。ソコニ我々ノSpiritualismusガアル。シカモアラユルDunkelheit〔「暗闇」。前出〕ヲノゾカウトスル。ソコニ我々ノMaterialismusガアルノダ。ソレガ真ノRealナ生方デアルト俺ハ信ズル。1944.7.14

　だが一方で、尹夫の眼には、次のような心象風景が映っていた。

　　没落と崩壊、デカダンス、皆ほろびのこるもの何もなし。すべての終末。
　　今年の秋のこの日はさびしく冷く風がふきすさびのこるもの何もなくならう。

　そこにのこる人は頂度今宵の様な冷い風がふき松がなる音をきき
ながらなくにもなけぬさびしさにたえきれぬようにならう。（ノー
ト4）

戦争と死

　戦争に死ぬこと。それを宿命としてうけとりたい。別にたたへたいと
おもはない。そのあまりにひどい悲劇を。すべては宿命だ。その宿命を
担ひながら努力するところに人の子の定めがあるのだ。1941.10.12

　死を正当化し納得させるものは何であったのか。天皇制公教育の下で
国民に教えられたのは、「八紘一宇」「新秩序の建設」の標語が示す、天
皇による世界統治を絶対かつ神聖なものとし、そのために一身を賭して
殉ずるという理念であった。

　尹夫は、しばしば「pro patria mori」（祖国のために死ぬこと）とい
う信念を日記や葉書に記していた。だが、何が祖国への真正な愛なのか、
あるいは真正な祖国愛と大日本帝国および天皇への帰一と服従とをどの
ように区別するのかについて、苦悩せざるをえなかった。そして、自分
たちの死がもう避けられないとわかった時、それを「宿命」としてとら
えようと、もがき苦しむ。

　「弾巣」〔善波周の1943年の著書〕の著者がいふ様に現代我々の倫理
は英霊にこたへるといふことだ。そこに生活ヲ帰一せしめるのだ。
英霊の死を辱からんしめんがために、新しき正しき秩序を建設せん
がために。……たがこれだけで本当によいのか。これですべてなの
か。1943.6.14

　日本ハ危機ニアル。ソレハ言フ迄モナイ。ソレヲ克復〔ママ〕シ
ウルカドウカハ疑問デアル。シカシタトヘ明日亡ビルニシテモ明日
ノ没落ノ鐘ガナル迄ハ我々ハ戦ハネバナラナイ。ソレハ一小説家榊
山潤ガ「歴史」ノ中デ描イタ家老ニアラハサレテ居ル様ナ人間ノ生

　　　方ニヤムヲエヌ態度ナノダ。ソシテ俺ハ歴史ヲウラミエヌト考ヘル
　　　以上徒ナ泣言ヲステヨウ。ソシテタトヘ現代日本ハ実ニ文化的ニ貧
　　　困デアラウトモ、ソレガヨキ健全ナル社会デナカラウトモ、欺瞞ト
　　　不明朗ノ塊デアラウトモ我々日本人ハ日本トイフ島国ヲ離レ歴史的
　　　世界ヲモチエヌ人間デアリ、我々ハコノ地盤ガアシクトモシカモソ
　　　レ以外ニ我々ノ地盤ハナクイハバ我々ハ我々ノ土壌シカ耕セヌ人間
　　　デアルト考ヘル以上我々ハ泣言ヲ言ツテハナラナイ。1944.6.25

　世界史ノ必要ガ我々ノ民族ノ危機ヲ招来シタ。我々ハ愛スル民族ト国
土ノ防衛ニ立ツタノダ。1944.6.16

　戦前の日本国家の根本原理は、「大日本帝国ハ萬世一系ノ天皇之ヲ統
治ス」（大日本帝国憲法第一条）という体制であり、さらに「天皇ハ陸
海軍ヲ統帥ス」（同第一一条）として、天皇を中心に国家と軍が一体と
なる国家制度であった。そこで求められたのは、「教育勅語」が示す「一
旦緩急アレハ義勇公ニ奉シ」という大義であり、天皇と大日本帝国のた
めに身命を捧げるという生き様であった。尹夫を含め多くの学徒兵もま
た、「悠久の大義に死す」という理念を引き受けようとした。

　　　今基礎教程終了ニ際シテノ所感ヲ書キナガラハットツマツタノデ
　　　アルガドウモ俺カライフト今死ヌトイフ事ハ無媒介的ニ正シイトイ
　　　フコトニナル。クワシクイヘバ我々ガ今死ヌトシテモソレハ歴史ニ
　　　ヨリ義トセラレテ居ルト思フ。1944.5.22

　だが、それでも尹夫は、「世界史の必要」と「個人の運命」との間で、〈シ
カシ一個ノ人間ガ、無価値ナル虫ケラノ様ニオシツブサレテユク事実ハ
果シテ必然デアツタダケデスムノデアラウカ〉と問いかけ、真に守るべ
き価値が何であるのかについて懸命に思索を続けた。

　　　社会的ニ否世界史ソノモノノ性格上ヤムヲエヌ犠牲デアラウ。シ

カシ一個ノ人間ガ、無価値ナル虫ケラノ様ニオシツブサレテユク事
実ハ果シテ必然デアツタダケデスムノデアラウカ。俺ハカカル事態
ハ必然デアルトハ思フ。日本ノ興亡。ソノ故ノ犠牲、ヤムヲエザル
歴史ノ捨石トイフ事ハ真実ダ。シカモソノ事実ヲ現在ノ生活ノ中ニ、
ソシテ自分自身ト、又俺ノ知友ノ身ニセマツタ事態トシテ考ヘル時
一体我々ハ如何ニ之ヲ考ヘタラバヨイノデアラウカ。果シテ必然性
ノ認識ダケデ我々ハ満足シウルデアラウカ。勿論ソレダカラトテ
我々ハ死ノ危機ガキテモ或ハ平気カモシレナイ。シカシ一体現在俺
ノ思考ヲセマルコノ世界史ノ運命ト個人ノ運命ハドノ様ニシテ一致
セシメラレルモノデアラウカ。1944.6.25

死

　我々は自覚することにより自己をすてつつより大きい全体の中に
生きるといふPrinzip〔「原理」。ドイツ語〕は知つて居る。そしてそれが
Wahrheit〔「真理」。ドイツ語〕を持つと僕の頭脳はいふ。1944.1.12

　尹夫が最終的にたどりついたのは、「代えがたい個体としての人格た
る自己」を超え、その死が、「真理」のために意味をもつという自覚の
下に死に臨んでいくことであった。
　こうした苦悩の中で、1944年7月14日、尹夫の日記の日付は途絶える。
最後の日付に、尹夫はこう記している。

　　人間ハ本質的ニ弱サヲニナツテ生キテイル。シカモ強クナラント
　意慾スル。弱キ人間、才能ナキ人間、要スル平凡人ハソノ平凡ノ沼
　地ヨリ強ク輝シイ大空ヘ飛躍セント熱望スル。ソコニ平凡人ノ努力
　ノ真剣サガアルノダ。
　　俺ハ思ウ。俺ガ一番似合フハMoscowノ町ヲハンチングヲカブツ
　テ散歩シタリBibliothek〔「図書館」。ドイツ語〕ニカヨツテWeltpolitik
　〔「世界政策」。ドイツ語〕トWeltwirtschaft〔「世界経済」。同〕ノ勉強ヲス
　ルカ、或ハ日本ノ進行方向ヲ理論的ニグングン勉強シテユク生活ダ。

　　モシ生アレバ俺ハソレヲ実現サセテミセルゾ。（モシ死ンダラスベ
　テハ夢ノマタ夢ニスギナクナルガ。）ソシテコノ日記モ夢ノミ大キ
　クカタラザル人間ガ自己ノ大キナ夢ヘ渾身ノ努力ヲツクス過程ノ記
　録ノ第一篇タラシメテユキタイト俺ハ思フ。
　Ende.
　1944.7.14.0940

　こうして日付が途絶えたまま、以後、尹夫がノートに綴ったのは詩と
断想である。

　　たとへ今はのらなくとも何時かのる日を目指し大空のよろこびの
　うちによき最後を飾るべくつとめよう。はなやかさも平和もない荒
　涼とした今迄の生活であつたが、今思ひかへしそれ以外に生きよう
　とする望もない。今学園にかへり又の生活しよといはれたら今迄の
　道をくりかへすことが一番よいと思つてゐる。すべては星のきめる
　ところ。
　（ノート４）

　「ひめやかに／天の一角に光ぼうを放つ」星とは、どのような姿をも
っていたのだろうか。戦争の後も永遠に輝き続ける星に、尹夫はどのよ
うな希みをかけたのだろうか。「大空のよろこびのうちに、よき最後を
飾る」とは、どのような生き様として尹夫の胸中に描かれていたのだろ
うか。

　そして、1944年9月27日と10月14日、深瀬基寛宛の葉書の中に、サ
ン＝テグジュペリが登場するのである。尹夫はそこで冒頭の第1行目に
「サン＝テグジュペリ的世界への突入」を宣言した。それは、尹夫にと

ってどのような意味をもったのか、そして、尹夫の現実の死ははどのように訪れたのか、私たちはそのことを明らかにしなければならない。

第三章　サン＝テグジュペリとの出会い

一　「サン＝テグジュペリ的世界への突入」

　序章でもふれたように、サン＝テグジュペリは1929年の処女作『南方飛行』（Courrier Sud）の発表の後、『夜間飛行』（Le Vol de Nuit）を刊行するや、フランスで最も権威のある文学賞の一つフェミナ賞を授賞し注目された作家であった。そして、1939年には『人間の土地』（La Terre des hommes）を刊行している。フランス文学に深く傾倒し、『チボー家の人々』を原書で読んでいた尹夫にとって、サン＝テグジュペリにも原書でふれていた可能性も考えられる。

　また、サン＝テグジュペリの最初の邦訳は、早くも1934年7月に堀口大學訳『夜間飛行』が、第一書房から刊行されている。次いで『人間の土地』が原著と同じ1939年に堀口訳で、同年には『南方飛行』もやはり堀口訳で刊行されている。これは『夜間飛行』との合冊版の形をとったもので、いずれも第一書房版である。さらに1944年には『人間の土地』が『空の開拓者』と改題され、河出書房から刊行されるに至っている。[23]

　刊行の時期からして、尹夫がそれらのいずれかを読んでいたとしても不思議ではない。しかし、あれほど詳細な読書の軌跡を記録していた尹夫である。もし、読んでいたならそのことを記していてもおかしくはない。だが、サン＝テグジュペリの名前や作品について、未公刊の日記の部分も含めて、一言もふれられてはいないのである。

　ちなみに、1940年9月17日の日記には、『北極飛行』を読んだことが記されている。それを見て、当時高校生だった私は、サン＝テグジュペリの『夜間飛行』の間違いなのではないかと思ったことを覚えている。尹夫は、こう記している。

　　　　"北極飛行"を読んでゐるがそのうちに、（P208）機関士が不凍液
　　　ノ湧出を防ぐため非常な努力をしてゐるところがある。この様に非
　　　英雄的な位置にあつて而も着実にその職務を遂行する人こそ英雄な
　　　のではあるまいか。更に言へばそれは英雄とは別個の貴い人間の型
　　　なのであらう。1940.9.17

　まさに『夜間飛行』も、ブエノスアイレスとパタゴニアを結ぶ南米の
危険な夜間の航路開拓のため、命を賭ける操縦士とその周囲の人間たち
の真摯さ、そして英雄的な行動が描かれていた。真の「英雄」とはどの
ような人間なのかについても、サン゠テグジュペリの英雄観を想起させ
るものがある。
　しかし、『北極飛行』は1939年に岩波新書の赤版として刊行され、著
者はロシア人のヴォドビャーノブ、翻訳者は米川正夫である。尹夫は間
違っていたわけではなかった。
　だが、北極であれ南米であれ、人間の可能性を切り開く極限の任務に
挑む人々の姿に、人間としての本質的な偉大さを感じとり、そして共感
している点で、尹夫の感受性の中にサン゠テグジュペリの世界観・人間
観と相通じあう素地はあったとみることは可能である。
　こうした背景の下に、大井海軍航空基地における恩師深瀬基寛との
18通の書簡中の2通（1944年9月27日と同10月14日の日付）に、サン
゠テグジュペリが登場するのである。
　サン゠テグジュペリについて、尹夫が記している葉書は以下のとおり
である。当時の尹夫がおかれていた状況、およびその前後の文脈を知る
ためにも、あえて全文を掲げてみよう。なお、深瀬から尹夫に出した葉
書は、残念ながら残されていない。

　　　長らく御無沙汰致しました。サンテグジュペリ的世界への突入の
　　ために真に多忙であります。お許し下さい。
　　　最近大地原の便りによりますと、先生が度々お便りを下さる由、

私もそれをよみ非常にうれしく思いました。彼の様な美しい心情の人に平和あれ！大地原の写真を受取りましたが、その鋭い眼には彼が経験した一年が輝いて居るように思われます。純粋な人は発展し脱皮してゆきます。自分の生の至らぬを痛感する次第です。

　中村尚夫君（ｋの弟）は病のため除隊の由、いづこにあっても現代の課題は同一であり何等憂うるにたらずと慰めておきました。

　一年の変化が世界にも且又我々の内面にもうづまいて、新たなものを生みだそうとして居ります。生む事は同時に滅す事であります。どうも何時もへんな随想めいた面白くないニュースで恐縮でありますが、お便りをさしあげるという小事が、私の健康のシムボルとして御安心下さい。

　なお、今日中村母上様より白羽二重のマフラーを送っていただきました。捧持してしまっておきましたが、馬子にも衣装の感なきにしもあらず。□□　では又。
一九四四年九月二七日付

　お便りうれしく拝読しました。何時も先生のお便りがそうであるように、今このお葉書を読かえし読かえしては、Etwasの追究に邁

365

進せんとする勇気を鼓舞させられます。

　一九四四年の秋も日ましに深まり、今日も野分の後のあわただし
い雲の間にちらりと蒼空が見えます。心は機にふれてはセーヌ・ド
ゥラ・ビー・パッセーへと向い勝ちでありますが、それを克服せね
ばならぬという小声と、止みがたくひかれる心の間のギャップをう
づめるには如何にするのか、どうも未だつかみきれません。ビー・
パッセーというものが、私にとり快適な生活というよりはあるべき
生活という意味をもち、一つの生活原理の表現だからと思います。

　しかしかかる痴言はともかくサン＝テグジュペリ先生の世界は、
仲々張り合いがあります。言葉とかポーズの無力な沈黙の世界とい
ふものは、実に良いものですね。サイレント・ネービーといひます
が、徒にいきりたつことなく一歩づつ進んでゆかうと思います。

　あのターゲブーフは無思想にして飛躍と発展のない私が、思いき
って先生に提出したものでありますから、何時迄も先生に保管して
いただきたく思います。

　最近新聞を見ますと、Ｅ・Ｒヒューズ魚返善雄訳『西洋文化の支
那侵略史』大阪屋号書店という小本がでたそうでありますが、手に
入りましたらば購入して下さい。では又。」一九四四年一〇月一四
日付

（句読点は引用者による）

　率直な文面の中に、身辺の諸事を含めて友人や親類の消息など、様々
な想いが引き出されてくる文章が綴られている。

　「セーヌ・ドゥラ・ビー・パッセー」は、scenes de la vie passee（過
去の様々な情景）だろう。尹夫は、そうした過去の情景に「止みがたく
ひかれる」自己を戒めようとしている。過去に向うのではなく、現状を
切り開かなければならないと自分に言い聞かせようとしている。「Etwas
の追究に邁進せんとする勇気」を持とうとしている。「Etwas」（然るべ
きもの）とは、そうした現状を切り開くための「何か」であろう。

　また、「馬子にも衣装」と照れた羽二重のマフラーは、遺品の中には

残されていない。最後の出撃の際に、首に巻いたまま散華したのだろうか。そして、おそらく高校時代の「ターゲブーフ」（日記）と思われるが、深瀬に預けていたことも書かれている。

　そうした文面の中で、尹夫が深瀬に伝えたかった最も大きな主題が、サン＝テグジュペリについてであったのはまちがいない。それは、1通目の冒頭から「サン＝テグジュペリ的世界への突入」が宣言され、2通目の中央にも「サン＝テグジュペリ先生の世界は、仲々張り合いがあります。」と書かれていることからも明らかである。いずれも、深瀬に応える形で、その返信として書かれており、この9月27日から10月14日の前後に、二人の間にサン＝テグジュペリについての何らかの、そして濃密な交信があったことが見てとれる。

　ところで、そもそも先述のように深瀬の専攻は英文学であり、詩人エリオットの研究者として高名であった。さらに、歴史哲学にも深い造詣をもち、「先生が、日本にあまりないドーソンの原本をつきからつぎへと貸してくださり、私はそれをつぎからつぎへと読み」[24]と尹夫が書いているように、ヨーロッパの歴史・文化の統一性を重んじるドーソンの歴史哲学を高く評価し、その紹介者となった研究者でもある。

　深瀬は、戦前において『ティ・エス・エリオット』（1937年）や『現代英文学の課題』（1939年）を著し、戦後には、「戦争するより歌を作れ」という趣旨を含む『日本の砂漠の中に』（1957年）や、『深瀬基寛集』全2巻（1968年）等を刊行している。だが、深瀬自身も、それらの著作において、サン＝テグジュペリについては一切ふれてはいないのである。このことは、何を意味するのだろうか。

　さらには、深瀬がどのように尹夫にサン＝テグジュペリを伝えたのかについても不明である。前記のいくつかの翻訳本を海軍基地の尹夫に送ったのかもしれない。あるいは、尹夫と同じ飛行機乗りとしてのサン＝テグジュペリの文学的世界を、可能な限り詳細に文章で伝えたのかもしれない。

　前者であると考えることには、理由がある。深瀬は1944年6月頃、大井海軍基地の尹夫に Heinrich Rickert の著作 "Naturwissenschaft und

Kulturwissenschaft”（ハインリッヒ・リッケルト『自然科学と文化科学』）
を送っている。6月17の日記に、そのことが記されている。

　また、「深瀬先生ヨリフランス語ト英語ノ適当ナルソシテ読ゴタヘノ
アリサウナ本ヲ2冊送ツテモラフコト。」1944.5.23、あるいは「深瀬先
生ガドンナ本ヲオ送リ下サルカタノシミデアル。」1944.6.12として、深
瀬からたびたび本を送ってもらっている。この「フランス語」の本が、
サン＝テグジュペリの著作であったとも思われる。しかし、サン＝テグ
ジュペリの著作も送ったとするなら、やはりそれをノートに記さなかっ
たはずはないと思われる。

　いずれにしても深瀬は1966年に他界しており、尹夫とサン＝テグジ
ュペリをめぐっていかなる交信が行われたのか、その具体的な内容につ
いては、できる限りの状況証拠を収集し、それを論理的に組み立て、推
察を深めていくほかはないのである。

　そうした推察の下で、以下のようなことが考えられよう。すなわち、
深瀬は戦時下においてサン＝テグジュペリを読み（それ以前に読んでい
たなら、尹夫にもすでに読ませていたと考えられる。）、そして尹夫にそ
れを伝え、戦時下の限られた一時の交流の中で、二人はサン＝テグジュ
ペリについての何らかの理解と共感を分け合ったのではないだろうか。

　それ故に尹夫は、「サン＝テグジュペリ的世界への突入」「サン＝テグ
ジュペリ先生の世界は中々張合いがあります」と述べるほどの、大きな
共感を葉書に記した。

　死の影を強く自覚していたぎりぎりの日々の中で、尹夫があえて「世
界」という言葉を2度も使ったのは、すべてを包み込むような深い広が
りをもった共感の心情を伝えようとしたものであろう。そして、その「世
界」への「突入」を宣言したのである。まさに「サン＝テグジュペリ的
世界」とは、尹夫にとって何らかの啓示のようなものであったのではな
いだろうか。

　ここで、「啓示」と言うのは、サン＝テグジュペリの言葉に拠っている。
彼は述べる。「啓示というものは、それまで徐々に準備されてきた行程が、
精神によって、突然一つのヴィジョンに達したことにほかならない。」[25]

（『戦う操縦士』）と。尹夫は、サン＝テグジュペリの世界にふれたことにより、自己の思索の中でそれまで積み重ねてきたものが、新たな統一したヴィジョンをもつ世界の広がりとして見いだせたのかもしれない。

二　林尹夫とサン＝テグジュペリ

ところで、尹夫とサン＝テグジュペリは、洋の東西の違いはあれ、同じ第二次世界大戦という戦争の時代を生きた。そればかりではなく、航空機の操縦士として、そして偵察飛行士として同様の任務を担い、その偵察飛行中に消息を絶った。

尹夫の消息が途絶えたのは、海軍航空隊大和基地（奈良）から夜間索敵偵察に飛び立った1945年7月28日の四国沖であった。サン＝テグジュペリは前年の1944年7月31日、連合国軍第33-2偵察飛行部隊の隊員としてコルシカ島ボルゴ基地から出撃し、地中海洋上で消息を絶った。[26]

むろん、サン＝テグジュペリは祖国フランスをナチス・ドイツの侵略から奪還するための戦争において、それに対し尹夫はナチスと軍事同盟を結成していた大日本帝国の、敗戦間近の本土決戦に備えた戦闘において、という明確な違いがある。そして、フランスは最終的に勝利し、大日本帝国は敗北した。

それ故、二人はまさに敵国人同士であったということにもなるのだが、しかしそうした国家と国家という敵対的関係を全く超越した地点で、尹夫が「サン＝テグジュペリ的世界」に深く心を打たれたという事実が重要な意味をもっているのである。

それは、「シカシ俺ハ今デモ西欧的ナモノトハ何カトイフ問題ヲステナイシ一生ソレヲ追ヒツヅケテユキタイト思ツテ居ル。」（1944.5.23）という確固たる志を持っていた尹夫にとって、決して不自然なことではなかったはずである。

それでは、具体的に尹夫は「サン＝テグジュペリ的世界」のどこに深く心を動かされたのだろうか。また、前章でたどってきた尹夫の思索の

軌跡と、サン＝テグジュペリの歩みの中に、知性や理念とでも呼ぶべき領域において、共に相通じるものが見いだせるのだろうか。

　ただし、この点でも、尹夫がサン＝テグジュペリの著作の何を、そしてどの部分をどのように読んだのかは、もはや知る由もないのである。そうである以上、我々は前章で考察した尹夫の思索の軌跡と、サン＝テグジュペリの著作の中での相通じる内容を、断片的であるにせよ探り当てていくほかはないといえよう。

　それは、論理の飛躍をともなう、越権的探求であるという誹りをまぬがれないかもしれない。しかし、死の影が迫る中で尹夫が「サン＝テグジュペリ的世界への突入」と述べたことの重みを受けとめようとするなら、我々はあえてそれをなさなければならないのである。

　それはまた、近代日本に生を受け、戦時下においてもなお真摯な知性の探究を行った一人の青年が、最後にたどりついた地平がいかなるものであったのか、それを我々が誠実に受けとめ引き継いでいくことにつながるだろう。

　以下に、「サン＝テグジュペリ的世界への突入」という尹夫の言葉を手がかりとして、具体的に考察を進めていくこととしよう。

　ただし、ここでもいくつかの重要な点での留意が必要とされる。

　まずは、サン＝テグジュペリという希有の資質から生み出された固有の世界と、その複雑性の問題である。

　『作家と人間叢書 サン＝テグジュペリ』の著者アンドレ・ドゥヴォーが述べているように、サン＝テグジュペリは敬虔なカトリックの家に生まれ、誕生の翌日に洗礼を受けている。そして、「宗教的な伝統のかずかずに深くひたされた雰囲気の中に育てられ」、イエズス会経営のサント＝クロワ学院に通い、「カトリック教徒としての務めをきちんきちんと実行」しながら成長した人物である。[27]

　ただし、彼はそのままキリスト者としての生き方に没入したのではなく、「キリスト教に最大の敬意を表しながらも、世界をキリスト教の枠のなかで説明することには見切りをつけ、キリスト教を母胎として育ち

その後継者となったヒューマニズムの伝統に希望を託し」[28]たという指摘がなされている。このことは、彼の精神世界を、宗教的環境における同調と葛藤の中で育まれたものとして理解すべきことを求めるものである。

　また、彼の著作の中には、必ずしも時代への直接的な言及ではなく、時に瞑想的とも思えるような洞察、そして神話的なビジョンが含まれていることも多い。

　しかし、そのように見える場合であっても、以下の指摘がふまえられるべきであろう。

　　　サン＝テグジュペリの知的成熟期は惨禍に満ちたながい戦争を背景としていた。このような状況のもとに青春をすごす者は、予想外に早く打ちきられるかもしれない自己の生涯を、どうしたらそれなりに充実させることができるだろうかと、真剣に思い悩むものである。[29]

こうして、たとえサン＝テグジュペリの言説が瞑想的にとらえられる場合でも、それが第一次世界対戦と第二次世界対戦をくぐり抜けた、平和への志向と戦争への憎悪の体験に裏打ちされたものであることを、深く洞察していくことが必要なのである。『戦う操縦士』が、当時、ヒトラー『我が闘争』に対する「民主主義の側からする返答」として、高く評価されたのも故なきとしないであろう。

　さらには、彼の全作品の中に基底として流れているものが、いわばある種の文明論ともいえる広い視野をもつものであることにも留意する必要がある。

　例えば、『戦う操縦士』を締めくくる以下のような部分の、「個々の人間」とそれら「個人を超えた」いわば普遍性を持つ「人間」（堀口はそれを「真人間」と訳している）との本質的な区別と連関への思索が、それを示しているだろう。

　　　ぼくの属する文明は、個人を超えてその彼方にある人間の尊崇の
　　うえに成り立っている。この文明は、多くの世紀を通じ、あたかも
　　石材を超えてその彼方にある寺院を識別することを教えるように、
　　人間を啓示するすべを探し求めてきた。そして、個人を超えたこの
　　人間を説きつづけてきた。……ぼくの属する文明の人間は、個々の
　　人間から出発しては定義できない。個々の人間は、人間によっては
　　じめて定義される。[30]（『戦う操縦士』）

　また、サン゠テグジュペリが不帰の人となったのは、44才の時であ
った。軍の操縦士としての上限は30才までであったが、特別に志願し、
その操縦歴が認められ、あえて危険な任務に就いた。
　以上のように見てきた時、こうしたサン゠テグジュペリの世界を、直
ちに林尹夫という日本の文化的・社会的土壌で育った当時23才の青年
と引き比べることは、ある意味で無謀の誹りを免れないだろう。
　こうした点に留意した上で、尹夫における「サン゠テグジュペリ的世
界への突入」の意味が理解されなければならないのである。
　むろん、日本の青年が戦時下において、死の直前にサン゠テグジュペ
リの世界に出会い、そして感受したものが何であったのかという問いは
重要な問いであり、そのことを明らかにする意義は大きい。
　さて、以上の考察を進めていく上での、最初の手がかりとなるものは、
尹夫の葉書の文面の中に明瞭に示唆されている。それは、「サン゠テグ
ジュペリ先生の世界は、仲々張り合いがあります。言葉とかポーズの無
力な沈黙の世界といふものは、実に良いものですね。」という共感の表
現である。
　尹夫は、この「沈黙の世界」というものを、具体的にどのようにとら
えていたのだろうか。葉書の文面では、さらに「サイレント・ネービー
といひますか、徒にいきりたつことなく一歩づつ進んでゆかうと思いま
す。」と補足している。
　尹夫が、沈黙というものの価値をそれ自体で認識していたことはまち
がいない。ここで、「沈黙の世界」とは何だろうか。

　本質的な意味での沈黙とは、マックス・ピカートが『沈黙の世界』で述べているように、「沈黙は一つの積極的なもの、一つの充実した世界として独立自存しているもの」であり、「言葉とおなじく産出力を有し、言葉と同じく人間を形成する。」[31]ものとして理解される。それは、人間が自由で主体的な思考を行うための、ひとつの不可欠な空間と世界を意味している。

　サン＝テグジュペリもまた、沈黙の世界の価値について、次のように語っている。

　　わたしは沈黙への讃歌を書こう。……ひじをつき、思いめぐらし、その後なにもついやすことなく受け取り、思考の枠をつくりあげる……沈黙、船のやすらう港。神のうちなる沈黙。すべての船のやすらう港。[32]（「城塞」Ⅰ）

　　一つの真実を認識するということは、おそらく、沈黙のうちにその真実を見ることにほかなりません。真実を認識するとは、おそらく、永遠の沈黙に入る権利をついにもつことなのです。[33]（「城塞」Ⅱ）

　人々はこうして、「沈黙の世界」を通して自由に思いをめぐらし、思考の枠をつくり、自立的な精神世界を保ちながら、自己を拡充させていく。同じピカートが、『われわれ自身のなかのヒトラー』[34]を著し、個人の沈黙の世界に強権的に介入しコントロールする権力への鋭い批判を行ったのも、人間にとっての沈黙の世界の普遍的な価値を擁護しようとするためである。

　こうした点で、沈黙のうちで育まれる精神世界の自由と「内面生活」の価値について、尹夫は読書等の思索の体験を通して深く感得し、十分に知っていた。尹夫は述べる。

　　痛感するのは人間には自発性をもやすべき自由なる内面生活と外的活動がなければならぬといふ事だ。1944.3.25

　人ニハ自己生長ヲ望ム或ハ自己ヲ深化シ拡大セントスル内面的欲
求ヲモツ。ソノ故ニ Gedankenlosigkeit〔「無思慮」／「軽率」。ドイツ語〕
ハタヘガタイノダ。1944.4.28

　まさに、尹夫にとって、この「自由な内面生活」こそ、「沈黙の世界」
と同等であり、思索する精神において、沈黙は「自発性を燃や」し、「内
面的欲求」を育むための「自然であり、休息であり、未開の原野」（E・
レヴィナス）³⁵⁾であったといってよい。
　しかしながら、尹夫が入隊した軍隊すなわち大日本帝国が創設した皇
軍とは、どのような世界であったのだろうか。それは、戦争の目的およ
び階級による上下関係、そして上命下達によってすべてが決定される世
界であった。尹夫は、その世界を次のように記述している。

　読書ヲ禁止サレタ。サリトテ航法ソノ他休ミ時間ニ読マウナドト
イフ気持チハサラサラナイ。生活ノ面白クナサヲ今更ノ様ニ感ンズ
ル。ツマラヌ禁止ヲシテ一体何ニナルノカ。馬鹿ラシサヲワザワザ
感銘サセルヨウナモノダ。1944.6.25

　トニカク段ラレル事ニ平気ニナル事ト多忙ノ中ニ閑暇ヲツックリダ
ス事ト敏速ニ行動スル事、コレラガ大事ダ。zwecklos〔「無目的な」。
ドイツ語〕デハアルガ大事デアル。1944.5.29

　軍隊デ大声ヲダシハイハイトイツテ居レバヨイノダ。トニカク軍
隊ハ俺ノ世界デハナイ。俺ハ戦争ニハ大ナル必然性ヲ意識スル。シ
カシ軍隊ニハドウシテモ俺ハ一致デキナイ。思ヘバソレガ今ノ生活
ノ gap デアリ、mechanism ノ破レル Krieg〔「戦争」。ドイツ語〕ソノモ
ノヲ求メル傾向一層強クナルノダ。俺ハ今生活ヲシツツモ決シテ
aktiv〔「活動的な」。ドイツ語〕ナ行為トシテハ生キエナイ。1944.6.10

　このように、皇軍という世界は、軍規による抑圧や命令、さらには禁止による強制（それらは暴力にも及ぶ）、そして大言壮語の決まり文句や大げさな身ぶりが支配している世界であった。
　尹夫は、こうしたあり様を、「沈黙の世界」を支配しようとするもの、すなわち「沈黙やその世界を暴力的に脅かす悪」[36]（E・レヴィナス）、あるいは「言葉自身によって生じた暴虐」[37]と感じることがあったのではないだろうか。

> 　あはたゞしい日はすぎてゆく。ますます荒涼たる気持になり粗雑な頭脳に至る。そしてそれよりも恐ろしいのはこの強制的共同生活に対する嫌悪と良心のマヒなのだ。1944.2.28

　こうした「強制的共同生活」における「良心の麻痺」は、さらに次のようにも日記に示されている。

> 　先日ノ班長会議、外国語ヲヨム者ヘノ攻撃ガアツタ。攻撃モ成程根拠ハアル。シカシ結局攻撃者ハサウイフ慾望ガ如何ニ根深ク且又人間ノ本性ソノモノニ基ク要求デアル事ヲ知ラヌ人間デアル事ヲバクロシタニスギヌ。俺ハヨムゾ。ソンナ事デヘコタレルモノカ。1944.7.13

> 　如何なる時も常に「精神の王国を持て」。それを可能にするのは理性の全体的把握だ。Reich der Geist!〔「精神の王国」。ドイツ語〕かかる抽象的なロゴスも現実に受肉せしめた上で反省してみると何と美しさにみちてることであらう。
> 　そうだこのTagebuch〔「日記」。ドイツ語〕も今迄の様な悲観的トーンのままに終らせてはならない。何か栄養をくみとる手掛とすべきだ。俺はよしなぐられけとばされる事があつても精神の王国だけは放すまい。それが今の俺にとり唯一の修行であり俺を過去と未来に一貫せる生方を学ばせるものがそこにあるのだ。1944.2.7

　ここで、「精神の王国を持て」という言葉が繰り返されていることは
注目に値する。「精神の王国」とは、シラーの詩「友情」（1782）の一節
Aus dem Kelche dieses Geisterreiches/Schumt ihm seine Unendlichkeit.
（この精神の王国の杯から、精神の無限が沸き立つ）を援用したもので
あると思われる。

　その表現には、「精神の王国」の中で自由に解き放たれ、「精神の無限
が沸き立つ」ような主体的営為を持続させねばならないとする、尹夫の
意志が込められている。

　尹夫にとって、「沈黙の世界」とは、こうした「精神の王国」をとり
戻すものとしてとらえられた。尹夫はそこに、個人の内面で営まれるか
けがえのない精神世界の息吹きを見い出し、精神の自由と人間の尊厳を
見出そうとした。以下の記述は、皇軍の中で自己の世界を守ろうとした
尹夫の決意を示すものである。

　　　自己向上ノ世界、俺ノミ生キウル世界ヲモツコト。ソレハ俺ニト
　　ツテ不可欠ノ要求ナノダ。1944.7.8

　こうして、尹夫は「サン＝テグジュペリ的世界への突入」を深瀬に伝
え、「沈黙の世界」や「おれのみ生きられる世界」の中で、戦争と国家、
戦争と死、そして日本の行く末を真剣に考察しようとした。

　さらに、「沈黙の世界」が「サイレント・ネービー」という比喩で語
られていることも、意味をもっていると思われる。

　尹夫が育ったのは横須賀であり、少年期を過ごしたのは海を見おろす
高台の家だった。「サイレント・ネービー」[38]とは、そうした故郷の原
風景と重なる、「自然であり、休息であり、未開の原野」（前出）である
ような世界の心象だったのかもしれない。

三　サン＝テグジュペリと相通じるもの

　ところで、尹夫が感じとったように、サン＝テグジュペリは言葉の持つ重要性を認識しつつも、言葉や「決まり文句」が安易にやりとりされるような世界を批判することに、明確な自覚を持った人物であった。

　　あのような虚偽の教養、いかにも感動したようなありとあらゆる口実を探し求めようとするあの偏執、心を培う真の好奇心にまったく欠けた感情から発するあのすべての決まり文句、このようなものに対して僕はいかなる敬意も感じません。……近衛騎兵の服装をしただけで騎士的な興奮を感じるような人間を、ぼくは好みません。[39]（「母への手紙」）

　　あなたも認めてくれるだろうが、人びとが記憶や知識や言葉の巧妙さを増すことにのみ専念しているかぎり、真の知性を育成することにはほとんど努めていないわけだ。彼らは正しく理屈をこねようとはしているが、正しく考えようとはしていない。彼らはこの二つを混同しているのだ。[40]（青春の手紙）

　さて、以上のことを確認した上で、最も重要なことは、そうした沈黙の世界における思考のたどりついた地平に、洋の東西を超えて二人に相通じるものが見出されるということである。
　二人の共通項は、先述のように第二次世界対戦の中に身を置き、そして帰らぬ人となったということである。さらには、戦争への熱狂的な支持に囚われることなく、ともに戦争の本質的な問題性と不条理に対し自立的な思考を重ねた人間であったということである。
　戦争というものの不条理性に関し、サン＝テグジュペリは、次のように述べている。

　　自分自身にむかってつぎのように言いたまえ。「戦争が不条理な

もの、醜怪なものであることを知りながら、なぜわれわれは戦争を
するのか？　その矛盾はどこにあるのか？　戦争の真実、恐怖と死
とを支配するほどに圧倒的なその真実はどこにあるのか」と。それ
がわかったときにはじめて、自分ではどうにもならないものに身を
ゆだねるようなかたちで、盲目の運命に身をゆだねることはなくな
るだろう。そうなったときはじめて、われわれは戦争から救われる
だろう。[41]（人生に意味を）

　恐怖の描写ばかりに専念しても、われわれは戦争をなくすことは
できないだろう。生きることの歓びと無益な死の悲惨さをいくら声
高に述べ立ててみても、われわれは戦争をなくすことはできないだ
ろう。すでに数千年来、母親たちの涙については語られてきた。だ
が、そのような言葉が息子たちの死を阻止することはできなかった
ことを認めなければならない。[42]（人生に意味を）

　サン＝テグジュペリは、戦争や死を一義的にとらえられるとは思って
いない。「すでに数千年来」無くすことのできなかったものとして受け
とめようとする。それでもなお「盲目の運命に身をゆだね」てはならな
いとし、その矛盾を認識すべきであるとするのである。「母親たちの涙」
を尊いものとしながらも、「息子たちの死」と戦争を阻止するためには、
戦争はなぜ起るのか、その矛盾はどこにあるのかを冷静に認識していか
なければならないと主張する。
　そして、尹夫もまた、先に見たように、戦争の不条理について正面か
ら考察を重ね、「国家。それは強力な実体である。それを離れてはなら
ない。日本を讃美すること。私はそれはしたくない。感傷としてしりぞ
けたい。」1941.10.12 という認識を述べている。
　そして、戦争の不条理性を自分や友人たちの死、さらに世界史と個人
の矛盾として繰り返し問い返すのである。
　「戦争ノ大ナル変容ノナカニ、多クノモノガ亡ビル。ソレハヤムヲ得
ナイ。社会的ニ否世界史ソノモノノ性格上ヤムヌエヌ犠牲デアラウ。シ

カシ一個ノ人間ガ、無価値ナル虫ケラノ様ニオシツブサレテユク事実ハ
果シテ必然デアツタダケデスムノデアラウカ。」「日本ノ興亡。ソノ故ノ
犠牲、ヤムヲエザル歴史ノ捨石トイフ事ハ真実ダ。シカモソノ事実ヲ現
在ノ生活ノ中ニ、ソシテ自分自身ト、又俺ノ知友ノ身ニセマツタ事態ト
シテ考ヘル時一体我々ハ如何ニ之ヲ考ヘタラバヨイノデアラウカ。　果
シテ必然性ノ認識ダケデ我々ハ満足シウルデアラウカ。」「一体現在俺ノ
思考ヲセマルコノ世界史ノ運命ト個人ノ運命ハドノ様ニシテ一致セシメ
ラレルモノデアラウカ。」1944. 6.25

　同様に、サン＝テグジュペリもまた、ヨーロッパを戦争に巻き込んだ
ナチス・ドイツに対し、それが「人間への敬意」を踏みにじる最も根底
的な不条理であり、それと戦うことは「千年にわた」る「試金石」とな
るとして、激しい批判を行っている。それ故、ナチス打倒に文字通り生
命を賭して参加したのである。最後の出撃の時、サン＝テグジュペリは、
「撃墜されたとしても、絶対になに一つ後悔しないつもりだ」[43]と書き
残して飛び立っていった。

　　　人間への敬意！　人間への敬意！………ここに試金石がある。ナ
　　　チスはもっぱら自分に似たものにしか敬意を払わない。この場合、
　　　彼らが敬意を払っているのは自分自身にほかならない。彼らは創造
　　　的な矛盾背反を拒否し、上昇へのいっさいの希望を破壊し、千年に
　　　わたって、ひとりの人間のかわりに、蟻塚に群らがるロボットをつ
　　　くりあげる。秩序のための秩序は、世界と自己自身を変貌させる本
　　　質的な能力を人間から奪い去る。[44]（ある人質への手紙）

　ここには、全体主義・ファシズムへの根底的な批判がある。尹夫もま
た、以下のように「過度のcontrolを基礎とするtotalism（全体主義）」
を徹底的に嫌悪し否定した。

　　　現在ノ様ナ無気力ナ、passiveナ、面白クナイ生活ハ海軍ニ居ル

限リ続クデアラウ。モウ将来ニ対スル期待ナドハナクナツタ。
organニスギナイノダ。今ニシテ過度ノcontrolヲ基礎トスル
totalismノ何タルカガツクヅクワカル。1944.6.23

　以上見てきたように、二人の思索の軌跡は、そのたどりついた知性と
理念の世界において、相通じるものを見ることが可能である。サン＝テ
グジュペリの世界との出会いは、尹夫の内部にあった最も根底的な生き
方の源泉を呼び覚ましたのではないだろうか。そして、死を目前に自覚
した尹夫は、「サン＝テグジュペリ的世界への突入」を恩師深瀬に宣言し、
最後の出撃に臨んでいったのではないだろうか。

　私は、ここに40年前からの問いに対する、一つの帰結を見出した思
いがしたのである。

四　尹夫の死とその状況

　最後に、尹夫の死の状況について具体的に見ておこう。

　これまで明らかにされてきた尹夫の戦死前後の状況は、敗戦直後の
1945年10月に兄克也が美保空軍基地に赴き、残務整理中の司令および
飛行長から直接に聞きただした情報が元になっていた。さらには、大和
航空基地の僚友だった佐竹一郎氏からの情報によるものであった。[45] む
ろん、それらは『わがいのち月明に燃ゆ』が刊行された年の、1967年
までの状況に基づくデータである。

　今回、それらに加え、1968年から同76年にかけて防衛庁防衛研修所
戦史室から刊行された『本土防空作戦』（1968年）、『本土決戦準備 一、二』
（1972年）、『本土方面海軍作戦』（1975年）、『海軍航空概史』（1976年）、
および元海軍航空戦隊参謀の永石政孝著『海軍航空隊年誌』（1961年）
をも重要な資料とする。それらに基づき、本土防空作戦に関する全体的
な戦局の面から、当時の尹夫が置かれていた状況を明らかにしよう。加
えて、筆者が聞き取りを行った元大和航空基地の兵士（通信兵）からの、
尹夫が最後に出撃した基地の具体的な状況を合わせて検討してみよう。

（一）破局の進行

尹夫の現実の死は、日本近海に頻繁に侵入したアメリカ軍機動部隊によって、1945年7月に引き起こされた。

1944年6月以降、本土空襲が本格的に始まったが、同年後半に入ると日本は完全に本土の制空権を失い、サイパン島から発進した大型戦略爆撃機B-29による連日の空爆にさらされ、多くの都市が焼け野原と化していった。そのピークを向かえたのが翌45年3月の東京大空襲であり、300機を超えるB-29が来襲し、死者10万人以上、罹災者は100万人を超える大きな犠牲を生み出すことになった。

45年6月に入り、すでに甚大な損害をもたらしていたB-29による大都市攻撃は減少し、次の段階として中都市への空爆が激化した。特に、6月17日から19日にかけての空襲は、これまでにない大規模なものとなった。マリアナの基地を出発した総計456機のB-29のうち、まず約100機が九州方面に来襲し、大牟田市、鹿児島市そして山口方面にも大規模な焼夷弾攻撃を行った。

続いて中京地区に対して80機が来襲し、浜松市と四日市市が激しい空爆をあびた。さらに、九州方面に再度の攻撃が加えられ、宮崎付近から侵入した約60機が福岡市を空爆した。東海地区においても志摩半島から侵入した約90機が豊橋市を、また伊豆半島方面から北上した約110機が静岡市を焼夷弾で爆撃した。[46]

同時期、沖縄をめぐる攻防も熾烈化している。陸海軍を動員して戦われた激烈な戦闘も、ついに日本人だけでも18万人を超える戦死者（その中には4万人もの住民犠牲者も含まれていた）を出して終結した。

こうして、戦局はいよいよ最終局面を迎えることになった。すなわちアメリカ軍の本土上陸を想定した決戦態勢の構築が、軍部により叫ばれることになったのである。上記の防衛庁戦史室編纂の資料は、こう語っている。

「米軍の沖縄占領が確固なものとなり、これに対して我が軍が有効な打撃を与える見込がたたなくなった以上、次の戦場はいやおうなしに我

が本土に移ることとなる情勢であった。五月末ころになると沖縄攻防戦における敗色と、我が航空兵力の回復を見込めないほどの消耗の状況などから、海軍部内にも本土における最終的な準備に移るべきであるとする意見が出た」[47]

　こうした本土決戦に向けた情勢の中にあって、尹夫の部隊も慌ただしい動きを見せていた。同45年4月上旬、尹夫は大井航空隊から木更津海軍航空隊に転じ、夜間天測航法の訓練を受けた。さらに同月下旬には、鳥取県西伯郡の美保海軍航空隊八〇一空に転じる。わずか10日ほどのうちに、夜間偵察航法を修得し、さらに新たな基地に転進したことからも、いかに速成の訓練が課されたのかがうかがえる。

　このころ、海軍航空本部は、「乙 航空隊」を創設し、戦局に応じ適宜新たな分遣隊を組織することを決定していた。7月15日、八〇一空に分遣隊が結成され、本土決戦に備えて近畿・紀伊半島の防衛を担う新たな基地が開設された。尹夫の最後の出撃基地となった海軍大和航空基地（奈良）である。[48]

　この航空基地の建設を海軍が決定したのは、前年1944年の6月であったとされる。[49] 何故、奈良県大和盆地の中央部に飛行場なのか。東に標高500メートル前後の山々が連なり、さらには盆地特有の風向きの変わりやすさからして、この地は飛行機の離着陸に必ずしも適した土地ではなかった。

　しかし、本土決戦を想定した場合、上陸前のアメリカ軍が、沿岸部の全ての基地に対し間断ない空爆と艦砲射撃を繰り返すのは明らかであった。そのため、内陸部の近畿が戦略的に比較的安全な地として着目されたのである。また、奈良に基地があれば、その担当空域は九州・四国・関東にまたがることになる。それ故、大和基地の開設に引き続き、この地区の中核司令部として、同基地に海軍第三航空司令部も置かれるに至った。

　こうして基地の施設工事が昼夜兼行で進められたが、それは「苛酷な緊急工事」であったという。[50] 滑走路にされる地帯は排水が極めて不良であり、工事には大量の人員が必要であった。朝鮮の釜山から多くの朝

鮮人が、下関経由で船と貨車によって送り込まれてきた。地元からは、中学生以上の生徒たちや住民が動員された。さらに1945年に入ると、変わりやすい風向きに対応するため、第二滑走路の建設も進められた。尹夫が配属された大和航空基地は、このような状況の下にあった。

ところで、この45年7月、アメリカ軍は本土上陸を見越し、新たな作戦段階に入っている。航空母艦を主力とする強力な機動部隊による日本沿岸への侵入であり、大型爆撃機に加え多数の艦載機（戦闘機）による、あらゆる地域を対象とした全面的で間断のない本土への攻撃作戦であった。

7月7日の海軍部「当面の敵情判断」も、そのことをとらえている。

「諸情報ヲ総合スルニ敵ハ本月中旬次ノ新作戦ヲ実施スルノ算極メテ大ナリ」[51]

こうした機動部隊を主力にすえた侵攻作戦は、すでに前年7月のサイパン島において実施され、日本軍守備隊と民間人に対し壊滅的打撃をもたらしたものである。尹夫は、その頃から、以下のようにアメリカ軍機動部隊の動きに関する情報を、頻繁に日記に書き込んでいる。

サイパン方面ニ敵機動部隊来襲。1944.6.12

小笠原附近敵機動部隊アルラシク第二配備1944.7.5

新聞ニヨルト敵機動部隊ハ小笠原方面ニ再ビ空陸ヨリ来襲。局面ハイヨイヨ深刻化シテキタ。1944.7.6

こうして、日本本土攻撃に向けた機動部隊による大規模作戦が開始された。アメリカ軍は、前年12月に激戦の末に占領したレイテ島とウルシー潟から、15隻以上の航空母艦とこれを護衛・支援する戦艦・巡洋艦・駆逐艦からなる複数の大規模機動部隊を編成し、日本近海への接近を図

った。45年6月に、まずは九州近海に侵入する。さらに、例えば尹夫が戦死する7月の10日における関東近海への侵入は、以下のような空前の規模をもつものであった。

> 十日 〇五一〇ころ米機動部隊艦載機は主力をもって九十九里浜、鹿島灘から、一部は相模湾から侵入し、ほとんど間断なく反復して関東一円の航空基地及び一部の市街地を襲い、一六五〇ころまでに八波延約一、二〇〇機に及んだ。[52]

こうして、7月中旬には東北、北海道が空襲され、釜石、室蘭が艦砲射撃を受け、そして沼津・平塚（来襲した艦載機約190機）、日立・岡崎・福井（約60機）、名古屋近郊（約1,150機）、半田・豊橋・明野・浜松（約300機）・清水・大井（約180機）、松山・米子・八日市・広島（約440機）、さらには明野、清水、大井等々、連日のように何百機もの艦載機が来襲し、止まるところを知らなかった。[53]

こうした状況のもとで、大阪が大空襲を受けた7月27日、尹夫が機長の偵察機（レーダー装備の一式陸上攻撃機）に緊急出動の命令が下ったのである。

米海軍第三八機動部隊が四国沖に接近中であり、その位置を確認する索敵哨戒の出動である。27日深夜、尹夫は援護機のないまま、ただ一機での出動命令を受けた。まず東方洋上に飛び、ついで針路を南に変えて偵察飛行中の28日午前2時、室戸岬東南方260キロの位置に第三八機動部隊の空母群を発見した。

だが、その時尹夫の機もまた、アメリカ軍戦闘機の攻撃の視界に入っていた。尹夫は「ワレ敵ヲ発見ス」と打電すると同時に、「敵戦闘機ノ追跡ヲ受ク」と連送した。その10分後である。「ツ・セ・ウ」（敵戦闘機ノ追跡ヲ受ク）との再度の緊急打電があり、その後完全に消息が絶たれた。被弾すると「一撃で発火・炎上墜落するものが多く」、そのため「敵をして"ワンショット・ライター"といわしめ」[54]ていた一式陸攻機の最後であった。

　ここで、問われなければならない。尹夫の命をかけた索敵飛行は、はたして功を奏したのだろうか。

　その日の黎明とともに、米軍第三八機動部隊から多数の艦載機が発進している。四国、中国、九州の各地が次々と襲撃され、呉軍港だけでも650機が来襲し、戦艦伊勢、日向、巡洋艦大淀、空母葛城など多数の艦艇がなすすべもなく撃沈され大破した。

　すなわち、尹夫の命をかけた偵察に基く機動部隊発見の情報によっても、軍は何の対応も打てない状態にあった。事実、この28日の攻撃に対し、前述の防衛庁による戦史『本土方面海軍作戦』は、「この機動部隊の空襲に際して我が航空部隊は少数機が索敵を行っただけで積極的邀撃を試みておらず」[55]と、簡単にまとめている。この索敵を行った「少数機」の中に、尹夫の搭乗機があったのである。

（二）大和基地通信兵保坂初雄氏の証言

　ところで、尹夫の最後の飛行に関しては、筆者が行った大和基地の当時の通信兵保坂初雄氏への聞き取りによる貴重な証言がある。[56]

　保坂氏は、東京海軍通信隊そして海軍総隊司令部付兼連合艦隊司令部付の通信兵を経て、敗戦時は海軍大和航空隊にて海軍第三航空隊司令部付通信隊水兵長（上等水兵）の任務にあった。次頁に掲載の「履歴（軍歴）表」は、第2回目の聞き取りに際し保坂氏から提供されたものである。

　1945年7月26日、神奈川県日吉の連合艦隊司令部の通信兵保坂氏に、突然の異動命令が下された。奈良に造設された第三航空艦隊の司令部に転出せよというものである。

　氏は、それまでの連合艦隊司令部通信基地での勤務において、硫黄島の日本軍守備隊との交信の任務に従事し、また鹿児島県鹿屋基地から出撃する特攻機からの通信を傍受することもあったという。

　硫黄島の場合、米軍艦艇の猛烈な艦砲射撃に始まったアメリカ海兵隊の上陸を伝える電信（1945年2月19日）から、わずか2時間後に現地通信兵による無線は途絶えたという。特攻機の場合、米軍艦船への体当たりに入る段階で、搭乗員から「ツー—」という無線音が発信され、そ

れが途絶えた時が機体が爆発炎上した時であったという。

　氏は、通信兵の隊長として、暗号兵も同行し総計40名ほどの編成で、ただちに汽車で奈良に出発した。途中でアメリカ軍戦闘機の空襲にあい、汽車を降りて草むらに隠れ避難したりもした。日吉から1日ほどの行程で丹波市という駅（現天理駅）で降り、30分ほど歩いて今の天理市柳本にある基地に着いた。

　そこは平地であり飛行場が造成され、格納庫・兵員宿舎、防空壕、掩体豪、通信豪等が、山陰や草むらに隠れるように点在していた。大和海軍航空基地であった。

　同基地では、すでに米軍機による空襲が頻繁に行われていた。米軍機がやってくると退避し、米軍機が行き去るとまた任務に就くという状況であった。

　ある時、米軍の飛行機が去った後に、飛行場に日本軍の飛行機が着陸した。すると待ち構えていたように、山の陰から再度米軍戦闘機が飛来

した。保坂氏は語る。

　「操縦士は、慌てて操縦席の風防をあげ機から脱出しようとしたが、
　その瞬間激しい機銃掃射を浴び、機体から転げ落ちた。その後がど
　うなったか見届けていないが、この事はとてもよく覚えている。」

　尹夫が最後に移動した大和航空基地が、日常的にアメリカ軍の攻撃に
晒されていた最前線であったことが分かる。

　ところで、保坂氏が大和基地に着いたのは、「七月二六日」の１日後
であり、それはまさに尹夫が出撃し戦死した１日前であった。二人が直
接に出会うということはなかった。

　しかし、保坂氏の次の証言は、私にとって衝撃的なものであった。

　「その後、８月９日、第三航空司令部臨時第五十三航空戦隊付となり、
　飛行場の傍の小高い山の中腹に作られた通信施設で通信の業務につ
　いた。そこでは上官に通信がわかる人はいなかった。時々受信機を
　耳に当て、よくこんなのがわかるなあと言っていたくらいだった。
　傍受した内容がどのように使われていたのかも通信兵には分からな
　かった。」

　すなわち、当時、偵察機を出撃させても、そこからの情報を傍受し適
確に生かす組織体制が、どの程度十分に機能していたのかが危ぶまれる
証言である。

　尹夫の命をかけた通信は、正確に受けとめられていたのだろうか。基
地機能の全体がすでに麻痺しているような状況の中で、尹夫の出撃と死
はどのような意味があったのだろうか。

　いずれにしても、先述の防衛庁の戦史が明らかにするように、尹夫の
偵察が、何ら有効に機能しなかったのは事実といわなければならない。

　尹夫の死の２日前の26日には、すでに連合国軍によるポツダム宣言
が発せられている。日本が無条件降伏を受諾するのは、それからほぼ３
週間後の８月15日であった。その間、８月６日に広島に原爆が、９日に
は長崎に原爆が落とされている。すでに勝敗の決している絶望的な戦闘
に、いったいどれだけの犠牲が捧げられたのだろうか。

終章　林尹夫の問いかけるもの

　尹夫は、いったいどのような想いで死んでいったのだろうか。
　尹夫は、もともと生と死の問題を次のようにとらえていた。

　　僕の生はつねに死に対立し、それを打砕かんとする意志にうらづけ
　　られ、生死の区別のいへぬ絶対的な気持のもとに打たれてゐる。
　　それは死を意識した、充実を求める、さしせまつた生である。
　　1940.11.26

　その尹夫は、すでに1942年から日本の敗北を正確に予測していたこ
とを確認しなければならない。最後の4冊目のノートには、このように
はっきりと記されている。[57]

　　敗の確信、あゝ実に昭和十七年頃よりの確信が
　　今にして実現するさびしさを誰か知らう。

　　南九州の制空権既に敵の手中にあり。
　　我等の祖国まさに崩壊せんとす。
　　生をこの国に享けしもの何ぞ生命を惜しまん。
　　愚劣な日本よ、優柔不断なる日本よ、
　　汝いかに愚なりとも我等この国の人たる以上、その防衛に決起せざ
　　るをえず。

　このように、「必敗の確信」を持ちながらも、それでもなお「生をこ
の国に享けしもの／なんぞ　生命を惜しまん」として、自分の死を受け
とめようとした。それは、なぜなのだろうか。
　一つは、大日本帝国のためでも、軍のためでもなく、「国民が直面す
る苦悩」を引き受け、愛する祖国のために死を受け入れようとする決意
である。

　俺は軍隊に入つて国のためにといふ感情をよびさまされた事は少くも軍人諸君を通じてといふ限り皆無である。ただ深瀬先生のお便りや何かにより国民の直面する苦悩を反省させられると俺は軍隊とか或は所謂日本の国のためでなく、日本の人々のために、否之もうそだ。俺が血肉をわけた人と親しき人々と美しい京都のために戦はうとする感情がおこる。つまらぬとも訳がわからぬとも人は言ふがよい。俺はただ全体のために生きるのではないのだ。全体がその生命をえぬと個人の生命が完うされぬ故に俺は生きるのだ。1944.7.1

　さらには、自分の死が、新しい日本を切り開くための礎になることを願っていた。尹夫は、述べている。[58]

　オプティミイズムをやめよ。眼をひらけ。
　日本の人々よ、日本は必ず負ける。
　そして我等日本人は何としてもこの国に新なる生命をふきこみ、
　新なる再建の道を切りひらかなければならないのだ。

　ここに示された、自分の死の代わりに、「なんとしても　この国に新たなる生命を吹きこ」まねばならないとする意志は、兄克也と交わした以下の別れの言葉からも、明確にうかがうことができる。
　克也は、1945年6月、最後に美保航空基地に会いに行った時の会話を、こう記している。

　「美保での夜、二人して夜見ヶ浜の砂浜で過ごした。彼はわたしに三つの事を託した。
　第一は、これ以上、この戦争で青年を殺すような行動は断じて阻止するようにしてくれ。そのために『俺たちは死ぬことを甘受するんだ』と言った。
　第二は、日本が占領されたあと、日本の再建のために、『なによ

りも青年のことを最大限に考えてくれないか』と言った。
　第三はわたしたち個人のことだった。わたしは彼と多く語りあったなかで、彼のことについて一つ言った。『絶対に死なないようにしろ。生きるのだ』しかし彼は『もう、手遅れなんだ』と呟やくように答えた。」[59]

　尹夫は、新しい日本を担う若き世代に向けて、次のようにも書いている。[60]

　若きジエネレーション、
　君達はあまりにも苦しい運命と闘はねばならない。
　だが頑張つてくれ。

　さらに、自らが新しい日本の建設のために犠牲になること、「それに死することを光栄とする」と記している。

　僕は犠牲たることを回避しない。自己をすてることを拒まない。しかしその process として自己を無にすることを嫌ふのだ。それを是認できないのだ。
　我々は Freiheit〔「自由」。ドイツ語〕を保持するため戦ふ。それに死することを光栄とする。1944.1.3

　このように自らの死を、新しい日本の建設と自由のための、自らが選びとった「犠牲」として位置づけるのである。

　尹夫の、こうした決意について、サン＝テグジュペリは何と言うだろうか。彼の次の言葉は、まさに尹夫について述べられ、捧げられたものではないだろうか。

　本質的な行為が、ここにおいて、名まえを与えられた。それが犠

性である。[61]（『戦う操縦士』）

　　わたしは犠牲の深い意味を理解した。犠牲とは、おまえをなにものからも切断することなく、逆におまえを富ますものだということを。[62]（城塞）

　そう。確かに「切断」されてはいない。林尹夫は、私たちの心の中で生き続けている。

　追記
　本書の刊行にあたって、三人社社長の越水治さん、編集担当の山本捷馬さん、三人社社員の皆様には内容の各方面にわたって、たいへんお世話になった。この場をかりて心より感謝を申し上げる。
　また、学習院大学文学会研究成果刊行助成金を活用した。

【註】

1) 林尹夫『わがいのち月明に燃ゆ　一戦没学徒の手記』筑摩書房1967年2月第1刷刊行。なお、以下の引用では、日記の日付が付されている場合は日付を示す。
2) そもそも「学徒出陣」の実態がどのようなものであったのか、京都帝国大学を対象とした調査が明らかにしているように、「一体何人がこの時期在学中に徴集されたのか、何人が亡くなったのかといった最も基本的なデータすら存在していない」という状況である。西山伸「調査研究の概要」『平成一六・一七年度総長裁量経費プロジェクト　京都大学における「学徒出陣」調査研究報告書　第一巻』2006年、1頁。
　　むろん、各大学（旧制高等学校を含む）の史料編纂チームや個別の論稿によって貴重な調査や聞き取りが鋭意積み重ねられており、その全体像に迫りつつある。例えば、東京大学史史料室編『東京大学の学徒動員・学徒

出陣』（1998年）や京都大学大学文書館編『京都大学における「学徒出陣」
調査研究報告書（第一巻)』（2006年7月)、『京都大学における「学徒出陣」
調査研究報告書（第二巻)』（2006年3月)、永田英明「『学徒』たちの『戦争』
—東北帝国大学の学徒出陣・学徒動員—」『東北大学史料館紀要（二)』（2007
年)、西山伸「第三高等学校における『学徒出陣』」『京都大学大学文書館研
究紀要（六)』（2008年1月)、熊本大学五高記念館叢書第一集『第五高等学
校の学徒出陣』（2012年3月）がある。

　私立大学においても、奥平晋「中央大学所蔵『学徒出陣』関係史料を巡
って」『中央大学史紀要（第二〇号)』（2016年3月)、白井厚監修『共同研
究 太平洋戦争と慶應義塾（本文篇)』（慶應義塾大学出版会、2009年)、老
川慶喜・前田一男編著『ミッション・スクールと戦争—立教学院のディレ
ンマ—』（東信堂、2008年）や明治大学史資料センター編『戦争と明治大
学—明治大学の学徒出陣・学徒勤労動員—』（2010年）等々がある。

3）本書286頁〜287頁。

4）同上297頁。

5）林克也「愛と死の笞の下で」『潮』潮出版社1966年8月号、355頁。

6）本書286頁〜287頁。

7）岡田裕之『日本戦没学生の思想〈わだつみのこえ〉を聴く』法政大学出
　版局2009年、215頁。

8）本書284頁。

9）前掲岡田216頁。

10）前掲林克也355頁。

11）前掲林『わがいのち月明に燃ゆ』200頁。以下、同書からの引用は前掲
　林と記す。

12）以下の、林尹夫の生いたちに関しては、本書282頁以下に所収の林克也「回
　想に生きる林尹夫」を参照。

13）本書290頁。

14）同上290頁。

15）同上292頁。

16）同上264頁〜265頁。

17）同上254頁。

18）同上271頁、274頁。

19）『田辺元全集』第14巻、筑摩書房、1964年、439頁。

20）本書258頁。

21）前掲岡田222頁。

22）『深瀬基寛 唐木順三 往復書簡』筑摩書房1983年、37頁〜38頁。

23）『堀口大學全集 補巻三』小澤書店1985年、770頁〜774頁。

24）本書258頁。

25）山崎庸一郎訳篇『サン＝テグジュペリの言葉』彌生書房1997年、27頁。

26）ジョン・フィリップス「サン＝テグジュペリ、その最後の日々」（山崎庸
　　一郎訳『永遠の星の王子様 サン＝テグジュペリの最後の日々』みすず書房
　　1994年）。

27）アンドレ・ドゥヴォー『作家と人間叢書 サン＝テグジュペリ』東京ヨル
　　ダン社1975年、6頁〜9頁。

28）同上ドゥヴォー「訳者あとがき」232頁。

29）同上ドゥヴォー229頁。

30）前掲山崎132頁。

31）マックス・ピカート『沈黙の世界』みすず書房2014年、1頁〜3頁。

32）前掲ドゥヴォー175頁〜177頁。

33）同上ドゥヴォー188頁。

34）マックス・ピカート『われわれ自身のなかのヒトラー』みすず書房1965年。

35）前掲『沈黙の世界』29頁。

36）エマニュエル・レヴィナス「マックス・ピカートと顔」同上269頁。

37）前掲『沈黙の世界』29頁。

38）「サイレント・ネービー」という言葉は、海軍の流儀としての「黙して語
　　らず」をさす場合もあるが、前後の文脈からしてそうした意味ではなく、
　　深い海の色と受けとめることが妥当であろう。

39）前掲山崎108頁。

40）前掲山崎107頁。

41）前掲山崎136頁。

42）前掲山崎136頁。

43）アン・モロウ・リンドバーグ「一九三九年から一九四四年」前掲『永遠
　　の星の王子様 サン＝テグジュペリの最後の日々』72頁。

44）前掲山崎131頁。

45）本書285頁〜286頁。

46）防衛庁防衛研修所戦史室『本土方面海軍作戦』朝雲新聞社1975年、386

　　頁〜387頁。

47）同上388頁。

48）永石政孝著『海軍航空隊年誌』出版共同社1961年、166頁。

49）籔景三「知られざる大和基地・大本営」『丸 戦争と人物 二 陸海軍航空隊の戦歴』潮書房1993年4月。

50）同上籔137頁。

51）防衛庁防衛研修所戦史室388頁。

52）同上390頁。

53）同上391頁〜394頁。

54）「一式陸上攻撃機」前掲『丸』1993年4月、141頁。

55）同上395頁。

56）保坂初雄氏は1925年7月1日の出生であり、東京海軍通信隊・海軍総隊司令部付兼連合艦隊司令部付の通信兵を経て、敗戦時は海軍大和航空隊にて海軍第三航空隊司令部付通信隊水兵長（上等水兵）の任務にあった。今回の第1回目の聞き取りは、2016年3月に原まゆみ氏の協力を得てメールにて、第2回目は同年5月14日に同じく原まゆみ氏の協力を得て山梨県南アルプス市で行われた。ここに記して感謝の意を表したい。なお同日は、共同通信社甲府支局記者佐藤一穂氏も同席した。

57）本書249頁〜251頁。

58）同上251頁。

59）前掲林克也「愛と死の筈の下で」355頁。

60）本書251頁〜252頁。

61）前掲ドゥヴォー147頁。

62）前掲山崎50頁。

林尹夫関係資料群解題

田鍬美紀

はじめに

　立命館大学国際平和ミュージアム（以下、平和ミュージアムと略称）
が所蔵する林尹夫に関する資料は、1997年に林尹夫の親族から寄贈さ
れたノートや書簡などに加えて、近年京都帝国大学時代の親友、大地原
豊の親族より寄贈された書簡とあわせて「林尹夫関係資料群」として収
蔵されている。ここでは資料解題とともに、十五年戦争末期にある出陣
学徒[1]が残した資料の遍歴とともにそれが受容された過程をおってみた
い。そのことで、公表から半世紀を経て全文が公開されるにあたり、寄
贈者がこの資料群に託した思いと、博物館がひきついだ意義について考
えてみたい。

　林尹夫の日記、未完の原稿、書簡などに編者である兄、林克也の解題
と大地原豊の追悼文を加えた『わがいのち月明に燃ゆ』（以下、『わがい
のち』と略称）が、本人の遺稿集として出版されたのは1967年のこと
である[2]。林尹夫の詳細な履歴はそこに詳しいためそちらに譲ること
とする。

　それ以外の尹夫についての記録としては、彼を直接知る京都第三高等
学校（三高）、京都帝国大学、軍隊時代の恩師、友人たちが断片的にそ
の様子を伝える文章がある[3]。思慮深く読書家、いくつもの書籍をフラ
ンス語、ドイツ語の原書で読みこなすほどの語学の才能に秀でた人物像
が浮かび上がる[4]。

一、林尹夫関係資料群

　大学ノートに記された日記、海軍予備学生時代の講義ノート、葉書、写真、論文草稿、文庫本あわせて76点ある。以下、平和ミュージアムの資料名に基づいて解説する。

　○「遺稿ノートⅠ」から「遺稿ノートⅣ」　4冊

　B4判横罫ノートの表紙に、のちに他者が書き加えたとみられる「遺稿Ⅰ」「遺稿Ⅱ」「遺稿Ⅲ」「遺稿Ⅳ」の文字がある。後述するが『わがいのち』の出版にあたって、原文が上書きされたり、助詞が修正、補足されたりしている部分が全般にわたってみられる。一部書き込まれた外国語の訳語の中には、戦後、克也の疎開先で復員してきた学生や新聞社で回覧されているうちに書き込まれたものもある。

　「遺稿ノートⅠ」（原題「Reflection　15.6.13/林尹夫」）は表紙に三高のマークがある1940年4月6日から1941年11月6日の日記。京都第三高等学校文科甲類在学中の読書歴をふくめた勉学に関すること、友人との関係など青年らしく自分と社会との在り様、性、将来についての悩みを率直な文体でつづっている。1939年に入学後、一旦語学学習に集中するために休学し復学してからの日記と思われる。4冊のノートのうち『わがいのち』出版の際に書き込まれた補足や修正箇所がもっとも多くみられる。自身で内省する箇所、国家や戦争に対する記述の多くは、大意はおよそ同じだが文章が装飾され訂正されている[5]。

　「遺稿ノートⅡ」（原題「読書録Ⅰ」）は、表紙に帝国大学のマークがあり読書録として使用したようで、和書、洋書を問わず哲学、文学書の読了後の感想が記されている。1941年5月2日から1942年12月10日の日付があるが、1942年7月までの三高時代の生活記録が少しと、ほとんどが読書記録となっており、時系列としては「遺稿ノートⅠ」と重なる時期もある。『わがいのち』では一部の読書感想は時系列に並べ替えて採録している。

　「遺稿ノートⅢ」（原題「日記」）は1943年12月19日から1944年7月14日の日記で、徴兵後の横須賀第二（武山）海兵団、土浦海軍航空隊、

大井海軍航空隊での日記[6]。1944年2月に正式に海軍第十四期飛行科予備学生に任命され土浦航空基地での基礎教程をへて、大井航空基地で偵察専修予備学生としての専門課程を受講する過程の記録である。

「遺稿ノートⅣ」の原題「T709」は尹夫が配属された偵察七〇九飛行隊[7]の略とみられ、1945年5月頃から同7月下旬までの記録である。1944年12月25日に海軍少尉に任官された後、1945年4月初旬に配属された木更津航空基地、5月5日付美保航空基地所属時代に記したと思われる詩、散文調の文章、三高や大学時代の恩師、友人の回想文などの間に、休暇中に基地周辺に出かけた様子も記録している[8]。(1945年)7月15日で親しい人とおわかれのようだ、今年の夏を生きて迎えることができない、といった記述から、かなり具体的かつ確実に死を予感している。これは七〇七飛行隊が大和基地と大分基地への移動が決まった時期と重なる。時に乱れた筆致で書きなぐった様子から動揺と感情の高ぶりを察することができる[9]。

学徒出陣した第十四期飛行科予備学生としての同期生や先に配属された十三期生も多く配置され、沖縄での航空特攻作戦の前線基地の一つとなっていた鹿屋航空基地を訪れたこともあったようである。爆撃され閑散とした格納庫に日本の敗戦と自らのたどる道を目の当たりにした絶望を綴っている。

○葉書(封緘葉書含む) 64通

大別すると「家族への葉書」36通、「友人への葉書」8通、「恩師への葉書(「家族から恩師への葉書」含む)」20通がある。横須賀第二(武山)海兵団入団後、大井航空隊での訓練時代に発信されたもの。1945年2月23日の消印以降の書簡類はなく、散逸したか、記す時間がなかったからかはわからない。

家族への葉書では、母富久、兄克也に、家族や義姉、姪の近況をたずね、思いやる内容が多い。なお『わがいのち』で言及されている克也に宛てた最後の手紙は残されていない。

友人宛ての通信文では「在学徴集延期臨時特例」が公布された後、徴兵検査前後の通信文がある。大地原豊宛の葉書[10]では、発表のラジオ

放送を聞いた1943年9月、予測していたが衝撃は隠せない気持ちを吐
露している。三高時代の友人中村金夫に宛てた手紙の中では、海軍志望
の理由として横須賀出身なので日常的に海軍がなじみ深いことをあげ、
「日本の消耗品」になる意味を感じるといった記述がある。中村家とは
家族ぐるみの付き合いだったようで、日記にもしばしば名前が登場する
金夫の母親への通信文もある（「家族間の葉書・中村小母宛」）。

　恩師深瀬基寛との他愛のないやりとりがわかる葉書では、入営後の尹
夫から随筆の執筆を求められた深瀬が、自分の没後に海軍少尉林尹夫の
名前で編纂してほしいと返信したところ、望外の喜びを示す様子などが
うかがえる[11]。同じ門下生であった中村、大地原の近況に関する話題、
読書、戦局についての感想、決意など、家族へ宛てたものより多くの内
容を語っている。

　〇海軍飛行科予備学生時代の受講ノート　3冊

　偵察専修教程をうけた大井航空隊時代の「手帳」2冊と、術科教程の
講義のうち「普通科電信術練習生用無線理論」について詳しく記録した
「大井航空時代の受講ノート」1冊がある。日記の中では無線について
の講義が難しいと嘆くのと同時に、文系学生に基礎も教えずに理工系の
話を詰め込む軍隊の理不尽さを批判している[12]。手帳には同期生たちの
少尉任官後の名刺が一緒に保管されている[13]。

　〇写真　3枚

　「航空服姿の写真」は美保航空基地配属時代の写真で、木更津航空隊
配備後、常にそばにいたという友人、佐竹一郎と写った一枚がある。大
地原との写真は1943年12月ごろ、陸軍配属となった大地原と別れの際
に撮影した写真で、大地原は軍隊生活の中で肌身離さず持っていたとい
う[14]。

　〇「ドイツ語の文庫本」1冊

　カーライル著『英雄崇拝論』レクラム文庫版。戦場へもっていく本と
した[15]。日中の訓練終了後や休暇中にも辞書を駆使して多くの外国語の
書籍を読んだことを記録しているが、目撃した友人も印象深く覚えてい
る[16]。

〇「未完の論文原稿」1点

1945年2月26日の日付がある「近代欧州経済史序説」という題の論考。『わがいのち』でも採録、解説されており、大井航空隊で少尉任官後に書いた原稿と思われる。

二、林尹夫の遺品が「資料」になるまで

　林尹夫の遺品はどのように平和ミュージアムへ寄贈されたのであろうか。『わがいのち』出版までの経緯は同書ですでに詳しく解説され、重複する部分もあるが要点を補足し改めて整理する。

　尹夫の戦死後、終戦を美保航空基地で迎えた佐竹一郎は、書いたものは全て燃やすようにという上官の命令を無視して、「遺稿ノートⅣ」にあたるノートを持ち出し長野県に疎開していた克也に渡している[17]。尹夫の日記としては幼年期からつけていたものがあったようで合わせて克也が保管していた。前半3冊については、いずれかの時期に尹夫自身が営舎から持ち出した可能性がある[18]。その後、1950年頃に中村金夫、大地原豊らが中心となって海軍時代の記録2冊についての出版を計画している。しかし筑摩書房の唐木順三に相談した時には、特に回顧録、独白文の多い後半部分の刊行は時期尚早という判断が下り出版にはいたらなかった[19]。戦没学徒遺稿集の嚆矢となった『はるかなる山河に』、『きけわだつみのこえ』[20]の出版された時期でもあるが、一個人の書き残した記録すべてを翻刻することに対して社会の理解がおよぶには、まさに時期尚早だったのかもしれない。この件で2冊のノートは友人のもとに留め置かれたが20年後、元海軍第十四期飛行科予備学生たちによる手記を出版する計画がもちあがり克也に声がかかった。没後20年を機に克也自身も改めて、弟の残した手記を世に問うことに意味があると出版へ向けて動き出したようである。こうして克也の下に戻った後半2冊のノートを含めて、まずは海軍十四期会の遺稿集の一部として世に公表され[21]、改めて遺稿集『わがいのち月明に燃ゆ』の完成をみたのである。

　さてその後、ノートなど原本と遺品はどうなっていたのだろうか。尹

　夫の希望は自分の書いたものは全て燃やして母の死後ともに埋葬することで、同時にそれは母親、富久の希望でもあったという。克也は、おそらく明確な意図をもってそれは行わずに、出版のために原稿を浄書したのちは、手紙や遺品とともに寺に預けたという。遺骨のない弟と息子の死を知り衰弱死した母へのせめてもの供養なのだと、手紙の中で告げている[22]。

　資料として平和ミュージアムに収蔵される1997年までこれら遺品の存在を知る者は克也の近親者だけだったと思われる。親族は「出陣学徒の遺品」として寄贈し、以降は常設展示室の学徒出陣展示の箇所で「遺稿ノートⅢ」が展示され、現在に至っている。家族への葉書やそのほかの資料も立命館大学内での企画展やわだつみのこえ記念館で定期的に展示されるほか、自治体主催の平和関連事業で紹介されることもあった。内容が一部編集されていたにせよ原本以外に刊行物で内容を参照できること、詳細な解題が付されていることが、何より資料の存在意義を高めたともいえる。克也が母や弟本人の望みを押してまで残した資料に託した、「戦争が我前にさかまく[23]」中ひたむきに生きた青年の人生を世に問うという、切なる願い[24]が結実した証ではないだろうか。

三、『わがいのち月明に燃ゆ』の残したもの

　林尹夫の日記の最初にして最大の理解者であり解説者は、林克也であろう。『わがいのち』発表前年の論考では尹夫の思考や人生を総括する形で、国家と個人のはざまで苦悩しながら自己を確立していく青年が、学問と真摯に向き合った人生を伝えている[25]。

　それでは没後20年の時をへて発表された、深い思索と学問への探求心に彩られた一人の青年の精神世界の記録は、社会にどのように受けとめられてきたのだろうか。出版当初は、学徒出陣を経験した者やそれを知る者も多く存命し、青年の深い洞察と悲痛な慟哭を相対化してとらえ評価したものが多い。戦没学徒の偽らざる思考を知ることができる記録として評論家、文筆家が論評し解題を加えている[26]。2000年代には出

陣学徒の日誌、日記研究の視点から分析を加えた大貫恵美子[27]、岡田裕之らの論考[28]がある。近年、原本を直接読み『わがいのち』では省略されていた箇所も加えて、改めて林尹夫の人間像を考察した斉藤利彦の論が新しい[29]。

　学徒出陣の経験をもつ平井啓之は自らの世代の戦争体験を「了解困難な特殊な民族環境のなかで、合理的思考のもつ人間的な意味にめざめながら、しかも国に殉ずることを、自己の民族的宿命としてあえて引き受けた青年たちの悲劇」とし、尹夫の遺稿集はその「悲劇性を語りつくしてあますところのない痛切なヒューマン・ドキュメントである」と評している[30]。三高時代、尹夫に「平井に負けた[31]」と言わしめた平井のこの言葉は、尹夫に近い経験と心境を持ちえた学徒出陣者たちが経験した「狂気」を、端的に代弁している。『わがいのち』を底本としたこうした評価は、もしかしたら林克也が伝えたかった弟の姿として成功したといえるのかもしれない。

　戦没学徒の遺稿集の出版の在り方については、編者の意向が反映され原著作そのままに出版されていないことへの批判も多い[32]。しかし、克也自身には内容を歪曲して改ざんする意図はなかっただろう。『わがいのち』や、出版前後の大地原とのやり取りの中で、編集方針について説明している。尹夫が三高時代に傾倒した『チボー家の人々』の主人公、ジャック・チボーの引用句、母親に関する記述、友人について感傷的に表現されているため発表に不必要と判断した部分を割愛したという[33]。

　ただ斉藤が指摘するように[34]、1967年当時は不必要と判断された文脈の中には、克也も気づかなかった、戦後75年の現在だから伝わる要素が含まれているかもしれない。

四、林尹夫と「生きる」ということ

　詳細な日記論に言及するのは稿を改め、ここでは尹夫がフランス語、ドイツ語を駆使して繰り返す「生きる」という言葉に注目し、尹夫自身が記した原文から読み取れることを少し考えてみたい。

　まともに人生にぶつかろう。ぼく自身の根底の建設だ。Vivre だ vivre だ （略）　一生の基礎の建設だ（一九四〇年五月二十日）

　どういう風に表現すべきかわからほど〔ママ〕のものをあたへられた君との生活に　有終の悲劇突発す、とにかく vivre,vivre と思ふのみです。（大地原豊への葉書より一九四三年九月二十五日付）

　Leben,Leben,nur Leben! そしてその様の生の dynamik から我々の人間をつくりあげるのだ（中略）絶対に泣言をいはずに生きてゆきたい（一九四三年一二月二十八日）

　今でも我々は死に迫られて居る。死をふりはらって生におもむきうるかどうか、それが之からの生き方なのだ（一九四四年六月二十五日）（原文：漢字・カナ）

　尹夫は、彼の得うる知識と思索の結果導き出した未来が「日本の敗戦」だったとしても、本心から自らの命を犠牲にすることや死を志向しているようには読み取れない[35]。常に内省する傾向もあってか前向きな表現ばかりではないが、おそらくある時期までは生き抜くことを考えていた。この「生きる」という単純な単語で自らを鼓舞しつづけたとも言える。

　飛行科予備学生の基礎教程修了後に、操縦、偵察、要務という専修分野が決定される際には、偵察任務を希望したが操縦に内定しそうだが、自分が生きているのに（操縦士が死んでしまっていて）一緒に死ななければならないは嫌だから（操縦でも）よいかと、現実的な感想を漏らすこともあった[36]。最終的に偵察専修に決定して喜んでいるが、冷静な状況判断をしている。他の多くの学生出身の士官たちがそうであったように軍隊生活の非合理性、理不尽さに肉体的にも精神的にも挫けそうな中でも、外国語を学び続け、論文草稿を執筆している。現実を諦めたようでいて、個として生きることに貪欲だったのではないだろうか。

　ところが「遺稿ノートⅣ」、時期的には訓練後に実施部隊に配属されてからの文章は様相を変える。生と死の極限にある状況下で親密さをます友への情に倒錯していく気持ちを、断片的に、時に激情にかられた筆

致で書き記している。または学生時代を回顧し友人、恩師への思い出と別れの言葉が繰り返される。死への恐怖からくる陶酔とも諦念ともとれる、克也が「正常な狂気」と表現したさまは、乱れた筆致と相まって読むものにせまってくる。

『わがいのち』に接した吉田満はこうした内容の変化を時系列で読み解き、尹夫の心理状況を推察している[37]。一方ノート原本に目を通したことのある深瀬は、「死がのしかかって来て狂気のやうにそれを押し返さうとして文字の呼吸がだんゝ切迫してくることが感じられ、（中略）ノートを伏せてしまった」と胸の内を記している[38]。

『わがいのち』を分析した研究者の多くが指摘しているように、尹夫は若者らしく性愛に対する生々しい感情も表している。異性に対する性愛を表した文章のほかに、克也が割愛した文章の中には、同級生や軍隊の同僚にむけた過剰な親愛の情を吐露する箇所も少なくない。尹夫独特の表現方法によるものなのか、言葉をそのままの愛情表現と解釈するかは読む側の印象にも左右されるだろう。ただそれさえも、どこまでも己のままに生きることと対峙した姿勢とみることもできる。編集時に個人的な感傷と判断され公表されなかった文章も含めて全体を俯瞰すると、他者によって精錬された文体からではわからない、人間味あふれる尹夫の葛藤が伝わってくる。死に合理的な意味を見出そうとする行為でさえ、自らの生に対する絶対的な肯定と執着であったとみえないだろうか。そしてそれほどに人間臭く生を望んだ青年から、何かが生きること諦めさせたという絶望の深さを、尹夫自身の言葉でもって我々に突きつけるのである。

克也は美保航空基地に尹夫を訪ねた数日間で、「死んではだめだ。俺は死んではならぬと決心して行動してくれ」と懇願したが、「もうぜんぶ終わったのだ。だめだよ」というのが永別の言葉だったという[39]。

おわりに

そしてこの日記も　夢のみ大きくかたらざる人間が自己の大きな夢へ

渾身の努力をつくす過程の　記録の第一編たらしめてゆきたいと俺は思ふ（一九四四年七月十四日）（原文：漢字・カナ）

「遺稿ノートⅢ」でそう宣言して、尹夫の日記は終わっている。大井航空隊での訓練期間に交わされた葉書では、「汝は林尹夫」なりという気持ちの高ぶりを覚えると報告したり（一九四四年十二月九日付深瀬宛）、今は「林尹夫の再建の時期」（一九四五年一月一日付中村尚夫宛）と宣言してみたり、読書に励む様子を伝えていたり（同年二月二十三日付深瀬宛）、検閲をかわしながら表す尹夫らしさは健在で、変わらず軍務に励んでいるようである。こうしてみると戦争という現実に身をもって直面した時、具体的には訓練を終え、海軍少尉となって実施部隊で戦争を見たことが、尹夫が生きることへの執着をなくした直接的なきっかけだったのかもしれない。

林尹夫のノートは、学問を希求し深い探求心をもつ自己を必死で保とうとした記録であり、博物館資料となって戦争がそれほどに生を渇望した青年から生きることを諦めさせたという事実の重さを伝えている。ただ生を全うしたかった青年から、生きるという根源的な欲求を奪ったものの存在が戦争だということを、"戦争を知らない"社会は再認識することができるだろう。

最後に、林尹夫が敬愛してやまなかった恩師深瀬基寛が、自身の随筆集に載せた序文の一節で締めくくりたい。

林君の死の意味は次の世代へ直接に流れてゆかなくてはならない。それでもその死そのものは永遠の喪失であることに変わりはない。私は慰むべき言葉を知らない。（「人はみな草のごとく」『深瀬基寛集第二巻』[40]）

【註】

1）林尹夫自身は1943年10月2日公布された「在学徴集延期臨時特例」によ

り兵役徴集の延期が停止され、軍隊へ入営することになった。学徒出陣は広義には学徒の身分で兵役に就くことを意味することもあるが、ここではこの時以降徴兵された学生、生徒のことを指す。

2) 林尹夫

3) 学徒出陣（繰り上げ卒業を含む）で軍務を経験した人物たちの聞き取り調査からは、尹夫と同じ教授陣の講義をうけ、類似した教育環境にあった旧制高校と京都帝国大学で学友と勉学に励んだ学生生活を伝えている。
　　西洋史専攻に在籍した広実源太郎は同時期に土浦海軍航空隊で基礎教程を受けている。（京都大学大学文書館、第二巻、45頁）
　　海軍飛行予備学生第十四期会1966年、1990年、2001年

4) 平井、15頁　同級生であった平井啓之（フランス文学者）は、甲類（第一語学英語）が選ぶ第二語学にフランス語を選ぶものは5名でその選択自体が「ヒットラー全盛の当時あっては、（略）すでに或る自覚的決意の表現」という側面もあり、中でも尹夫が「終始クラス・ヘッドで通した」ことを印象深く覚えている。また尹夫のノートにも良きライバルとしての平井の名前が何度か登場する。

5) 一九四一年六月二十七日、十月十二日、十月十八日など。ほか十一月三日の兄に対する記述も追補されている。（以下、日付は日記原本の日付を示す。）

6) 繰り上げ卒業して大勢が入営した第十三期予備学生の基礎教程が終わっていなかったという説もあり、第十四期生は入営後に海軍士官候補生でありながら二等水兵として兵士の訓練から始めている。

7) 木更津基地七五二航空隊傘下にあった部隊は、1945年3月に再編され第八〇一海軍航空隊偵察七〇七飛行隊となる。

8) 上久保　京都帝大出身の同期生とともに近隣の米子市や松江市にも出かけ、料理屋で散財したそうである。

9) 克也は「正常なる狂気」の状態と表している（林克也、1967年、付記）

10) 大地原、237頁

11) 深瀬・唐木、1968年、7頁

12) 軍隊教育における非合理性については幾度となく指摘し体制批判の対象としているが、そのことで自らの精神と論理性を堅持しようと足掻いたかのようである。（一九四三年十二月二十八日、一九四四年一月一日、三日、四月二十六日、五月三十一日、六月六日、二十三日ほか）

13）そのうちの一人高橋正一郎は『わがいのち』が発表されてはじめて、同じ教練過程で学んでいた同期生が冷静に日本の敗戦を予期していたこと、胸の内に秘めていた世界を知って驚愕したと追想している。（「海軍十四期会会報」三十一号　2000年）

14）前掲10

15）一九四四年七月八日

16）高原　ドイツ語を原書で読む姿に驚いたという。

17）佐竹

18）深瀬、1950年、90頁

19）深瀬・唐木、1983年、51頁
深瀬自身も出版を希望しながらも、行間にこめられた思いを読みとるのは難しいため同様の体験をした人物らの遺稿集が出版される時に抄録するのがよいのではと意見している。

20）東大學生自治會戰歿學生手記編集委員會、日本戰歿学生手記編集委員会、

21）海軍飛行予備学生第十四期会、1966年

22）林克也書簡（1967年）より（大地原豊氏旧蔵　非公開）

23）一九四一年七月十五日

24）林克也、1966年、355頁。尹夫自身も克也とかわした会話の中で、青年（若者）を大切にする世の中を望んでいた。

25）林克也、1966年

26）蝦名、298頁、山下・古山、253頁〜268頁、301頁、久山、227頁〜252頁、日高、46頁

27）大貫2003年、323頁〜334頁、2006年、109頁〜155頁

28）岡田、212頁〜233頁

29）斉藤、6頁

30）平井、273頁
真継伸彦の「自分でありたいと絶叫している」尹夫の「もっとも深く自覚した精神の、だから最も悲劇的な遺稿」（真継、37頁、43頁）という解釈も平井に近い。

31）一九四二年五月二十日

32）岡田、2009年、296頁に詳しい

33）前掲22

34）前掲29

35) 他にも、「生きることは絶体〔ママ〕に道徳的」ととらえ人生に向き合っ
　　た表現が随所にみられる。（一九四一年六月二十七日、一九四四年四月二十
　　三日、五月十九日、二十三日、七月一日ほか）

36) 一九四四年四月二十一日

37) 吉田、106頁
　　「「我々は死ぬほかはない。（中略）我々は戦わねばならない」この壮絶な、
　　誓詞が、四年前に、「死は不道徳である」（中略）、「英霊に応える、（中略）
　　これが我々の生のすべてだ、といえるのか。」と訴えた、その同じ人の心情
　　から吐き出されたことの意味を、はっきり汲みとっていただきたい。」

38) 前掲19

39) 前掲24

40) 深瀬・唐木、1968年、8頁（初出は深瀬基寛著、1954年『共通感覚』）英
　　文学者である深瀬基寛がなぜ随筆を書くようになったか、その動機の一端
　　は戦争中、入営した尹夫と交わした葉書のやりとりにあると懐述している。

【引用文献】

蝦名賢造、1977年、『海軍予備学生』図書出版社
蝦名賢造、1983年、『太平洋戦争に死す　海軍飛行予備将校の生と死』西田
　　書店
大貫恵美子、2003年、『ねじ曲げられた桜　美意識と軍国主義』、岩波書店
大貫恵美子、2006年、『学徒兵の精神誌「与えられた死」と「生」の探求』、
　　岩波書店
大地原豊、1967年、「若き二人のフィロローゲンよ」、（林尹夫）231頁
岡田裕之、2007年、「日本本戦没学生の思想『新版・きけわだつみのこえ』の
　　致命的欠陥について」『大原社会問題研究所雑誌』No.578、No.579、大原社
　　会問題研究所
岡田裕之、2009年、『日本戦没学生の思想「わだつみのこえ」を聴く』、法政
　　大学出版局
海軍飛行予備学生第十四期会編、1966年、『あゝ同期の桜　かえらざる青春
　　の手記』、毎日新聞社
上久保武夫、1966年、「八〇一空にて」、海軍飛行予備学生第十四期会編『別
　　冊あゝ同期の桜　かえらざる青春の手記』、海軍飛行予備学生第十四期会発

　行、204頁

京都大学大学文書館編、2006年、『京都大学における「学徒出陣」調査研究
　報告書』第一巻、第二巻、京都大学大学文書館

久山康編、1968年、『青春の記録』（現代日本記録全集一六）、筑摩書房

斉藤利彦、2017年、「近代日本における青年の知的探求と自己形成　林尹夫『わ
　がいのち月明に燃ゆ』と新資料に即して」『学習院大学教育学・教育実践論
　叢』第三号、学習院大学文学部、3頁〜36頁

佐竹一郎、1967年、「回想の林尹夫少尉」『展望』第一〇一号、筑摩書房、
　167頁

高原俊雄、1966年、「二十三歳の生涯」、海軍飛行予備学生第十四期会編『あゝ
　同期の桜　かえらざる青春の手記』、毎日新聞社、151頁

東大學生自治會戰歿學生手記編集委員會編集、1947年、『はるかなる山河に
　東大戦歿学生の手記』、東大協同組合出版部

日本戦歿学生手記編集委員会編、1949年、『きけわだつみのこえ　日本戦歿
　学生の手記』、東大協同組合出版部

林尹夫、1967年、『わがいのち月明に燃ゆ』、筑摩書房

林克也、1966年、「愛と死の筈の下で」『潮』一九六六年八月号、潮出版社、
　346頁

林克也、1967年、「回想に生きる林尹夫」（林尹夫前掲書）

日高六郎編、1968年、『戦後思想の出発』（戦後思想体系Ⅰ）、千馬書房、23
　頁

平井啓之、1983年、『ある戦後　わだつみ大学教師の四十年』、筑摩書房

深瀬基寛、1950年、「見果てぬ夢」東大協同組合出版部編『わだつみのこえ
　に応える』、東大協同組合出版部

深瀬基寛・唐木順三、1983年、『往復書簡』、筑摩書房

深瀬基寛著・唐木順三編、1968年、『深瀬基寛集　第二巻』、筑摩書房

真継伸彦、1973年、『青春の遺書』、筑摩書房

山下肇・古山洋三編、1968年、『日本戦没学生の手記』（人生の名著六）、大
　和書房

吉田満、「死によって失われたもの―「わがいのち月明に燃ゆ」を読む―『展
　望』第一〇一号、筑摩書房、103頁

【参考文献】

海軍飛行科予備学生・生徒史刊行会編、1985年、『海軍飛行科予備学生・生徒史』、海軍飛行科予備学生・生徒史刊行会

森岡清美、1995年、『若き特攻隊員と太平洋戦争　その手記と群像』、吉川弘文館

蜷川壽惠、1998年、『学徒出陣　戦争と青春』、吉川弘文館

「平和の世紀へ遺書・遺品展」実行委員会、2001年、『平和の世紀へ遺書・遺品展　戦没青年とともに生きる』、「平和の世紀へ遺書・遺品展」実行委員会

わだつみのこえ記念館企画展実行委員会編、2014年、『戦没学生の遺稿にみる「特攻」史料集　二〇一四年企画展』、わだつみのこえ記念館

わだつみのこえ記念館編、2013年、『不戦へつなぐ戦没学生遺稿遺品展「学徒出陣」70年記念』、わだつみのこえ記念館

土居良三編、2004年、『学徒特攻その生と死　海軍第十四期飛行予備学生の手記』、国書刊行会

海軍飛行予備学生第十四期会、1990年、『海軍第十四期会報縮刷版　昭和四十三年～平成元年』、海軍飛行専修予備学生第十四期会

海軍飛行予備学生第十四期会、2001年、『海軍第十四期会報縮刷版　平成六年～平成十三年』、海軍飛行専修豫備学生第十四期会

執筆者紹介

斉藤利彦（さいとう としひこ）

1953年福島県生まれ。学習院大学文学部教育学科教授。博士（教育学）。

東京大学法学部卒業。同大学院教育学研究科博士課程修了。

学習院大学助教授などを経て、94年より現職。

著書に『作家太宰治の誕生』（岩波書店）、『試験と競争の学校史』（講談社学術文庫）、『学校文化の史的探究』（編著、東京大学出版会）、『明仁天皇と平和主義』（朝日新書）、『「誉れの子」と戦争―愛国プロパガンダと子どもたち』（中央公論新社）など。

田鍬美紀（たぐわ みき）

1976年広島県生まれ。立命館大学国際平和ミュージアム学芸員。

龍谷大学文学部史学科卒業。同大学院文学研究科修士課程修了。

（公財）鳥取市文化財団学芸員などを経て、2017年より現職。

著書に『図録 梵鐘―鐘をめぐるものがたり』（編著、鳥取市歴史博物館）、『因幡地方の歴史と文化―資料が語る鳥取の地域像』（共著、鳥取市文化財団）、『土器の枕―枕に眠る古代因幡の人びと』（因幡万葉歴史館）など。

戦没学徒 林尹夫日記 完全版—わがいのち月明に燃ゆ—

2020年7月28日初版発行
2020年9月16日第2版発行
定価 本体2,200円＋税

著　　　者	林　尹夫	
解説執筆者	斉藤利彦・田鍬美紀	
発　行　者	越水　治	
発　行　所	株式会社 三人社	

京都市左京区吉田二本松町4白亜荘
電話075（762）0368

組　　　版　山響堂pro.
印刷・製本　亜細亜印刷株式会社

乱丁・落丁はお取替えいたします。

ⓒSAITO Toshihiko, TAGUWA Miki
コード　ISBN978-4-86691-262-2

学習院大学文学会研究成果刊行助成金受給